普通高等院校信息素养教育系列教材

现代文献检索与利用

第 4 版

主　编　饶宗政

参　编　王　刚

机械工业出版社

本书以现代文献检索与利用为主线，介绍了数字图书馆、云图书馆、移动图书馆的原理，讲述了文献检索的方法和技巧。本书在章节安排上由浅入深，从传统纸质文献到移动图书馆，介绍的文献检索范围不断扩大。本书讲述了如何通过图书馆的远程访问系统，使读者足不出户就能利用全国上千家图书馆的数字文献资源，并将文献检索与论文写作相结合，使读者学会并掌握终身受益的技能。

本书配有 9 套在线测试，读者扫描书中二维码，即可随时学习。

本书可以作为普通高等学校本科、专科信息素养课程教材，也可作为相关人员的参考书。

为方便教学，本书配备了电子课件等教学资源。凡选用本书作为教材的教师均可登录机械工业出版社教育服务网 www.cmpedu.com 免费下载。如有问题请致电 010-88379375 咨询。

图书在版编目（CIP）数据

现代文献检索与利用 / 饶宗政主编. -- 4 版.

北京：机械工业出版社，2024.12（2025.6重印）. --（普通高等院校信息素养教育系列教材）. -- ISBN 978-7-111-77308-5

Ⅰ. G 254.97

中国国家版本馆CIP数据核字第20250ZL657号

机械工业出版社（北京市百万庄大街22号　邮政编码100037）

策划编辑：杨晓昱　　　　　　　责任编辑：杨晓昱
责任校对：龚思文　张　征　　　封面设计：马精明
责任印制：单爱军

北京盛通印刷股份有限公司印刷

2025年6月第4版第2次印刷

184mm×260mm·20.75印张·541千字

标准书号：ISBN 978-7-111-77308-5

定价：59.00元

电话服务　　　　　　　　　　网络服务

客服电话：010-88361066　　　机　工　官　网：www.cmpbook.com
　　　　　010-88379833　　　机　工　官　博：weibo.com/cmp1952
　　　　　010-68326294　　　金　书　网：www.golden-book.com
封底无防伪标均为盗版　　机工教育服务网：www.cmpedu.com

前　言

本书首版于 2012 年 7 月出版，被全国很多高校选为信息素养课程的教材，这使编者备受鼓舞。随着信息技术的发展，本书内容也相应更新，第 2 版和第 3 版分别于 2016 年和 2020 年出版。

随着大数据、人工智能、云计算及 5G 等新一代信息技术的快速发展，人类社会正以前所未有的速度迈向智能化新时代，数字资源的载体形式和检索技术也在不断更新。一方面，文献检索平台（如中国知网、维普科技期刊、万方期刊检索平台等）普遍进行了更新；另一方面，移动阅读和智能检索的需求越来越大。在此背景下，及时更新相关章节内容成为这次修订的重点。

第 4 版的前 3 章（第 1 章图书馆的纸质文献、第 2 章数字图书馆、第 3 章文献检索技术）由于知识点相对比较稳定，只是对部分章节内容进行了修改和更新；中间 3 章（第 4 章数字图书及检索；第 5 章数字期刊及检索；第 6 章数字特种文献及检索）是本书的主要章节，对图书检索、期刊检索、特种文献检索，进行了全面的平台、数据和截图更新，尽量保持与时代发展同步；后 3 章（第 7 章云图书馆、第 8 章移动图书馆、第 9 章论文写作指南）也作了相应修改和更新：如第 7 章中的"远程访问"更新为现在普遍使用的 EasyConnect_VPN 远程访问，第 8 章移动图书馆部分内容进行了更新，第 9 章对论文检测系统内容进行了全面的更新。可以说，本次修订的内容包含了业界最新、最前沿的科技应用成果。

本书可作为普通高等学校本科、专科信息素养课程教材，根据教学对象、课程目标的不同可侧重不同的章节进行教学，也可作为学位论文写作的参考书，还可作为读者学习文献检索技巧的参考用书。

本书在编写方法上力图将概念、原理和实践相结合，通过各章知识由浅入深的学习积累，使读者掌握获取文献的手段、方法和途径，提升读者的文献检索能力。本书除介绍了文献检索的方法，还通过"复杂工具简化使用"的尝试，使烦琐的文献检索过程尽可能简单化；在检索实践环节，有的通过基础知识引出创新知识领域（例如，水电是将水的位能转化为机械能带动发电机发电；光伏发电是将太阳能转化为电能实现发电，但是光伏发电容易受阴天、夜晚等因素影响而输出不稳定，光伏发电单独供电没法用；如果把二者结合在一起就成了水光互补发电的创新应用，就能实现输出功率强大又稳定的电网），然后通过文献检索找到"水光互补发电"新知识领域的文献，并通过图文并茂的方式，使读者一目了然。

本书由饶宗政编写第 1~6 章，王刚编写第 7~9 章。全书由饶宗政统稿和校稿。

为使本书与时俱进，把本行业最前沿的科技成果奉献给亲爱的读者，编者及时更新了本书内容，这是编者应尽的职责。但由于编者能力和水平有限，如有疏漏之处，敬请读者批评指正。

谢谢选用和阅读本书的读者！

编　者

目 录

Chapter One

第1章

图书馆的纸质文献

✎ **本章概要**

　　本章是本书的基础知识，内容包括图书馆的定义，信息、知识、情报和文献概念，图书馆的纸质文献的种类：图书、期刊和特种文献（学位论文、会议文献、科技报告、专利文献、标准文献、科技档案、政府出版物、产品样本）；常用图书分类法，特别是广泛应用的《中图法》，以及图书的分类、排架，图书目录和机读目录等基础知识。

✎ **学习目的**

- ◆ 了解图书馆的职能和服务内容。
- ◆ 熟悉文献的类型。
- ◆ 了解常用的分类法，熟悉《中图法》。
- ◆ 了解图书分类排架方法。
- ◆ 了解图书馆的目录体系，熟悉中国机读目录。

✎ **内容框架**

```
                    ┌─图书馆概述
                    ├─信息、知识、情报、文献的概念
                    ├─文献的种类
图书馆的纸质文献──────┤
                    ├─国内常用图书分类法简介
                    ├─文献排架
                    └─图书馆目录体系
```

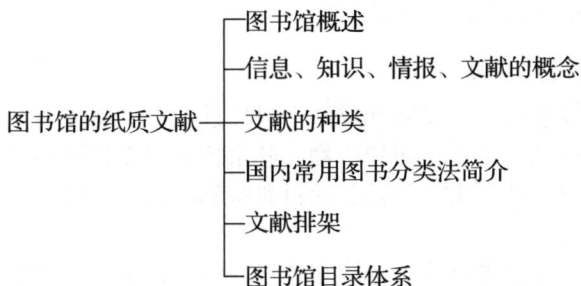

1.1　图书馆概述

1.1.1　图书馆的定义

德国数学家和哲学家戈特弗里德·威廉·冯·莱布尼茨（Gottfried Wilhelm von Leibniz）认为：

"图书馆应当是用文字表述的人类全部思想的宝库。" [⊖] 美国图书馆学家、芝加哥大学图书馆学院教授巴特勒（P. Butler）对图书和图书馆则给出如下定义："图书是保存人类记忆的社会机制，而图书馆则是将人类记忆移植于现代人们的意识中去的社会装置"。[⊜] 我国《辞海》中对图书馆的定义为："图书馆是搜集、整理、收藏和流通图书资料，以供读者进行学习和参考研究的文化机构。图书馆依其服务对象和工作范围，分为公共图书馆、学校图书馆、工厂图书馆、农村图书馆、科学图书馆等，是重要的宣传教育阵地"。[⊜] 中华人民共和国教育部 2015 年 12 月 31 日印发的《普通高等学校图书馆规程》对图书馆的定义为："高等学校图书馆（以下简称'图书馆'）是学校的文献信息资源中心，是为人才培养和科学研究服务的学术性机构，是学校信息化建设的重要组成部分，是校园文化和社会文化建设的重要基地。图书馆的建设和发展应与学校的建设和发展相适应，其水平是学校总体水平的重要标志。"[⊝]

在传统意义上，图书馆是收藏书和各种出版物的地方。然而，现在信息保存已经不仅限于图书，许多图书馆把地图、印刷物，或者其他档案和艺术作品保存在各种载体上，比如微缩胶片、磁带、CD、LP、盒式磁带、录像带和 DVD。图书馆通过 CD-ROM、数据库和互联网提供服务。因此，人们渐渐把现代图书馆重新定义为：图书馆是指能够无限制地获取多种格式信息的文化机构。除了提供资源，图书馆还有专家和图书馆员来提供服务，他们善于寻找和组织信息，并解释信息需求。近年来，人们对图书馆的理解已经超越了建筑的围墙，读者可以用电子工具获得资源，图书馆员用各种数字工具来引导读者分享海量信息。

1.1.2 图书馆的简史

图书馆的历史可追溯到公元前 3000 年以前，当时的美索不达米亚已有保存泥板文献的图书馆。此外，古埃及、中国和古希腊等人类文明的发源地也都出现了图书馆。古希腊、罗马时期的一些图书馆，如亚历山大图书馆等，藏书已有相当规模。印刷术的推广和文艺复兴推动了西方图书馆事业的发展。

中国古代藏书楼主要为官府所设。宋代以后私家藏书楼迅速发展。此外，寺观和书院藏书也很普遍。这些藏书楼的服务范围相当狭窄，但对保存文化典籍起了一定的作用。直到 20 世纪初，在中国才出现近代意义的公共图书馆。

1. 图书馆事业向现代化过渡

古代图书馆发端于奴隶社会，发展并成熟于封建社会；文献流通量小，比较封闭，是农业文明的产物。近代图书馆则是工业文明的产物，其宗旨是对文献藏用并重，而以用为主；管理上，近代图书馆逐渐形成了从采集、分类、编目典藏到阅览、宣传、外借流通、参考咨询、情报服务等一整套科学方法。

第二次世界大战后，在世界政治、经济和技术力量的推动下，出版物数量激增，促使图书馆加强了采购工作的分工协作和实行图书馆储存制度。日益增长的读者需求，使图书馆推广了

⊖ 杨威理．西方图书馆史［M］．北京：商务印书馆，1988：140．

⊜ 徐引篪，霍国庆．现代图书馆学理论［M］．北京：北京图书馆出版社，1999：5．

⊜ 夏征农．辞海［M］．上海：上海辞书出版社，1999．

⊝ 中华人民共和国教育部．普通高等学校图书馆规程［Z］．2015．

馆际互借、参考咨询工作和开架制度，缩微复制技术、静电复印技术、声像技术以及电子计算机技术等在工作中的应用与普及，促使图书馆事业发生了巨大的变化。各国政府为了有效地推动图书馆事业的建设，充分发挥图书馆的社会功能，纷纷采取措施，修订图书馆法，推行文献工作标准化；加强图书馆员的培训和教育，扩大图书馆资源共享的范围。

现代图书馆是信息时代的产物，它由单纯的收集整理文献和利用文献的相对比较封闭的信息系统，发展到以传递文献信息为主的、全面开放的信息系统。电子计算机技术、高密度存储技术和数据通信技术在图书馆工作中的广泛应用，以及这三者的相互结合，正有力地改变着图书馆的工作面貌，甚至影响着它的历史进程。

2. 图书馆对人类文明的贡献

图书馆依赖社会赋予它的条件，为人类文明、为社会进步做出重大的贡献。[⊖]

（1）**收集、整理和保存文献**　没有一定载体的文字记录和保存这些文字记录的方式，文化便不能得到持续的发展。

（2）**交流思想、知识、情报、信息**　文献是交流的工具，图书馆是知识的宝库和信息的中心。图书馆通过有组织地收集和传递文献，进而实现思想、知识、情报和信息的交流。可以说，没有这些交流，便没有社会的进步。

（3）**提高社会成员的文化教育水平**　图书馆事业的发展程度是国家文化水平的标志之一。图书馆以精神食粮哺育读者，并能为读者不断更新知识提供条件，它伴随着人生的各个阶段。

（4）**提高社会的科学能力**　图书馆是全社会的科学能力的一个重要因素，科研劳动的全过程都离不开图书馆工作。从深层次意义上说，图书馆积累和整理已有的知识，不仅是创造新知识的科学工作的前提，而且其本身也属于科学工作的一个重要组成部分。

（5）**对发展社会生产力的直接的推动作用**　科学技术是社会的第一生产力，图书馆在这方面的作用表现为：为解决科技攻关、产品创新、实验设计乃至企业规划等提供文献和情报，将精神产品转化为生产力。随着发展高科技、实现产业化的需要日益迫切，图书馆推动生产力的发展，为经济建设服务的直接贡献将日益增大。

图书馆作为一种社会机构，对人类的社会文明的贡献是巨大的。早在17世纪德国的G.W. 莱布尼茨就将它归结为人类的"百科全书"，甚至誉它是"人类灵魂的宝库"。图书馆无论在历史上、现实社会和未来社会中，都对人类文明的进步和发展起着不可替代的作用。

3. 世界十大图书馆[⊖]

1）美国国会图书馆，华盛顿。

2）俄罗斯国立图书馆，莫斯科。

3）中国国家图书馆，北京。

4）俄罗斯国家图书馆，圣彼得堡。

5）大英图书馆，伦敦。

6）哈佛大学图书馆，马萨诸塞。

7）法国国家图书馆，巴黎。

8）莱比锡图书馆（属于德意志国家图书馆），莱比锡。

⊖　周文骏，金恩晖. 中国大百科全书：图书馆学 情报学 档案学［M］. 北京：中国大百科全书出版社，1993：3.

⊖　百度百科. 图书馆［EB/OL］.（2018-09-26）［2023-9-6］. https://baike.baidu.com/item/%E5%9B%BE%E4%B9%A6%E9%A6%86/345742？fr=ge_ala

9）日本国会图书馆，东京。

10）法兰克福图书馆（属于德意志国家图书馆），法兰克福。

4. 中国十大图书馆

1）中国国家图书馆，北京。

2）上海图书馆，上海。

3）南京图书馆，南京。

4）中国科学院图书馆，北京。

5）北京大学图书馆，北京。

6）重庆图书馆，重庆。

7）山东省图书馆，济南。

8）四川省图书馆，成都。

9）天津市人民图书馆，天津。

10）广东省中山图书馆，广州。

1.1.3　图书馆的职能

1. 保存人类文化遗产

自从有了人类社会以来，便产生了文字，用来记录这些文字的载体——图书也就应运而生。它记载了从古至今人类历史的发展和演变。图书馆的功能之一，就是要收集、加工、整理、管理这些珍贵的文献资源，以便广大读者借阅和使用。图书馆是作为保存各民族文化财富的机构而存在的，它担负着保存人类文化典籍的任务。它是以文献为物质基础而开展业务活动的。但随着计算机网络化的实现以及科学技术的突飞猛进，图书馆不但保存手写和印刷的文献，还保存其他载体形式的资源，而保存文献的目的是更好地使用这些资源。

2. 开发信息资源

图书馆收藏着大量的文献信息资源，积极地开发、广泛地利用这些文献信息资源是图书馆的重要职能之一，也是图书馆承担各种职能的基础。由于当今社会文献的类型复杂、形式多样，文献的时效性强，文献的传播速度快，文献的内容交叉重复，文献所用语种在扩大等特点，使人们普遍感到文献利用起来十分不容易。图书馆通过对文献信息资源进行加工整理、科学分析、综合指引，形成有秩序、有规律、源源不断的信息流，进行更加广泛的交流与传递，从而使读者更好地利用它们。图书馆的文献信息资源开发包括下面几项内容：第一，对到馆的文献进行验收、登记、分类、编目、加工，最后调配到各借阅室，以便科学排架，合理流通；第二，对馆外文献信息资源进行搜索、过滤，成为虚拟馆藏，形成更加宽广、快捷的信息通道；第三，通过现代化的手段——计算机网络操作技术，使馆藏文献走向数字化。

3. 参与社会教育的职能

（1）思想教育的职能　图书馆是文献信息资源的集散地，是传播文献信息资源的枢纽。在馆藏建设上，不同的国家、不同的阶级都有一定的原则和倾向。

我国建立图书馆的目的是要引导和帮助读者树立正确的世界观、人生观、价值观，打下科学理论的基础，确立为建设中国特色社会主义而奋斗的政治方向。从事图书馆工作的管理人员，时刻不要忘记图书馆的思想政治教育宣传阵地的职能和自己服务育人的神圣职责。

（2）**两个文明建设的教育职能**　图书馆是人类文明成果的集散地。在社会主义两个文明建设中，肩负着重要的教育职能。图书馆可以向读者提供文献信息服务；可以通过对馆藏的遴选、加工、集萃，向读者提供健康有益的精神食粮。图书馆可以通过画廊、墙报、学习园地等各种活动大力宣传两个文明建设。

（3）**信息素质教育的职能**　2015 年 12 月 31 日，教育部颁布的《普通高等学校图书馆规程》"第三十一条　图书馆应全面参与学校人才培养工作，充分发挥第二课堂的作用，采取多种形式提高学生综合素质。图书馆应重视开展信息素质教育，采用现代教育技术，加强信息素质课程体系建设，完善和创新新生培训、专题讲座的形式和内容。"

开展信息素质教育，培养读者的信息意识和获取、利用文献信息的能力。文献检索是教育学生从信息资源中获取知识和信息的一门科学方法课，也是一门提高学生自学能力和创新能力的工具课，还是增强学生信息意识和信息文化素养的素质培养课。图书馆应对读者进行信息素质方面的教育，使他们掌握获取文献资源的过程和方法，掌握进行终身学习所必需的技能。

1.1.4　我国图书馆的类型

为了便于从全国或一个地区的范围内统筹规划图书馆事业的发展，便于掌握各种图书馆的特点和它们的工作规律，就需要把我国图书馆按主管部门或领导系统划分成不同的类型。主要包括以下几种。

1. 文化系统的公共图书馆

文化系统的公共图书馆包括国家图书馆，省、市、自治区图书馆，区（市）、县图书馆及文化馆图书室，儿童图书馆，乡镇街道图书室等。这类图书馆的服务对象是全体公民。

2. 教育系统的学校图书馆

教育系统的学校图书馆包括高等学校图书馆、专科学校图书馆、中小学图书馆（室）等。这类图书馆的服务对象是本单位的全体读者。

3. 科学院及科研机构图书馆

科学院及科研机构图书馆包括科学院及其分院图书馆，政府部门、各部所属研究机构的专业图书馆，机关团体图书馆（室）等。这类图书馆的服务对象是本单位的全体读者。

1.1.5　图书馆业务工作

图书馆的业务工作是由很多相互联系的工作环节组成的。图书馆的业务工作一般包括文献的收集、整理、典藏和服务 4 个部分。

1. 文献收集

文献收集是图书馆的基础工作。首先要明确本馆的收藏原则、收藏范围、收藏重点和采选标准，了解本馆馆藏情况、文献的种类与复本数、各类藏书的利用率和使用寿命、哪些书刊可剔除、哪些书刊要补缺等，此外，还需掌握出版发行动态，然后以采购、交换和复制等各种方式补充馆藏。

2. 文献整理

文献整理包括文献的分类、主题标引、著录和目录组织等内容。文献分类不仅为编制分类目录和文献排架提供依据，也便于图书馆统计、新书宣传、参考咨询和文献检索等。文献主题标引是根据文献内容所讨论的主题范围，以主题词来揭示和组织文献。文献分类和主题标引是揭示文献内容的重要手段，文献著录则是全面地、详尽地揭示文献形式特征和内容特征的主要手段，它便于读者依据该文献的各种特征确认某种文献，获得所需文献的线索。图书馆员把各种书目有序地组织成图书馆目录，以揭示图书馆馆藏，图书馆目录是检索文献的工具，也是打开图书馆这个知识宝库的钥匙。

3. 文献典藏

文献典藏主要包括书库划分、图书排架、馆藏清点和文献保护等。其中，文献保护是一项专门技术，包括图书装订、修补、防火、防潮、防光、防霉和防虫以及防止机械性损伤等。

4. 图书馆服务工作

图书馆服务工作是一项开发利用图书馆资源的工作。它包括发展读者、读者研究、文献流通和推广服务（包括文献外借、阅览服务、文献复制服务、馆际互借服务等）、馆藏报道、阅读辅导、参考咨询和文献检索知识传授、读者教育等。

1.2　信息、知识、情报、文献的概念

1.2.1　信息

1. 信息的含义

信息一词的拉丁词源是 informatio，意思是通知、报道或消息。在中国历史资料中，信息一词最早出自唐诗，是音信、消息的意思。直到 20 世纪中叶，其科学含义才被逐渐揭示出来。事实上，任何一种通知、报道或消息，都不外乎是关于某种事物的运动状态和运动方式的某种形式的反映，因而可以用来消除人们在认识上的某种不定性。信息的日常含义和它的科学含义是相通的。信息是在当代社会使用范围最广、频率最高的词汇之一。但是对于什么是信息，人们的理解却是不同，迄今为止还没有一个权威的公认的定义。不同领域的研究者站在各自的角度提出对信息内涵的不同界定。

《信息与文献　术语》GB/T 4894—2009："信息是物质存在的一种方式、形态或运动状态，也是事物的一种普遍属性，一般指数据、消息中所包含的意义，可以使消息中所描述事件的不定性减少。"

《中国大百科全书：图书馆学　情报学　档案学》是这样定义信息的："一般说来，信息是关于事物运动的状态和规律的表征，也是关于事物运动的知识。它用符号、信号或消息所包含的内容，来消除对客观事物认识的不确定性。"

信息是客观世界各种事物特征和变化的反映，以及经过人们大脑加工后的再现。消息、信号、数据、资料、情报、指令均是信息的具体表现形式。

2. 信息的属性

信息的属性是指信息本身所固有的性质。维纳在《控制论》一书中提出"信息就是信息，不是物质也不是能量。"作为特殊形态的客观事物，信息主要有以下性质：

（1）可识别性　信息是可以识别的，对信息的识别又可分为直接识别和间接识别。直接识别是指通过人的感官的识别，如听觉、嗅觉、视觉等；间接识别是指通过各种测试手段的识别，如使用温度计来识别温度、使用试纸来识别酸碱度等。不同的信息源有不同的识别方法。

（2）传载性　信息本身只是一些抽象符号，如果不借助于媒介载体，信息是看不见、摸不着的。一方面，信息的传递必须借助于语言、文字、图像、胶片、磁盘、声波、电波、光波等物质形式的承载媒介才能表现出来，才能被人所接受，并按照既定目标进行处理和存储；另一方面，信息借助媒介的传递不受时间和空间限制，这意味着人们能够突破时间和空间的界限，对不同地域、不同时间的信息加以选择，增加利用信息的可能性。

（3）不灭性　不灭性是信息最特殊的一点，即信息并不会因为被使用而消失。信息是可以被广泛使用、多重使用的，这也导致其传播的广泛性。当然信息的载体可能在使用中被磨损而逐渐失效，但信息本身并不因此而消失，它可以被大量复制、长期保存、重复使用。

（4）共享性　信息作为一种资源，不同个体或群体在同一时间或不同时间可以共同享用。这是信息与物质的显著区别。信息交流与实物交流有本质的区别。实物交流，一方有所得，必使另一方有所失。而信息交流不会因一方拥有而使另一方失去，也不会因使用次数的累加而损耗信息的内容。信息可共享的特点，使信息资源能够发挥最大的效用。

（5）时效性　信息是对事物存在方式和运动状态的反映，如果不能反映事物的最新变化状态，它的效用就会降低。即信息一经生成，其反映的内容越新，它的价值越大；时间延长，价值随之减小，一旦信息的内容被人们了解了，价值就消失了。信息使用价值还取决于使用者的需求及其对信息的理解、认识和利用的能力。

（6）能动性　信息的产生、存在和流通依赖于物质和能量，没有物质和能量就没有信息。但信息在与物质、能量的关系中并非是消极、被动的，它具有巨大的能动作用，可以控制或支配物质和能量的流动，并对改变其价值产生影响。

3. 信息的功能

信息提供知识、智慧和情报，其主要功能是用来消除人们在认识上的某种不确定性，消除不确定性的程度与信息接收者的思想意识、知识结构有关，人类认识就是不断地从外界获取信息和加工信息的过程。在人类步入信息社会的时候，信息、物质与能量构成了人类社会的三大资源，物质提供材料，能量提供动力，信息提供知识和智慧。因而，信息已成为促进科技、经济和社会发展的新型资源，它不仅有助于人们不断地揭示客观世界，深化人们对客观世界的科学认识，消除人们在认识上的某种不确定性，而且还源源不断地向人类提供生产知识的原料。

1.2.2　知识

1. 知识的含义

知识（Knowledge）是人类认识的成果。它是在实践的基础上产生，又经过实践检验的对客观世界的反映。人们在日常生活、社会活动和科学研究中所获得的对事物的了解，其中可靠的成分就是知识。依照反映对象的深刻性和系统性程度，知识可以分为生活常识和科学知识。生活常识是对某些事实的判断和描述。科学知识是通过一定的科学概念体系来理解和说明事物的知识。科学知识也有经验的和理论的两种不同类别。科学知识是全人类认识的结晶，又是人类实践和社会发展的必要的精神条件。知识由少到多、由浅入深、由片面到全面的不断运动，是人类思维发展的基本过程。知识的发展表现为在实践基础上不断地由量的积累到质的飞跃的深化和扩展。这种处在辩证运动中的知识具有历史继承性、不可逆性和加速增长等特点。

知识是人类认识的成果和结晶，是人类在认识和改造世界的社会实践中获得的对事物本质的认识。在生产、生活、科学研究等活动中，人脑通过对客观事物发出的信息进行接收、选择和处理，得到对事物一般特征的认识，形成了概念。在反复实践和认识的过程中，人脑通过对相关概念的判断、推理和综合，加深了对事物本质的认识，构成了人们头脑中的知识。

人们认识客观事物的过程就是人脑对外界事物传来的信息进行加工的过程，而认识飞跃的结果即为知识。即信息是大脑思维的原料，而知识则是大脑对大量信息进行加工后形成的产品。

2. 知识的属性

知识的属性是指知识本身所固有的性质。知识主要有以下几种属性：

（1）意识性 知识是一种观念形态的东西，只有人的大脑才能产生它、识别它、利用它。知识通常以概念、判断、推理、假说、预见等思维形式和范畴体系表现自身的存在。

（2）信息性 信息是产生知识的原料，知识是被人们理解和认识并经大脑重新组织和系列化了的信息，信息提炼为知识的过程是思维。

（3）实践性 社会实践是一切知识产生的基础和检验知识的标准，科学知识对实践有重大指导作用。

（4）规律性 人们对事物的认识是一个无限的过程，人们获得的知识在一定层面上揭示了事物及其运动过程的规律性。

（5）继承性 每一次新知识的产生，既是原有知识的深化与发展，又是新知识产生的基础和前提，知识被记录或被物化为劳动产品，具有可继承性。

（6）渗透性 随着知识门类的增多，各种知识可以相互渗透，形成许多新的知识门类，形成科学知识的网状结构体系。

3. 知识的类型

知识有个人知识和社会知识之分。个人知识是个人具有的专业知识，与社会知识相对应。个人知识存在于个人大脑、笔记或书信中，只有个人才能加以利用。个人知识主要来自两方面：一是根据愿望学习吸收社会已有的知识；二是通过总结经验、分析研究，创造发现的新知识。个人知识不断为社会知识补充新的内容，个人创造的新知识一旦进入社会交流，就成为社会知识。社会知识是社会系统集体拥有的知识。社会知识存在于文献中，也存在于人类社会的口头传说中。社会知识是人类知识的基本部分，一个团体或社会的所有成员能够通过文献等不同媒介自由地获得社会知识。个人知识的不断创新、发展丰富了社会知识，社会知识又是个人知识的丰富源泉。

根据经济合作与发展组织（OECD）的定义，人类现有的知识可分为四大类[一]。

1）关于事实方面的知识——Know what（知道是什么）。

2）关于自然原理和规律方面的知识——Know why（知道为什么）。

㈠ 李宝安，李燕，孟庆昌.中文信息处理技术－原理与应用［M］.北京：清华大学出版社，2005.

3）关于技能或能力方面的知识——Know how（知道怎么做）。

4）关于产权归属的知识——Know who（知道归属谁）。

4. 知识的作用

知识在人类社会的发展中起着巨大的作用。知识是文明程度的标志：衡量一个国家、一个民族、一个人文明程度的高低主要看其创造、吸收、掌握和应用知识的能力；知识可以转化为巨大的生产力：劳动者素质的提高、生产工具的进步、劳动对象的扩大、经济的发展，都是知识推动的结果。知识是建设精神文明的动力，是科学教育的内容，能促进人类智慧的提高。

1.2.3　情报

1. 情报的含义

情报与信息在英文中为同一个词"Information"，但信息的外延比情报广，信息包括情报。情报是被传递的知识或事实。

在古代，情报首先产生于军事领域，《辞源》指出："定敌情如何，而报于上官者"是为情报；《辞海》（1989 年 9 月修订版）对"情报"的解释："①以侦察手段或其他方式获得的有关敌人军事、政治、经济等方面的情况，以及对这些情况进行分析研究的成果，是军事行动的重要依据之一；②泛指一切最新情况报道，如科学技术情报。"这是中国早期关于情报的定义，反映了情报作为消息传递的功能及构成情报的两个基本要素——"情"与"报"，强调情况、消息的传递、报道作用。

随着科学技术的迅速发展，创造与传播知识的工作有了新的发展。专职情报机构的主要工作是使知识有序化，以解决情报检索问题。于是，情报概念也有了新发展，认为情报是"存储、传递和转换的对象的知识"。为了满足用户的多种需要，有人从特定概念出发提出："情报是在特定时间、特定状态下，对特定的人提供的有用知识。"为了解决情报资料激增给决策人员带来的问题，情报工作由一般文献工作阶段进入了侧重与经济、社会发展相结合的情报分析研究阶段，情报的定义增添了新的内容："情报是判断、意志、决心、行动所需要的能指引方向的知识和智慧"，是"解决问题所需要的知识""情报是被激活了的知识"。情报来源于人类的社会实践，是物质世界与精神世界共同作用的产物。人类正是在不断认识、改造自然与社会的过程中，在物质生产与科学实验的实践中，源源不断地创造、交流与利用各种各样的情报。

在日常生活中，人们经常在不同的领域里，自觉或不自觉地在传递情报、接收情报与利用情报。因此，情报又是一种普遍存在的社会现象。

2. 情报的属性

情报的属性是指情报本身固有的性质。主要表现在以下几方面：

（1）**知识性**　知识是人的主观世界对客观世界的概括和反映。随着人类社会的发展，每日每时都有新的知识产生，人们通过读书、看报、听广播、看电视、参加会议、参观访问等活动，都可以吸收到有用知识。这些经过传递的有用知识，按广义的说法，就是人们所需要的情报。因此，情报的本质是知识。没有一定的知识内容，就不能成为情报。知识性是情报最主要的属性。情报必须具有实质内容，凡人们需要的各种知识或信息，如事实、数据、图像、信息、消息等，都可以是情报的内容。没有内容的情报是不可能存在的。

（2）**传递性**　知识成为情报，必须经过传递，知识若不进行传递交流、供人们利用，就不能构成情报，传递性是情报的第二个基本属性。

（3）**效用性**　情报的效用性是指人们创造情报、交流传递情报的目的在于充分利用，不断提高效用性。情报的效用性表现为启迪思想、开阔眼界、增进知识，改变人们的知识结构，提高人们的认识能力，帮助人们去认识和改造世界。情报为用户服务，用户需要情报，效用性是衡量情报服务工作好坏的重要标志。此外，情报还具有社会性、积累性、与载体的不可分割性以及老化性等特性。情报属性是情报理论研究的重要课题之一，其研究成果丰富着情报学的内容。

3. 情报的类型

按情报的应用范围划分，情报可分为科学情报、经济情报、技术经济情报、军事情报和政治情报等。按情报的内容及其所起的作用划分，情报又可分为战略性情报和战术性情报两大类。战略性情报一般是指对解决全局或某一特定领域中一些带有方向性、政策性问题所需要的、活化了的知识，其中包括科学依据、论证和方案等内容。战略性情报的形成需要经过高度的逻辑思维过程并具有较明显的预测性质。战术性情报则是指对解决局部或某一学科领域中的一些具体问题所提供的情报。战略性情报与战术性情报是相互作用、密切关联的，战术性情报是构成战略性情报的基础，战略性情报则可以为战术性情报指明方向。

1.2.4　**文献**

1. 文献的含义

文献（Document，Literature），GB/T 4894—2009 对文献给出的定义：记录有知识的一切载体。广义的文献定义，即凡用文字、图形、符号、声频、视频等技术手段记录人类知识的一切载体，或理解为，固化在一定物质载体上的知识；也可以理解为，古今一切社会史料的总称。而狭义的文献定义，通常理解为图书、期刊等各种出版物的总和。文献由 4 个要素组成：

（1）**记录的知识和信息**　即文献的内容。

（2）**记录知识和信息的符号**　文献中的知识和信息是借助于文字、图表、声音、图像等记录下来并为人们所感知的。

（3）**记录方式**　记录方式是指将文献符号系统所代表的信息内容通过特定的人工记录手段和方法使其附着于一定的文献载体材料上。文献记录方式具体包括刻画、书写、印刷、拍摄、录制、复印和计算机录入等。

（4）**载体材料**　载体材料是指可供记录信息符号的物质材料，是全部信息载体中一个重要的子系统。文献载体反映了文献物质产品的性能，具有保存和流通价值。文献载体大体经历了泥板、纸草、羊皮、蜡版、甲骨、金文、石头、简牍、缣帛等早期载体，到纸的出现，再到现代各种新兴电子型文献的发展过程。

文献是物化的精神产品，或者说，文献是知识信息的物化形态。其中，信息内容是文献的知识内核，载体材料是文献的存在形式和外壳，而符号系统和记录方式则是二者联系的桥梁和纽带。这 4 个要素相互联系就构成了文献的四维框架结构。

2. 文献的类型

（1）**按编写或出版形式划分**　文献可分为图书、连续出版物、会议文献、科技报告、标准文献、产品样本、专利文献、学位论文、文书、档案等。

（2）**按内容和加工深度划分**　文献可分为零次文献、一次文献、二次文献、三次文献。

1）零次文献，指未经出版发行或未进入社会交流的最原始的文献。如私人笔记、底稿、手稿、个人通信、新闻稿、工程图纸、考察记录、实验记录、调查稿、原始统计数字、技术档案等。此类文献与一次文献的主要区别在于其记载的方式、内容的价值以及加工深度的不同。其主要特点是内容新颖，但不成熟，不公开交流，难以获得。零次文献由于没有进入出版、发行和流通渠道，收集、利用十分困难，一般不作为我们利用的文献类型。

2）一次文献，指以作者本人取得的成果为依据而创作的论文、报告等经公开发表或出版的各种文献，习惯上称为原始文献。如：期刊论文、学术论文、学位论文、科技报告、会议论文、专利说明书、技术标准等。一次文献是人们学习参考的最基本的文献类型，也是最主要的文献情报源，是产生二次、三次文献的基础，是文献检索和利用的主要对象。确定一篇文献是否为一次文献，主要是根据其内容性质，而不是根据其物质形式（如载体、语种、出版形式等），只要是作者根据自己的科研成果而发表的原始创作，都属于一次文献。其特点为：在形态上具有多样性，在内容上具有原创性，在出处上具有分散性。内容新颖丰富，叙述具体详尽，参考价值大，但数量庞大、分散。

3）二次文献，指按一定的方法对一次文献进行整理加工，以使之有序化而形成的文献，是报道和查找一次文献的检索工具书刊，主要包括目录、索引、文摘等。二次文献是按照特定目的对一定范围或学科领域的大量分散的、无组织的一次文献进行鉴别、筛选、分析、归纳和加工整理重组而成的系统的、有序化的、方便查找使用的浓缩简化产物，即所谓的检索工具。它以不同的深度揭示一次文献，其主要功能是检索、通报、控制一次文献，帮助人们在较短时间内获得较多的文献信息。其特点为：二次文献中的信息是对一次文献信息进行加工和重组而成的，并不是新的信息，具有汇集性、工具性、综合性、系统性、交流性和检索性的特点，提供的文献线索集中、系统、有序。

4）三次文献，指根据二次文献提供的线索，选用大量一次文献的内容，经过筛选、分析、综合和浓缩而再度出版的文献。其特点为：在内容上具有综合性，在功效上具有参考性。三次文献主要包括三种类型：

①综述研究类。如专题述评、总结报告、动态综述、进展通讯、信息预测、未来展望等。

②参考工具类。如年鉴、手册、百科全书、词典、大全等。

③文献指南类。如专科文献指南、索引与文献服务目录、书目之书目、工具书目录等。

（3）按载体类型划分　文献可分为纸介型文献、缩微型文献、声像型文献、电子型文献。

1）纸介型文献，指以纸张为载体的文献，又可分为手抄型和印刷型两种。这是一种历史悠久的传统文献形式，是文献信息传递的主要载体。其优点是传递知识方便灵活、广泛，保存时间相对较长；缺点是存储密度小，体积庞大。

2）缩微型文献，指以感光材料为载体的文献，如缩微胶卷、缩微平片等。这类文献的特点是体积小、信息密度高、轻便、易于传递、容易保存。缺点是使用时必须借助专门的放大设备。

3）声像型文献，指通过特定设备，使用声、光、磁、电等技术将信息转换为声音、图像、影视和动画等形式，给人以直观、形象感受的知识载体，如唱片、录音带、录像带、CD、VCD、DVD等。声像型文献提供的形象、声音逼真，宜于记载难以用文字表达和描绘的形象资料和音频资料。

4）电子型文献，指采用高科技手段，将信息存储在磁盘、磁带或光盘等一些媒体中，形成的多种类型的电子出版物。特点是信息存储密度高，存取速度快，具有电子加工、出版和传递功能。电子出版物包括电子图书、电子期刊、网络数据库、光盘数据库等。

（4）按出版形式及内容划分　文献可以分为图书、连续性出版物、特种文献。

1）图书，凡篇幅达到49页以上并构成一个书目单元的文献称为图书。

2）连续出版物，包含期刊（其中含有核心期刊）、报纸、年度出版物。

3）特种文献，指学位论文、标准文献、专利文献、科技报告、会议文献、科技档案、政府出版物、产品样本等。

（5）按语种划分　文献可分为汉语文献、英语文献等，或单语种文献、多语种文献等。

（6）按形成的历史时期划分　文献可分为古代文献、现代文献等。

（7）按文献内容的学科范围划分　文献可分为社科文献、科技文献以及各学科文献。

（8）按文献的传播和使用范围划分　文献可分为公开发行文献、非公开发行文献，后者又称内部文献、限制流通文献。

3. 文献的特征

随着科学技术的进步，经济、文化的发展和社会需求的增加，现代文献有了较大的发展，呈现如下特征：

（1）发展迅速，数量剧增　据统计，全世界每年出版的图书、期刊、科技报告、专利文献等各种文献的总量几乎每10年增加1倍。

（2）类型复杂，品种多样　除传统的图书、期刊外，出现了各种报告、会议录、学位论文、专利文献等；文献载体除传统的印刷型文献外，出现了音像型、缩微型、机读型的文献，且有与印刷型文献相抗衡的趋势。

（3）分布不均，内容重复　由于现代科学的交叉和互相渗透，致使某一学科领域的文献既大量集中在一小部分专业核心书刊上，又有相当数量的文献分散在众多的相关学科领域的书刊中；在各学科及各相关学科之间，大量文献交叉重复，造成文献"冗余"。

（4）出版周期长，老化加速　由于人们认识事物的能力不断增强，使文献增长速度高于发表、刊载它们的刊物的增长速度，致使大量文献从成文到正式出版的"时差"增大。由于现代科技的迅猛发展，知识更新速度加快，文献老化速度也相应加快，尤其在自然科学领域，很多文献几年后就陈旧过时。

4. 文献的作用

文献在科学和社会发展中所起的重要作用，表现在如下几个方面：

1）文献是科学研究和技术研究成果的最终表现形式。

2）文献是在空间、时间上传播情报的最佳手段。

3）文献是确认研究人员对某一发现或发明的优先权的基本手段。

4）文献是衡量研究人员创造性劳动效率的重要指标。

5）文献是研究人员自我表现和确认自己在科学中的地位的手段，因而是促进研究人员进行研究活动的重要激励因素。

6）文献是人类知识宝库的组成部分，是人类的共同财富。

文献是重要的信息资源，它能帮助人们克服时间与空间上的障碍，记录、存储和传递人类已有的知识与经验，从而推动人类知识的增加和科技的进步。文献中所记载的知识和信息内容可以供无数人同时使用，反复使用，还可以通过复制（复印、转录、缩微）等手段保持其原来的内容。合理、有效地开发文献资源，能给人类社会带来巨大的社会效益和经济效益。

1.2.5　信息、文献、知识、情报的关系

综上所述，信息、知识、情报、文献的关系归纳为：信息是事物运动的状态和方式及其反应；知识是人类通过信息对自然界、人类社会及其思维方式与运动规律的认识，是人的大脑通过思维重新组合的系统化的信息；情报是对用户有用的知识信息；文献是记录、存储、传播知识信息的载体，也是信息和情报的载体。简单地说，知识是系统化的信息；文献是静态的、记录的知识；情报是动态的、传递的知识。它们在一定条件下是可以相互转化的。

信息的含义非常广泛，它包含了知识、情报，也包含了文献。所以信息与文献是属种关系。文献上记载的知识隶属于信息，即文献是信息的一个组成部分。另外，情报是知识的一部分，是在信息的有效传递、利用过程中，进入人类社会交流系统的运动着的知识。

1.3　文献的种类

纸质文献资源是高校图书馆最传统的文献保障体系。高校图书馆收藏的文献类型通常概括为 10 大类：图书、期刊、学位论文、会议文献、科技报告、专利文献、标准文献、科技档案、政府出版物、产品样本等。有人把"学位论文、会议文献、科技报告、专利文献、标准文献、科技档案、政府出版物、产品样本"归纳为特种文献。这样一来文献类型就有三大类：图书、期刊和特种文献，本书沿用这种分类。

1.3.1　图书

1. 图书的定义

联合国教科文组织对图书的定义是：凡由出版社（商）出版的不包括封面和封底在内 49 页以上的印刷品，具有特定的书名和著者名，编有国际标准书号 ISBN（International Standard Book Number），有定价并取得版权保护的出版物称为图书 ⊖。也有人将一切书籍、期刊、小册子、图片等泛称为图书。前者可视为狭义的图书，后者可视为广义的图书。

图书是以传播知识为目的，用文字或其他信息符号记录于一定形式的材料之上的著作物；图书是人类社会实践的产物，是一种特定的不断发展着的知识传播工具。

图书曾经历过几个不同的历史阶段。文字发明并被用于记录知识，使人类进入文明时代。这一阶段图书以载体材料的多样性为特点，例如古埃及用纸莎草，巴比伦用泥板，欧洲中世纪用羊皮、蜡版，印度用棕榈树叶等。在中国，曾用甲骨、青铜器、石头等作为记录知识的载体，从春秋到两汉多用竹简、木牍、缣帛，称为简策、帛书。造纸术发明后，纸逐渐成为世界各民族书写文字的最理想的载体。印刷术的发明标志着图书进入了一个新的阶段，它使图书在质的方面得到改善，在量的方面也有惊人的发展，使知识的积累和传播规模更大，范围更广。19 世纪中叶以后，印刷技术不断革新，图书从手工生产过渡到机械化生产。20 世纪以后，科学技术的飞速发展为人类传播知识手段的进步展现了更为广阔的前景，出现了照相影印图书、计算机排印图书、立体印刷图书等。虽然 20 世纪发展起来的音像文献、缩微文献、机读文献等"非书

⊖　百度百科 . 图书［EB/OL］.（2018−01−13）［2018−10−15］. https://baike.baidu.com/ittm/ 图书 /172039.

资料"大量涌现，但图书由于具有既可保存，又便于携带，可不受空间、时间和设备的限制等优点，仍是当时人类社会最主要的知识交流媒介之一。

图书的类型多种多样。按知识内容划分，图书可分为社科图书、科技图书等；按文种划分，图书可分为中文图书、日文图书、英文图书等；按作用范围划分，图书可分为一般图书、工具书、教科书、科普图书等；按知识内容的深浅程度划分，图书可分为学术专著、普及读物、儿童读物等；按制作形式划分，图书可分为写本书、抄本书、印本书等；按著作方式划分，图书可分为专著、编著、译书、文集、类书等；按装帧形式划分，图书可分为精装书、平装书、线装书等；按出版卷帙划分，图书可分为单卷书、多卷书等；按刊行情况划分，图书可分为单行本图书、丛书、抽印本图书等；按制版印刷情况划分，图书可分为刻印本、排印本、照排本、影印本等；按版次和修订情况划分，图书可分为初版书、重版书、修订本图书等。

图书是人类积累、存储和传播知识的重要手段，它具有保存人类精神产品、交流传递知识信息、进行社会教育和丰富人们文化生活等多种社会功能。图书既是社会生活的产物，又是促进社会进一步发展的有利因素。

2. 中国标准书号

（1）国际标准书号　国际标准书号（International Standard Book Number，简称 ISBN），是专门为识别图书等文献而设计的国际编号。ISO 于 1972 年颁布了 ISBN 国际标准，并在西柏林普鲁士图书馆设立了实施该标准的管理机构——国际 ISBN 中心。现在，采用 ISBN 编码系统的出版物有：图书、小册子、缩微出版物、盲文印刷品等。2007 年 1 月 1 日前，ISBN 由 10 位数字组成，分四个部分：组号（国家和地区的代号）、出版者号、书序号和检验码。2007 年 1 月 1 日起，实行新版 ISBN，新版 ISBN 由 13 位数字组成，分为 5 段，即在原来的 10 位数字前加上 3 位 EAN（欧洲商品编号）图书产品代码"978"。在联机书目中 ISBN 可以作为一个检索字段，从而为用户增加了一种检索途径。

（2）中国标准书号　中国标准书号 GB/T 5795—2006[⊖] 采用国际标准 ISO 2108—2005《信息与文献——国际标准书号》相关规定，结合我国实际情况规定了中国标准书号的结构、显示方式及印刷位置、分配及使用规则、与中国标准书号有关的元数据以及中国标准书号的管理系统。该标准为在中国依法设立的出版者所出版或制作的每一专题出版物及其每一版本提供唯一确定的和国际通用的标识编码方法。

中国标准书号是一种国际通用的出版物编号系统，是中国 ISBN 中心在国际标准书号的基础上制定的一项标准。中国标准书号在 1956—1986 年使用全国统一书号；在 1987—2001 年使用 ISBN+ 图书分类 / 种次号；在 2002—2006 年使用 ISBN–10；从 2007 年起使用 ISBN–13。读者可根据中国标准书号的这些特征来鉴别图书的出版日期。

（3）中国标准书号的构成　中国标准书号由标识符"ISBN"和 13 位数字，分 5 部分构成：ISBN EAN·UCC 前缀 – 组区号 – 出版者号 – 出版序号 – 校验码。

示例：ISBN 978-7-111-53320-7。

第 1 部分：EAN·UCC 前缀，由国际物品编码协会分配的产品标识编码为"978"。

第 2 部分：组区号，由国际 ISBN 管理机构分配给中国的组区号为"7"。

第 3 部分：出版者号，是标识具体的出版者，其长度为 2~7 位，由中国 ISBN 管理机构设

⊖　中国国家标准化管理委员会.中国标准书号：GB/T 5795 — 2006［S］.北京：中国标准出版社，2006：1-13.

置和分配。示例为"111"。

第 4 部分：出版序号，由出版者按出版物的出版次序管理和编制。示例为"53320"。

第 5 部分：校验码，由校验码前面的 12 位数字通过特定的数学算法计算得出，用以检证中国标准书号编号的正确性。示例为"7"。

书写或印刷中国标准书号时，标识符"ISBN"使用大写英文字母，其后留半个汉字空，数字的各部分应以半字线隔开，如示例所示。

（4）中国标准书号（13 位）校验码计算示例　中国标准书号的校验码用以检证中国标准书号编号的正确性，即验证 ISBN 号前 12 位数字的"加权乘积之和加校验码，能被模数 10 整除，即正确"。

以 ISBN 978-7-111-53320-7 为例，具体算法是：

序位由右到左 13 位，校验位在第 1 位；填入条码的前 12 位数字；从序位 2 开始所有偶数位填入加权值 3；从序号 3 开始所有奇数位填入加权值 1；将 ISBN 各位数字与同序位的加权值相乘得到乘积。由 13 位数字组成的中国标准书号校验码计算示例见表 1-1。

表 1-1　由 13 位数字组成的中国标准书号校验码计算示例

序位	13	12	11	10	9	8	7	6	5	4	3	2	1
ISBN	9	7	8	7	1	1	1	5	3	3	2	0	?
加权值	1	3	1	3	1	3	1	3	1	3	1	3	—
加权乘积	9	21	8	21	1	3	1	15	3	9	2	0	—

加权乘积之和 =9+21+8+21+1+3+1+15+3+9+2+0=93

用乘积之和除以模数 10，得出余数：93÷10=9 余 3

（注意：这个公式有一个例外，当余数为 0 时，校验码即为 0）

模数 10 减余数 3，所得差即为校验码：即 10-3=7

将所得校验码放在构成中国标准书号的基本数字末端：978-7-111-53320-7

加权乘积之和 + 校验码 =93+7=100，能被 10 整除。所以，示例中国标准书号编号 ISBN 978-7-111-53320-7 是正确的。

3. 图书种类

图书按使用性质进一步细分，可分为专著、教科书、工具书、百科全书、词典、字典、年鉴、手册、名录、表谱、丛书、总集、别集、政书、地方志、笔记等。

（1）专著　专著（Monograph）是对某一学科或某一专门课题进行全面、系统论述的著作。一般是对特定问题进行详细、系统考察或研究的结果。专著通常是作者阐述其"一家之言"，提出自己的观点和认识，而较少单纯陈述众家之说；专著的篇幅一般比较长，因此能围绕较大的复杂性问题做深入细致的探讨和全面论述，具有内容广博、论述系统、观点成熟等特点，一般是重要科学研究成果的体现，具有较高的学术参考价值。专著出版前，作者的研究成果往往先以论文的形式出现，在此基础上深入探讨，并展开阐述，从而形成专著。专著通常都附有参考文献和引文注释，包含丰富的书目信息。

（2）教科书　教科书（Textbook）是按照教学大纲的要求编写的教学用书。教科书又称课本、教材。按使用对象划分，教科书可分为小学教科书、中学教科书和高等学校教科书三大类。

中小学教科书一般强调规范、标准和统一。高等学校教科书则允许有多种形式，除统编教材外，还可有自编教材。教科书在编排结构上应层次分明，按知识体系循序渐进地安排内容，便于学生逐步、系统地接受和掌握知识。高等学校教科书一般还列举和推荐相应领域的重要文献，提供丰富的书目信息。

（3）**工具书**　工具书（Reference Books）是供查找和检索知识及信息用的图书。由于一般不以提供系统阅读为目的，而是作为在需要时查考和寻检知识使用的辅助工具，因此称为工具书。工具书内容概括、信息密集，在体例结构及编排上更多地考虑到寻检查阅的方便，是人们求知治学中不可缺少的工具。

（4）**百科全书**　百科全书（Encyclopedia）是概要记述人类一切门类知识或某一门类全部知识的完备的工具书。英文"Encyclopedia"一词来源于希腊文，词义为"一切知识尽在其中"；中文"百科全书"一词是20世纪初才出现的。百科全书的主要作用是供人们查检必要的知识和事实资料，其完备性在于，它几乎囊括了各方面的知识。此外，百科全书还具有扩大读者知识视野和帮助人们系统求知的教育作用，常被誉为"没有围墙的大学"。

18~20世纪，英国、德国、法国、意大利、日本等国相继编纂出版了一批权威性的百科全书。我国也从1980年开始出版《中国大百科全书》。现代百科全书已形成完整的系列，以适应不同文化层次和不同专业的读者需要。百科全书可分为以下几大类：

1）综合性百科全书。它概述人类一切门类知识，供广大的读者查检基本知识和基本资料。按照读者的文化程度可再区分为高级成年人百科全书、普及的学生百科全书和少年儿童百科全书。前一类常为多卷本的大部头书，人们习惯称之为"大百科全书"，如《不列颠百科全书》和《中国大百科全书》。

2）专业性百科全书。它选收某一学科或某一门类知识，如美国的《科学技术百科全书》《社会科学百科全书》和《图书馆学和情报学百科全书》。

3）地域性百科全书。就选收内容而言也是综合性百科全书，但仅限于一个地区、一个国家或一个城市的知识，如《亚洲百科全书》《伦敦百科全书》等。

4）百科词典。它是兼具百科全书与词典性质的工具书，但仅收各科专业词汇并作简要解释，不收一般词语。

百科全书是大型工具书，被称为"工具书之王"。它种类繁多，适用范围各异，编纂质量也有高低之分，读者和图书馆员必须善于对其进行鉴别和选择。鉴别主要有种类鉴别、功用鉴别、适用程度鉴别、编纂水平鉴别等。评价百科全书编纂水平和质量的标准主要有以下6个方面：

1）权威性。这是指全书条目撰编人、编审组织（编委会）、总编辑和出版单位的权威性。

2）内容的全面、精确、新颖程度。这是指选收条目广泛全面，没有重大遗漏和过多重复，知识门类比例均衡；提供的知识和事实资料精确；内容在稳定性的基础上能反映新情况、新进展，不陈旧过时，收有5年以内的重要事实和材料。

3）客观性。这是指在政治、宗教和社会偏见等方面的倾向性较小。

4）简明性。这是指语言精练，文字流畅易懂。

5）检索性。这是百科全书功能的主要标志，它与条目设置是否合理、条头标引是否规范、检索系统（包括条目编排、参见设置、索引编制）是否精当有关。

6）装帧。装帧是指百科全书的开本、版式、印刷、纸张、装订的质量。

（5）**词典**　词典（Dictionary）是收录词语并附释义，以提供有关信息检索的工具书。广义的词典包括语文词典和其他各种以词语为收录单位的工具书；狭义的词典仅指语文词典。在汉语中，词典有时也称辞典。词典一般有如下特点：①汇集词语或词语的某些成分；②以条目（词条）形式提供各个词语的有关信息，并构成词典的主体；③所收词语多按字顺方式编排。

词典一般可划分为语文词典和专科词典两大类。语文词典主要收录普通词语，兼收少量专科词语。按用途它又可分为学习用、参考用和研究用 3 种类型；按所采用的语种又可分为单语词典和双语词典；按收录范围和释义项目的多寡又可区分为详解语文词典和特种语文词典。

词典还可按规模分为大型词典、中型词典、小型词典等；按排检方法可分为形序词典、音序词典、义序词典等。词典按所收词语的性质还有各种专名词典，包括人名词典、地名词典、书名词典、机构名词典等。

（6）字典　字典（Dictionary）是汇集单字，按某种查字方法编排，并一一注明其读音、意义和用法的工具书。它是汉语和类似的语言文字所特有的一种语文词典。它以单个字为收录对象，也兼收少量复词。

字典可分为详解字典和特种字典。详解字典是就字的形、音、义进行全面解释，如《新华字典》《汉语大字典》等。特种字典也称专门字典，它仅就字的某一方面进行解释，如正字字典、正音字典、虚字字典、难字字典等。

（7）年鉴　年鉴（Yearbook）是汇辑一年内事物进展新情况和统计资料，按年度连续出版的资料性工具书。年鉴属信息密集型工具书，具有资料翔实、反映及时、连续出版等特点。其主要作用是向人们提供一年内全面、真实、系统的事实资料，便于了解事物现状和研究发展趋势。

年鉴一般可分综合性年鉴和专业性年鉴两大类。综合性年鉴内容广泛，反映政治、经济、文化、教育等各方面的进展情况，如全国性的《中国年鉴》《中国百科年鉴》，地域性的《广州年鉴》《湖南年鉴》等。专业性年鉴主要反映某一学科或某一行业，介绍与该学科或行业有关的各种情况，为专业工作者提供方便，如《中国出版年鉴》《中国轻工业年鉴》等。

年鉴主要是由编纂单位根据选题计划，组织众多作者撰写的，少量内容来源于当年的政府公报、其他重要文献和统计部门提供的数据。在选材上，它要求系统全面、客观正确以及浓缩精练。在编纂结构上，要求布局合理，基本框架稳定，其常设的栏目有：文献（包括文件和法规）、概况、文选和文摘、大事记、论争集要、统计资料、人物志、机构简介、附录等。

（8）手册　手册（Handbook，Manual）是汇集某一或若干学科或专业领域的基本知识，参考资料或数据，供随时查检的便捷性工具书，一般主题明确，信息密集，资料可靠，携带方便，实用性强。在英语中，"Handbook"意为可拿在手里随时参考的小书；"Manual"意为指导人们如何做某件事（如修配汽车、烹调等）的操作型工具书。

手册通常可以按其内容分为综合性手册与专业性手册两大类。综合性手册如《读报手册》；专业性手册如《编辑工作手册》《CRC 化学物理手册》等。就知识储存方式而言，有的以文字叙述为主，如《工厂管理手册》；有的近似词典，如《外国地名译名手册》；有的以表格数据为主，如《世界自然地理手册》；有的则图文并茂，如《家庭日用大全》等。

（9）名录　名录（Directory）是介绍各种机构概况的便捷性工具书。名录又称为机构名录或便览。名录通常按字顺或分类排列，提供机构的地址、负责人、职能及其他有关信息。名录是重要的情报源。

名录有多种划分方法。按地域，有国际、国家和地区的名录之分，如《国际组织年鉴》《国际科学组织简介》《中国出版发行机构和报刊名录》《北京工商企业名录》等；按内容和性质有政府机构、事业单位和企业单位名录之分，如《美国国会便览》《世界跨国公司名录》。工具书专家通常将名录划分为名录指南（或书目）、政府机构名录、学术性机构名录、职业和商业机构名录 4 种，但互有重叠交叉。世界上出版的许多年鉴、手册、百科全书等均提供关于机构的资料。

（10）表谱　表谱（Table）是指按事物类别或系统编制的、反映时间和历史概念的表册工具书，是年表、历表和其他历史表谱的总称。表谱简明扼要，提纲挈领，以简驭繁，将纷繁复杂的历史人物、事件、年代用简明的表格、谱系等形式表现出来，具有精要、便览、易查等特点。

表谱的形式和内容丰富多彩，一般按年代顺序编排，便于系统地了解历史人物、事件发展演变情况，并有助于对中外历史进行横向比较研究。

另外，还有丛书、总集、别集、政书、地方志等。

1.3.2　期刊

1. 期刊的定义

期刊（Periodical）是指具有同一标题的定期或不定期的连续出版物。它是人们记录、传播、保存知识和信息的主要载体之一，是供大众阅读的综合性杂志（Magazine）与供专业人员阅读的刊物（Journal）的总称。

联合国教科文组织于 1964 年 11 月 19 日在巴黎举行的大会上通过一项关于期刊的定义："凡用同一标题连续不断（无限期）定期或不定期出版，每年至少出一期（次）以上，每期均有期次编号或注明日期的称为期刊。"我国对期刊概念的阐述，见中华人民共和国新闻出版总署 2005 年 9 月 30 日发布的《期刊出版管理规定》第二条，该规定所称期刊又称杂志，是指有固定名称，用卷、期或者年、季、月顺序编号，按照一定周期出版的成册连续出版物。

2. 科技期刊重要性及特点

《普通高等学校图书馆评估指标（修改稿）》对期刊数量的要求是："中外文现刊订购量（种数与读者数之比为 40% 及以上）。"这个指标应该是很高的。例如，在校生达一万名的高校图书馆，每年中外文现刊订购量应在 4000 种以上，这是因为期刊是学术传播的重要工具，科技期刊重要性及特点在于：

1）出版周期短，信息量大。

2）期刊能及时反映科学技术中新成果、新水平、新动向。

3）期刊是交流学术思想最基本的文献形式。

4）期刊是利用率最高的文献类型。

5）期刊文献约占整个信息源的 60%~70%，科技工作者高度重视本学科的期刊。

6）多数检索工具以科技期刊为主要报道对象。

7）想了解某一问题时，最普遍方法是查询期刊论文。

3. 中国标准刊号

（1）中国标准刊号简介　中国标准刊号是由国际标准刊号（ISSN）和中国国别代码"CN"为标识的国内统一刊号两部分组成。一般格式如下：ISSN××××-××××，CN××-××××/YY。如《时尚旅游》的国际标准刊号为 ISSN 1671-9700，国内统一刊号为 CN 11-4898/K。

1）国际标准期刊号。国际标准期刊号（International Standard Serials Number，ISSN）是国

际赋予期刊的统一编号，由一组冠有"ISSN"代号的 8 位数字组成，分前后两段，每段 4 位数，段间以"–"相连接。如"ISSN 1671–9700"，其中前 7 位为单纯的数字序号，无任何特殊含义，最后一位为计算机校验位。在前缀 ISSN 与数字之间空一个字距。在我国，经国家新闻出版署正式批准的连续出版物，应按照该标准进行编码。

2）国内统一刊号。国内统一刊号以中国国别代码"CN"为识别标志，由报刊登记号和分类号两部分组成。其结构为：

CN 地区号（2 位数字）– 序号（4 位数字）/ 分类号

如"CN 11–4898/K"。

其中，①地区号，按《中华人民共和国行政区划代码》GB/T 2260—2007 所规定的省、自治区、直辖市地区代号给出；②序号，由报刊登记所在的省、自治区、直辖市新闻出版行政管理部门分配。1000–4999 统一作为期刊的序号；③分类号，按《中国图书馆分类法》的基本大类给出，其中文化教育（G 类）、自然科学（O 类）和工业技术（T 类）的期刊按该分类法的二级类目给出。

为了推动中国标准刊号条码标识在我国的普及应用，加快与国际的接轨，中国国家标准管理委员会采用国际物品编码协会（EAN International）制定的《EAN 杂志和学术期刊规范》中的第二种方案，即 EAN 专用前缀码 977 与国际标准刊号相结合的编码方法和条码标识方案，制定了《中国标准刊号（ISSN 部分）条码》GB/T 16827—1997。该标准规定了中国标准刊号（ISSN 部分）条码的代码结构、条码符号技术要求和印刷位置，适用于经国家新闻出版主管部门正式批准的并有中国标准刊号（ISSN 部分）的连续出版物。

（2）中国标准刊号（ISSN 部分）条码的代码结构　示例：期刊《时尚旅游》的中国标准刊号（ISSN 部分）ISSN 1671–9700，条码号 9771671970183，条码附加码 08。《时尚旅游》的中国标准刊号（ISSN 部分）条码结构如图 1–1 所示。

图 1–1　《时尚旅游》的中国标准刊号（ISSN 部分）条码结构

中国标准刊号（ISSN 部分）条码由 15 位数字，分 5 部分组成，其具体结构如下：

前缀码 + 数据码（ISSN 号）+ 年份码 + 校验码 + 附加码

第 1 部分：前缀码，3 位 977，是国际物品编码协会（EAN International）指定给国际标准刊号（ISSN）专用的前缀码。

第 2 部分：数据码（ISSN 号），取 ISSN 号前 7 位数字（1671970），是不含校验码的中国标准刊号的 ISSN 部分。

第 3 部分：年份码，2 位，标识年份。取公历年份最后 2 位，如 2018 年取 18 表示。

第 4 部分：校验码，1 位，中国标准刊号（ISSN 部分）条码的第 13 位是校验码 3。

第 5 部分：附加码，2 位，示例中 08 表示连续出版物的系列号（即周或月份的序号）。

附加码编号方法：周刊（01~53），旬刊（01~36），半月刊（01~24），月刊（01~12），双月刊（01~12），季刊（01~12），半年刊（01~12），年刊（01~12），特刊（01~99）。

（3）ISSN 号（8 位）校验码计算示例 以 ISSN 1671-9700 为例，后段的末尾数为校验号。验证 ISSN 号前 7 位数字的 "加权乘积之和加校验码，能被 11 整除，则校验码正确"。

具体算法是：①序位从右到左 8 位，校验位在第 1 位；②填入 ISSN 前 7 位（1671970）；③从序位 2 开始向左加权值分别是 2~8；④将 ISSN 号的各位数字与同序位的加权值相乘得到加权乘积。ISSN 号（8 位）校验码计算示例见表 1-2 所示。

表 1-2 ISSN 号（8 位）校验码计算示例

序位	8	7	6	5	4	3	2	1
ISSN	1	6	7	1	9	7	0	?
加权值	8	7	6	5	4	3	2	—
加权乘积	8	42	42	5	36	21	0	—

加权乘积之和 =8+42+42+5+36+21+0=154。

用加权乘积之和除以模数 11，得出余数：即 154 ÷ 11=14 余 0。

用模数 11 减余数，得到的差数值即为校验码。

（如果差数为 10，校验则以大写的 "X" 表示。如果余数是 "0"，则校验码为 "0"）

本例余数是 "0"，则校验码为 "0"。

校验结果：国际标准刊号 ISSN 1671-9700 是正确的。

4. 期刊类型

从总体上看，世界各国历来出版的社会科学类期刊的品种和数量，均大大超过科学技术类期刊。据行家分析，20 世纪 80 年代两者的比例大约为 7:3。

（1）按内容分 可分为以下 5 类。

1）普及性期刊。这类期刊为吸引读者，强调知识性与趣味性，一般均图文并茂，印刷和装帧较好，发行量较大，定价较低。其中畅销的期刊有我国的《百科知识》《人民画报》和《大众电影》，美国的《时代》和《读者文摘》等。

2）学术性或技术性专业刊物。它主要刊载学术论文、研究报告、评论等文章。这类期刊均有特定的内容，以特定的读者为对象。印刷和装帧较严肃，一般不刊登广告。因专业性很强，所以一般发行量较小，定价较高（包括学报、会刊等，如《电信技术》《电视技术》）。

3）情报资料性期刊。主要刊载简短、及时的商情、数据（包括各种 "消息" "快报" "通信" 等，如《国外科技动态》）。

4）检索性期刊。检索性期刊以文献题录和索引为主。因编者对大量资料进行再加工，读者对它的重复使用率很高。这类期刊订户主要是团体单位和图书馆，发行量很少，定价很高，如我国的《新华文摘》《全国报刊索引》，美国的《化学文摘》《工程索引年刊》等。

5）时事政治性期刊。这类期刊包括《瞭望》《半月谈》等。

（2）按载体形态分 有印刷型期刊、缩微型期刊、机读型期刊等。

（3）按出版周期分 有周刊、半月刊、月刊、双月刊、季刊、半年刊等。

5. 报纸

报纸（Newspaper）是出版周期较短的定期连续出版物。它是以刊载新闻和新闻评论为主的，面向公众，定期、连续发行的出版物。报纸通常散页印刷，不装订，没有封面，有固定的名称。多数每日出版，也有隔日或每周出版的。随着现代社会生活的发展和读者对信息需求的多样化，除了以传播新闻和评论为主的报纸外，还有以传播知识、提供娱乐或生活服务为内容的报纸。报纸按出版发行的周期可分为日报、双日报、周报、月报等；按内容可分为时事政治类、科学与技术类、商业类、文化教育类等。报纸传递信息速度快，信息量大，现实感强，是重要的情报源和社会舆论工具，对社会经济和政治生活有着深远的影响。

报纸在长期发展过程中形成的基本职能是：①传播新闻，沟通情况；②宣传思想，影响群众；③反映舆论，引导舆论；④传授知识；⑤提供娱乐。

报纸索引是检索报纸所刊载文献的主要工具。我国重要的报纸索引有《全国报刊索引》《人民日报索引》等。

1.3.3　特种文献

图书、连续出版物（期刊、报纸）、学位论文、会议文献、科技报告、专利文献、标准文献、科技档案、政府出版物、产品样本，这 10 种文献被人们称为十大文献信息源。其中除图书、期刊外的其他类型文献统称为特种文献。

1. 学位论文

学位论文（Thesis/Dissertation）是高等学校或研究机构的学生为取得学位，在导师指导下完成的科学研究、科学试验成果的书面报告。

根据《中华人民共和国学位条例》的规定，我国学位论文分为学士论文、硕士论文、博士论文三种。学位论文的格式有严格要求，学位论文是学术论文的一种形式。

按照研究方法不同，学位论文可分为理论型、实验型和描述型三类。理论型论文运用的研究方法是理论证明、理论分析、数学推理，用这些研究方法获得科研成果；实验型论文运用实验方法，进行实验研究获得科研成果；描述型论文运用描述、比较、说明，对新发现的事物或现象进行研究而获得科研成果。

2. 会议文献

会议文献（Conference Literature）是在学术会议上宣读和交流的论文、报告及其他有关资料。会议文献多数以会议录的形式出现。

会议文献的特点是传递情报比较及时，内容新颖，专业性和针对性强，种类繁多，出版形式多样。它是科技文献的重要组成部分，一般是经过挑选的，质量较高，能及时反映科学技术中的新发现、新成果、新成就以及学科发展趋向，是一种重要的情报源。

会议文献可分为会前、会中和会后 3 种：①会前文献包括征文启事、会议通知书、会议日程表、预印本和会前论文摘要等。其中预印本是在会前几个月内发至与会者或公开出售的会议资料，比会后正式出版的会议录要早 1~2 年，但内容完备性和准确性不及会议录。有些会议因不再出版会议录，故预印本就显得更加重要。②会议期间的会议文献有开幕词、讲话或报告、讨论记录、会议决议和闭幕词等。③会后文献有会议录、汇编、论文集、报告、学术讨论会报告、会议专刊等。其中会议录是会后将论文、报告及讨论记录整理汇编而公开出版或发表的文献。

会议文献没有固定的出版形式，有的刊载在学会、协会的期刊上，作为专号、特辑或增刊；

有些则发表在专门刊载会议录或会议论文摘要的期刊上。据统计，以期刊形式出版的会议录约占会议文献总数的 50%。一些会议文献还常常汇编成专题论文集或会议丛刊、丛书。还有些会议文献以科技报告的形式出版。此外，有的会议文献以录音带、录像带或缩微品等形式出版。

为更好地利用会议文献，一些国家出版各种会议文献检索工具或建立数据库，如美国出版的预告、报道和检索世界重要学术会议文献的《世界会议》（1963 年创刊）、《会议论文索引》（1973 年创刊）、《在版会议录》《科技会议录索引》（1978 年创刊），英国的《近期国际会议》（1966 年创刊），我国的《国内学术会议文献通报》（1982 年创刊）及其数据库等。

3. 科技报告

科技报告（Scientific and Technical Report）是对科学、技术研究结果或研究进展的记录和系统总结。科技报告又称研究报告、报告文献。科技报告的出现早于科技期刊，在科学交流制度化之前，科学家们就已经在交换科技报告。

世界上较著名的科技报告有美国政府的四大报告（商业部的 PB 报告、国防部的 AD 报告、国家航空及宇航局的 NASA 报告和能源部的 AEC/ERDA/DOE 报告），英国航空委员会（ARC）报告，英国原子能局（UKAEA）报告，法国原子能委员会（CEA）报告，日本的原子能研究所报告、东京大学原子核研究所报告、三菱技术通报，苏联的科学技术总结和我国的"科学技术研究成果报告"等。

（1）科技报告的特点　科技报告的特点有：连续出版，内容专深、具体，数据完整；往往是最新成果，比期刊论文发表早。具体来说：①迅速反映新的科研成果，以科技报告形式反映的科研成果比这些成果在期刊上发表，一般要早一年左右，有的则不在期刊上发表；②内容多样化，几乎涉及整个科学、技术领域和社会科学、行为科学以及部分人文科学领域；③保密性，大量科技报告都与政府的研究活动、高新技术有关，使用范围控制较严；④报告质量参差不齐，大部分科技报告是合同研究计划的产物，由工程技术人员编写，由于撰写受时间限制，也因保密需要以工作文件形式出现等因素影响，报告的质量相差很大；⑤每份报告自成一册，装订简单，一般都有连续编号。

（2）科技报告的类型　按科技报告反映的研究阶段，大致可分为两大类：一类是研究过程中的报告，如现状报告、预备报告、中间报告、进展报告、非正式报告；另一类是研究工作结束时的报告，如总结报告、终结报告、试验结果报告、竣工报告、正式报告、公开报告等。

按科技报告的文献形式可分为：①报告书，是一种比较正式的文件；②札记，研究中的临时记录或小结；③论文，准备在学术会议上或期刊上发表的报告；④备忘录，供同一专业或同一机构中的少数人沟通信息用的资料；⑤通报，对外公布的、内容较为成熟的摘要性文件；⑥技术译文。科技报告按密级可划分为：绝密报告、机密报告、秘密报告、非密限制发行报告、非密报告、解密报告等。

4. 专利文献

专利文献（Patent Literature）是记录有关发明创造信息的文献。从广义而言，它包括专利申请书、专利说明书、专利公报、专利检索工具以及与专利有关的一切资料；从狭义而言，它仅指各国（地区）专利局出版的专利说明书或发明说明书。

由于专利可区分为发明专利、实用新型专利、外观设计专利、植物专利、再公告专利、防卫性公告、商标、技术诀窍等，专利文献也可相应地按内容作如上类型划分。广义的专利文献有专利申请书、专利说明书、专利公报、专利法律文件、专利检索工具等类型。

（1）专利文献的组成 专利说明书是专利文献的主体，它是个人或企业为了获得某项发明的专利权，在申请专利时必须向专利局呈交的有关该发明的详细技术说明，一般由 3 部分组成：

1）著录项目。它包括专利号、专利申请号、申请日期、公布日期、专利分类号、发明题目、专利摘要或专利权范围、法律上有关联的文件、专利申请人、专利发明人、专利权所有者等。专利说明书的著录项目较多并且整齐划一，每个著录项目前还须标有国际通用的数据识别代号（INID）。

2）发明说明书。它是申请人对发明技术背景、发明内容以及发明实施方式的说明，通常还附有插图，旨在让同一技术领域的技术人员能依据说明重现该发明。

3）专利权项（简称权项，又称权利要求书）。指专利申请人要求专利局对其发明给予法律保护的项目。当专利批准后，权项具有直接的法律作用。

专利公报是专利局定期（每周、每月或每季）公布新收到或批准的专利的刊物，一般有发明内容摘要。专利法律文件包括专利法、专利局发布的公告及有关文件。专利检索工具包括专利公报、专利索引和文摘、专利分类法等。

（2）专利文献的特征 具体特征如下：

1）寓技术、法律和经济情报于一体。从专利文献中可了解发明技术的实质、专利权的范围和时限，还能根据专利申请活动的情况，觉察正在开拓的新技术市场以及它对经济发展的影响。

2）内容新颖，出版迅速。各国专利法均规定申请专利的发明必须具有新颖性，特别是由于大多数国家采用了先申请原则，即分别就同样发明内容申请专利的，专利权将授予最先申请者。这就促使发明者在完成发明构思后立即申请专利。事实上，一些重大的发明常在专利文献公开10 余年后才见诸其他文献。近年来，一些国家相继采用了早期公开制，发明说明书自申请专利之日起满 18 个月即公布于众，这又加快了发明内容公开化的进程。

3）内容可靠。发明说明书等有关文件的撰写大多是由受过专门训练的代理人会同发明人共同完成的，而且还经过专利局的严格审查。

4）内容详细，格式规范化。各国专利说明书基本上都是按照国际统一的格式印刷出版的，著录项目都有统一的识别代码，国家名称也有统一的代号。因此，即便不懂原文，也能识别该说明书的一些特征，给查找专利文献提供了方便。

5）重复性。造成专利文献大量重复的原因有两个：一是同一项发明用各种语言向多个国家申请专利的现象屡见不鲜；二是不少国家专利局在受理和审批专利申请的过程中，对发明说明书要先后公布几次。这一特性虽有助于评价发明的重要性、弥补馆藏的不足，但也给收藏和管理增加了负担。

5. 标准文献

标准文献（Standards Literature），从狭义上而言，它是指按规定程序制定，经公认权威机构（主管机关）批准的一整套在特定范围（领域）内必须执行的规格、规则、技术要求等规范性文献，简称标准。从广义上而言，它是指与标准化工作有关的一切文献，包括标准形成过程中的各种档案、宣传推广标准的手册及其他出版物、揭示报道标准文献信息的目录及索引等。

国家标准中影响较大的有美国（ANSI）、英国（BS）、日本（JIS）、法国（NF）、德国（DIN）等。国际标准化机构中最重要、影响最大的是 1947 年成立的国际标准化组织（ISO）和1906 年成立的国际电工委员会（IEC），它们制定或批准的标准具有广泛的国际影响。

标准按性质可划分为技术标准和管理标准。技术标准按内容又可分为基础标准、产品标准、方法标准、安全和环境保护标准等。管理标准按内容分为技术管理标准、生产组织标准、经济管理标准、行政管理标准、管理业务标准、工作标准等。标准按适用范围可划分为国际标准、区域性标准、国家标准、行业标准和企业标准；按成熟程度可划分为法定标准、推荐标准、试行标准和标准草案等。

（1）标准的特点　①每个国家对于标准的制定和审批程序都有专门的规定，并有固定的代号，标准格式整齐划一；②它是从事生产、设计、管理、产品检验、商品流通、科学研究的共同依据，在一定条件下具有某种法律效力，具有一定的约束力；③时效性强，它只以某时间段的科技发展水平为基础，具有一定的陈旧性，因此随着经济发展和科学技术水平的提高，标准不断地进行修订、补充、替代或废止，以增强标准的时效性；④一个标准一般只解决一个问题，文字准确简练；⑤不同种类和级别的标准在不同范围内贯彻执行；⑥标准文献具有其自身的检索系统。

（2）标准的内容　①标准级别；②分类号，通常是《国际十进分类法》（UDC）类号和各国自编的标准文献分类法的类号；③标准号，一般由标准代号、序号、年代号组成。例如，DIN—11911—1979，其中 DIN 为联邦德国标准代号，11911 为序号，1979 为年代号；GB1—1973，其中 GB 是中国国家标准代号，1 为序码，1973 为年代号；④标准名称；⑤标准提出单位；⑥审批单位；⑦批准年月；⑧实施日期；⑨具体内容项目。

（3）我国标准的分级和种类　根据《中华人民共和国标准化法》的规定，我国的标准分为国家标准、行业标准和企业标准三级。各级标准的对象、适用范围、内容特性要求和审批权限，由有关法律法规和规章作出规定。

1）按约束力分，有国家标准、行业标准；又分为强制性标准、推荐性标准（/T）和指导性技术文件（/Z）三种。

2）按标准化的对象分，标准可分为技术标准、管理标准和工作标准三大类。

3）标准有效期，自标准实施之日起，至标准复审重新确认、修订或废止的时间，称为标准的有效期，又称标龄。由于各国情况不同，标准有效期也不同。ISO 标准每 5 年复审一次，平均标龄为 4.92 年。我国在国家标准化管理办法中规定国家标准实施 5 年内要进行复审，即我国国家标准有效期一般为 5 年。

（4）标准号的组成　标准号由颁布机构代号（或标准代号）、顺序号和颁布年组成，如 GB/T 50362—2005《住宅性能评定技术标准》。国家标准（GB），行业标准（HB），代号"GB"或"HB"为强制性标准；有"T"的为推荐性标准；有"Z"的为指导性技术文件。

需要说明的是：标准修订后，标准的前两项不变（颁布机构代号如 GB/T，顺序号如 50362），只是颁布年相应改变。标准是否更新，用标准号的前两项去网络搜索一下便可知道。

6. 科学技术档案

科学技术档案（Scientific and Technical Archives）简称为"科技档案"，是指在自然科学研究、生产技术、基本建设等活动中形成的具有参考利用价值，并已归档保存的科学技术文件材料，包括图样、图表、文件材料、计算材料、照片、影片以及各种录音、录像、机读磁带、光盘等，是档案的一大门类。

科学技术档案反映和记载一定单位的科学技术活动，反映和记载人类认识自然、改造自然的各项成果，是科技档案最本质的属性。科技档案主要产生于从事自然科学研究、生产技术和基本建设等活动的单位。一些专业主管单位也颁发有关科技工作的指示、决定、规程、规范和审批文件等，基层科技单位也将这些文件归入科技档案中。

科技档案不同于科技资料。反映一定单位科技活动的并具有历史查考凭证作用的科技文件材料才能转化为科技档案，而收集交流来的只起参考作用的材料是科技资料。只有被本单位采用的外来科技资料才会转化为本单位的科技档案；科技档案通过复制提供给外单位参考使用则转化为科技资料。科技档案属于一次文献。

7. 政府出版物

政府出版物（Government Publication）是由政府机构制作出版或由政府编辑并指定出版商出版的文献，又称官方出版物。目前各国对政府出版物尚无一致定义。政府出版物大致可分为两大类：一类是行政性文献（包括立法、司法文献），主要有国会或议会记录、议案、决议、司法资料、法律、法令、规章制度、各项政策、调查统计资料等，这类政府出版物主要涉及政治、法律、经济等方面；另一类是科学技术文献，主要是由政府出版的科技报告、标准、专利文献、科技政策文件、公开后的科技档案等。政府出版物数量巨大，内容广泛，出版迅速，资料可靠，是重要的情报源。世界上很多工具书指南将政府出版物作为工具书（或参考资料）的一大类型加以介绍。

政府出版物的出版形式多种多样，常见的有报告、公报、通报和通信、文件汇编、会议录、统计资料、图表、地名词典、官员名录、国家机关指南、政府工作手册、地图与地图集等。它们除以传统的印刷型的图书、期刊、小册子形式出现外，还以各种非纸质载体的资料形式出现。

8. 产品样本

产品样本（Product Sample Book）是厂商为向用户宣传和推销其产品而印发的介绍产品情况的文献。产品样本通常包括产品说明书、产品数据手册、产品目录等。产品样本的内容主要是对产品的规格、性能、特点、构造、用途、使用方法等的介绍和说明，所介绍的产品多是已投产和正在行销的产品，反映的技术比较成熟，数据也较为可靠，内容具体并通俗易懂，常附有较多的外观照片和结构简图，直观性较强。但产品样本的时间性强，使用寿命较短，且多不提供详细数据和理论依据。大多数产品样本以散页形式印发，有的则汇编成产品样本集，还有些散见于企业刊物、外贸刊物中。产品样本是技术人员设计、制造新产品的一种有价值的参考资料，也是计划、开发、采购、销售、外贸等专业人员了解各厂商出厂产品现状、掌握产品市场情况及发展动向的重要情报源。

1.4　国内常用图书分类法简介

图书馆是搜集、整理、收藏图书资料以供人阅览、参考的机构。任何一个图书馆，不论其藏书有多少，都必须对藏书进行科学的分类和排架，以便读者有效、充分地利用图书馆的文献资源。读者要迅速地借阅、找到自己所需的图书和文献，必须了解和熟悉图书馆的图书分类和排架规则。

图书分类就是根据图书的学科内容或读者对象、文种、编辑形式、体裁等特征来分门别类地组织图书。类代表一组在性质上彼此相同或相近的事物，一类图书就是一组在某种性质上彼此相同或相近的图书。类在图书分类的习惯上又称为类目。每一个类目必须给予相应的名称来表示该类的性质，这些名称就叫类名。例如，"数学""历史""文学""艺术"等。各个类目用特定的符号（如数字、字母）来标记，这些标记符号就叫分类号，如 G442 等。

用来划分某一类图书资料时所依据的某种属性特征，称为分类的标准。根据图书内容方面的属性和形式方面的属性，图书分类的标准有两种：主要标准和辅助标准。图书内容的学科属性是图书分类的主要标准，这是图书馆本身所特有的、最主要的、有决定性的、为其他属性所依附的属性。而图书的其他属性，如使用对象、体裁、体例、文种、开本等，只能作为图书分类的辅助标准。例如，《物理词典》一书，物理是它的学科内容，应作为分类的主要标准，而词典则是它的体例，属于图书形式方面的属性，应作为分类的辅助标准。

图书经过分类后，同一门类的图书聚在一起，组成一个系统，不同门类的被区分开来，性质相近的互相联系在一起。这样，就集中反映了各类图书的大致内容，读者要借阅哪方面的图书，便可按类寻找，并从分类体系中了解到内容相近的其他图书，从而扩大了查找范围。如果没有图书的分类工作，图书馆就无法进行科学的管理，成千上万册图书也就无从发挥作用。

图书分类不是凭空进行的，必须有一个依据，这个依据就是图书分类法。它的表现形式是图书分类表。因此，人们习惯上把图书分类表也叫作图书分类法。我国的图书分类法历史悠久，源远流长。世界公认的我国最早反映图书分类体系的著作，是公元前 28 年的《七略》。"略"就是"类"的意思。这是西汉成帝时由刘向、刘歆父子编成的一部图书分类目录，也可以说是我国最早的一部图书分类法。此后的历代政府都编有反映历代藏书或一代藏书的分类目录，此外还有一些私人编制的分类目录。现在我国推行较广、影响较大的图书分类法有：《中国图书馆分类法》《中国科学院图书馆图书分类法》《中国人民大学图书馆图书分类法》等。为使读者有初步的了解，现介绍如下。

1.4.1　中国图书馆分类法

1. 产生背景

《中国图书馆分类法》（*Chinese Library Classification*，CLC）（原称《中国图书馆图书分类法》）是新中国成立后编制出版的一部具有代表性的大型综合性分类法，简称《中图法》。它由中国国家图书馆（简称国图）、中国科学技术信息研究所等单位共同编制完成。《中图法》初版于 1975 年，到 2010 年出版了第 5 版。目前，《中图法》是国内图书馆使用最广泛的分类法体系，国内主要大型书目、检索刊物、机读数据库，以及《中国国家标准书号》等都按《中图法》进行分类。

基本部类是图书分类法最概括、最本质的部分，是分类表的骨架，也是类目表的纲目。但它并不用于分类图书，而是通过其有序排列，给整个分类表构造一个框架。同时，它也是编制分类表的基本指导思想的体现。

《中图法》将知识门类分为"哲学""社会科学"和"自然科学"三大部类。马列主义、毛泽东思想是指导我们思想的理论基础，作为一个部类，列于首位。此外，根据图书本身的特点，将一些内容庞杂、类无专属，无法按某一学科内容性质分类的图书，概括为"综合性图书"，也作为一个基本部类，置于最后。由此形成了五大部类：马列主义、毛泽东思想，哲学，社会科学，自然科学，综合性图书。

2. 体系结构

《中图法》在 5 个基本部类的基础上展开为 22 个基本大类。基本大类揭示分类法的基本学科范畴和排列次序，是分类法中的第一级类目，用 22 个大写汉语拼音字母来标记。由这些基本大类再作一二度区分，就展开为简要概括分类表全貌的基本类目，在构成简表的基础上，根据各门学科的分支和发展，继续展开下去，就构成了有层次的中小类目的系统排列详表。《中图法》第 5 版的结构体系如图 1-2 所示。

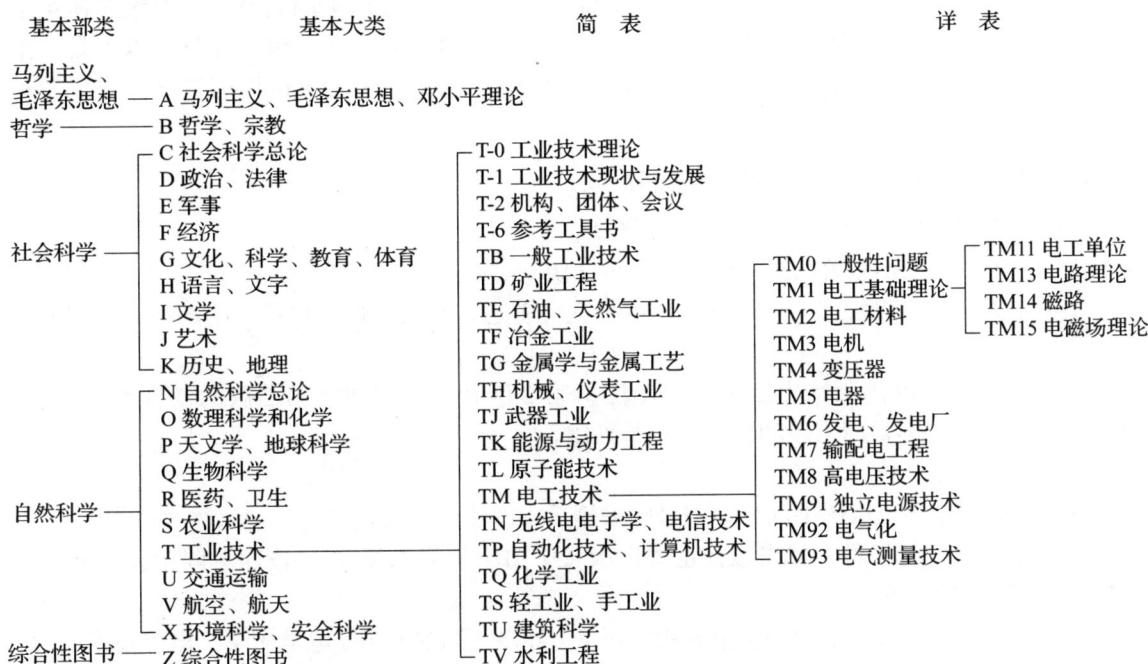

图 1-2　《中图法》（第 5 版）的结构体系

《中图法》第 5 版主要供大型图书馆图书分类使用。另外，为适应不同图书信息机构及不同类型文献分类的需要，它还有几个配套版本：《中国图书资料分类法》《中国图书馆图书分类法（简本）》和《中国图书馆图书分类法：期刊分类表》等。

3.《中图法》第 5 版的主要特点

1）以知识、科学技术发展水平和文献出版的实际为基础，将分类法科学性、实用性有机统一，强调《中图法》的实用性和工具性。

2）在兼顾文献分类排架需要的前提下，也能满足分类检索工具和分类检索系统的需求；在贯彻《中图法》连续性和稳定性的前提下，又充分反映学科专业的发展带来的类目以及类目体系的变化。

3）在保证综合性分类法的基本前提下，照顾到专业图书馆文献分类和网络信息组织的需要，处理好集中与分散的关系以及各学科专业类目深度。

4）标记系统在满足分类法类目体系编制和发展需要的基础上，保持较好的结构性，并力求简明、易懂、易记、易用、易于扩充。

5）保持《中图法》作为列举式分类法基本属性不变，保持《中图法》的基本部类和基本大类设置以及序列基本不变，保持《中图法》字母 + 数字混合制的标记符号与层累小数制的标记制度基本不变。在此前提下，有选择地对《中图法》个别大类的体系作较大幅度的调整完善，其他大类重点补充新学科、新事物、新主题；并在保持《中图法》类目细分程度的同时，视文献保障程度，适当调整类目划分详略程度。

6.)《中图法》第 4 版修订时，考虑尽量减少对文献改编的影响，保障用户从旧版平稳过渡到新版。

总之，《中图法》是一部既可以组织藏书排架，又可以分类检索的列举式、等级式体系组配分类法。该分类法主要供大型综合性图书馆及情报机构分类文献、编制分类检索工具、组织文献分类排架使用，同时也可供其他不同规模和类型的图书情报单位根据自己的需要调整使用。

4.《中图法》成为国家标准及发展历程

1975 年 10 月科学技术出版社出版《中图法》第 1 版。

1980 年书目文献出版署出版《中图法》第 2 版。

1981 年国家标准局发文（国标发字 304 号文件）通知有关单位，推荐《中图法》为国家标准试用本。

1984 年书目文献出版社出版了《中图法》第 2 版和《资料法》第 2 版的联合类目索引。《中图法》已为中国多数图书馆和信息部门所采用。

1985 年获国家科技进步奖一等奖。

1988 年起，中国出版图书的标准书号中采用《中图法》的大类号。

1990 年 2 月，由书目文献出版社正式出版《中图法》第 3 版。《中图法》除中文版外，还有维吾尔文版及日文版。

1999 年 3 月，出版《中图法》第 4 版，对 F（经济），TN（无线电电子学、电信技术），TP（自动化技术、计算机技术）三大类作了重点修订。

2001 年 6 月，出版了《中图法》第 4 版电子版 1.0 版。

2010 年 8 月，由中国国家图书馆出版社正式出版《中图法》第 5 版。

1.4.2　中国科学院图书馆图书分类法

1. 简介

《中国科学院图书馆图书分类法》（*Classification for Library of the Chinese Academy of Sciences*，CLCAS），简称《科图法》。1954 年开始编写，1957 年 4 月完成自然科学部分初稿，1958 年 3 月完成社会科学部分初稿，1958 年 11 月由科学出版社出版。1959 年 10 月出版《科图法》索引。1970 年 10 月开始修订，1974 年 2 月出版《科图法》第 2 版的自然科学、综合性图书和附表部分；1979 年 11 月出版《科图法》第 2 版的马克思列宁主义、毛泽东思想，哲学和社会科学部分；1982 年 12 月出版《科图法》第 2 版的索引，1994 年出版《科图法》第 3 版。

2.《科图法》体系结构

《科图法》设有马克思列宁主义、毛泽东思想，哲学，社会科学，自然科学，综合性图书等 5 大部类，共 25 大类。其部类、大类及其标记符号如下：

00	马克思列宁主义、毛泽东思想	50	自然科学
10	哲学	51	数学
20	社会科学	52	力学
21	历史、历史学	53	物理学
27	经济、经济学	54	化学
31	政治、社会生活	55	天文学
34	法律、法学	56	地球科学
36	军事、军事学	58	生物科学
37	文化、科学、教育、体育	61	医药、卫生
41	语言、文字学	65	农业科学
42	文学	71	技术科学
48	艺术	90	综合性图书
49	无神论、宗教学		

《科图法》包括主表和附表两部分。主表设有大纲、简表和详细表。附表又分为通用附表和专类附表两种。第 1 版共设有 8 个通用附表：总类复分表、中国时代排列表、中国地域区分表、中国各民族排列表、国际时代表、世界地域区分表、苏联地域区分表、机关出版品排列表。第 2 版删去了使用较少的后两种附表。第 1 版和第 2 版均编有索引。

3. 标记符号

《科图法》采用以阿拉伯数字为类目的标记符号，号码分为两部分：第一部分为顺序数字，即用 00~99 标记 5 大部类 25 大类及主要类目：第二部分为"小数制"，即在 00~99 两位数字后加一小数点"·"，小数点后基本上按小数体系编号，以容纳细分的类目。类号排列时，先排顺序数字，后排小数点后的层累制数字。例如，11.1，11.11，11.12，11.13，…；11.2，11.21，11.22，11.23，…；11.3，…；12.1，…。

4. 特点

《科图法》的特点有：①自然科学的类目比较详细；②采用交替、参见等方法，较好地解决了相关类别的图书在目录和藏书组织中既可集中又能分散的问题；③标记符号单纯、简洁，易于排检；④编有相关索引。

5. 应用

《科图法》主要被中国科学院系统图书馆、国内其他一些科学研究机构和高等学校的图书馆采用。其分类号被印在中国国家图书馆和上海图书馆编制的统一编目卡片上。

1.4.3　中国人民大学图书馆图书分类法

《中国人民大学图书馆图书分类法》（*Classification for Library of the People's University of China*，CLPUC）是中国人民大学图书馆集体编著的等级列举式分类法，简称《人大法》。1952 年编成草案，1953 年出版。1954 年出版初稿第 2 版，1955 年出版增订第 2 版，1957 年出版增订第 3 版，1962 年出版增订第 4 版，1982 年出版第 5 版，1996 年 6 月出版第 6 版。

1. 体系结构

《人大法》设立了总结科学、社会科学、自然科学、综合图书等 4 大部类，总共 17 个类。该分类法的基本大类见表 1-3。

表 1-3　《中国人民大学图书馆图书分类法》基本大类

部类名称	标记符号	大类名称
总结科学	1	马克思主义、列宁主义、毛泽东思想
	2	哲学
社会科学	3	社会科学、政治
	4	经济
	5	军事
	6	法律
	7	文化、科学、教育、体育
	8	艺术
	9	语言、文字
	10	文学
	11	历史
	12	地理
自然科学	13	自然科学
	14	医药卫生
	15	工业技术
	16	农业科学技术
综合图书	17	综合性图书

2. 结构

《人大法》包括主表和复分表两部分，主表设有大纲、简表、基本类目表和详表。复分表有 9 个。另有"书次号使用方法说明"和"文别号使用方法说明"两个附录。第 1~4 版编有类目索引。

3. 特点

《人大法》的特点有：①《人大法》是我国第一部试图以马克思列宁主义、毛泽东思想为指导而编制的分类法，首次将"马克思列宁主义、毛泽东著作"列为第一大类（第 5 版改为"马克思主义、列宁主义、毛泽东思想"）；②在中国的图书馆分类法中首次使用展开层累制的标记方法，用双位数字加下圆点的办法，使类目的展开不受十进号码的限制；③类目注释较多，特别是增订第 4 版，几乎所有重要的类目都加了注释。《人大法》除了中国人民大学图书馆及该校各系资料室采用外，1949—1956 年间曾被我国新建立的一些图书馆采用。1956 年 4 月—1987 年 12 月期间，我国的"统一书号"曾采用该分类法的大类名称标注新版图书的学科类别。

1.5　文献排架

1.5.1　文献排架概述

文献排架（Shelving）是图书馆按一定的次序将馆藏文献排列存放在书架上的活动，又称藏书排架，用于文献排架的编码称为排架号。排架的方法主要有两大类：一类是内容排架法，即按出版物的内容特征排列文献，包括分类排架法和专题排架法，其中分类排架法使用范围较广；另一类是形式排架法，即按出版物的形式特征排列文献，包括字顺排架法、固定排架法、文献登录号排架法、文献序号排架法、文种排架法、年代排架法和文献装帧形式排架法等，其中字顺排架法、固定排架法和文献登录号排架法较常见。上述各种排架法中，除固定排架法、文献登录号或文献序号排架法可单独用于排列某些藏书外，其他任何一种排架法都不能单独使用。图书馆通常是用由两种以上排架法组配而成的复合排架法排列馆藏文献，对于不同类型、不同用途的文献采用不同的排架法。例如，对于图书多采用分类排架法，对于期刊则综合采用多种排架法。

图书馆排序形式主要有分类排序法、字顺排序法（包括著者、题名和主题字顺）、年代排序法、地域排序法和文献序号排序法等。一般图书馆往往采用一种以上的排序方法，即以一种排序法为主，辅以其他排序方法。

1.5.2　文献排架法

1. 分类排架法

（1）先按图书分类体系排架　以文献分类体系为主体的排架方法，多用于排列图书。它由分类号和辅助号两组号码组成分类排架号，分类号代表图书内容所属的学科类目，辅助号为同类图书的区分号。一般先按分类号顺序排列，分类号相同，再按辅助号顺序排列，一直区分到各类图书的不同品种。

（2）同类图书排列方法　先按图书的分类体系顺序排架，同类图书排列在一起。同类图书排列方法通常有 4 种：

1）按著者名字字顺排列，即相同类号的图书再依据著者姓名的字顺次序排列。用这种排列法可集中同类中同一著者的不同著作，附加区分号后，还可集中同一著作的不同版本、不同译本、不同注释本、同一著者的各种传记等。按著者名字字顺排列是各国图书馆普遍采用的排列方法。

2）按书名字顺排列，即相同类号的图书再依据一定的检字法按书名的字顺排列。由于它只能集中题名相同的图书，而不能集中同一著者的各种著作，故采用此种排架方法的图书馆不多。

3）按出版时间排列，即相同类号的图书再依其出版年月顺序排列。这种排列方法能在分类目录的学科系统性基础上显示出学科发展的阶段性，如要集中同一著者的不同著作和同一著作的不同版本，还需附加相应的区分号。

4）按图书编目种次排列，即相同类号的图书再依同类号图书编目的种次数序排列。其号码简短，便于使用，但仅按图书编目的偶然顺序编号，缺乏科学性。

（3）分类排架法的优点

1）以文献分类表为依据，主要按文献内容所属学科体系排列，成为既有内在联系又有层次级别和逻辑序列的体系。在书架上，内容相同的文献被集中在一起，内容相近的文献被联系在一起，内容不同的文献被区别开来。

2）便于文献工作人员系统地熟悉和研究馆藏，按类别宣传、推荐文献，可以有效地指导阅读和解答咨询问题。

3）在开架借阅情况下便于读者直接在书架上按类获取文献，便于读者检索利用。

（4）分类排架法的缺点

1）必须预留一定空位以便排列未上架的同类文献或复本，不能充分利用书库空间。

2）需要经常倒架，造成人力、物力的浪费。

3）分类排架号码较长，排架、提取和归架的速度较慢，易出差错。

2. 专题排架法

专题排架法是指按文献的内容特征将一定专题范围内的文献集中排架的方法。通常带有专题陈列、专题展览的性质。专题排架法有利于向读者宣传推荐文献；机动灵活，适应性强，通常在外借处、阅览室及开架书库用来宣传某一专题的新文献。但该方法只是一种辅助性的内容排架法，只能用来排列部分藏书。

3. 文献序号或登录号排架法

这是指按每一件文献特有的文献序号，如国际标准书号、国际标准连续出版物号、标准号、专利号、报告号等，或按入藏登录号顺序排架的方法。由于排架号简单清楚，一件文献一个号码，提取、归架、清点都很方便，但不能反映文献的内容范围，不便于直接在架上按类查找文献，一般只适用于排列备用书刊和专利、标准等特种文献资料。

4. 固定排架法

这是指将每件文献按入藏先后编制一个固定的排架号，以此排列馆藏的方法。其排架号一般由库室号、书架号、格层号和书位号组成。固定排架的优点是号码单一，位置固定，易记易排，节省空间，无须倒架。其缺点是同类文献及同种文献的复本不能集中在一起，不便直接在书架上检索藏书。一般只适用于保存性藏书及储存书库的密集排架。

5. 字顺排架法

这是指依据一定的检字方法，按照文献题名或编著者名字字顺排架。例如，中文书刊通常可采用某种汉字排检法。字顺排架法可以单独用来排列期刊。

6. 年代排架法

这是指按出版物的出版年代顺序排架的方法。一般按年代顺序倒排，即近年的排在前面，远年的排在后面，同年代的再按出版物字顺号或登记号顺序排列；也有按年代先后顺序排列的。常用于报纸、期刊合订本的排架。

7. 文种排架法

这是指按文献本身的语言文字排架的方法。文种排架号通常由两组或两组以上的号码组成，即文别号、分类号、著者号，或者文别号、年代号、字顺号等。排架时，先区分文别，再区分类别、著者或其他号码。图书馆一般按文种划分书库，因此文种排架法是一种辅助排架法。

8. 文献装帧形式排架法

这是指按文献外形特征，分别排列特种规格或特殊装帧的文献的排架法。这是一种辅助性组配排架法。这种排架法常用不同的符号将不同类型、不同规格的文献区别开来。

1.6　图书馆目录体系

1.6.1　图书目录概述

1. 目录的定义

图书馆目录（Library Catalogue）是揭示、识别、检索图书馆入藏文献的有效工具。它揭示文献特征，提供识别文献的依据；从文献的题名、责任者（著者）、主题、分类等方面指引检索文献的途径，并标志文献在书架上的排列位置。图书馆目录除供读者使用外，也是图书馆工作人员从事文献采购、参考咨询、保管典藏等工作必不可少的工具。

"目录"是目和录的总称。"目"是指篇名或书名，"录"是对"目"的说明和编次。

2. 目录的作用

图书馆目录是揭示藏书、宣传图书、辅导阅读的检索工具。具体作用表现在：

1）提供读书范围，开阔读书视野。例如，列宁为了写《俄国资本主义的发展》，曾利用图书馆的图书目录选择了 583 本书做参考。他的夫人娜·康·克鲁普斯卡娅就此说："如果没有图书馆的图书目录，其中有许多书他甚至会不知道"。[⊖]

2）揭示图书特征，以利于检索和选择图书。某一领域或某一方面的图书往往有成千上万种，因此，读书必须有所选择。目录的功能之一，就是通过各个著录项目的内容，为选择图书提供了基本的依据。

3）图书馆目录不仅是读者检索图书的工具，也是图书馆工作人员工作的重要工具。

4）目录本身就是一种情报产品，是人们获取情报信息的一种"情报源"，因为目录能提供知识信息和其他信息。

3. 目录的著录格式

图书馆目录是著录一批相关图书资料的索书号、书名、著者、出版者、收藏处所、内容提要等项目，并按照一定的方法和次序编排组织，是向读者宣传和介绍藏书，指导阅读，提供藏书的检索途径，报道藏书的有关信息的一种工具。常见的是中文卡片目录，其基本著录格式如图 1–3 所示。

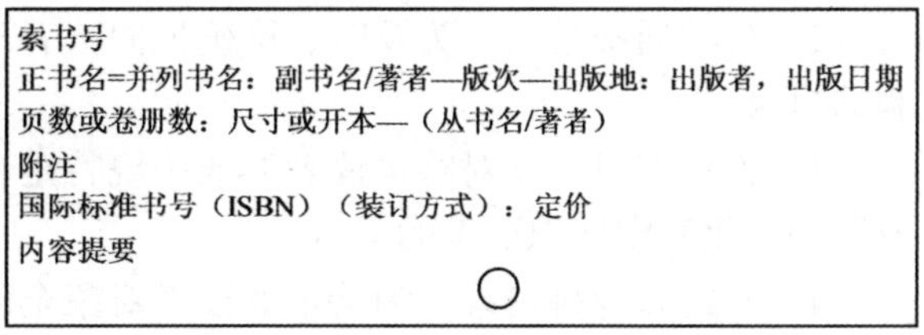

```
索书号
正书名=并列书名：副书名/著者—版次—出版地：出版者，出版日期
页数或卷册数：尺寸或开本—（从书名/著者）
附注
国际标准书号（ISBN）（装订方式）：定价
内容提要                                    ○
```

图 1–3　中文卡片目录及基本著录格式

把许多类似这样的卡片，按照一定的需要和规则排列起来，就可以供读者检索图书时使用了。

1.6.2　目录的功能和分类

1. 目录的功能

（1）检索功能　目录的检索功能是最基本的社会功能。人们在生产活动和科研实践中需

⊖　克鲁普斯卡娅.论列宁［M］.中共中央马克思 恩格斯 列宁 斯大林著作编译局，译.北京：人民出版社，1960：376.

要继承和利用前人积累的知识，必须通过一定形式的文献目录查阅所需文献，利用手工检索或现代化手段进行自动化检索，从一定的文献库中查明所需文献的情况、线索或出处。目录自产生便具备检索功能，使浩如烟海的群书部类有序，为人们掌握图书状况和检索所需图书提供了便利。

（2）报道功能　目录向需求者报道所需要的有关文献的形式和内容的信息特征，不限于某一特定文献库收藏处所，还包括过去的、现行的和未来的（准备出版或即将出版的）所有文献的信息。目录的情报价值，首先在于它经常迅速地为需求者报道有关某学科或某一科研课题最新出版文献的信息和最新科研动态，提供有关最新科研成果的情报。目录能够揭示报道一定历史时期文献出版状况，反映该时期科学文化发展概貌。目录还担负着向读者通报准备或即将出版的有关文献信息的任务，使读者能够提前获取自己感兴趣的未来文献的信息，如《社科新书目》和《科技新书目》等。

（3）导读功能　推荐书目根据读者群和个人需求特点，认真地选择、评价和推荐文献，充分发挥目录指导读者读书治学的教育作用。目录的导读功能是目录工作者通过推荐文献给予读者积极的、有目的的教育影响，使目录真正成为读者在文献海洋中的向导和读者治学的顾问。

2. 目录的类型

由于文献的类型、数量、内容和形式多种多样，文献利用者的需要千差万别，文献目录的类型呈现多样性。每一种目录都以其特定的编制方法，实现其揭示与报道文献信息的功能。各种不同类型的目录，反映着人们利用文献的不同目的和需要。目录类型划分如下。

（1）按照目录编制目的和社会功能划分　通常可分为：

1）登记性目录。全面登记和反映一定历史时期、一定范围或某一类型文献的出版或收藏情况的目录。国家书目是登记性目录的主要类型之一，它是全面、系统地揭示与报道一个国家出版的所有文献的总目录，是一个国家全部出版物现状与历史的记录，是了解和控制一个国家全部出版物的重要工具，也是实现世界书目共享的基础。

2）科学通报目录。为及时、准确地向读者和文献情报机构提供新出版和新入藏的文献而编制的目录。

3）推荐书目。针对特定读者群或围绕特定目的，对文献进行选择性推荐，为指导读者治学或普及文化科学知识而编的书目。

4）专题和专科目录。为特定的读者对象全面、系统地揭示与报道关于某学科或某一研究课题的文献目录。所收录文献专业性强，揭示文献一般较深入，如《中国农学书录》《中国文言小说书目》等。

5）书目之书目。也称为书目指南，是将各种目录、索引、文摘等二次文献汇辑起来而编成的书目总录，是了解和掌握目录索引的钥匙，如《全国图书馆书目汇编》（中华书局版）。

6）出版发行书目。也称为书业目录，是出版发行部门编制的揭示与报道已经或将要出版发行的文献目录，它是连接出版者、发行者与读者之间的纽带。

（2）按照目录反映文献收藏范围划分　可分为：

1）馆藏目录。反映某一文献收藏单位所藏的全部或部分文献的目录，它又可细分为反映收藏单位的全部文献或某一种文献的总目录、分馆目录、借书处目录、阅览室目录等，以及特藏目录（有特殊价值，并需单独保管的文献的目录）。

2）联合目录。揭示与报道若干个文献收藏单位收藏的文献的一种统一目录。联合目录可以是综合性的，也可以是专科、专题性的。

（3）**按照目录反映文献的类型划分**　可分为：图书目录、期刊目录、报纸目录、地图目录、技术标准目录、专利目录、丛书目录、地方志目录、档案目录、缩微资料目录、视听资料目录、古籍目录、书目之书目等。

（4）**按照文献的出版时间和目录编制时间划分**　可分为：

1）现行书目，及时报道新出版或新入藏的文献的目录，便于读者迅速、及时掌握最新的文献信息。

2）回溯书目，反映一定历史时期所积累的文献，供回溯性检索而编的书目。

3）预告书目，报道在版或计划出版的文献的目录。

（5）**按照目录收录文献的编排方法划分**　可分为：

1）分类目录，按照文献所反映的知识内容和特点，分门别类地编排而成的有逻辑联系的目录。

2）字顺目录，按文献的题名、著者或主题词的字顺编排的目录。

（6）**按照目录揭示文献的程度划分**　可分为：

1）题录，揭示文献题名、著者、出版情况的目录，是一种简明的文献报道形式，常用于报道单篇文献。

2）提要目录，又称解题目录，是对每一文献撰写内容提要的目录。

3）文摘，以简明扼要的文字表述文献的主要内容和原始数据，向读者报道最新研究成果，传递文献信息，为读者提供决定文献取舍依据的一种检索工具。

3. 目录的载体形式

（1）**书本式目录**　它是指将文献的形式和内容特征，根据目录著录标准，记录在单行本上而成的目录。书本目录便于保存和流传，方便检索，但不便于及时增删和更新内容。

（2）**卡片式目录**　它是指将文献的外形和内容特征记录在国际标准规格的卡片上（7.5cm×12.5cm），再将目录款目按一定方法加以编排、区分而成的目录，其特点是便于随时增删，重新编排组织，更新内容，但体积大，占用空间多，不便携带。卡片式目录在文献收藏单位使用较普遍。

（3）**期刊式目录**　它是指用定期或不定期连续刊物形式出版的目录、索引和文摘。

（4）**附录式目录**　它是指通常以附录形式附于论文、专著、教科书、百科全书条目之后或出现于书刊之中，多为引用文献、参考文献、推荐文献的书目等。

（5）**缩微型目录**　它是指将文献目录的内容拍摄在缩微胶卷或缩微平片上。计算机输出缩微品目录是用计算机输出的书目数据，通过缩微复制记录仪转换成文字形式，直接摄录在缩微胶片上而形成的目录。缩微目录和计算机输出缩微品目录都具有体积小、容量大、编制速度快等特点，但需借助阅读器才能查阅。

（6）**机读型目录**　机读型目录即机读目录，是将文献的书目著录转换成代码形式，记录在计算机存储载体上，并能为计算机识别和输出的目录。

1.6.3　机读目录格式（MARC）

MARC 的全称为 Machine Readable Catalogue，从英文意义上可知，就是"机器可读的目录"。它是计算机能够识别和阅读的目录，其信息存储在计算机存储器上。

1. MARC 的起源

MARC 是由美国国会图书馆（LC）开发的，MARC 的开发者是亨丽埃特·艾弗拉姆。（Henriette Avram，1919—2006）。

2. MARC 格式

（1）字段设置　在 MARC 记录中字段的设置包含了书目数据的实际内容。它主要表现在三个方面：一是字段数量多，并留出很多空白字段供用户扩充使用，共有 001~999 个字段，其中 999 字段为用户自己规定字段含义；二是字段内容著录详尽，字段下设子字段以及重复字段；三是字段作用强化，可检索的字段多。所以，MARC 格式记录数据部分伸缩性强，适应面广。

（2）标记符号　MARC 格式的标记符号多，标记的内容详细。常用的标记符号有：

1）字段标志。用三位数字表示，从 001~999。三位数字的含义分别是：第一位表示功能；第二位表示种类；第三位表示种类的细分。

2）子字段代码。用两个字符表示，第一个是定义符，表示子字段，通常用 IS0646 中的分隔符 IS1（字符集中 1/15 位）；第二字符用小写字母 a、b、c 等表示子字段的顺序。

3）指示符号。用以描述或指示可变长字段代码。指示符号用两个数字表示。在每个字段说明中都有指示符号的使用和表示的含义。如果某个字段指示符号不用，则用空白符号表示。

4）字段和记录分隔符。用 IS0646 中的分隔符 IS2（字符集中 1/14 位）作为字段分隔符。用 IS0646 的分隔符 IS3（字符集中 1/13 位）作为记录分隔符。

3. MARC 的结构特点

（1）可变格式、可变长字段的记录格式　这种格式兼容性强，伸缩性大，字段的设置可多可少。每个字段采用可变长的记录格式，更适合处理书目信息的特点。此外，有些字段本身是固定长的，则可采用固定长字段。

（2）采用目次方式　这是可变长字段存取的标志符——值编组的格式。这种格式可节省大量时间，提高处理速度。另外，它可方便处理字段顺序的改变和字段内容的修改。

（3）每条 MARC 记录分为 3 个区　即头标区、目次区和数据区。数据区又由控制区和可变区组成，所以有时也分为 4 个区。

（4）物理记录和逻辑记录的关系　物理记录又称字块。MARC 格式采用固定长字块不定形式的记录数据的方式。每个物理记录的长度是 4096B。因此，经常在一个字块中存放多个 MARC 记录，或一个 MARC 记录分别存放于两个或两个以上的字块中。但是不管一个 MARC 记录有多长，仅有一个头标区和目次区。

4. 几种 MARC 格式

（1）UNIMARC 格式　UNIMARC 是"国际机读目录通信格式"的简称。它是由国际图书馆协会联合会（IFLA）制定的一种供国际交换用的机读目录数据交换格式。美国国会图书馆推出 MARCII 格式后，希望该格式能得到世界的承认，成为国际标准。由于 MARCII 是从手工目录发展起来的，故带有许多手工目录的痕迹，也就不可避免地带有一些过渡性的特征。这主要表现在内容组织安排以及各种标志符号的设计。后来加拿大、英国、德国、日本、意大利、法国等许多国家为了更有效地使用机读目录，根据自己书目信息交换的需要研究、试验和建立了本国的机读目录系统，由此产生各 MARC 间的内容和内容标志符的不同。为了使各国的机读书目信息能进行国际交换，国际图书馆协会联合会制定了 UNIMARC 格式。在这个格式中，将内容标志符标准化，克服了各国使用本国 MARC 系统的标志符的专指性，且减少了手工目录的痕迹。各个国家的书目机构将本国 MARC 格式的书目记录转换为 UNIMARC 格式，供其他国家使用，实现国际的数据交换，而各国国内的书目记录格式仍可保留自己的 MARC 格式。所以，许多国家都使用 UNIMARC 格式作为国际机读书目记录交换的格式。

（2）USMARC 格式　USMARC 是美国国会图书馆的机读目录通信格式，也有的称 LCMARC，MARCII 格式就是它的前身。目前国内图书馆界在英文图书编目中使用 BIBLIOFILE 光盘和 OCLC 光盘，光盘的书目数据格式就是采用 USMARC 格式。USMARC 格式与国际标准化组织制定的“文献目录信息交换用磁带格式”ISO2709 的规定一致，只不过在其字段标志和内容项目上略有不同。

（3）CNMARC 格式　《中国机读目录格式（WH/T 0503—1996）》，通常称为 CNMARC。它是由国家书目机构编制的，由中华人民共和国文化部于 1996 年发布的文化行业标准。它主要用于中国国内图书情报部门和其他国家书目机构间的书目信息交换。CNMARC 格式是以 UNIMARC 为依据的，凡是 UNIMARC 中定义的字段适合于中国出版物的有关规定都予以保留，并补充了中国出版物特有，而 UNIMARC 中没有的字段定义。

图书馆一条实际的 CNMARC 格式，如图 1–4 所示。

由上面这条 MARC 格式转换成的卡片格式，如图 1–5 所示。

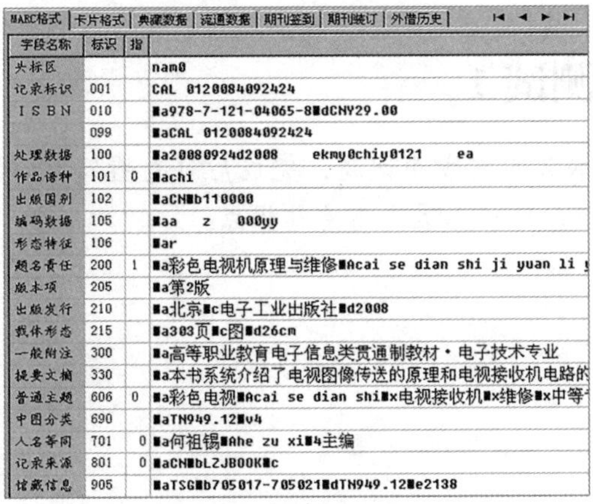

MARC格式 | 卡片格式 | 典藏数据 | 流通数据 | 期刊签到 | 期刊装订 | 外借历史

字段名称	标识	指	
头标区			nam0
记录标识	001		CAL 0120084092424
ISBN	010		■a978-7-121-04065-8■dCNY29.00
	099		■aCAL 0120084092424
处理数据	100		■a20080924d2008 ekmy0chiy0121 ea
作品语种	101	0	■achi
出版国别	102		■aCN■b110000
编码数据	105		■aa z 000yy
形态特征	106		■ar
题名责任	200	1	■a彩色电视机原理与维修■Acai se dian shi ji yuan li
版本项	205		■a第2版
出版发行	210		■a北京■c电子工业出版社■d2008
载体形态	215		■a303页■c图■d26cm
一般附注	300		■a高等职业教育电子信息类贯通制教材・电子技术专业
提要文摘	330		■a本书系统介绍了电视图像传送的原理和电视接收机电路的
普通主题	606	0	■a彩色电视■Acai se dian shi■x电视接收机■x维修■x中等
中图分类	690		■aTN949.12■v4
人名等同	701	0	■a何祖锡■Ahe zu xi■4主编
记录来源	801	0	■aCN■bLZJBOOK■c
馆藏信息	905		■aTSG■b705017-705021■dTN949.12■e2138

图 1–4　一条实际的 CNMARC 格式

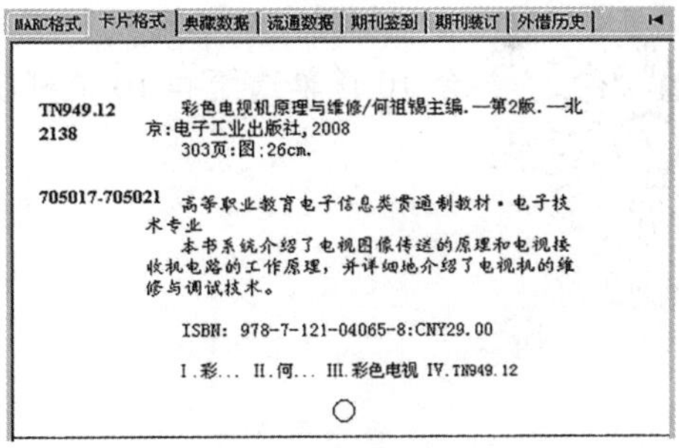

MARC格式 | 卡片格式 | 典藏数据 | 流通数据 | 期刊签到 | 期刊装订 | 外借历史

TN949.12　　彩色电视机原理与维修/何祖锡主编.—第2版.—北
2138　　京:电子工业出版社,2008
　　303页:图;26cm.

705017-705021　　高等职业教育电子信息类贯通制教材・电子技术专业
　　本书系统介绍了电视图像传送的原理和电视接收机电路的工作原理，并详细地介绍了电视机的维修与调试技术。

ISBN: 978-7-121-04065-8:CNY29.00

I.彩... II.何... III.彩色电视 IV.TN949.12

图 1–5　MARC 格式转换成的卡片格式

5. 机读目录的应用

由于 MARC 记录以计算机技术为检索手段，记录中的任何信息都有可能作为检索点，为了最大限度地开发馆藏信息，就要求 MARC 记录所包容的信息量比传统目录更全面、更丰富、更准确；MARC 记录必须被计算机识别、阅读和处理，才能提供基于 MARC 的各种优质服务，只有遵循格式规定编制的 MARC 记录，才能达到预期的效果；MARC 记录的最高层次服务是资源共享，为了使不同语种、不同类型的信息资源能在国际互相传递和交流，必须使用统一的标准。

6. 联合目录

联合目录是揭示与报道多个文献收藏单位所藏文献的目录。按地域范围可分为地区性联合目录、国家联合目录、国际联合目录；按文献类型可分为图书联合目录、期刊联合目录等；按收录文献的内容范围可分为综合性的联合目录、专科性的联合目录。联合目录的作用是便于图书馆藏书协调、馆际互借和实现图书馆资源共享。联合目录能扩大读者检索和利用文献的范围。高校图书馆的文献资源要实现共享，首先就要把目录联合起来供各馆检索，通过检索，才可能进行馆际互借。中国高等教育文献保障系统（China Academic Library & Information System，简称 CALIS）多年来做的其中一项工作就是建立了"CALIS 联合目录"。

习　题　1

1. 试述图书馆的定义和职能。
2. 试述信息、知识、情报、文献的概念和它们之间的关系。
3. 试述文献的种类。
4. 试述十大类文献类型，常用的是哪几种？
5. 试述国内常用的图书分类法。
6. 试写出《中图法》22 大类的分类号和类名。
7. 试述分类排架的方法。
8. 试述图书馆目录的功能。
9. 试写出一条中国机读目录的卡片格式。

在线测试 1

在线测试 1

　　扫描左侧二维码，完成本章的在线测试题，完成后可查看答案。测试包含 10 道单选题和 10 道判断题，帮助您巩固本章知识点。

Chapter Two

第2章

数字图书馆

📎 本章概要

　　本章主要介绍数字图书馆的概念、数字图书馆的建设方案、文献数字化技术、数字文献资源的种类等内容。读者在了解这些知识和内容的基础上，可以有效地利用数字图书馆的文献资源。

📎 学习目的

　　◆ 了解数字图书馆的概念、图书数字化过程。
　　◆ 了解数字资源类型及特点。
　　◆ 知道数字图书资源、数字期刊资源、数字特种文献资源的查找途径。

📎 内容框架

$$
数字图书馆
\begin{cases}
数字图书馆概述 \\
数字图书馆的建设 \\
数字文献资源
\end{cases}
$$

2.1　数字图书馆概述

2.1.1　数字图书馆的概念

　　数字图书馆（Digital Library）是用数字技术处理和存储各种文献资源的图书馆，实质上是一种多媒体制作的分布式信息系统。它把各种不同载体、不同地理位置的信息资源用数字技术存储，以便于跨越区域、面向对象的网络查询和传播。数字图书馆涉及信息资源加工、存储、检索、传输和利用的全过程。通俗地说，数字图书馆就是虚拟的、没有围墙的图书馆，是基于网络环境下共建、共享的可扩展的知识网络系统，是超大规模的、分布式的、便于使用的、没有时空限制的、可以实现跨库无缝链接与智能检索的知识中心。

　　美国研究图书馆协会（ARL）对于数字图书馆给出了一个引用得较多的定义："数字图书馆

不是一个单独的实体，需要有关技术提供其他资源的链接，该链接对用户应该是透明的，目标是做到任意检索，数字馆藏应超越传统馆藏而不能仅成为其替代品。"

刘炜等认为："应该说凡是应用计算机和网络技术，解决数字资源的采集、存储、管理、发布和服务的图书馆，都可以称为数字图书馆。" ⊖

关于数字图书馆的概念，至今没有一个完整的定义，但基本上达成一致的理解。数字图书馆是全球信息高速公路上信息资源的基本组织形式，这一形式满足了分布式面向对象的信息查询需要。分布式是指跨图书馆（跨地域）和跨物理形态的查询；面向对象是指不仅要查到线索（在哪个图书馆），还要直接获得要查的东西（对象）。数字图书馆包含的基本内容如下。

1. 数字图书馆是海量的知识中心

数字图书馆是以资源建设为核心，采用人工智能检索、信息海量存取、多媒体制作与传输、自动标引、数字版权保护、电子商务等现代信息技术成果，形成超大规模、分布式体系，便于使用，没有时空限制，可以实现跨库无缝链接与智能检索的知识中心，可实现对丰富多彩的多媒体信息进行超时空、无障碍传播。

2. 数字图书馆是优质资源门户网站

数字图书馆是优质知识资源的集散中心。数字图书馆网站是数字资源的门户网站。由于数据的集中管理和对象数据的集中调度，便捷的互联网络和跨库无缝连接的资源提供，使得数字图书馆能够打破时空局限。因此我国数字图书馆服务体系就是要汇集全社会的资源建设成果，在互联网上形成超大规模的、高质量的中文数字资源库群，建立集中与分布的资源共建、共享机制，并通过国家公众网络，向全国及全球提供高效、便捷的服务。

3. 数字图书馆是一门新学科

数字图书馆是一门全新的科学技术，也是一项全新的社会事业。简而言之，数字图书馆是一种拥有多种媒体且内容丰富的数字化信息资源，能为用户方便、快捷地提供信息的高水平服务机制。虽然称之为"馆"，但并不是图书馆实体，它可以对应一切存在海量公共信息管理与传播的现实社会活动，表现为一种新型的技术、新型的服务。获取信息并不存在空间限制，很大程度上也不受时间限制，其存在方式是将文字、图像、声音等信息数字化，并通过互联网传输，从而做到信息资源共享。在网络环境下，以各类文献为载体的知识信息都可以方便地转化为数字形式在全球范围内传输。用户只要通过与互联网连接，登录相关的数字图书馆的网站，都可以在任何时间、任何地点，十分方便、快捷地使用图书馆的数字化信息资源。这种图书馆已成为一个"信息空间"，把传统的纸介图书馆变为开放的网上图书馆，用户对馆藏的利用将不再受时间和地域限制，可以随时享用信息资源。

4. 数字图书馆拓展检索服务

通过数字图书馆的检索服务系统，用户在查找到所需图书之后可以直接阅读电子版图书；查找到电影、音乐等多媒体资料之后可以即时播放；如果用户觉得这些服务不能完全满足个性化需求，数字图书馆区域应用服务系统可以为用户量身定做资源库，为用户收集整理所需的各种类型的资源。

数字图书馆区域服务系统建构在局域网上，广泛向宽带网络接入商和备有局域网的住宅小

⊖ 刘炜，楼向英，张春景.数字图书馆评估研究 [J].图书情报工作，2007（5）：21-24.

区、机关、企事业单位用户提供图书、音频、视频、资源库等信息资源，通过与因特网连接，区域服务应用系统可直通数字图书馆服务系统门户，区域用户可获取数字图书馆网站、国家图书馆网站，以及各省市级数字图书馆提供的各种电子资料服务。

5. 数字图书馆圆终身教育梦

现代图书馆创立以来，一直履行着教育的职能。数字图书馆作为现代图书馆的拓展，在人类教育体系中占据着越来越重要的地位。

终身教育意味着人们各个阶段的学习需求，这种需求是为了生活、物质财富、个人满足以及融入社会。在终身教育中，学习者是主体。数字图书馆利用自身丰富的资源优势，给学习者提供一个完善的学习中心，提供最新的技术和支持。知识经济时代的数字图书馆不再是传统意义上的图书馆，人们可以使用任何与互联网连接的数字设备，在任何时间、任何地点，搜寻到所有人类知识，而且数字图书馆拥有经验丰富、高素质的情报检索和咨询专家，能够辅导和帮助读者在知识信息的汪洋大海中迅速获得自己所需的知识信息，学会获取知识信息的方法。

2.1.2　数字图书馆的特征

1. 数字化资源

数字图书馆资源包括：经过数字化转换的资料或本来就是以电子形式出版的资料，新出版的或经过回溯性加工的资料；各类资源，如期刊、参考工具书、专著、视频声频资料等；各种文件格式，从位图形式的页面到经 SGML 编码的特殊文本文件。

2. 网络化存取

高速的数字通信网络是数字图书馆的基础，数字图书馆依附于网络而存在，其对内的业务组织和对外的服务都是以网络为载体的，得益于网络，也受制于网络。其内部本身由局域网构成，以高速主干线路连接数台服务器及工作站，外部通过数台广域网服务器连接国际互联网。

3. 分布式管理

这是数字图书馆发展的高级阶段，它意味着全球数字图书馆遵循统一的访问协议之后，数字图书馆可以实现"联邦检索"，全球数字图书馆将像互联网一样，把全球的数字化资源链接成为一个巨大的图书馆。

2.1.3　相关技术与人才

数字图书馆是高技术的产物，信息技术的集成在数字图书馆的建设中扮演了非常重要的角色。具体来说，其涉及数字化技术、超大规模数据库技术、网络技术、多媒体信息处理技术、信息压缩与传送技术、分布式处理技术、安全保密技术、可靠性技术、数据仓库与联机分析处理技术、信息抽取技术、数据挖掘技术、基于内容的检索技术、自然语言理解技术等。

关于建设数字图书馆的人才，亨丽埃特·艾弗拉姆说过，"我们需要两个天才，即计算机专家和图书馆专家，没有一个天才可以独自成功，图书馆员必须成为计算机学者，这样才能理解应用的技术及其与专业的关系。"有了建立数字图书馆的技术人才，才能建立符合读者需要的、实用的数字图书馆。

2.1.4　数字图书馆的优点

1. 信息储存空间小且不易损坏

数字图书馆是把信息以数字化形式加以储存，一般储存在计算机光盘或硬盘里，与过去的纸质资料相比占用空间很小。而且，以往图书馆管理中的一大难题是资料多次查阅后就会磨损，一些原始的、比较珍贵的资料，一般读者很难看到。数字图书馆避免了这一问题。

2. 信息查阅、检索方便

数字图书馆都配备计算机查阅系统，读者通过检索一些关键词，就可以获取大量的相关信息。而以往图书资料的查阅，都需要经过检索、找书库、按检索号寻找图书等多道工序，烦琐而不便。

3. 远程、迅速传递信息

传统型图书馆的建设是有限的，位置是固定的，读者往往要花费大量的时间在去图书馆的路上。数字图书馆则可以利用互联网迅速传递信息，读者只要登录网站，轻点鼠标，即使和图书馆所在地相隔千山万水，也可以在几秒钟内看到自己想要查阅的信息，这种便捷是传统的图书馆所不能比拟的。

4. 同一信息可多人同时使用

众所周知，一本书一次只可以借给一个人使用。在数字图书馆则可以突破这一限制，一本"书"通过服务器可以同时提供给多个人查阅，大大提高了信息的使用效率。

2.1.5　我国数字图书馆研发概况

20 世纪 90 年代以来，计算机科学技术和互联网飞速发展，互联网已成为人们获取信息和知识的一个越来越重要的渠道。如何有效地组织和发布信息资源，以适应互联网这种新的信息传播途径的要求，成为人们普遍关注的课题。美国最早提出数字图书馆构想，随后我国也掀起了数字图书馆研究、实践的热潮。国家图书馆具有经济实力和技术优势，在我国数字图书馆建设过程中，特别是在国家数字图书馆标准规范研制工作中起了重要的作用。

1. 起步阶段

我国正式提出数字图书馆概念是 1996 年在北京召开的第 62 届国际图书馆协会联合会（IFLA）大会上，数字图书馆成为该会议的一个讨论专题。IBM 公司和清华大学图书馆联手展示"IBM 数字图书馆方案"。

2. 试验阶段

1997 年 1 月—1999 年 12 月，由国家图书馆、中山图书馆、上海图书馆、深圳图书馆、辽宁图书馆、南京图书馆、文化部文化科技开发中心共同承担实施了"中国试验型数字图书馆项目"，标志我国数字图书馆事业进入了试验阶段。由国家图书馆与中国科学院计算所合作完成的"科技部 863/306 项目——数字图书馆系统工程"，该项目于 1998 年立项，2001 年 3 月验收。其主要成果为：数字图书馆体系结构的设计与开发，初步建立了一个中国试验型数字图书馆系统；系统功能达到具有网络管理、多媒体信息查询与检索、海量信息的存储与检索、知识产权的权限管理等；开发的主体工作围绕基于 SGML/XML 的以中文资源为主的系统的建立、维护和发布；对知识挖掘、知识聚集等方面将通过智能代理方式予以集成。"科技部 863/306 项目——数字图书馆系统工程"，在技术上达到了与国际数字图书馆主流技术接轨的要求，为中国数字图书馆建设及运营奠定了良好的基础。

与此同时，1999 年 1 月—2000 年 4 月，国家图书馆筹备成立"中国数字图书馆有限责任公司"，并上报国务院及各大部委。

2000 年 4 月 18 日，中国数字图书馆有限责任公司正式成立。中国数字图书馆有限责任公司隶属于中国国家图书馆，服务于中国国家图书馆二期工程暨国家数字图书馆工程的高新技术企业，注册资本为 8860 万元。公司率先在全国建立起完整的数字图书馆建设与服务体系，专注于数字资源核心技术研发与应用推广、数字版权管理、数字化加工、提供专业信息、电子政务及电子商务服务、提供数字内容整体解决方案及数字图书馆整体解决方案，数字图书馆综合服务平台建设。

2000 年年底，文化部在海南召开"中国数字图书馆工程资源建设"工作会议，讨论制定《中国数字图书馆工程一期规划（2000—2005）》，推荐使用资源加工的标准规范。

3. 操作阶段

1999 年 9 月 ~2001 年 11 月，文化部与国家图书馆启动了中国国家数字图书馆工程（国家图书馆二期工程暨国家数字图书馆工程），由"中国数字图书馆有限责任公司"作为业主单位全面负责工程的建设、运营及服务，数字化图书扫描年产量 3000 万页以上。这标志着中国数字图书馆进入实质性操作阶段。

2001 年年初，国家计委批准立项"全国党校系统数字图书馆建设计划"，总投资达 1.9 亿元。北京大学、东北师范大学等院校相继成立数字图书馆研究所，在全国范围内掀起了数字图书馆建设和研究的高潮。

4. 实用阶段

2001 年 5 月 23 日，国家重点科技项目"中国试验型数字式图书馆"通过专家技术鉴定。中国数字图书馆已经进入初步实用阶段，中国的数字图书馆研究、建设已经初具规模。

数字图书馆为国家信息基础设施提供关键性信息管理技术，同时提供其主要的信息库和资源库。换句话说，数字图书馆是国家信息基础设施的核心。中国国家数字图书馆标准是一个很重要的标准，它参照国际标准制定，即可以与国际标准兼容，又具有中国特色；国家图书馆等受国家标准化委员会委托专门成立了中国国家数字图书馆标准协会。

2.2　数字图书馆的建设

2.2.1　中国数字图书馆方案

本节以中国数字图书馆有限责任公司推出的数字图书馆整体解决方案为例进行介绍。该方案是"科技部 863/306 项目——数字图书馆系统工程"的研究成果，代表了中国数字图书馆的最高水平，它是以图书馆及互联网上的各类数字资源或非数字资源为中心，以为读者提供方便、快捷的知识服务机制为目的，围绕数字资源的加工建设、数字资源的存储和管理、数字资源的访问和服务提供的一整套先进、实用、高效的解决方案。

1. 数字图书馆解决方案

中国数字图书馆有限责任公司提出的数字图书馆解决方案 ⊖ 的技术架构如图 2-1 所示。

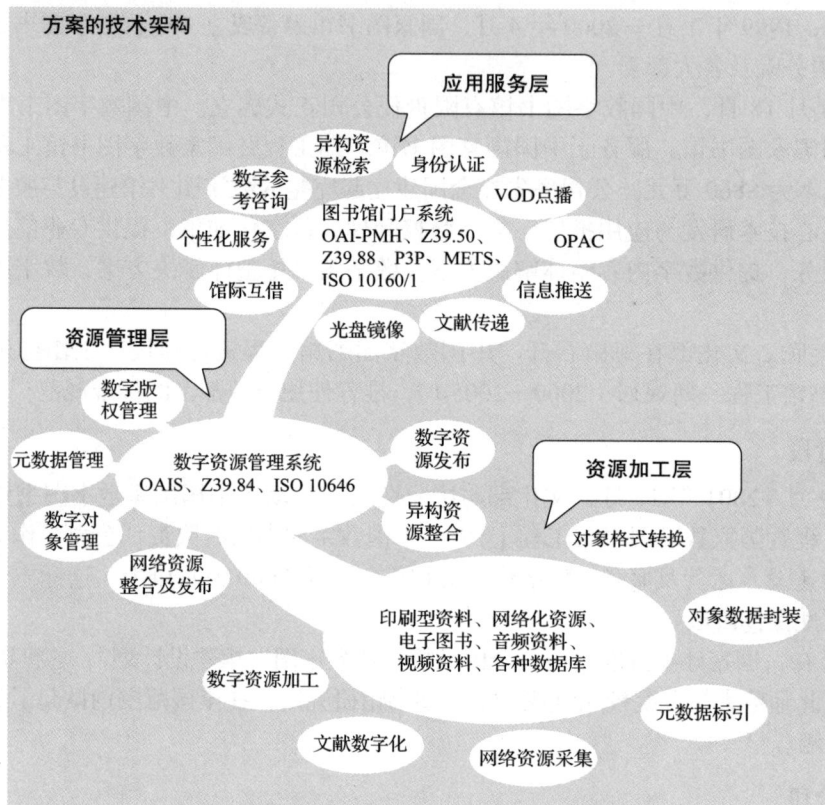

图 2-1　中国数字图书馆解决方案的技术架构

（1）数字图书馆解决方案技术架构说明　整体解决方案为三层技术架构，分别为资源加工层、资源管理层和应用服务层。

1）资源加工层。资源加工层将各种类型的资料转化为有序的数字资源。将各种印刷型资料、音频资料、视频资料进行数字化加工，转化为数字格式的资源；有目的、有方向地采集原本无序分散的网络资源，进行初步有序化处理；将各种数据库、电子图书、电子期刊等进行有必要的格式转换、元数据标引等处理，从而使各种资料具备数字图书馆的基本管理和服务需求。

2）资源管理层。经过加工的数字资源进入资源管理层，数字资源管理系统依据 OAIS、Z39.84（DOI）、ISO10646 等国际标准构造。资源管理要完成的工作是：网络资源的分类、整合及发布；对各种异构的数字资源进行整合，使之形成统一的检索和使用界面；将经过加工和标引的数字资源进行多种表现形式的发布；进行元数据管理、数字版权管理及数字对象管理。

3）应用服务层。直接面向用户和读者的是应用服务层。作为图书馆的门户，该系统基于

———

⊖　中国数字图书馆有限责任公司. 数字图书馆解决方案［EB/OL］.（2017-01-13）［2018-10-15］. http://www.cdlc.cn/about/sztsg.aspx.

OAI-PMH、Z39.50、Z39.88（OpenURL）、P3P、METS、ISO10160/1 等国际标准构造，为用户提供方便快捷的、主动的、个性化的、安全可靠的服务，并实现传统图书馆与数字图书馆之间"相互补充、相得益彰"的理念。通过 My Library 等系统对用户进行个性化服务，用户能订制自己所关注的资源信息，同时获取由图书馆系统根据用户关注点所自动推送的即时信息。通过 E-mail、BBS、留言板、即时交流等方式进行数字参考咨询，提高图书馆服务的即时性和交互性。提供异构资源检索平台，使用户真正享受到跨库无缝检索。同时，基于本系统的文献传递、馆际互借、OPAC 等能实现与国家图书馆等其他图书馆情报机构的互联互通，形成一个广泛的知识园地。

该解决方案完整地诠释了数字资源的生命周期，完成了数字资源从内容策划到创建、组织描述、保存管理、获取和整合，再到维护和提供服务的全过程。

（2）技术特点

1）开放性。容纳和整合与应用有关的其他部件，实现功能增强。

2）系统性。从图书馆应用服务的角度，系统、全面地解决使用中所面临的问题。

3）模块化。解决方案的各个组成部分均采用模块化的理念设计，便于灵活运用。

4）标准化。通过采用通用的国际、国内和行业标准，实现开放接口，便于扩展。

（3）数字图书馆整体解决方案优势

1）先进的资源管理和知识管理技术，引领数字图书馆向知识服务方向发展。

2）开放的体系结构，支持数字图书馆领域所有国际国内标准，支持跨平台操作。

3）资源整合打破不同信息源之间的屏障，实现广泛协作、共建和共享。

4）强大的软件平台支撑，以领先的资源加工、管理和服务平台为核心。

（4）应用领域　图书情报界、专业机构、电子政务、企业信息化、涉及内容管理与服务的其他领域。

（5）数字图书馆建设的战略意义　数字图书馆的核心是以各种中文信息为主的资源库群，它的建设将迅速扭转互联网上中文信息匮乏的状况，形成中华文化在互联网上的整体优势。同时，数字图书馆是一个集各种高新技术为一体的项目，它的建设将极大地促进我国信息技术的发展，同时带动与之相关的计算机技术、网络技术、通信技术和多媒体技术等各项技术的发展，形成的高新技术产业链，对于提高我国整体的信息产业水平将起到不可估量的作用。它还是知识经济的重要载体，为知识传播提供了一种崭新的手段，可以最大限度地突破时空限制，营造出进行全民终身教育的良好环境，为所有人提供了便捷的获取信息手段和丰富的信息，对于我国国民素质教育将起到巨大的促进作用。因此，站在民族文化发展的高度，站在国家安全高度，站在开发利用信息资源、节约材耗和能耗，保持我国经济持续、快速、健康发展的高度，数字图书馆的建设无疑具有重要战略意义。

2. 国家数字图书馆工程通过专家验收

国家数字图书馆工程是我国第一个国家级的数字图书馆工程，经过多年建设，国家数字图书馆已经成为一个超大型的图书馆数据中心、现代信息技术与图书馆业务高度融合的技术支撑中心、全国图书馆互联互通的网络中心、覆盖全民的公共文化服务中心。随着国家数字图书馆体系的完善，国家图书馆在硬件基础设施、软件体系、资源规模、创新服务、标准规范、建设能力等各方面实力显著加强。

2020 年 5 月 22 日，国家数字图书馆工程专家验收会在国家图书馆召开 ⊖。来自北京大学、

⊖　中国图书馆学会，国家图书馆 . 国家图书馆年鉴 2021［M］. 北京：国家图书馆出版社，2022.

新浪集团等 7 家单位的专家和工程建设骨干 30 余人参会。与会专家组听取了国家图书馆关于国家数字图书馆工程建设的情况汇报，认真审阅相关材料，经质询和讨论，与会专家一致同意该工程通过验收。

专家组认为，该工程打造了高效的基础设施平台，构建了先进的数字图书馆软件体系，完成了海量的数字资源建设与整合揭示，研制了完善的数字图书馆建设标准规范体系，并遵循"边建设、边服务"的原则，陆续完成全部建设成果的上线服务，取得良好的社会效益，建设和服务水平处于国际领先。国家数字图书馆工程按照数字资源的生命周期，在对数字图书馆的业务流、数据流和应用系统之间的关系进行深入梳理的基础上，构建国家数字图书馆总体架构，其设计合理、结构清晰、技术先进、实用性强。该工程各项技术指标超过或达到《国家数字图书馆工程数字图书馆系统部分初步设计方案》要求。其建设成果具备科学性、创新性和前瞻性，符合数字图书馆的发展方向，同时充分考虑了兼容性和开放性，已经成功推广使用至全国公共图书馆，为全国数字图书馆的共建共享提供支撑。有效地促进了国家公共文化服务的均等性、标准性和便利性，保障了国家文化安全。国家数字图书馆工程推动我国数字图书馆的建设水平达到世界领先地位。同时专家还建议进一步加强国家数字图书馆的宣传推广，扩大社会影响力，提高全民信息素养；进一步加强研究，始终保持国家数字图书馆的技术先进性和业界引领作用，建议国家财政继续予以支持。

2.2.2　文献数字化技术

文献数字化是将各种印刷型资料、音频资料、视频资料进行数字化加工，转化为数字格式文献资源的过程。将各种类型的资料转化为有序的数字资源，是数字图书馆建设的基础工作。另外，数字图书馆有目的、有方向地采集原本无序分散的网络资源，将之进行初步有序化处理，将各种数据库、电子图书、电子期刊等进行必要的格式转换、元数据标引等处理，使各种资料具备数字图书馆的基本管理需求和服务需求。

1. 文献数字化概述

数字图书馆从概念上讲可以理解为两个范畴：数字化图书馆和数字图书馆系统，涉及两个内容：一是将纸质图书转化为电子版的数字图书；二是电子版图书的存储、交换、流通。

传统图书馆中图书的流通率是很低的。以清华大学图书馆为例，至 2010 年底，实体馆藏总量约有 400 万册（件），据清华大学图书馆 2010 年年鉴统计：纸质图书外借 82.8 万册次，流通率为 20.7%。而二次文献检索 353 万次，下载 325 万次；电子图书浏览 53 万册次，下载 88 万册次；电子期刊浏览 453 万篇次，下载 764 万篇次；学位论文浏览 3.5 万篇次，下载 129 万篇次。可见，电子资源在网络环境下的规模化使用是印刷文献远无法比拟的。

这说明社会的进步和时代发展改变了读者的阅读习惯，也改变了读者获取文献的方式。图书馆要主动适应读者的这种需要，要将图书馆重要而有价值的文献数字化，以提高利用率。

传统图书馆收藏的大量经过加工、标引、整序的文献资源，不仅是图书馆服务的基础，也是数字图书馆重要的信息来源。图书馆目前的一项任务就是馆藏纸质文献的数字化工作。

2. 纸质文献数字化技术

我国的纸质文献数字化工作，早在 20 世纪 80 年代就起步了，但直到计算机网络技术和扫描仪的出现，特别是扫描仪的 OCR（字符识别）技术出现，才提高了纸质文献数字化的效率，推动了纸质文献数字化的迅速发展。

（1）纸质文献数字化　纸质文献数字化是指图书馆利用多媒体技术、数据库技术、数据压缩技术、光盘存储技术、网络技术等技术手段，将没有版权争议的馆藏印刷型文献数字化，建成数字化资源库。馆藏文献的数字化可以充分发挥图书馆的文献优势，加强信息资源的建设，丰富网上信息资源的品种与数量，促进数字图书馆的发展，同时也为图书馆开展特色信息服务创造条件。

纸质文献数字化是把原始纸质文献通过扫描、OCR（字符识别）转换成可进行计算机编辑处理的数字化电子文档。这种数字化的电子文档可方便地实现计算机网络环境下快速传递、检索和资源共享等功能。

（2）纸质文献数字化的原则　纸质文献数字化有"保真原则""整理原则"和二者兼顾原则。

1）保真原则，是指数字化文献应该具有原貌的特征。具体操作应该是以数字图形版存储。今天，实现数字图形版已不存在技术上的障碍，只要将纸质信息进行数码照相或扫描处理并有足够的存储空间即可。

2）整理原则，是指数字化文献应该具有资料的应用性，具有浏览器阅读、文字摘录等功能，满足读者的实际需要。

3）二者兼顾原则，是指在实际中采用哪种方式，或"保真"，或"整理"，或者二者兼顾，要根据文献级别和要求来决定。

（3）纸质文献数字化的方法及设备　纸质文献数字化的方法，按其发展过程分为人工键盘录入法、语音识别法和扫描法。目前使用最多、效率最高的是扫描法。

扫描法是将原始纸质文献放在扫描仪平板上，通过扫描仪把纸质文献转换为数字图形输入计算机，后经 OCR 识别、校对后，转换为可进行编辑的数字化文献。

扫描法是目前各种书刊文档数字化普遍采用的一种方法。OCR 识别并非百分之百正确，有个别字出现识别错误，对识别错误的字，以不同颜色加以区分，以便人工修改和校对。

扫描法的关键设备是扫描仪。它是一种高精度的光电一体化产品，属于一种静态图像的计算机输入设备。纸质文献在扫描过程中，扫描仪通过光电器件将检测到的图文光信号转换为电信号，再将电信号通过模拟/数字转换器，转换成数字信号输入到计算机中处理。扫描仪能够捕捉各种印刷品、照片以及较薄物件的图像信息。扫描仪的质量主要体现在其分辨率、颜色和幅面上。

目前，大多数扫描仪能实现扫描、复制、OCR，以及上传至网络等功能。能满足大多数文献数字化的需要。扫描仪作为一种光电一体化的计算机外部设备，在数字化信息处理过程中扮演着重要的角色。

（4）纸质文献数字化的过程要点　文献数字化所涉及的一般步骤如下：

1）准备扫描仪。

2）定位扫描仪中的原始文档。

3）检查扫描仪的优先设置值。

4）选择正确的原始文档类型。

5）选择扫描方式。

6）预扫描原文档。

7）剪辑或调整预览文档。

8）设置分辨率和尺寸。

9）调整高亮度和阴影点、灰度系数、有关的色调设置值等。

10）校准颜色或色平衡。

11）扫描文档、保存文档。

12）OCR 识别与校对。

各个步骤的次序将随着扫描类型的不同而不同，这主要取决于扫描仪所用软件的技术完善程度。所以，此部分内容并不适用于所有用户，可以跳过某些不适用的步骤。

3. 影响识别正确率的几个重要参数

文献在数字化过程中，文字识别（OCR）正确率的高低将直接关系到纸质文献数字化的工作效率。虽然扫描仪的文字识别不能达到百分之百正确，但是我们可以通过设定扫描仪的分辨率、亮度等参数，使扫描仪的文字识别正确率保持在一个较高的水平，从而减少校正工作量，提高纸质文献数字化的工作效率。下面讨论影响文献识别正确率的几个重要参数：

（1）分辨率参数　分辨率参数决定扫描图像的清晰度，即决定扫描图像的图像细节。分辨率一般以 dpi 作为单位。dpi 是 dot per inch（点 / 每英寸）的缩写。扫描仪能支持的 dpi 越大，其图像清晰度就越高。

分辨率参数是扫描仪文字识别（OCR）系统的一个很重要的参数。文字识别正确率的高低，与扫描分辨率的设定有很大关系。当文字越小时，分辨率设定越高；反之，当文字越大时，分辨率设定应越小。分辨率的设定由用户根据字体大小和所使用的扫描仪性能决定。一般常用文献的最小号字是小 5 号字或 5 号字。分辨率的精细设定可参考表 2-1。

表 2-1　分辨率选择对照表

文字大小	准确分辨率 /dpi	推荐使用的分辨率 /dpi
1 号（26 磅）	150	200
2 号（22 磅）	180	
3 号（16 磅）	200	
4 号（14 磅）	240	300
小 4 号（12 磅）	280	
5 号（10.5 磅）	300	
小 5 号（9 磅）	350	400
6 号（7.5 磅）	400	
7 号（5.5 磅）	500	600
8 号（5 磅）	600	

1）分辨率和图像质量的关系。扫描分辨率是图文文献质量的主要标准，它代表了从模拟量到数字量的精细程度。从理论上讲，分辨率越高，扫描的图像质量越好，但对文字要求的是识别准确率要高。

2）分辨率与数据大小的关系。分辨率对扫描数据的影响：先看一个例子，一幅 $3\text{in} \times 5\text{in}^{\ominus}$ 的照片，如果采用 $600\text{dpi} \times 600\text{dpi} \times 24$ 位真彩色进行扫描，那么生成的 DIB 图像数据是 $3 \times 600 \times 5 \times 600 \times 24/8 = 16200000\text{B}$，大约是 15.44MB。对于一个 32GB 的 U 盘空间来讲，大约可存储 2110 幅；如果使用 $1200\text{dpi} \times 1200\text{dpi} \times 24$ 位真彩色进行扫描，那么每幅照片将需要约 61.79MB 的存储空间，32GB 的 U 盘空间就只能存储 530 幅左右的照片了。由此可见，数据量会随着分辨率的提高而急剧增加，扫描速度也会大大降低。对扫描分辨率的选择应该遵循适当的原则。

（2）亮度参数　亮度参数是扫描仪的重要参数之一，也是影响 OCR 系统文字识别效果的极为重要的因素。有的扫描仪亮度参数设有三个选项：固定（F）、自动（A）和手动调节，供用户根据操作习惯选用。亮度参数确定了扫描图像的明暗程度。亮度太亮，文字笔画断裂残缺不全；亮度太暗，文字笔画相互粘连而黑成一团。在这两种情况下，都无法得到理想的识别输入效果。因此，细致地调节好亮度参数是获得较高识别率的前提条件。通常有下面几种情况要注意：

1）扫描纸色较浅的文字时，包括文件底色白、纸张发亮以及文字笔画细的文字时，应将亮度参数调低些，即降低亮度。

2）扫描较小的文字时，亮度参数应适当调高些，但要以不出现太多的断笔画为限。

3）扫描纸色较深的文字时，包括文件底色黑、文字笔画粗等，应将亮度参数调高些，即增加亮度。

在实际操作中，由于报纸的底色较深，黑体字、楷体字的笔画较粗，因此，在识别这类文件时，亮度参数可以适当调高，即增加亮度；而由于图书、杂志的底色较浅，宋体字、仿宋体字的笔画粗细适中，因此，在识别这类文件时，可将亮度参数调到中等亮度。

（3）扫描速度　扫描速度是扫描仪的又一个重要指标，它决定扫描仪的工作效率，在文字识别应用中尤其如此，单位是 in/s。影响扫描速度的因素很多，也很复杂。一般说来，它与分辨率以及灰度等级有关，驱动程序也会影响扫描速度。如需要处理的纸质文献数量多，在选购扫描仪时，可以选择扫描速度快的扫描仪。

综上所述，在纸质文献数字化过程中，只要合理设定扫描分辨率、亮度等参数，使扫描仪的文字识别（OCR）正确率保持在一个较高的水平，就可以减少校正工作量，提高纸质文献数字化工作的效率。

4. 数字文献著录标准（DC）

纸质文献有一套目录体系供读者查询文献。数字文献也有一套相应的都柏林核心（Dublin Core）元数据来描述网上电子文献，以方便检索。1995 年 3 月，都柏林核心集（Dublin Core Elements Set，DC）在美国俄亥俄州的都柏林召开的第一届元数据研讨会上产生，是 52 位来自图书馆、计算机、网络等方面的专家和学者共同研讨的产物，是以图书馆界为主建立起来的元数据系统，主要目的是代替 MARC 用来描述网络环境中的数字化信息的基本特征，发展一个富有弹性且非图书馆专业人员也可以轻易了解和使用的资料描述格式，来描述网上电子文献，以方便检索。在第一次会议上提出 13 个文件类对象的信息检索所需要的元数据元素为：主题（Subject）、题名（Title）、作者（Author）、出版者（Publisher）、相关责任者（Other Agent）、出版日期（Date）、对象类型（Object Type）、格式（Form）、标识（Identifier）、关联（Relation）、来源（Source）、语种

$\ominus$　1in=2.54cm=0.0254m

（Language）、覆盖范围（Coverage）。后来经过不断修改和补充，在原来 13 个元素的基础上又新增了 2 个元素：描述（Description）、权限管理（Rights Management），就成为现在的 15 个都柏林核心集。1997 年和 2000 年都柏林核心项目组（Dublin Core Metadata Initiative，DCMI）先后发布了《都柏林核心元素集：参考描述》1.0 版和 1.1 版。2003 年 4 月 8 日，都柏林核心元数据元素集（The Dublin Core Metadata Element Set，DCMI）被批准为国际标准 ISO 15836，这将使 DC 更加容易促进基于互联网的资源发现与共享的实现。

2.2.3 工业化的图书数字化进程

在文献数字化中，主要解决的是将传统的纸质文献转换成数字化文献，这样有利于节省馆藏空间，为信息网络化奠定基础。用什么样的格式保留数字化馆藏，是数字化文献进程中需要解决的问题。

国内进行图书数字化加工的有中国数字图书馆有限责任公司、北京世纪超星信息技术发展有限公司（以下简称超星公司）、北京书生公司等。就目前而言，超星公司在与中国数字图书馆合作加工数字化图书的过程中，吸纳了国家"863"数字图书馆的研究成果，所以超星公司的技术最成熟、最先进，规模也最大。从超星图书数字化加工技术的足迹可见中国文献数字化的发展历程，现作重点介绍如下。

1.图书数字化加工技术发展历程

超星公司于 1993 年成立，是一家高科技民营企业，拥有全国最大的图书数字化加工中心，到 2023 年在信息技术领域耕耘已有 30 年的历史。这期间超星经历了信息技术产业的兴起、发展和繁荣。凭借自身的实力，在激烈的竞争中得以生存和发展。

（1）从档案资料数字化起家 超星公司从 1993 年起从事档案资料数字化软件的开发，在国内最早提出档案资料数字化的概念，以光盘存储代替缩微胶片进行档案保存，发展了国内第一家以光盘形式存储档案的档案馆用户。时至今日，超星公司已经发展成为中国档案界最具实力的软件公司，用户数量达 2000 多家，中央档案馆、中国人民银行总行、招商银行总行、北京市公安局和全国印钞造币系统等都是超星的用户。在军队系统，超星档案数字化软件在总参通信部、总参防化部、总参气象局、总后营房部、总后油料部、空军档案馆、原沈阳军区、原南京军区、原广州军区等多家档案馆得到广泛应用，并在 1995 年协助总参办公厅起草制定了军队光盘档案管理技术标准。

1996 年，中央档案馆、中国第一历史档案馆、中国第二历史档案馆应用超星数字化技术，将影响中国历史进程的 150 多万页重要文献制成《国家档案文献光盘库》，作为国家档案保存，并在第 13 届国际档案大会上向全世界作了展示。

1997 年，超星公司在国内首次提出数字化图书馆概念，建立瑞得超星网上图书馆。1998~1999 年为国家图书馆数字化加工 15 万种文献，开办网上读书栏目。2000 年超星公司重组为股份制公司，改用现名。

2000 年 6 月 8 日超星数字图书馆以技术优势列入国家"863 计划中国数字图书馆示范工程"，参与中国数字图书馆的建设工作。

2001 年 10 月 23 日，超星数字图书馆网站荣获"中国优秀文化网站"称号，是唯一一家获得此项殊荣的图书类网站。同时超星数字图书馆是中国电子图书制定标准委员会的成员。

（2）把资料数字化技术应用于电子出版物 从 1996 年起，超星公司把资料数字化技术应用于电子出版物。在这个过程中，超星公司与电子工业出版社、中国标准出版社、科学出版社、中医药出版社等多家出版单位建立了密切的合作关系，完成了《中国中医药光盘资料库》《古今图书集成》《国家标准全文光盘》《二十五史》《多媒体英语小说》等光盘的制作，积累了图书数字化的技术和经验。

（3）把资料数字化技术应用于网络　1997 年，超星公司把目光转向新兴的互联网，把从档案和电子出版物发展的资料数字化技术应用于网络。1997 年 12 月，超星公司将自己研制的远程图书浏览器安装到瑞得在线网站上，创立了国内首例以影像方式为主体的数字图书馆。

（4）与国家图书馆合作创建"网上读书"取得实用经验　1998 年 7 月，超星公司和国家图书馆合作，通过一年的努力完成了国家图书馆 15 万册馆藏图书的数字化工作，并合作建立了国家图书馆的网上读书栏目。超星公司不断积累经验，并不断发展，以先进、实用为指导思想，在数字图书馆相关技术的研发方面取得了显著的成果。超星阅览器 SSReader 已经成为国内使用人数最多、技术最成熟、创新点最多的图书阅览器。由于超星公司的数字图书馆技术得到广泛应用，超星公司具有自主知识产权的专用图书阅览器用户已超过 800 万人。

2. 图书数字化加工厂

（1）图书数字化加工生产线（Doc Scan）　1998 年，超星公司组建了国内第一条大规模数字化扫描生产线，在北京成立了数字化加工中心，加工能力达到每天 20 万页。超星公司在全国各地建立了 5 个数字化加工中心，在北京、成都、福州、长沙、郑州等地都有超星的数字化加工基地。超星拥有国内最大的图书资料数字化生产线，年加工图书超过 20 万种。

目前超星公司与国内多家专业图书馆、出版社建立了长期的合作伙伴关系，进行图书文献数字化加工工作，如社会科学院图书馆、国防大学图书馆、深圳大学图书馆、中山图书馆、北京大学出版社、电子工业出版社等。

（2）从数字图书到数字图书馆　加工数字图书的目的是建设数字图书馆，可以想象，当数字图书的数量达到 315 万种时（目前国内藏书达到 315 万种图书的图书馆非常少），它自然成为一个超大的数字图书馆，什么样的中文图书都可以在这里找到，满足率可达到 95%，这个数字图书馆对读者有多么大的诱惑力。数字图书馆解决了善本浏览、多人借阅、全天候服务等问题。不少具有极高价值的文献资料，像《黄埔军校史稿》《北洋政府公报》《新青年》等，过去都被图书馆藏在深闺，读者根本无法借阅。而现在，在数字图书馆中，读者动一动鼠标，就可以轻松翻阅。

（3）数字图书馆的社会效益　图书馆是人类文明的重要传播地，在文化建设、教育发展中有着举足轻重的地位。但长期以来，由于经济条件的限制，我国图书馆事业与国外相比一直有较大的差距。随着互联网时代的到来，数字图书馆的出现为中国的图书馆事业提供了一次难得的跨越式发展的机遇。

3. 图书数字化的关键技术——超星的 PDG 格式

目前文本型数字图书的技术标准通常有两种：PDF 格式和 XML 格式。文本型数字图书已经有多年的发展历史，技术已经相当成熟，并形成了事实上的标准。国家已经制定了与 OEB（Open e-Book）兼容的文本型数字图书的标准[一]。建立数字图书馆的难点在于存量而不是增量。在出版业告别铅与火，实现光与电之后，新出版的图书大都有现成的电子文档，经过简单加工

　一　OEB 是 Open eBook 的缩写，用于格式化和包装电子书的一种行业标准。

后就能制作成便于阅读和检索的电子化图书。Adobe 公司推出的 PDF 格式，就是一种目前国际上通用的支持图文混排和多种版样的电子图书格式，其优点在于可以更好地修饰纯文本内容，生成的电子图书文件界面美观，而且文件也非常小。但是 PDF 格式对于 20 世纪 90 年代以前出版的没有电子文档的图书，就显得无能为力，更不要说那些珍藏上百年的善本、孤本图书了。

目前，加工存量图书的数字化工艺，有文本格式和图像格式两种。文本格式的优点在于生成的文件小，目前生成图书的字符格式主要是通过 OCR（Optical Character Recognition，光学字符识别技术）录入方式，效率高，每人每天可以录入 10 万字。

但是，文本格式的缺点在于不能保持图书原有的版样和完整性，在处理浩如烟海的档案文献资料、图文混排图书，以及表格、乐谱、小语种字符等特殊图书时，文本格式就显得无能为力。怎样解决这个技术问题？ 分层压缩图像文档格式——超星的 PDG 格式就是解决这个问题的关键技术。

2000 年 11 月，超星公司与清华大学图书馆技术部联合开发了三层图像全文检索技术——PDG 图像全文检索技术。超星 PDG 在参考了 DJVU 技术的基础上，开发出有自己特色的文本格式。超星的 PDG 格式[⊖]也因分层压缩，体积是其他格式的几分之一，浏览很快。

这项技术的新颖之处在于：使 PDG 图像也能够像文本一样，随心所欲地全文检索。在保留了扫描型图书原文原貌、没有错误的前提下，实现了扫描图书的全文检索。该技术为超星数字图书馆用户提供了一个功能强大的数字图书资源检索系统，可以对数字图书馆中的书目、目次、文献和全文等信息进行立体的全方位检索。

（1）PDG 图像全文检索技术原理　PDG 的原理和 DJVU 技术基本相同，也是将图像文档分为不同的层来进行处理：用较低分辨率的图像保留扫描型图书原文原貌；而用高分辨率来还原文字，使锐利边缘得以保留，并最大限度地提高可辨性。该技术的构思非常巧妙：当原稿通过扫描仪输入到终端，并存储为图像格式后，负责集中运算的服务器，自动对该图像进行 OCR 识别并完成相关运算，实时生成如下三层信息：

第一层信息是图像，用来保留扫描型图书原文原貌，即反映连续色彩图像和纸张的背景，仅用较低的分辨率即可，通常为 100dpi。

第二层信息是 OCR 文字识别后的文本。要确保文字和线条的清晰度，需要有较高的分辨率。因此，提高清晰度是 OCR 文字识别率所要求的，通常为 300dpi。

第三层是确定文本在原稿图像中所处的位置。这三层信息组成一个页文件。当读者以某个关键词对整本电子图书进行全文检索时，搜索引擎会首先到每一页文件的第二层，以文本检索的方式查找关键词，并在第三层中获取关键词所处的坐标位置，最后在图像文件上将该区域标志出来，读者就可以得到检索结果。对命中的关键字可以在原文中实现突出反显。

全文检索系统底层使用 TRS（Text Retrieval System）全文检索引擎，采用了基于词以及词频的"词索引 +bi-gram"算法，中文文本字词混合的索引方式及一系列的优化措施，极大地提高了检索的速度和命中率，并使查询结果相关性大大提高和优化。

超星公司数据格式为有自主产权的 PDG 格式，因其在图像压缩和网上阅览（边下载边显示）及下载（多线程下载）方面的独特功效，为广大用户所青睐。除此之外，PDG 格式与 PDF 格式、中国学术期刊格式等其他数据格式良好的兼容性也是备受用户欢迎的原因之一。图像采用 PDCT2 技术进行压缩，其文件大小远小于其他格式的电子图书。此外，还有一个特点是可以

⊖　庞瑞江.超星扛出 PDG［J］.IT 经理世界，2001（22）：117–119.

支持在线阅读和打印，而不像很多其他格式的图书，需要把书先下载才能使用。

（2）**元数据仓储检索技术**　为了加快搜索速度、减轻网络传送压力，超星公司推出读秀学术搜索和指针图书搜索网（超星发现），以元数据仓储书目搜索，可搜索图书书目 370 万种，是目前我国最大、最全的书目元数据仓储。

（3）**数字图书资源定位技术**　超星公司还拥有独特的数字图书资源定位技术。数字图书资源可以通过 SS 号（SSID）来进行定位，用户根本不用关心数字图书资源存放的物理地址。SS 号是超星数字图书馆为数字图书资源统一分配的一个唯一号码。有了它，在超星阅览器或 IE 的地址栏中输入 book://SS 号，就可以直接打开这个资源。这样，在任何地方引用这个资源，都不用担心它的物理地址被改变的问题。在超星数字图书馆系统中，有一个 SS 号服务器，类似于 DNS 服务器，主要负责对 SS 号与物理地址的转换，并且实现了部分权限认证与计费的功能。

（4）**资源整合技术**　资源整合技术实现与其他图书管理系统的无缝连接。超星数字图书馆书目数据库可转化为多种国际标准的元数据格式，如 Dublin Core、MARC、RDF 等，这样就可以很方便地将书目信息导入其他图书管理系统中。对于有的书目信息已经在原系统数据库中存在的，也可以根据一定的字段对应关系，将原系统的数据库与超星数字图书馆书目数据库进行书目记录的匹配，找到相同的书目信息，使用 BOOK 协议串将这本书的链接加入原系统的数据库对应书目记录中。这样就可以在原系统中直接访问超星数字图书馆中的数字图书资源。

（5）**OCR 文本摘录技术**　超星公司积极引进和利用"863"高科技成果。例如，已经将"863"成果中的汉王 OCR 技术集成到超星的图书阅览器中，读者可以直接摘取图书的文字到自己的文章中去，为读者提供了极大的方便。读者在使用超星图书阅览器阅读图书时，可以对摘录区域实现文本识别，将图像信息转换为文本字符，为读者摘录句段、批注、笔记提供了方便。

（6）**国内领先的 PDCT 2.0 图像压缩技术**　PDCT 2.0 技术是超星公司研制成功的新一代图像压缩技术，采用了目前国际上最先进的图像压缩理论，具有压缩比高、压缩后的图像清晰度高等特点，其压缩比是较常用的通用图像压缩算法（如 TIFF、JPEG）的几倍甚至几十倍，是国内迄今为止压缩比最高、性能最为先进的图像压缩技术。应用该压缩算法生成的 PDG 数字图书格式，比网络上通用的 JPEG 图像压缩格式更加优化。一张 A4 幅面原稿以 300dpi 分辨率生成的 PDG 图像文件（3500×2500 像素）只有 20KB 左右，而同样尺寸和质量的 JPG 图像大约要 1MB。利用此技术每 10 万册数字图书占用空间为 500GB（每年各高校图书馆在向教育部报当年事实数据时就是沿用这一标准核算的），是目前国际上中文图像格式占用空间最小的一种压缩技术。

国家专利局、中央档案馆、中国人民银行总行、国防大学等单位均是通过反复的技术比较，最终采用超星图像压缩技术。美国国会图书馆、美国加州大学也委托超星公司进行了部分图书的数字化。在国外，超星的数字图书馆系统同样获得了成功。美国加州大学圣地亚哥分校与超星公司合作，在北美建立了清朝历史资料库和中国年鉴图书馆，美国超级计算中心为超星公司免费提供了一套 Dell 服务器。加州大学伯克利分校、斯坦福大学、哥伦比亚大学都对此技术表示了浓厚的兴趣。超星公司作为特邀代表参加加州大学东亚图书馆年会。

（7）**完善的数字图书版权保护技术**　超星可以实现读书卡收费的各种管理及数据加密技术，可以控制用户浏览、下载、打印、数字底纹加密、机器码等。首先，每本书的权限都可以进行详细的设置，包括能否阅读、下载、打印、可阅读或打印的页数等，还可以根据用户进行设置，不同的用户可以有不同的访问权限，这些权限的设置工作也非常简单方便。另外，在数据安全性方面，通过一系列的技术手段和各种安全保护措施，可有效地防止图书被非法访问和传播。

超星数字图书馆在整体上有一个非常严密的数据安全策略，对系统的每一部分也都进行了周密的安全性考虑，包括数据库服务器、资源服务器、阅读材料、数据等，使之成为一个难以攻破的堡垒。最后，提供了多种用户访问控制，除了可以设定 IP 段内的访问方式外，还可以使用用户登录等访问方式。

（8）良好的开放性 超星数字图书馆提供了很多接口和协议，可以实现其他图书管理系统与超星数字图书馆的连接。最常用的一种接口是使用 BOOK 协议串，其他系统可以很方便地定位或者链接到超星数字图书馆中的数字资源。完整的 BOOK 协议串写法主要包含三部分信息，分别是动作、地址和元数据。动作包括阅读、打印和下载命令，地址可以是资源的 SSID，也可以是资源的物理地址，元数据包括资源的基本信息。

2.2.4 超星数字图书馆方案

超星公司经过多年的努力，形成了从扫描、浏览、OCR 识别到远程传输和版权保护等一整套成熟技术，在数字图书馆方面积累了丰富的开发经验，可以为高校图书馆提供从资源的数字化加工到网络管理以及远程传输的数字图书馆全面解决方案。

1. 高校数字图书馆概述

（1）数字图书馆是高校信息化的建设重点 教育部要求高等学校图书馆具备"现代电子图书系统和计算机网络服务体系"。

图书馆作为信息搜集、整理、存储和传播的主要基地，在知识经济时代已成为信息服务业的一支重要主力军，担负着建设、开发和推广信息资源的重任，在提高大学生的综合业务素质和精神文明建设的过程中，起着举足轻重的作用。

数字图书馆借助网络环境实现信息资源的有效利用和共享，在信息服务功能上实现了质的飞跃，是教学、科研的有利的资源保障，是传统图书馆功能的延伸和升华。随着我国教育信息化工程的逐步深入，数字图书馆的建设已成为高校信息化的又一个建设重点。与传统图书馆相比，数字图书馆具备了更强的信息功能，如业务管理自动化、信息服务网络化。

在知识经济时代，人类全面进入信息化社会，教育与培训不仅是就业的需要，也是对信息化社会的一个合格劳动力（能适应信息化社会发展需要的劳动力）的终身要求。数字图书馆的建立为高校教育提供了灵活多样的培养方法，且不受时间、空间和地域的限制，能适合各种学科并能满足高校教育、终身教育的需求。

（2）海量数字资源是高校数字图书馆的基础 数字图书馆的意义在于：在新的媒介载体（计算机、网络）产生之后，如何改变传统的治学方法，如何让学者迅速、全面地了解本学科、本专业的学术面貌，如何使研究者按照自己的学术思想和治学方法来构建自己独特的知识体系，又使这种体系能成为可以与他人共享和兼容的资源，从而创建全新的学术体系和方法。

（3）要兼容传统图书馆并有革命性的进步 建设数字化图书馆将全面保障高校重点学科及其他学科的文献资源，提高科学管理水平，挖掘和有效整合信息资源。建成具有先进应用技术水平，以"数字资源"为核心的基于网络平台的、服务型的，具有先进应用技术水平的综合性数字图书馆，在一定范围内能达到高水平的文献保障功能。数字图书馆建设的最终目的是实现资源的共享，为读者提供最大的便利。数字图书馆的建设采用通用的通信协议，强调整体性原则和兼容性能。

1）资源整合型。以面对馆员和最终用户的资源统一管理、资源的深度整合为特征，其中不同层次的资源整合体现在对检索手段的整合、文献层次的整合、信息整合、内容整合、知识整合和服务整合等。

2）知识服务型。以信息服务为基础，以知识的深度挖掘为手段，以知识服务（如查询服务、参考咨询服务、个性化服务等）为导向。

3）学习研究型。以资源整合为基础，以知识服务为特色，以互动学习、互动研究为特征，营造良好的知识 DIY 环境$^{\ominus}$符合"以人为本，用户至上"的人本精神。

4）基础设施型。集资源的生产、传播、服务于一体，开放的数字图书馆具备资源的自主生产、知识的深度挖掘、新知识的开发等功能，可提供基于资源开发、知识挖掘的深层次知识服务。

（4）高校数字图书馆应有的功能

1）图书的快捷查询。对于读者而言，并不是无目的地在网上搜索图书，而是要查找一些具体的图书，如知道图书名称或大致名称、出版社、关键词、作者等。通过该系统，读者可以根据已知信息进行快速查找，节约了读者的查找时间，提高了整体的学习效率。

2）与其他图书馆自动化系统的智能衔接。超星数字图书馆系统是针对各类图书馆而制作的数字图书系统，这样就需要和图书馆管理系统软件结合起来，把图书馆中拥有的实际图书数目、名称等与数字图书馆系统的图书内容、种类结合起来，利用先进的技术手段，实现跨库、跨平台无缝连接、集成与智能检索的知识共享中心。

3）方便、快捷的数字图书馆管理平台。数字文献管理平台是一种专为管理者提供管理各种图书信息的工具，方便为读者提供网上数字图书的借阅服务，提高工作效率和管理水平，减轻工作强度。

4）为读者提供功能全面、界面友好的阅读软件。数字图书馆提供给广大师生的阅读软件（超星阅览器），界面非常清新、友好。经过了多次深层次的读者需求调查，阅读软件进行了人性化设计，图书显示清晰，操作非常简便，完全适应在计算机上阅读的需要，满足了读者对视觉的需求，可以对视图进行多倍放大或缩小。读者在数字阅读过程中可进行检索、加书签、标注、加亮、画线、复制、批注等各项操作，保证阅读的质量。此外，可方便地对借阅图书进行管理，方便读者进行还书与续借服务。

5）高质量的正版数字图书较少涉及版权纠纷。相对于传统图书，数字图书馆可以给读者提供最新出版的电子书，而相对于互联网，数字图书馆可为读者提供有针对性的正规出版物，保证资源的质量。数字图书馆内的每一本电子图书都通过合法渠道，取得作者的正式授权，较少涉及版权纠纷。

2. 数字图书馆建设过程

数字图书馆是一个发展的概念，其本质特征是数字化资源、网络化存取以及分布式管理。数字图书馆的核心理念是实现人类对所有知识的普遍访问，其实质就是突破传统图书馆时间、空间限制，为用户提供无所不在（泛在）的信息服务。为实现这样的理想，人类一直锲而不舍地探索着。从最早以卡片目录组织文献资源的传统图书馆（人类共享知识的最主要形式之一），到后来集成管理系统的自动化图书馆，再到门户网站中的数字图书馆。随着计算机的广泛应用，

$\ominus$　DIY（Do It Yourself）代表的是一种精神，自己去做，自己体验，挑战自我，享受其中的快乐。

以计算机集成管理系统为核心的图书馆自动化管理大幅提升了服务能力和水平，以互联网为支撑的数字图书馆的发展为实现知识的普遍访问作出了历史性贡献。

数字图书馆建设的四个层次：

1）数字资源积累阶段。从单个数据库购买到初步形成数字资源体系。

2）数字图书馆门户建设阶段。从建立简单的数字资源网站到构建资源门户。

3）数字资源整合阶段。从数据库列表到实现资源整合与一站式检索。

4）数字化信息服务环境建设阶段。从以资源为中心到以读者为中心构建服务平台。

2.3　数字文献资源

本书所述的数字文献资源包括数字图书资源、数字期刊资源和数字特种文献资源三大类。

2.3.1　数字图书资源

1. 超星数字图书馆

超星公司推出的读秀学术搜索，以元数据仓储书目搜索为基础。据该公司 2023 年的会议资料显示，可搜索图书书目数据 680 万种，是目前中国最大、最全的书目元数据仓储；已经完成数字化加工并可全文传递的中文图书 400 万种，内容涵盖《中图法》22 大类。

（1）读秀　读秀是读秀学术搜索的简称，是由海量中文资源组成的庞大的知识系统，现收录 680 万种中文图书书目数据，有 400 万种中文图书全文数据可进行文献传递，可对图书、期刊、报纸、会议论文、学位论文、标准、专利、音视频等文献进行一站式检索和服务。

读秀学术搜索是一个面向全球的图书搜索引擎，是一个可以对文献资源及其全文内容进行深度检索、提供原文传送服务的平台。用户可以通过读秀学术搜索对图书的题录信息、目录、全文内容进行搜索，对图书封面页、目录页、正文部分页进行试读，还可以对所需内容进行文献传递。

对于不能看到电子全文又没有馆藏的部分图书，读者可基于读秀学术搜索特有的目录页试读，了解并指定所需的部分资源范围，进入读秀学术搜索上的图书馆文献传递中心，根据提示实现文献传递。读秀为读者提供单次传递原文不超过 50 页，同时一周内对同一本书传递不超过 20%，以邮件加密链接方式提供，20 天有效期的原文在线查阅服务，这一期间内，读者可以随时浏览阅读 20 次。

（2）百链　百链是中外文统一检索平台，可对期刊、标准、专利、论文、视频等各种文献类型进行统一检索并获取，将分散的中外文信息资源集中建设处理。百链包含了 7.2 亿条中外文献元数据，其中中文期刊 1.252 亿篇、中文报纸 1.5 亿篇、外文期刊 2.844 亿篇，并可以查询到每篇文章的馆藏信息、在数据库的链接地址。百链是唯一一个有云服务架构，实际形成强大云服务能力的纸本与电子资源整合的平台。

（3）超星云图书馆　百链、读秀学术搜索平台可以解决全部文献资源的检索服务；读者在百链检索平台上搜索到所需的文献资源时，填写一个 E-mail 地址，申请文献传递服务；数据库内有的文献资源，计算机都能将其自动传递到读者邮箱；对于数据库内没有的文献资源，由数字图书馆成员馆组成的图书馆参考咨询联盟，有很多图书馆专家在线专门对全国广大读者免费做文献传递服务，利用一种机制鼓励咨询馆员的积极性，抢答读者的文献请求。超星云图书馆——全国图书馆参考咨询联盟，就是超星公司技术组建的一个面向全世界读者的、免费的文献传递网站（网址 http://www.ucdrs.superlib.net），每个社会读者都可以使用的。

2. 方正阿帕比数字图书馆

（1）方正阿帕比概述　阿帕比是 APABI 的中文名称，是中文电子图书及数字资源系统提供商。APABI 分别代表着 Author（作者）、Publisher（出版者）、Artery（流通渠道）、Buyer（读者，即购买者）以及 Internet（网络）。APABI 的意思就是通过互联网，将作者、出版社、中间商、读者联系起来，提供一整套解决方案，实现完全数字化的出版。

北京方正阿帕比技术有限公司（以下简称"方正阿帕比公司"，http://www.apabi.cn）是方正集团旗下专业的数字出版技术及产品提供商。方正阿帕比公司自 2001 年起进入数字出版领域，在继承并发扬方正传统出版印刷技术优势的基础上，自主研发了数字出版技术及整体解决方案，已发展成为全球领先的数字出版技术提供商。

（2）电子图书资源全文数据库　电子图书资源全文数据库是方正阿帕比数字资源的核心部分，涵盖了社科、人文、经管、文学、科技等数字图书，已经形成最大的文本电子图书资源库。

目前，方正阿帕比为国内 80% 以上的新闻出版单位提供技术支持和服务，并将数字图书馆应用推广到北美、欧洲、大洋洲及东南亚等海外市场，帮助我国的新闻出版单位推出正版中文电子图书总量超过 76 万种、数字报纸近 500 份，并建立了多种专业数据库。

（3）中华数字书苑的数字资源产品 ⊖

1）电子图书。中华数字书苑平台收录了 250 万册可供翻阅的电子图书，150 万册电子图书可供全文检索和在线试读，76 万册可供全文下载，覆盖了人文、科学、经济、医学、历史等各领域。平台可以一站式翻阅各种类型资源，收录的古今中外各种出版物包括：12 万册珍贵古籍、30 多万种近年出版的新书、350 万种以上新中国成立以来的出版图书信息、与美国伯克夏出版集团、英国企鹅集团陆续合作推出的原版外文书。

2）数字报纸。中国报纸资源全文数据库是由方正阿帕比联合全国各大报社开发，以中国报纸资源为主体的数字化全文数据库系统，所有内容均为文本形式，为读者提供全文检索、复制、引用服务。

3）图片库。精心遴选收录了最能代表中国和世界历史发展和艺术成就的精品图片 35 万张。

4）工具书库。目前精选收录国内各大出版社的精品工具书资源近 2000 种、3000 册，覆盖所有的工具书分类，包含《中国大百科》《辞海》等。

5）年鉴库。该数据库目前收录年鉴近 1000 种、6000 卷，其中包括各类统计年鉴 600 种、约 4000 卷。

3. 中国高等教育文献保障系统（CALIS）

（1）CALIS 简介　中国高等教育文献保障系统（China Academic Library & Information System，CALIS）是经国务院批准的我国高等教育"211 工程""九五""十五"总体规划中三个公共服务体系之一。CALIS 的宗旨是：在教育部的领导下，把国家的投资、现代图书馆理念、

⊖　北京方正阿帕比技术有限公司. 电子书［EB/OL］.（2017-01-13）[2023-11-15]. http://www.apabi.cn/solution/source/1/.

先进的技术手段、高校丰富的文献资源和人力资源整合起来，建设以中国高等教育数字图书馆为核心的教育文献联合保障体系，实现信息资源共建、共知、共享，以发挥最大的社会效益和经济效益，为中国的高等教育服务。

CALIS 管理中心设在北京大学，下设了文理、工程、农学和医学 4 个全国文献信息服务中心，华东北、华东南、华中、华南、西北、西南、东北 7 个地区文献信息服务中心和一个东北地区国防文献信息服务中心。

从 1998 年开始建设以来，CALIS 管理中心引进和共建了一系列国内外文献数据库，包括大量的二次文献数据库和全文数据库；采用独立开发与引用消化相结合的道路，主持开发了联机合作编目系统、文献传递与馆际互借系统、统一检索平台、资源注册与调度系统，形成了较为完整的 CALIS 文献信息服务网络。

1）CALIS 馆际互借与文献传递系统。CALIS 馆际互借与文献传递系统是 CALIS 公共服务软件系统的重要组成部分。目前，该系统已经实现了与 OPAC 系统、CCC 西文期刊篇名目次数据库综合服务系统、CALIS 统一检索系统、CALIS 文科外刊检索系统、CALIS 资源调度系统的集成。

西文期刊文献在全国高校及非高校图书馆范围内的共知、共建和共享，多年来一直是我国图书馆界不断追求的一个重要目标，随着引进西文期刊资源的不断增多，对其进行系统的揭示、整合与建设，成为 CALIS 一项重要而急迫的任务。CALIS 构建了一个具有文献揭示、联合馆藏、全文链接、原文传递以及检索、统计功能的综合性服务平台——CALIS 西文期刊目次数据库（CALIS CURRENT CONTENTS OF WESTERN JOURNALS，CCC），使得我国图书馆界多年的追求得以实现。

2）CALIS 资源　CALIS 联合目录数据库 2000 年 3 月正式启动服务。经过日积月累，已成为国内外颇具影响力的联合目录数据库。该数据库收录了近 900 家成员单位的 3500 万余条馆藏信息，涵盖印刷型图书和连续出版物、古籍、部分电子资源及其他非书资料等多种文献类型，覆盖中、英、日、俄、法、德、意、西、拉丁、韩、阿拉伯文等 40 多个语种，数据标准和检索标准与国际标准兼容。CALIS 联合目录中心数据库的所有中文、外文数据。目前包含书目记录 8576237 条（2023 年 11 月 15 日数据）。为读者提供 36 万种中文图书和 3 千多册外文图书的在线阅读和电子书借阅服务。期刊资源有 10 万多种纸本和电子的外文期刊；8000 多万的期刊篇名信息；100 多个全文数据库的链接，如 Science Direct，Ebsco，Jstor 等；11 个文摘数据库的链接，如 SCI、SSCI、AHCI、EI 等；196 个图书馆的馆藏纸本期刊信息；497 个图书馆购买的电子期刊信息。资源信息每周更新。

3）CALIS 的服务。任何一个高校图书馆，只要使用 CALIS 资源，它所获得的文献支持就相当于拥有了全国图书馆的全部馆藏，这将为国内所有有西文期刊文献需求的图书馆，特别是那些文献保障能力比较低的单位，带来极大的便捷和好处。读者可以通过馆际互借或文献传递的方式，通过所在成员馆获取 CALIS 文献传递网其他成员馆丰富的文献收藏。

（2）CASHL 简介　中国高校人文社会科学文献中心（China Academic Social Sciences and Humanities Library，CASHL）是教育部根据高校人文社会科学的发展和文献资源建设的需要引进专项经费建立的。其宗旨是组织若干所具有学科优势、文献资源优势和服务条件优势的高等学校图书馆，有计划、有系统地引进国外人文社会科学期刊，借助现代化的服务手段，为全国高校的人文社会科学教学和科研提供高水平的文献保障。它是全国性的唯一的人文社会科学外文期刊保障体系。

1）CASHL 文献资源。CASHL 文献资源主要是人文社会科学外文期刊，目前已收藏有 7500 多种国外人文社会科学领域的重要期刊、900 多种电子期刊、20 余万种电子图书。

①高校人文社科外文图书联合目录。联合目录收录了 CASHL 两个全国中心和五个区域中心的 24 万多种人文社会科学外文图书，陆续还将添加 10 个学科中心和其他高校收藏的"教育部文科图书引进专款"购置的人文社会科学外文图书。它涉及地理、法律、教育、经济 / 商业 / 管理、军事、历史、区域学、人物 / 传记、社会科学、社会学、体育、统计学、图书馆学 / 信息科学、文化、文学、心理学、艺术、语言 / 文字、哲学 / 宗教、政治等学科。可提供图书分类浏览和书名、作者、主题、出版者以及 ISBN 号等检索查询，并提供馆际互借服务。

②高校人文社会科学外文期刊目次数据库。目次数据库全面、系统地揭示了国外人文社会科学重点学术期刊，收录了 CASHL 中心 4000 多种人文社会科学外文期刊，涉及地理、法律、教育、经济 / 商业 / 管理、军事、历史、区域学、人物 / 传记、社会科学、社会学、体育、统计学、图书馆学 / 信息科学、文化、文学、心理学、艺术、语言 / 文字、哲学 / 宗教、政治等学科，可提供目次的分类浏览和检索查询，以及基于目次的文献原文传递服务。其中带有"核心"标志的期刊为核心期刊。

2）CASHL 可以提供的服务。

①高校人文社科外文期刊目次数据库查询。该数据库收录了 CASHL（北京大学和复旦大学）2300 多种人文社会科学外文期刊，可提供目次的分类浏览和检索查询，以及基于目次的文献原文传递服务。其中带有"核心"标志的期刊为核心期刊。

②高校人文社科外文图书联合目录查询。该联合目录提供北京大学、复旦大学、武汉大学、南京大学、吉林大学、中山大学以及四川大学 7 所高校图书馆的人文社科外文图书的联合目录查询。可按照书名进行检索，或按照书名首字母进行排序检索，还可以按照学科分类进行检索。

③高校人文社科核心期刊总览。它包含由北京大学图书馆主持编纂的《国外人文社会科学核心期刊总览》及被 SSCI 和 A&HCI 收录的核心期刊两大序列。

④国外人文社科重点期刊订购推荐。提供 9000 多种国外人文社科重点期刊的目录供用户推荐订购，用户的推荐意见将作为 CASHL 订购期刊的重要依据。

⑤文献传递服务。注册用户可在目次浏览或检索的基础上请求原文，如不知文献来源，也可以直接提交原文传递请求。通常情况下，用户发送文献传递请求后，可在 1~3 个工作日得到所需原文。

⑥专家咨询服务。由具有专业素质的咨询专家为用户提供信息咨询、课题查询服务。

⑦CASHL 馆际互借服务。注册用户可在高校人文社科外文图书联合目录浏览或检索的基础上请求 CASHL 馆际互借服务。

4. 中国国家图书馆

（1）中国国家图书馆简介　中国国家图书馆和中国国家数字图书馆是同一家单位（http://www.nlc.cn）。中国国家图书馆是国家总书库，国家书目中心，国家古籍保护中心，国家典籍博物馆；履行国内外图书文献收藏和保护的职责，指导协调全国文献保护工作；为中央和国家领导机关、社会各界及公众提供文献信息和参考咨询服务；开展图书馆学理论与图书馆事业发展研究，指导全国图书馆业务工作；对外履行有关文化交流职能，参加国际图联及相关国际组织，开展与国内外图书馆的交流与合作。

（2）中国国家图书馆资源 据《中国国家图书馆年鉴（2021）》统计资料显示[一]：截至 2020 年底，数字资源总量达 2274.5TB，较 2019 年增加 115.67TB。资源内容主要包括电子图书 2150132 种，2630345 册，电子期刊 54804 种，电子报纸 3430 种，学位论文 11265313 篇，会议论文 7815528 篇，音频资料 1919636 首，视频资料 198965 小时。外购数据库共计 251 个，包括中文数据库 134 个，外文数据库 117 个。中国国家图书馆外购数据库类型及数量如表 2-2 所示。

表 2-2 中国国家图书馆外购数据库类型及数量

数据库类型	中文数据库（个）	外文数据库（个）
全文数据库	69	75
文摘 / 索引数据库	14	19
数值 / 事实数据库	31	16
多媒体数据库	16	0
工具开数据库	3	3
复合型数据库	1	4
合计	134	117

5. 国家科技图书文献中心（NSTL）

（1）NSTL 简介[一]

国家科技图书文献中心（National Science and Technology Library，NSTL，以下简称"中心"）是经国务院领导批准，科技部联合财政部等六部门于 2000 年 6 月 12 日成立的一个基于网络环境的科技文献信息资源服务体系，由中国科学院文献情报中心、中国科学技术信息研究所、机械工业信息研究院、冶金工业信息标准研究院、中国化工信息中心、中国农业科学院农业信息研究所、中国医学科学院医学信息研究所、中国标准化研究院国家标准馆和中国计量科学研究院文献馆九个文献信息机构组成。中心以构建数字时代的国家科技文献资源战略保障服务体系为宗旨，按照"统一采购、规范加工、联合上网、资源共享"的机制，采集、收藏和开发理、工、农、医各学科领域的科技文献资源，面向全国提供公益的、普惠的科技文献信息服务。

（2）NSTL 资源

NSTL 外文印本文献订购品种约 2.4 万种，其中外文期刊 1.5 万种，外文会议录等文献约 9000 种；面向全国开通网络版外文现刊 400 余种，回溯期刊 3589 种，OA 学术期刊 14000 余种等。

NSTL 申请和收集的文献信息资源绝大部分以文摘的方式，或者以其他方式在 NSTL 网络服务系统上加以报道，供用户通过检索或浏览的方式获取文献线索，进而获取文献全文加以利用。国家科技图书文献中心网址：https://www.nstl.gov.cn。

（3）数据库和其他网络资源

1）全国开通外文现刊数据库 中心以"国家许可，全国开通"的方式引进了专业性强、但

[一] 中国国家图书馆，国家图书馆.国家图书馆年鉴 2021［M］.北京：国家图书馆出版社，2022.

[一] 国家科技图书文献中心.NSTL 概况.［EB/OL］.（2017-01-13）［2023-9-15］.https://www.nstl.gov.cn/Portal/zzjg_jgjj.html.

国内保障率低的国外专业学协会现刊数据库 38 个，收录期刊 500 余种，成为国内唯一一个订购国外网络版现刊数据库为全国非营利机构用户免费开通服务的机构。

①全国开通网络版期刊跨库检索平台（全国开通现刊数据库）访问地址：https://cds.nstl.gov.cn/。

② NSTL 申请为全国免费开通的电子期刊。这部分是 NSTL 申请的、面向中国大陆学术界用户开放的国外网络版期刊。用户为了科研、教学和学习目的，可少量下载和临时保存这些网络版期刊文章的书目、文摘或全文数据。NSTL 采购为全国免费开通的电子期刊列表是一个压缩文件，下载地址：https://static.nstl.gov.cn/files/exweb.zip？t=1694589212，解压后生成一个"NSTL 全国开通网络版现刊清单 20230530.xls"文件，2023 年度提供了 478 种外文期刊列表：每种期刊提供了"外文刊名、P-ISSN、E-ISSN、出版社外文名称、国外平台期刊 URL、所属数据库外文正式名称、数据库 URL 地址、NSTL 当前合同订购截止日期"等内容，读者通过"期刊 URL 地址和数据库 URL 地址"即可链接访问。

③符合开通条件的机构，访问全国开通数据库申请系统，按照申请要求填写完成所需的信息并经审核后，可免费开通使用。现刊数据库有 38 个，收录期刊 500 余种。

2）全国开通外文回溯期刊数据库　为解决我国外文期刊历史性缺失，中心以"国家许可，全国开通"的方式先后购买了国外大型学术出版社、知名大学、学协会的回溯期刊数据库，回溯期刊数量达到 3000 余种。回溯数据库通过 NSTL 的服务平台免费为全国非营利学术型用户提供服务，分回溯库也可通过数据库现刊平台访问回溯内容，详见各回溯数据库详细信息页面的介绍与说明。

3）开放获取资源　中心大力开展国外开放获取资源的统一揭示和集成管理，形成采购文献与开放获取文献协同服务的资源保障新格局。目前，累计揭示国外开放获取期刊 13000 多种，开放获取会议文献 8700 多个，开放获取科技报告约 8000 多篇，开放获取学位论文 9 万种，开放获取课件 64000 多个，开放获取图书约 10 万册。用户可在中心网络服务系统的"开放获取资源"栏目检索、浏览或链接全文。

2.3.2　数字期刊资源

数字期刊是指以数字形式存储在光盘、磁盘等介质上并通过电子计算机进行本地或远程读取使用的电子版期刊，简称电子期刊。

电子期刊包括以光盘、磁盘为载体的电子期刊和网上电子期刊。近年来，网上电子期刊发展迅速，网上电子期刊是指以电子媒介为存储方式，并基于网络发行、订购、获取和阅读的期刊。

目前，中国的数字期刊从服务能力、检索平台、综合实力等来进行综合排名，前三位应该是：中国知网（CNKI）、维普资讯和万方数据。数字期刊单独进行数量排名则为维普资讯、中国知网（CNKI）和万方数据。CNKI 和万方数据除收录数字期刊外，还收录博士学位论文、硕士学位论文、会议论文、年鉴、专著、报纸、专利、标准、科技成果等文献。

1. 维普中文科技期刊

（1）重庆维普资讯有限公司简介 ⊖　重庆维普资讯有限公司成立于 1995 年，前身为中国科学

⊖　重庆维普资讯有限公司. 公司简介［EB/OL］.（2018-1-13）［2023-9-15］.http://www.vipinfo.com.cn/

技术情报研究所重庆分所数据库研究中心，是我国较早从事中文期刊数据库研究的专业机构之一，是中国数字文献产业的开拓者和奠基人。创业之初推出的《中文科技期刊篇名数据库》，这不但是中国第一个中文期刊文献数据库，也是中国最大的自建中文文献数据库，标志着我国中文期刊检索在实现计算机自动化方面达到了一个领先的水平，结束了我国中文科技期刊检索难的历史。

公司现在业务涉及数字出版、数字化加工、信息资源建设、系统集成、软件开发、网站运营等信息化服务领域，是一家专业从事科学大数据服务的高新技术企业。目前维普核心产品包括中文期刊服务平台、维普论文检测系统、维普考试服务平台、智立方·知识资源服务平台、机构知识库、智慧门户、智慧图书馆整体解决方案、知识管理与科技创新服务解决方案。

（2）《中文科技期刊数据库》

重庆维普资讯有限公司的《中文科技期刊数据库》是我国最大的期刊全文数据库，目前期刊总计 17603 种，含北大核心期刊 2020 版 1959 种。期刊收录年限回溯至 1989 年，部分期刊回溯至 1955 年。《中文科技期刊数据库》已经成为文献保障系统的重要组成部分，是科技工作者进行科技查新和科技查证的必备数据库，是我国图书情报、教育机构、科研院所等系统必不可少的基本工具和获取资料的重要来源。目前已拥有包括港澳台地区在内 2000 余家大型机构用户。维普现刊按学科分类的期刊数量表见表 2-3。

表 2-3　维普现刊按学科分类的期刊数量表（统计时间 2023 年 9 月 15 日）

期刊分类	期刊数量（种）	期刊分类	期刊数量（种）
经济管理	2077	航空宇航科学技术	143
哲学宗教	202	环境科学与工程	250
生物学	196	核科学技术	34
天文地理	513	医学卫生	1866
化学工程	441	农业科学	886
矿业工程	141	一般工业技术	461
石油与天然气工程	199	社会学	1025
冶金工程	198	政治法律	1285
金属学及工艺	160	军事	79
机械工程	369	文化科学	2366
动力工程及工程热物理	138	语言文字	195
电子电信	413	文学	340
电气工程	275	艺术	322
自动化与计算机技术	370	历史地理	355
建筑科学	409	自然科学总论	540
水利工程	162	理学	290
轻工技术与工程	393	兵器科学与技术	64
交通运输工程	446	**合计**	**17603**

2. 中国知网（CNKI）

（1）公司简介　中国知识基础设施工程（China National Knowledge Infrastructure，CNKI）由世界银行于 1998 年提出。CNKI 是以实现全社会知识资源传播共享与增值利用为目标的信息化建设项目，由清华大学、清华同方发起，始建于 1999 年 6 月。在党和国家领导以及教育部、中宣部、科技部、新闻出版总署、国家版权局、国家计委的大力支持下，在全国学术界、教育界、出版界、图书情报界等社会各界的密切配合和清华大学的直接领导下，CNKI 集团经过多年努力，自主开发具有国际领先水平的数字图书馆技术，建成了世界上全文信息量规模最大的"CNKI 数字图书馆"，并正式启动建设"中国知识资源总库"及 CNKI 网络资源共享平台，通过产业化运作，为全社会提供最丰富的知识信息资源和最有效的知识传播与数字化学习平台。

（2）CNKI 文献资源简介　CNKI 文献资源类型包括：中文期刊、外文期刊、博士学位论文、硕士学位论文、会议论文、报纸、年鉴、专利、标准、成果、古籍、科技报告等。

本书对中国知网收录的期刊分类数据库逐一进行统计，统计出 CNKI 收录全部期刊 11577 种。其中学术期刊 8448 种，核心期刊 1980 种，网络首发期刊 2475 种，世纪期刊 3760 种。中国知网收录的期刊数据库名称和期刊数量表见表 2-4。

表 2-4　中国知网收录的期刊数据库名称和期刊数量表（统计时间 2023 年 9 月 16 日）

序号	数据库名称	期刊数量（种）
1	全部期刊	11577
2	学术期刊	8448
3	核心期刊	1980
4	网络首发期刊	2475
5	世纪期刊	3760

本书统计出中国知网文献总库数据库名称和数量见表 2-5。

表 2-5　中国知网文献总库数据库名称和数量表（统计时间 2023 年 9 月 16 日）

序号	数据库名称	数据总量
1	中文学术期刊	6140 余万篇
2	外文学术期刊	5900 余万篇
3	博士论文	50 余万篇
4	硕士论文	550 余万篇
5	国际会议论文	90 余万篇
6	国内会议论文	270 余万篇
7	国内专利技术	5050 余万项
8	海外专利技术	1 亿余项
9	国内外标准题录	50 余万条

（续）

序号	数据库名称	数据总量
10	科技报告	380 余万篇
11	科技成果	100 余万项
12	报纸	500 种
13	年鉴	4200 余万条
14	古籍	5900 余部

3. 万方数据

（1）万方数据股份有限公司简介 北京万方数据股份有限公司（简称万方数据）是国内较早以信息服务为核心的股份制高新技术企业，已经发展成为一家以提供信息资源产品为基础，同时集信息内容管理解决方案与知识服务为一体的综合信息内容服务提供商，形成了以"资源 + 软件 + 硬件 + 服务"为核心的业务模式。

在为用户提供信息内容服务的同时，作为国内较早开展互联网服务的企业之一，万方数据坚持以信息资源建设为核心，努力发展成为中国优质的信息内容服务提供商，开发独具特色的信息处理方案和信息增值产品，为用户提供从数据、信息到知识的全面解决方案，服务于国民经济信息化建设，推动全民信息素质的提升。

（2）万方数据资源简介 万方数据知识服务平台整合数亿条全球优质知识资源，集成期刊论文、学位论文、会议论文、科技报告、专利技术、标准、成果、法规、地方志、视频等十余种知识资源类型，覆盖自然科学、工程技术、医药卫生、农业科学、哲学政法、社会科学、科教文艺等全学科领域，实现海量学术文献统一发现及分析，支持多维度组合检索，适合不同用户群研究。据万方数据知识服务平台上（网站 http://www.wanfangdata.com.cn）万方智搜框统计，万方数据资源数据库名称和数据量统计见表 2-6（2023 年 9 月 16 日统计）。

表 2-6 万方数据资源数据库名称和数据量统计表

序号	数据库名称	数量
1	期刊论文	15602 万篇
2	学位论文	619 万篇
3	会议论文	1538 万篇
4	专利技术	15356 万项
5	科技报告	126 万篇
6	成果	65 万项
7	标准	249 万条
8	法规	149 万条
9	地方志	1507 万篇

2.3.3　数字特种文献资源

特种文献是指普通图书、期刊之外出版发行的，获取途径比较特殊的科技文献。特种文献一般包括：学位论文、会议文献、科技报告、专利文献、标准文献、科技档案、政府出版物、产品样本等八大类。这些文献一定是本学科和本专业最先进、最前沿的，也是代表当前最高水准的文献资源。特种文献特色鲜明、内容广泛、数量庞大、参考价值高，是非常重要的信息源。

1. 学位论文

学位论文（Thesis/Dissertation）是指高等院校、科研机构的毕业生和研究生，为获得相应学位，在导师指导下完成的科学研究、科学试验成果的书面报告，或者所提交的学术论文。学位论文根据所申请的学位不同，又可分为学士论文、硕士论文和博士论文三种。学位论文在格式等方面有严格要求，学位论文是学术论文的一种形式，具有较高的参考价值。按照研究方法的不同，学位论文可分理论型、实验型和描述型三类。理论型论文运用的研究方法是理论证明、理论分析、数学推理等，用这些研究方法获得科研成果；实验型论文运用实验方法，进行实验研究获得科研成果；描述型论文运用描述、比较、说明方法，对新发现的事物或现象进行研究而获得科研成果。按照研究领域的不同，学位论文又可分为人文科学学术论文、自然科学学术论文与工程技术学术论文，这类论文的文本结构具有共性，而且均具有长期使用和参考的价值。

其特点为：一般具有一定的独创性，内容系统详尽，是启迪思路、开创新领域的重要研究资料；参考文献多、全面，有助于对相关文献进行追踪检索；学位论文一般由授予单位收藏，近年由专业数据商收购，学位论文数字化后在网络上可以检索并获得全文。另外，各个国家也指定专门机构收藏。

2. 会议文献

会议文献（Conference Literature）是指在学术会议上和专业学术会议上宣读或交流的论文、材料、讨论记录、会议纪要等文献。会议文献是报道最新科技动向的一次文献。

会议论文属于公开发表的论文，一般正式的学术交流会议都会出版会议论文集，这样发表的论文一般也会作为职称评定等考核内容。中国知网的会议论文数据库专门收集会议论文集。虽然会议论文集不是期刊，但是有的期刊会为会议论文出增刊。

会议文献可分为：会前、会中和会后 3 种。

会前文献包括征文启事、会议通知书、会议日程表、预印本和会前论文摘要等。其中，预印本是在会前几个月内发至与会者或公开出售的会议资料，比会后正式出版的会议录要早1~2 年，但内容完备性和准确性不及会议录。有些会议因不再出版会议录，故预印本就显得更加重要。

会议期间的会议文献有开幕词、讲话或报告、讨论记录、会议决议和闭幕词等。

会后文献有会议录、汇编、论文集、报告、学术讨论会报告、会议专刊等。其中会议录是会后将论文、报告及讨论记录整理汇编而公开出版或发表的文献。

其特点为：反映某些学科或领域的最新研究进展和成就，具有较高的研究价值，尤其通过参加相关的具有一定国际影响的学术会议，不仅能结识同行，把握科研动态，而且对启迪研究思路，寻找合作伙伴，传播与交流信息均具有相当重要的作用。会议文献一般是经过挑选的，质量较高，能及时反映科学技术中的新发现、新成果、新成就以及学科发展趋向，是一种重要的情报源。

3. 科技报告

科技报告（Scientific and Technical Report）是在科研活动的各个阶段，由科技人员按照有关规定和格式撰写的，以积累、传播和交流为目的，能完整而真实地反映其所从事科研活动的技术内容和经验的特种文献。科技报告是科研工作的系统总结，它属于一次文献。

其特点为：连续出版，内容专深具体，数据完整；往往是最新成果，比期刊论文发表早。内容广泛、翔实、具体、完整，技术含量高，实用意义大，而且便于交流，具有时效性好等其他文献类型所无法相比的特点。

4. 专利文献

专利文献（Patent Literature），广义的专利文献是指一切与专利制度有关的文献，如专利说明书、专利公报、分类表、索引、专利的法律文书等。狭义的专利文献是指专利说明书。

《中华人民共和国专利法》中规定专利的种类有：发明专利、实用新型专利和外观设计专利。

其特点为：由于专利经过新颖性、创造性和实用性审查，其内容翔实可靠，科技含量高，集技术、经济、法律于一体，是获取技术经济信息的来源。专利文献是科研人员必须经常查阅的重要资源。

5. 标准文献

标准文献（Standard Literature）是对工农业和工程建设的质量、规格、基本单位及其检验方法等方面由权威部门批准的技术规定。它反映的技术工艺水平及技术政策，是从事生产建设和管理的一种共同规范或依据。它是提高社会产品质量的三次文献。

标准文献分为：国际标准（ISO）、国家标准（GB）、行业标准和企业标准。

其特点为：某些标准文献还有法律约束力，对了解各国经济、技术政策、生产水平，分析预测发展动向，促进现代管理具有重要的参考价值。

标准文献是一种重要的科技出版物。一个国家的标准文献反映该国的经济政策、技术政策、生产水平、加工工艺水平、标准化水平、自然条件、资源情况等内容，是一种重要的参考资料。

6. 科技档案

科技档案（Technology File）是生产建设和技术工作中所形成的文件的总称，有"第一手材料""历史凭证"之称。科技档案是在自然科学研究、生产技术、基本建设等活动中形成的具有参考利用价值，反映和记载一定单位科学技术活动的文件。已归档保存的科学技术文件材料，反映和记载人类认识自然、改造自然的各项成果。科技档案是最真实的一次文献。

科技档案包括图样、图表、文件材料、计算材料、照片、影片以及各种录音、录像、机读磁带、光盘等，是档案的一大门类。

其意义为：由于社会、历史现象不可能重演，因此，对历史上已经形成的文献进行研究、分析、综合已成为社会科学研究的十分重要的手段。

7. 政府出版物

政府出版物（Government Publications）是指各国政府及其所属机构出版的、具有官方性质的文献，又称为官方出版物。它是政府用以发布政令和体现其思想、意志、行为的物质载体，同时也是政府的思想、意志、行为产生社会效应的主要传播媒介。

　　政府出版物分为政府公报、会议文件、法规、法令、政策、统计、调查报告等。政府出版物大致可分为两类：一类是行政性文件，包括会议记录、司法资料、条约、决议、规章制度以及调查统计资料等；另一类是科技性文献，包括研究报告、科普资料、技术政策文件等。政府出版物是由政府机关负责编辑印制的，并通过各种渠道发送或出售的文字、图片、磁带、软件等。

　　其特点为：正式性和权威性，对了解各国政治、经济、科技、法律有独特的参考作用。政府出版物数量巨大，内容广泛，出版迅速，资料可靠，是重要的信息源，是体现政府科技政策的三次文献。可通过专门的政府出版物工具书进行检索。

8. 产品样本

　　产品样本是指国内外厂商为推销产品而出版发行的各种商品的宣传品。它是提供产品技术规格的一次文献。

　　产品样本分为公司介绍、产品目录、样本、说明书等。

　　其意义为：对开发新产品，提高市场竞争力具有重要的参考作用。

习　题　2

1. 试述数字图书馆的概念。
2. 试述文献资源数字化的过程。
3. 数字图书资源有哪些?
4. 数字期刊资源有哪些?
5. 数字特种文献资源有哪些?
6. 列举维普资讯资源的种类。
7. 列举 CNKI 资源的种类。
8. 列举万方数据资源的种类。
9. 列举 5 个你经常查找文献资源的网站。

在线测试 2

　　扫描右侧二维码，完成本章的在线测试题，完成后可查看答案。测试包含 10 道单选题和 10 道判断题，帮助您巩固本章知识点。

在线测试 2

Chapter Three

第 3 章

文献检索技术

本章概要

本章主要介绍文献检索的基本概念和基本原理，重点是检索技术、检索步骤、检索效果评价、检索语言和两大中文搜索引擎。通过本章的学习，可对检索文献的技巧性有新的认识。

学习目的

◆ 了解计算机文献检索技术的原理、系统构成及检索方法。

◆ 了解检索步骤，掌握检索式的编写及检索效果评价。

◆ 了解原文获取的各种途径。

内容框架

```
                          ┌── 文献检索概述
                          │
                          ├── 文献经典检索技术
                          │
                          ├── 文献检索的步骤
         文献检索技术 ──────┤
                          ├── 文献检索效果的评价
                          │
                          ├── 文献检索语言
                          │
                          └── 两大中文搜索引擎简介
```

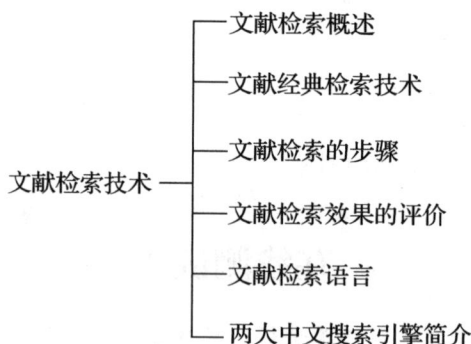

3.1 文献检索概述

进入 21 世纪以来，科学技术迅速发展，科技文献数量急剧增长，不仅数量庞大，而且增长的速度也令人惊叹。据统计，非科技内容的文献每 30~50 年才增长 1 倍，而科技文献平均每 7~8 年就增长 1 倍，某些尖端科学领域和新兴学科的文献，其增长速度更快，如计算机科学的文献，每 2~3 年就翻一番。另外，科技文献内容交叉重复、文献失效加快、文献出版分散等都给文献的利用带来不便。

社会的进步、科技的发展，使科技文献载体电子化、文献传播网络化的速度加快。计算机技术和现代信息存储技术的应用，使文献信息的载体从传统的纸质媒介向光学、磁性媒介发展。因此，文献信息的缩微化、电子化已成为主要发展趋势。电子网络文献以数据库和电信网络为基础，以计算机硬盘为载体。电子文献具有容量大、体积小，能存储图文音像信息，可共享性高，检索速度快，易于复制和保存，具有很大的发展前景。计算机技术、电子技术、远程通信技术、光盘技术、视听技术、网络技术等，构成了现代信息的传播技术。联机检索、交互式图文检索、电子原文传递等现代化信息传播方式的实现，使利用互联网多途径、多选择、多层次地检索所需文献信息成为可能。

3.1.1　文献检索定义

文献检索（Literature Retrieval）是利用计算机对文献进行存储与检索的过程。

（1）存储过程　存储过程是大量的数据按一定的格式输入到计算机中，经过计算机的加工处理，以一定的结构有序地存储在计算机的存储介质上，存储的目的是方便检索。

（2）检索过程　检索过程是把用户的需求输入到计算机中，由计算机对其进行处理，并与已存储在计算机中的信息进行查询和匹配，最后按要求的格式输出命中的检索结果。

文献检索的全称又叫作文献信息的存储与检索（Literature Storage and Retrieval），是广义的文献检索定义。狭义的文献检索则仅指该过程的检索部分，即从文献集合中找出所需要文献的过程，人们通常所说的文献检索（Literature Search），更多是文献查找的含义。

整个文献检索过程分为文献的存储与组织、文献的检索和获取原文。文献的存储与组织是由专门的数据工作者，按照相关标准和规则对文献进行存储与组织，读者（用户）在检索文献时也必须按照相关标准和规则进行检索；文献的检索和获取原文是读者最关心的内容，也是本节的重点。

与手工检索一样，计算机文献检索应作为未来科技人员的一项基本功，这一能力的训练和培养对科技人员适应未来社会工作和科研都极其重要。一个善于从电子文献系统中获取文献的科研人员，必定比不具备这一能力的人有更多的成功机会。

3.1.2　文献检索原理

文献检索的全称是文献信息存储与检索，原理示意图如图 3-1 所示。

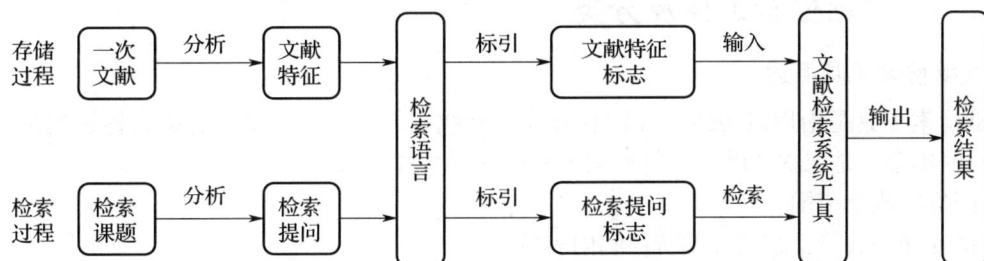

图 3-1　文献检索原理示意图

1. 存储过程

存储过程是把描述"一次文献"的特征信息按照检索语言规则，进行规范标引，形成"二次文献"，并存储在"文献检索系统"中，这就是对一次文献组织加工和记录的过程，即建立"文献检索系统"的存储过程。

2. 检索过程

检索过程是读者根据"检索课题"，分析课题并组织符合系统"检索语言"的"检索提问"表达式，即形成"检索提问标志"，输入检索系统，与检索系统存储的文献标志进行对比，符合要求的就是"命中"检索结果，输出检索结果。

存储和检索二者是相辅相成的，存储是为了检索，而检索又必须先进行存储。只有经过组织的有序文献信息集合才能提供检索。因此，了解一个文献信息系统（检索工具）的组织方式也就找到了检索该系统的根本方法。

检索的本质是用户的需求和文献信息集合的比较与选择，即匹配的过程。从用户需求角度出发，对一定的文献信息集合系统采用一定的技术手段，根据一定的线索与准则找到相关的文献信息的过程，就是检索。

然而，由于职业、知识水平、个人素质甚至习惯等因素的差异，文献存储人员（标引者）与文献检索用户（检索者）对同一文献的分析、理解也会不同。例如，《计算机在电工中的应用》一文，标引者可能将其归入"电工"类，而检索者则可能在"计算机"类查找该文。这样，标引者与检索者之间发生了标引错位，存储的文献就无法被检索到。

怎样才能保证文献存得进又取得出呢？ 那就是存储与检索所依据的规则必须一致，也就是说，标引者与检索者必须遵守相同的标引规则。这样，无论谁是标引者，对同一篇文献的标引结果都一致，不论是谁来检索，都能查到这篇文献。

文献存储与检索共同遵循的规则称为文献检索语言（详见本书第 3.5 节）。只要标引者和检索者用同一种检索语言来标引要存入的文献特征和要查找的检索提问，使它们变成一致的标志形式，文献的存储过程与检索过程就具备了相符性。相应地，存入的文献也就可以通过文献检索工具检索出来。如果检索失败了，就要分析一下检索提问是否确切地描述了待查课题的主题概念，在利用检索语言标引时是否出了差错，从而导致检索提问标志错误。只有检索提问标志和文献特征标志一致时，相关的文献才能被检索出来。

文献检索是以文献的存储与检索之间的相符性为基础的，如果两个过程不能相符，那么文献检索就失去了基础。检索不到所需的文献，存储也就失去了意义。

3.1.3 文献检索工具及分类

1. 文献检索工具概述

文献检索工具是指用以报道、存贮和查找文献线索的工具。它是附有检索标识的某一范围文献条目的集合，是二次文献。一般检索工具应该具备如下条件：

1）明确的收录范围。

2）能够详细著录文献的外部特征和内容特征。

3）有完整、明了的文献特征标志。

4）每条文献条目中必须包含多个有检索意义的文献特征标志，并标明供检索用的标志。

5）全部文献必须根据标志，系统、科学地排列成为一个有机的整体。

6）有索引部分，提供多种必要的检索途径。

2. 按照著录格式分类

（1）目录型检索工具　目录型检索工具是记录具体出版单位、收藏单位及其他外部特征的工具。它以一个完整的出版或收藏单位为著录单元，一般著录文献的名称、著者、文献出处等。目录的种类很多，对于文献检索来说，国家书目、联合目录、馆藏目录等尤为重要。

目录型检索工具是以整本图书或期刊的外部特征为报道对象。其报道内容如下：

1）图书目录：书名、著者、出版地、出版者、出版时间。

2）期刊目录：刊名、著者、出版地、出版者、创刊年。

（2）题录型检索工具　题录型检索工具是以单篇文献为基本著录单位来描述文献外部特征（如文献题名、著者姓名、文献出处等），无内容摘要，快速报道文献信息的一类检索工具。题录与目录的主要区别是著录的对象不同。目录著录的对象是单位出版物，题录的著录对象是单篇文献。

题录型检索工具是以书刊中的某篇文献（或章节）的外部特征为报道对象。

报道内容：文献篇名、著者、刊名、出版年、月（卷、期）、页码。

（3）文摘型检索工具　文摘型检索工具是将大量分散的文献，选择重要的部分，以简练的形式做成摘要，并按一定的方法组织排列起来的检索工具。按照文摘的编写人，可分为著者文摘和非著者文摘。著者文摘是指原文著者编写的文摘；而非著者文摘是由熟悉本专业的文摘人员编写而成的。就其摘要的详简程度，可分为指示性文摘和报道性文摘两种。指示性文摘以最简短的语言写明文献题目、内容范围、研究目的和出处，实际上是题目的补充说明，一般在100字左右；报道性文摘以揭示原文论述的主题实质为宗旨，基本上反映了原文内容、讨论范围和目的，采取的研究手段和方法，所得的结果或结论，同时也包括有关数据、公式，一般在500字左右，重要文章可多达千字。

文摘型检索工具的特点主要有：目的明确，专业范围确定；同专业收录文献量大；检索功能强大，漏检率低；可与不同的全文数据库链接，节省时间等。

（4）索引型检索工具　索引型检索工具是根据一定的需要，把特定范围内某些重要文献中的有关款目或知识单元，如书名、刊名、人名、地名、语词等，按照一定的方法编排，并指明出处，为用户提供文献线索的一种检索工具。索引型检索工具是揭示具有重要检索意义的内容特征标志或外部特征标志，按照一定顺序排列，并注明文献条目线索的检索工具。

索引的类型是多种多样的，在检索工具中，常用的索引类型有分类索引、主题索引、关键词索引、著者索引等。

3. 按检索的手段分类

（1）手工检索　手工检索（Manual Retrieval）是用人工方式查找所需信息的检索方式。它是一种传统的检索方法，即以手工翻检的方式，利用工具书（包括图书、期刊、目录卡片等）来检索信息的一种检索手段。检索的对象是书本型的检索工具，检索过程是由人脑和手工操作相配合完成的，信息匹配经过了人脑的思考、比较和选择。手工检索的方法比较简单、灵活，容易掌握。但是，手工检索费时、费力，特别是进行专题检索和回溯性检索时，需要翻检大量的检索工具反复查询，花费大量的人力和时间，而且很容易造成误检和漏检。

（2）机械检索　机械检索（Mechanical Retrieval）是利用某种机械装置来处理和查找文献的检索方式。

1）穿孔卡片检索（Punch Card）。穿孔卡片检索是一种由薄纸板制成的、用孔洞位置表示信息，通过穿孔或轧口方式记录和存储信息的方形卡片，是手工检索和机械化情报检索系统的重要工具。

2）缩微品检索。缩微品检索是把检索标识变成黑白点矩阵或条形码，存储在缩微胶片或胶卷上，利用光电效应，通过检索机查找。人工查到缩微品的存档地址后，采用一些机、电、磁的装置能迅速找出目标缩微品的系统。

（3）计算机检索　计算机检索（Computer-based Retrieval）是把信息及其检索标志转换成电子计算机可以阅读的二进制编码，存储在磁性载体上，由计算机根据程序进行查找和输出的检索方法。检索的对象是计算机检索系统，针对数据库进行检索，检索过程是在人与计算机的协同作用下完成的，匹配是由机器完成的。这里检索的本质没有改变，变化的只是信息的媒介形式、存储方式和匹配方法。

1）脱机检索。成批处理检索提问的计算机检索方式。

2）联机检索。检索者通过检索终端和通信线路，直接查询检索系统数据库的机检方式。

3）光盘检索。它是以光盘数据库为基础的一种独立的计算机检索，包括单机光盘检索和光盘网络检索两种类型。1983 年，首张高密度只读光盘存储器诞生；1984 年，美国、日本和欧洲开始利用 CD-ROM 存储科技文献。

4）网络检索。利用 E-mail、FTP、Telnet、Archie、WAIS、Gopher、Veronica、WWW 等检索工具，在互联网上进行信息存取的行为。

手工检索查准率较高，查全率较低；计算机检索查全率较高，查准率较低。

4. 按检索的对象分类

（1）文献检索　文献检索（Document Retrieval）是指将文献按一定的方式存储起来，然后根据需要从中查出有关课题或主题文献的过程。检索对象是包含用户特定信息的文献，是一种相关性检索。相关性检索的含义是指系统不直接解答用户提出的问题本身，而是提供与问题相关文献信息供用户参考。文献检索所回答的是诸如"关于铁路大桥有哪些文献"之类的问题。

1）书目检索。书目检索是以文献线索为检索对象。换言之，检索系统存储的是书目、专题书目、索引和文摘等二次文献。此类数据库（检索工具）如 EI、SCI、《中文期刊数据库》（文摘版）、《全国报刊索引》、中国科技成果数据库、《中国专利公报》等。

2）全文检索。全文检索是以文献所含的全部信息作为检索内容，即检索系统存储的是整篇文章或整部图书。

（2）数据检索　数据检索（Data Retrieval）以事实（Fact）和科学数据（Data）等浓缩信息作为检索对象，检索结果是用户直接可以利用的资料。

这里所谓的科学数据，不仅包括数值形式的实验数据与工业技术数据，而且包括非数值形式的数据，如概念名词、人名地名、化合物分子式、化学结构式、工业产品设备名称、规格、科学论断等。此类数据库（检索工具）如中国企业或公司的产品数据库、中国科技名人数据库、常用材料性能数据库、中国拟建和在建项目数据库、中国宏观经济统计分析数据库、IMI 消费品市场统计分析数据库等。

数据检索可细分为数值检索和事实检索两种形式。

1）数值检索。数值检索（Data Retrieval）是以具有数量性质并以数值形式表示的数据为检索内容的检索。数值检索所回答的是诸如"世界上最长的铁路大桥有多长"之类的问题。

2）事实检索。事实检索（Fact Retrieval）是以文献中抽取的事项为检索内容的检索，或称为"事项检索"。

事实检索和数值检索是从文献中提取出来的各种事实、数据为检索对象的一种确定性检索。确定性检索的含义是指系统直接提供用户所需要的确切数据或事实，检索的结果要么是有，要么是无；要么是对，要么是错。

5. 文献检索新分法

目前信息检索类型出现一种新的三分法：即文本检索、数值检索、声频与视频检索。[注]

（1）文本检索　文本检索（Text Retrieval）与图像检索、声音检索、图片检索等都是文献信息检索的一部分，是指根据文本内容，如关键字、语意等对文本集合进行检索、分类、过滤等。

随着互联网的出现和发展，文本文献在互联网上的数量增长更加迅猛，文本的数量级和文本的结构都发生了变化，文本数量大幅度增长，互联网上的文本成为半结构化的。这给文本检索技术提出了更大的挑战和机遇。于是在基于相似度的检索技术基础上，出现了结合文本结构信息（如文本的网络地址、大小写、文本在页面中所处的位置、所指向的其他文本、指向自己的其他文本等）对检索结果集进行再排序的第三代文本检索技术。

现代的文本检索技术逐渐向语意理解、特定领域等方向发展。全世界科学家都在不遗余力地建设"本体库"，如 WordNet、HowNet 等本体字典。通过本体库将文本转化为语意集合，从中提炼文本的语意，以提供语意层次的检索。此外，对于生物、医学、法律、新闻，以及新出现的领域等，都出现了专门针对单个领域的检索技术，并且得到了迅猛发展。

（2）数值检索　数值检索（Data Retrieval）是文献检索的一种类型，将经过选择、整理、鉴定的数值数据存入数据手册、数据汇编或数据库中，然后根据需要查出可回答某一问题的数据的过程。数值检索也称数值数据检索或数据检索。狭义的数值检索仅指从某数据集合中查出所需要的数据。数值检索是一种确定性检索，要向用户直接提供确切的数据或事实。在科学研究、科学计算、质量控制、管理决策、计算机辅助设计与制造等方面，数值检索发挥着重要的作用。

数值检索的对象是具有数量性质且以数值形式表示的量化文献信息，是文献信息的高度浓缩物。它们或来自文献，或直接来自实验、观测和调查。

数值检索的主要数据类型有：

1）物理性能数据（熔点、密度、溶解度、扩散系数等）。

2）化学物质数据（分子式、结构图、混合物组成等）。

3）光谱数据（红外光谱、质谱、核磁共振光谱等）。

4）生物数据（变异原性、致畸形性、致癌性、小核诱发性等）。

5）环境监测数据（污染物及其性质、环境媒体、毒性试验结果、测定时间、地点及测定值等）。

6）材料数据（机械性能、焊接参数等）。

7）自然资源数据（矿藏种类及储量、水利水电资源、土地面积、降雨量、年平均温度、作物品种及产量等）。

8）经济及社会统计数据（工农业总产值、国民生产总值、国民收入、居民消费水平、固定

㊀　国际核心索引检索咨询. 信息 EI 检索的类型［EB/OL］.（2012-07-05）［2023-10-6］. http://www.ei-istp.com/New_284.html.

资产、财政收支、外汇收支、人口及其增长率、劳动就业人数等）。

数值检索与文献检索有许多共同之处。文献检索的许多方法（如分类检索法、主题检索法、代码检索法等）都适用于数值检索。数值检索也有自己的独特方法。例如，可利用物质结构图形、数值范围等途径来查找数据，既可以根据物质名称查明所需物性数据的值及其出处，也可根据某一属性值的范围，查明与此属性值相当的物质。

在有些计算机化数值检索系统中，还可以采用分步法或"菜单"法等查询方法。

分步法，即当用户要查找数据库中的某个记录时，系统先向用户提一个问题，要求用户给予简单回答（是或否），系统据此再提下一个问题，直至查出用户所需要的目标数据。

"菜单"法则是先由系统显示一份菜单式的查询项目表供用户选择，用户做出某种选择后，系统再根据用户的需要显示一份子菜单，直至获得用户所需的数据。

用数值检索时，还可采用如下几个符号：

·——指出数值和日期的取值范围（包括首尾数值）。

＞——大于，表示大于这个数值。

＜——小于，表示小于这个数值。

≥——大于等于，表示大于等于这个数值。

≤——小于等于，表示小于等于这个数值。

（3）声频与视频检索　声频与视频检索是基于内容检索（Content-Based Retrieval，CBR），是指直接根据描述媒体对象内容的各种特征进行检索，它能从数据库中查找到具有指定特征或含有特定内容的图像（包括视频片段），它区别于传统的基于关键字的检索手段，融合了图像理解、模式识别等技术 ⊖。

这种方法主要是利用模式识别、语音识别、图像理解等技术领域可能提供的有效方法和工具，直接对图形、图像、视频、音频数据进行内容分析，从中提取视觉、听觉等特征（如颜色、形状、纹理、节奏等），并对这些特征加以组织形成索引，用户据此作为检索的依据，实现对这些形象化信息的查询与定位。

1）对于音频信息来说，其基于内容检索的主要类型有：①语音检索；②音乐检索；③其他音频检索。

2）对于图像与视频信息来说，以图像特征作为索引，对静态图像进行检索是目前使用得最多的方法。目前，比较成熟的特征索引是颜色、纹理和一些低层的、简单的形状特征和物体间的方位关系。

其基于内容检索的主要类型有：①基于颜色特征的检索；②基于形状特征的检索；③基于纹理特征的检索；④基于视频动态特征的检索；⑤其他检索。例如，基于对象空间关系的检索、伴随媒体检索、组合检索等。这些特征具有计算简单、性能稳定的特点，但这些特征都有一定的局限性，因此，近几年的研究则逐渐转向基于区域、目标的图像表示和语义描述等。

3）国内外视频检索的发展现状。目前，国内外已研发出了多个基于内容的视频检索系统，主要有：

① QBIC 系统。QBIC（Query By Image Content）是由 IBM Almaden 研究中心开发的，是"基于内容"检索系统的典型代表。QBIC 系统允许使用例子图像、用户构建的草图和图画及其选择的颜色和纹理模式，以及镜头和目标运动等图形信息，对大型图像和视频数据库进行查询。

⊖　马颂德，卢汉青.图像与视频的浏览与检索［J］.中国经济和信息化，2000（10）：25–26.

视频方面主要利用了颜色、纹理、形状、摄像机和对象运动来描述内容。

② VisualSeek 系统。VisualSeek 是美国哥伦比亚大学电子工程系与电信研究中心图像和高级电视实验室共同研究的、在互联网上使用的"基于内容"的检索系统。它实现了互联网上的"基于内容"的图像、视频检索，提供了一套供人们在 Web 上搜索和检索图像及视频的工具。

③ VideoQ 系统。VideoQ 是哥伦比亚大学研究的一个项目，它扩充了传统的关键字和主题导航的查询方法，允许用户使用视觉特征和时空关系来检索视频。它有以下几个特征：集成文本和视觉搜索方法，自动的视频对象分割和追踪，丰富的视觉特征库，包括颜色、纹理、形状和运动，通过 WWW 互联网交互查询和浏览。

④ TV–FI 系统。TV–FI（Tsinghua Video Find It）是清华大学开发的视频节目管理系统。这个系统可以提供如下几个功能：视频数据入库、基于内容的浏览、检索等。TV–FI 系统提供多种模式访问视频数据，包括基于关键字的查询、基于示例的查询、按视频结构进行浏览，以及按用户自己预先定义的类别进行浏览。

3.1.4　文献检索方法

文献检索方法就是利用检索工具，依照一定的顺序，从不同的角度查找课题所需文献信息资料的方法。归纳起来，文献检索方法通常有常规法、引文追溯法、循环法和浏览法。

1. 常规法

常规法又称为常用法或普通法，即直接利用各种检索工具查找文献信息资料的方法。这种方法适应面广，比较容易掌握，检索较稳定，但易受检索工具体系和质量等因素的影响。常规法又可分为顺查法、倒查法和抽查法。

（1）顺查法　顺查法是以课题研究的起始年代为起点，由远及近按时间顺序逐年查找的方法。它适用于普查一定时期、一定范围内的理论性和学术性的专题文献资料，具有查准率、查全率高的优点，但是费时、费力，检索效率低。

（2）倒查法　倒查法又称逆查法，由近及远按时间顺序逐年查找的方法。即根据课题要求，从课题的现状开始，沿着时间线索由近及远、从新到旧查检文献信息的一种方法。倒查法立足现实，适合于获取最新成果的需要，比顺查法省时、省力、效率高，但所获文献不如顺查法全面，容易造成漏检。

（3）抽查法　抽查法是一种针对学科发展特点，从该学科文献发表较多的时间入手，在获取了一定的文献量后再逐步扩检的方法。这种检索方法的优点是花费的时间较少，而检索到的文献量较大，效率较高。使用该方法时，必须对学科发展特点相当熟悉，否则漏查率高，检索效率低。

2. 引文追溯法

引文追溯法是指利用已知文献后所附的参考文献，逐一追查原文，再从此原文后所附的参考文献逐一查找下去，直到获得满意的结果。

作者在著书或写文章时往往会引用参考他人的文献，而其文献也可能被他人引用，层层关联，按此求索，可以得到一大批内容相关的文献。这是传统的、扩大文献来源的一种简捷的方法。综述或述评所附的参考文献具有较佳的利用价值。

目前有专门利用引用和被引用的关系建立的引文检索系统，如美国费城的科学信息研究所的科学引文索引（Science Citation Index，SCI）、《中国科学引文索引》等。国内 CNKI 的知网节点文献、维普"文摘和引文索引型数据库"都是利用引文追溯法。

引文追溯法一般是在没有适用的检索工具或已知的文献线索很少的情况下使用的。其优点是在没有工具书或工具书不全的情况下，也能借助原文追查到一些相关文献；其缺点是所得文献信息资料不够全面，容易出现误检、漏检。

3. 循环法

循环法是将常规法与引文追溯法交替使用的一种综合方法。

具体做法是：在查找文献信息时，既利用检索工具进行顺查或倒查，又利用文献附录或参考文献进行追溯查检，两种方法交替循环使用，直到满足检索要求为止。这种方法充分发挥了常规法、引文追溯法两者的优势，检索效率较高，可避免因检索工具缺乏、文献线索较少而造成的漏检。

总之，对文献信息的检索，应根据各检索课题的要求来选择恰当的检索方法。不同的学科门类、内容主题，应采用不同的检索方法，切忌生搬硬套、盲目使用。同时，在实践的基础上，还应不断地总结提高，创造新方法。

4. 浏览法

浏览法是指直接在一次文献中查找所需的文献，也称直接检索法。该方法带有盲目性，一般只作为对上述各种检索方法的补充，主要用于查找新近发表的文献。目前各种大型的数据库一般都设置有"分类浏览导航"查询途径。

3.1.5 文献检索系统

1. 常用的文献检索系统

（1）书目数据库检索系统　是指存储某些或某一个领域的二次文献（书目数据）的一类数据库，属于参考数据库中的一种，数据主要来源于图书，期刊论文、会议论文、研究报告、学位论文、专利文献、报纸等各种不同的一次文献信息源。

其主要特点：①历史悠久，数据量大，连续性与累积性强；②使用上没有限制，开放性较好；③记录结构简单固定，标准化程度高；④更新周期较长，生产费用较低。

（2）全文数据库检索系统　是指存储文献全文（或其中主要部分）的一种数据库。

其主要特点为：①自足性，可以直接检索并获取全文信息；②详尽性，从理论讲，可以检索到原文中的任何信息；③资源消耗性，需要占用大量的存储空间；④后处理能力强。

（3）数值数据检索系统：是指专门提供以数值方式表示的数据（或包括其统计处理表示法）的一类数据库，例如，各种统计数据库、财务数据库等。

其主要特点为：①数值数据库是高度专门化的，具有明确的学科特性；②数值数据库一般不对外公开，使用范围受到一定的限制；③数值数据库在使用方法和检索方式上一般是彼此不兼容的；④除具备一般检索功能外，数值数据库还提供数据运算、数据分析、图形处理、报表生成等特殊功能；⑤数值数据库的建设特别需要国家政策的支持、全国范围内的协调以及国际合作。

2. 联机检索服务系统

联机检索服务系统属于多数据库检索服务类型。

（1）**综合性联机检索系统**　主要是指系统拥有的联机数据库题材、类型多样，信息内容覆盖众多学科领域。综合性联机系统一般规模较大，检索软件功能较强，服务内容和服务方式也比较多样。

（2）**专业性联机检索系统**　主要是指系统拥有的联机数据库内容只侧重某些或某一个学科领域，具有突出的专业特色，系统的检索服务方式与服务内容也有较强的专业特点。

（3）**网络搜索引擎服务系统**　是指在 WWW 环境中能够进行网络信息的搜集、组织并能提供查询服务的一种信息服务系统，包括：①独立搜索引擎；②元搜索引擎（如上海万纬信息公司的万纬引擎）。

3.2　文献经典检索技术

文献检索过程中，为了保证检索结果的快、全、准，仅靠一个检索词（关键词、主题词）难以满足检索的需要，有时需要用各种算符将若干个检索词（关键词、主题词）组成检索式进行检索。它们主要有布尔逻辑检索、截词检索、位置检索和限制字段检索等经典检索方法和技术。

3.2.1　布尔逻辑检索

布尔逻辑检索（Boolean Operators）是用布尔逻辑算符将检索词（关键词、主题词）、短语或代码进行逻辑组配，凡符合逻辑组配所规定条件的为命中文献，否则为非命中文献。它是文献检索中一种最常用的检索方法，目前多种检索系统都支持布尔逻辑检索。

布尔逻辑组配运算是采用布尔代数中的逻辑"与"、逻辑"或"和逻辑"非"等算符，指定文献标引词中必须存在的条件或不能出现的条件，凡符合布尔逻辑所规定条件的文献，即为命中文献，不符合的为非命中文献。在检索过程中，用于表达词与词之间的逻辑关系的算符就称为布尔逻辑运算符。布尔逻辑检索分为三种逻辑关系：逻辑"与"、逻辑"或"、逻辑"非"；分别用 AND、OR、NOT 表示。

1. 逻辑"与"

逻辑"与"的运算符为"AND"或"*"，逻辑"与"的表达式为 A AND B 或 A * B。满足 A 同时满足 B 的"命中"。

逻辑"与"的几何解释是：包含 A 同时包含 B 的部分，即 A 与 B 的公共面积部分，检索范围缩小，逻辑"与"运算如图 3–2 所示。

用于表达两个或两个以上检索词（关键词、主题词）之间的相交关系或限定关系运算。逻辑"与"检索能增强检索的专指性，使检索范围缩小，有助于提高检索的专指度和查准率。

2. 逻辑"或"

逻辑"或"的运算符为"OR"或"+"：逻辑表达式为 A OR B 或 A + B。满足条件 A 或者条件 B 的"命中"。

逻辑"或"的几何解释是：包含 A 或者包含 B 的部分，A 和 B 包含的全部面积部分，检索范围扩大，逻辑"或"运算如图 3–3 所示。

用于表达两个或两个以上检索词（关键词、主题词）之间的并列关系。其作用是扩大检索范围，提高查全率。此算符适于连接有同义关系或相关关系的词。

3. 逻辑"非"

逻辑"非"的运算符为"NOT"或"–"；逻辑表达式为 A NOT B 或 A – B。"命中"文献是满足条件 A 且排除条件 B。

逻辑"非"几何解释是：包含 A 不包含 B 的部分，面积 A 去掉包含面积 B 的部分，检索范围减小，逻辑"非"运算如图 3-4 所示。

逻辑"非"用于表达两个或两个以上检索词（关键词、主题词）之间排除不需要的检索词（关键词、主题词）运算，其作用是缩小检索范围，提高查准率。此运算适用于排除那些含有某个指定检索词（关键词、主题词）的记录。但如果使用不当，将会排除有用文献，从而导致漏检。

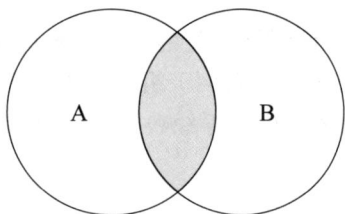

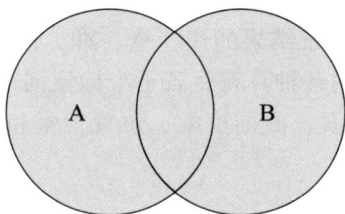

图 3-2　逻辑"与"运算	图 3-3　逻辑"或"运算	图 3-4　逻辑"非"运算

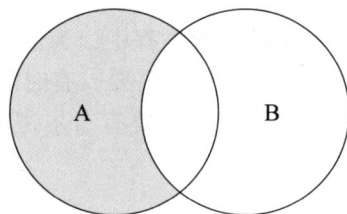

以上三种布尔逻辑算符可以综合使用，用于形成检索词更为复杂的逻辑提问式，布尔逻辑检索是一种被广泛采用的、经典的计算机检索方法。

4. 布尔逻辑算符的运算次序

对于一个复杂的逻辑检索式，检索系统的处理是从左向右进行的。在有括号的情况下，先执行括号内的运算；有多层括号时，先执行最内层括号中的运算，逐层向外进行。在没有括号的情况下，按 AND、OR、NOT 的运算次序。在不同的系统中有不同的规定，使用时要注意看系统使用说明或示例。

3.2.2　截词检索

截词检索是指将检索词在适当的位置截断，截词检索是用截断词的一个局部进行的检索，凡是满足这个截词所有字符（串）的记录，系统都为命中。

截词检索方法在西文数据库中广泛使用，是在词干后可能变化的位置加上截词符号。检索词的单复数形式，同一词英、美的拼法不同，词根相同的词都可用截词检索。这样既可减少检索词的输入量，又可扩大查找范围，提高查全率。

1. 前截断

前截断（后方一致），又称左截断，截词符在词的左边，如 *magnetic。

将截词符"？"置于词干的左边。例如，？computer，其含义为：computer、microcomputers 等词皆为命中词。

2. 中截断

中截断（通配符或屏蔽）是把截断符号置于一个检索词的中间，对词中间出现变化的字符数加以限定，一般中截断仅允许有限截断。

截词符在词的中间。

例如，organi#ation，可检索到包含 organization 和 organisation 的记录。

一个？代表零个或任意几个字符。例如，colo？r，可检索到包含 color、colour、colonizer、colorimeter 的记录。一个？和数字，其中的数字代表可替换的字符数。

例如，colo？1r，只能检索到包含 colour 的记录。

3. 后截断

后截断是前方一致检索，又称为右截断，截词符放在被截词的右边，是最常用的检索方法。例如，librar*，可查到与前面词干相同的所有词。

后截断是在检索词词干后面加截词符，表示不限制或限制词尾可变化的字符数，即查找词干相同的所有词，从检索性质上讲，后截断是前方一致检索。

非限制截断是在检索词词干后面加一个截词符，表示不限制词尾可变化的字符位数，即查找词干相同的所有词。

例如，comput* 表示允许其后可带有任何字符且数量不限，相当于查找 compute、computed、computes、computing、computer、computers、computerize、computerized、computation、computations、computational、computationally 等词。

不宜将词截得过短，否则容易造成误检。

4. 其他截断

限制截断，是指在检索词词干后面加若干个截词符，表示限制可变化的字符数。根据截断的数量不同可分为：

1）无限截断，是指不限制被截断的字符数量。

2）有限截断，是指限制被截断的字符数量，如 educat* *，可以检索 educator、educated。

*、& 均可以表示截词的截断符号，各检索系统有不同的规定，没有统一标准。使用时要注意看系统使用说明或示例。

3.2.3　位置检索

位置检索即位置算符检索（Proximity Searching、Adjacent Operators），这种方法能够提高检索的准确性，当检索词（关键词、主题词）要用词组表达，或者要求两个词在记录中位置相邻、相连时，可使用位置算符。位置算符是在检索式中表示算符两边的检索词（关键词、主题词）之间位置关系的符号。下面是几种常用的位置算符。

1. W–With

W 算符是 With 的缩写，表示在此算符两侧的检索词必须按输入时的前后顺序排列，不能颠倒，所连接的词之间除可以有一个空格，标点或连接号外不得夹有任何其他单词或字母。

例如，intelligent（W）robot（Ei Compendex Plus）。

nW（或 Wn）表示在此算符两侧的检索词必须按输入时的前后顺序排列，不能颠倒；但允许在连接的两个词之间最多插入 n 个单元词。

例如，intelligent w1 robot*（OCLC FirstSearch）。

2. N–Near

N 算符是 Near 的缩写，表示此算符两侧的检索词必须紧密相连，所连接的词之间不允许插入任何其他单词或字母，但词序可以颠倒。

例如，intelligent NEAR robot*（Ei CPX Web）。

nN（或 Nn）表示在两个检索词之间最多可插入 n 个单词，且两词的词序任意。

例如，intelligent N1 robot*（OCLC FirstSearch）。

3. Adj–adjacency

邻接算符表示在此算符两侧的检索词必须按所列词序排列，不能颠倒，两词之间不允许有其他的词或字母，相当于短语检索。

例如，intelligent adj robot*（Elsevier Science SDOS）。

4. F–Field

同字段邻接，例如，environment（F）protection。

5. P–Paragraph

同自然段邻接，例如，environment（P）protection。

6. S–Sentence

同句邻接词序可以颠倒，两词必须出现在同一句子（子字段）中。例如，environment（S）protection。

3.2.4　限定字段检索

通过限定字段检索（Range Searching）范围，达到优化检索结果。特别在使用自由词进行全文检索时，需要用字段限制检索的范围。被指定的字段也称检索入口，检索时，系统只对指定字段进行匹配运算，提高了效率和查准率，字段检索常用代码来表示，常用字段代码见表3-1。

注意：目前各个检索系统所设立的字段各不相同，即同一字段，也可能采用不同的字段代码表示。

禁用词：在西文数据库中，系统对信息进行标引时，不能做标引词或检索词的语词，包括介词、冠词、代词、连接词、某些形容词或副词等，如 a、and、for、in、she、should、the、well、only。

表 3-1　字段检索常用代码

字 段 名	字段代码	英文字段名
题名字段	TI	Title
文摘字段	AB	Abstract
叙词字段	DE	Descriptor
自由词字段	ID	Identified

（续）

字 段 名	字段代码	英文字段名
著者字段	AU	Author
著者机构字段	CS	Corporate Source
刊名字段	JN	Journal
出版年字段	PY	Publication Year
文献类型字段	DT	Document Type
语种字段	LA	Language
分类号字段	CC	Classification

3.3　文献检索的步骤

3.3.1　分析检索课题

1. 分析检索课题，应明确的问题

1）分析课题。课题的主要内容以及所涉及的知识点（术语集合，术语之间的关系）。

2）明确需要的文献特征。即需要的文献种类、语种、年代以及文献量。

3）明确查询的侧重点。对查新、查准、查全的指标要求。

4）确定所需的文献应该具备的外部特征。即文献种类、年代、语种、媒体形式等。

5）确定所需的文献应该具备的内部特征。即所需文献的知识构成、术语构成以及术语之间的关系。

2. 一般课题检索分析

课题检索分析的主要任务就是分析检索的主题内容，提取主题概念，确定中文及相应的英文检索词。同时注意挖掘隐含的主题概念，将表达同一概念的同义词——列出，并确定主题词之间的逻辑关系。[一]

（1）寻找针对具体问题的准确答案　检索课题的目的是解决问题，或作为论据和引证。查找事实或数值型信息大多属于此类。

（2）查找特定文献　根据某一篇文献的线索查找原文，或已知某一作者，查询其所有发表的文章。这种检索课题类型很简单，只要正确选择了检索工具和参考资源，便可以一步到位查到所需要的信息，很快地达到检索目的。

（3）对某一问题做大致的了解　对于这种类型的检索课题，只需要浏览一些简短的摘要或者参考几篇概论性文章就可以了。有的课题则需要搜集各种翔实、深入的信息，才能圆满完成。

一　肖珑，张春红. 数字信息资源的检索与利用［M］. 3 版. 北京：北京大学出版社，2024.

3. 研究课题检索分析

研究课题通常是学术水平较高，专业较深的课题，对此类课题主要包括下面几种情况：

（1）撰写综述或研究报告——查全　撰写综述或研究报告，讲求系统全面，必须以时间为轴做纵向、深度的考察。需要对某一课题作全面的调查研究，了解该课题的整个发展过程。全面、细致地了解国内外相关课题的所有出版物的情况，出版物的形式不仅包括书籍、期刊、报纸、报告、政府出版物，还包括声像、多媒体等新兴载体。年代范围不仅包括现期的资料，还要对过期的资料进行回溯，这是撰写综述或研究报告的基本要求。

（2）撰写研究报告或学术论文——查准　撰写研究报告或学术论文，需要对具体细微的专业问题做深入的专题研究，在充分掌握材料和该领域重要研究成果的基础上，提出创新性的具有一定学术水平的观点或论断，这是撰写研究报告或学术论文的基本要求。

（3）做新技术、新理论的研究——查新　在做新技术、新理论的研究时，需要查阅某一专题的前沿和最新资料，了解研究动态、发展趋势。从主题的时效性讲，需要最原始、最新颖的第一手资料，需要参考最新的期刊、会议资料、未发表的预印本文献。

（4）做同类研究项目比较——查全　在做同类研究项目比较，或做创新性的课题项目、研究成果或要求较高的学位论文时，必须保证取材的数量和学术质量达到一定的深度和广度，因此应着重参考各种学术品质较高的期刊论文、会议论文、研究报告、学位论文、重要专著；而有的课题则可以参考一般的图书、教材、杂志、报纸甚至视听资料。

4. 明确课题对文献的需求

在确定了检索课题的类型之后，在此基础上，还要考虑以下几个问题：

1）该课题需要的文献量？

2）该课题查检文献的广度与深度如何？

3）该课题对时效性有什么要求？

4）该课题对文献资料的数据类型是否有所限定或侧重？

3.3.2　选择检索工具或数据库

正确选择检索工具及与课题相关的数据库是保证检索成功的基础。着重考虑所选数据库是否包含与文献需求相一致的较为丰富的文献，是否具备学科专业对口、覆盖文献面广、报道及时、揭示文献内容准确、有一定深度并检索功能完善等特点。其判断的准确性取决于对各种可供检索的文献资料的了解与掌握。

目前，常用文献的类型及选择检索的数据库如下。

1. 数字图书馆

1）超星数字图书馆（http://edu.duxiu.com）。

2）方正阿帕比数字图书馆（http://www.apabi.cn/）。

3）CALIS 联合目录公共检索系统（http://opac.calis.edu.cn/opac）。

4）中国国家图书馆（http://www.nlc.cn/）。

5）中国科学院国家科学图书馆（http://www.las.ac.cn/）。

2. 数字期刊

1）读秀学术搜索（http://edu.duxiu.com）。

2）中国知网（CNKI）（http://www.cnki.net）。

3）维普资讯（http://www.cqvip.com）。

4）万方数据（http://www.wanfangdata.com.cn/）。

5）CALIS 易读（http://www.yidu.edu.cn）。

6）中国国家图书馆（http://www.nlc.cn）。

7）中国科学院国家科学图书馆（http://www.las.ac.cn/）。

3. 特种数字文献

1）中国知网（CNKI）（http://www.cnki.net）。

2）读秀学术搜索（http://edu.duxiu.com）。

3）万方数据（http://www.wanfangdata.com.cn）。

4）CALIS 易读（http://www.yidu.edu.cn）。

5）国家科技图书文献中心（http://www.nstl.gov.cn）。

6）中国国家图书馆（http://www.nlc.cn）。

3.3.3　确定检索途径

不同的检索工具或数据库所提供的检索不尽相同，一般说来，有以下几种方式：

1. 以文献的内容特征为检索途径

文献的内容特征是指文献中隐含的、潜在的特征。常用分类索引、主题索引查找未知线索的文献。

（1）分类检索途径　是从学科分类角度来查找文献的一种途径。以检索工具或数据库所提供的分类目录、分类索引，按类查找所需文献。利用目次表或目录来查找。

1）分类检索文献的关键：只有分析课题，确定课题所属的类目与检索工具目次表中的类目相匹配，才能查准。

2）分类检索的特点：族性检索，适合从学科体系出发泛指性比较强的课题的检索；但不适合专指度高的课题以及新兴学科、交叉学科、边缘学科的课题检索。

（2）主题检索途径　是从文献主题内容角度来检索文献的一种途径。利用检索工具后所附的主题索引，以主题词作为检索入口。主题检索是以检索工具或数据库提供的主题词表、主题目录、主题索引，利用主题词、叙词、标题词等来检索文献的方法。它能较好地满足特征检索的要求，使某一事物或主题的不同学科文献集中在一起。其检索质量的关键在于正确选择恰当的检索词，其中，应注意同义词、近义词、生物体的拉丁学名，以及词组的使用，检索词选择恰当与否，会直接影响检索效果。

1）主题词检索文献的关键：分析课题，选准主题词，了解主题索引的结构和编排。

2）主题词检索的特点：特性检索，适合比较具体专深的课题，以及新兴学科、交叉学科、边缘学科的课题的检索。

总之，在实际检索时，应注意检索系统软件所提供的检索途径与功能。为了提高检索质量，不应限于一种途径，可采用多种检索途径和交叉综合方法。

2. 以文献的外部特征为检索途径

以文献的外部特征为检索途径是指依据文献有外表上标记的特征作为检索的切入点。一般是指题名（刊名、书名、篇名）、责任者（作者、编者、译者、专利权人、出版机构等）、号码（标准号、专利号、报告号、索取号等）。

（1）文献名途径 是指书刊名称或论文篇名编成的索引作为文献检索对象，一般较多用于查找图书、期刊、单篇文献。检索工具中的书名索引、会议名称索引、书目索引、刊名索引等均提供此种检索途径。

（2）责任者检索途径 指依据文献责任者的名称来查找文献的一种途径。它包括个人著者、团体著者、专利发明人、专利权人和学术会议主办单位等。检索工具中的个人作者索引、作者目录、团体作者索引、专利权人索引等，都提供此类检索途径。

利用责任者检索途径可以查找某一学科领域的知名学者、专家的论著，系统地掌握他们研究发展的脉络及成果，对于了解该学科领域的水平和动向颇有益处。

（3）号码检索途径 是根据文献出版时所编的号码顺序来检索文献。例如，技术标准的标准号、专利说明书的专利号、科技报告的报告号，文献收藏单位赋予某一文献的馆藏号、索取号、排架号等，都可以作为检索点。

以文献的外部特征进行检索的最大优点是它的排列与检索皆以字顺或数字为依据，不易错检、漏检，可以直接判断该文献的存在与否。

其他途径还有分子式途径等。

3.3.4 选择检索词

检索词是否恰当，将直接影响检索结果。选择合适的检索词是提高查全率和查准率的关键之一。

1. 关键词

关键词是最常用的检索词，也就是在搜索框中输入关键词，命令搜索引擎寻找的内容。读者可以命令搜索引擎寻找任何内容，所以，关键词可以是人名、网站、新闻、小说、软件、游戏、星座、工作、购物、论文等。

关键词可以是任何文种，如中文、英文或数字，或者中文、英文、数字的混合体。例如，可以搜索"Windows""F-1赛车"等。关键词可以输入一个，也可以输入多个，甚至可以输入一句话，如"华为Mate 60 Pro+ 全球首款双星卫星通信手机"等。输入多个关键词搜索，可以获得更精确、更丰富的搜索结果。多数情况下，输入两个关键词搜索，就已经有很好的搜索结果了。

2. 确定主要概念

选取检索词可以从确定主要概念入手。在多数情况下，课题名称一般能反映检索的主题内容和所涉及的概念。

3. 收集检索词

在确定了主题概念后，就可以根据主题概念来选择检索词。

（1）从初步检索结果中选择词 初步输入检索课题中的主要概念作为检索词，在数据库中进行试检索，可能检索的结果不太符合自己的意愿，但是可以浏览检索结果，从题名、摘要及文中的相关词中选取关键词或者同义词进行筛选，选择重要的词汇作为检索词。这种方法通常在百度搜索中应用，有时读者可能记不清楚要检索的名称，可以输入一个大概意思或相近的词进行检索，在初步检索结果中，找出更准确的关键词进行第二次检索，一般就能达到较理想的结果。

（2）从综述文献中选择词　真正意义上的"文献综述"，可以理解为"关于文献的文献"，是对文献再加工而成的第三次文献，即综述的作者并不需要自己去做第一手的工作，但却可以凭借自己的学识和判断力对某一领域的研究做出综合性的介绍，并加入自己的预测和判断。所以，综述中包含了很多专业名词和关键词。

（3）从主题词表中选择词　主题词表是为了提高检索效率和标引工作效率编制而成的，因此，主题词表是分类检索语言和主题检索语言兼容互换的工具。

（4）选择词的要点　充分收集各类专业词汇，结合研究课题选择检索词。注意检索词整体与部分的关系。

（5）掌握缩写与全称转换　利用百度搜索缩写与全称转换，了解含义，利用全称重新搜索。如搜索"WTO"，搜索到：世界贸易组织（英语：World Trade Organization）。

3.3.5　编制与调整检索式

在利用数据库进行检索时，为了提高检索质量与效率，往往需要制订检索提问式，充分利用计算机检索系统所提供的组配、限定、加权、扩展、截词等检索功能。检索提问与存储标志之间的对比匹配是由系统本身进行的，编制检索表达式的核心是构建一个既能表达检索课题需求，又能被系统识别的检索表达式。

检索表达式是检索策略的具体表现。检索表达式也称为"提问式""检索式"或者"逻辑式"。它是将各检索词（关键词、主题词）之间用布尔逻辑检索、关键词检索、位置检索、截词检索和限制字段检索等系统规定的组配符连接起来的。

制订正确、恰当的检索策略，可指导和优化检索过程，提高检索效率，全面、准确、快速、低成本地找到所需信息。

1. 编制检索式

编制检索提问表达式的主要技术支持有如下几种模式：

（1）用布尔逻辑算符说明词间关系　布尔逻辑检索（Boolean Logic）是当今检索理论中最成熟的理论之一，也是构造检索表达式最基本、最简单的匹配模式。布尔逻辑检索是通过布尔逻辑算符来实现的，这些运算符能把一些具有简单概念的检索词（或检索项）组配成为一个具有复杂概念的检索式，用以表达用户的检索要求。

利用布尔逻辑算符进行检索词或代码的逻辑组配，是现代文献检索系统中最常用的一种方法。布尔逻辑运算符分为三种逻辑关系，分别用 AND、OR、NOT 表示。用这些逻辑算符将检索词组配构成检索提问式，计算机将根据提问式与系统中的记录进行匹配，当两者相符时则命中，并自动输出该文献记录。下面以"计算机"和"文献检索"两个词来解释三种逻辑算符的含义。

1）逻辑"与"：逻辑"与"的运算符为"AND"，常用"*""&"表示；逻辑"与"的表达式为 A AND B、A*B 或 A&B。检索时，命中信息同时含有两个概念，专指性强，可以缩小检索范围，提高查准率。

例如，检索式"计算机 AND 文献检索"，表示查找文献内容中既含有"计算机"又含有"文献检索"。

2）逻辑"或"：逻辑"或"的运算符为"OR"，常用"+""/"表示；其逻辑表达式为 A OR B

或 A+B，检索时，命中信息是包含所有关于 A 或 B 或同时有 A 和 B 的文献，可以扩大检索范围，提高查全率。

例如，检索式"计算机 OR 文献检索"，表示查找文献内容中含有"计算机"或含有"文献检索"以及两词都包含的文献。

3）逻辑"非"：逻辑"非"的运算符为"NOT"或"–"；其逻辑表达式为 A NOT B 或 A–B。命中信息是包含逻辑 A 且不包含逻辑 B 的文献，排除了不需要的检索词，可以排除不必要的信息，提高查准率。

例如，检索式"计算机 NOT 文献检索"，表示查找文献内容中含有"计算机"而不含有"文献检索"的那部分文献。

以上 3 种布尔逻辑算符可以综合使用，用于形成检索词更为复杂的逻辑提问式。布尔逻辑检索是一种被广泛采用的计算机检索方法。

（2）用位置算符指定词间位置　位置逻辑算符用于表达检索词之间的相互位置和前后次序，其目的是增强选词指令（Select）的灵活性，它比布尔逻辑算符更能表达复杂的概念。

常用的位置算符有：

1）（W）——With 的缩写，表示算符前后的两个检索词之间不得有其他词或字母，可以有一个空格或标点符号，或连字符"–"，词序不得颠倒。使用（W）比使用布尔算符（AND）可使文献更加切题，排除无关的隐含概念。

2）（nW）——Words 的缩写，是从"Words"算符引申出来的，它表示算符前后的两个检索词之间允许插入最多 n 个词，两词词序不能颠倒。

3）（S）——Sentence 的缩写，表示算符前后的两个检索词必须在同一个句子中出现，词序任意变换，词之间可任意加词。

4）（F）——Field 的缩写，表示算符前后的两个检索词必须同时出现在文献记录的同一字段中。

5）（C）—— Combine 的缩写，表示算符前后的两个检索词必须同时出现在同一文献记录中，不限定词序和字段。其作用等同于布尔算符"AND"。

（3）用截词算符描述词尾变化　截词检索也是一种常用的检索技术，是防止漏检的有效工具，尤其在西文检索中，更是广泛应用。截词检索可以作为扩大检索范围的手段，具有方便用户、增强检索效果的特点，但一定要合理使用，否则会造成误检。用截断的词的一个局部进行的检索，并认为凡满足这个词局部中的所有字符（串）的文献，都为命中的文献。按截断的位置来分，截词可有后截断、前截断、中截断 3 种类型。不同的系统所用的截词符也不同，常用的有"？""$"'*"等。截词还可分为有限截词（即一个截词符只代表一个字符）和无限截词（一个截词符可代表多个字符）。下面举例说明：

1）有限截断：？，？代表一个字母（EBSCOhost 规则）。

例如：？只替代一个字符，如输入 ne？t，可检索出 neat，nest，next。

2）无限截断：*，* 代表一个字符串（EBSCOhost 规则）。

例如：* 可以替代一个字符串，如输入 comput*，可检出 computer，computing 等。

3）后截词（前方一致）：将截词符"？"置于词干的右边。例如，comput？表示 computer、computers、computing 等。又如，child？，可查所有以 child 开头的单词，即 childhood 等。

（4）字段限定检索　在计算机检索系统中，一条文献记录是由若干个字段（Field）构成的，每一个字段都被赋予一个标志符，以供检索时识别。其字段可以归为可供检索与不可供检索两大类型。

为了提高检索质量与效率，可以对可供检索的字段实施限定检索。不同的文献检索系统，其字段限定方式有所不同。

1）基本索引字段（揭示文献内容特征的字段），如题名（TI）、文摘（AB）、主题词（SU）、叙词（DE）、自由词（ID）等，其限定方式一般采用在检索词后加"in"或"/"再加字段代码。例如，检索式 apple in TI 或 apple/TI，限定在题名字段中查找有关 apple 的文献。

2）辅助索引字段（揭示文献外部特征的字段），如著者（AU）、文献类型（DT）、语种（LA）、出版年（PY）等字段，其限定方式一般采用前缀字段代码，加"="，再加限定内容。例如，检索式 LA = Chinese，限定在语种字段查找原文语种为中文的文献。

某些检索系统未采用上述字段限定方式，而是单独设有字段选择"窗口"，供用户直接"单击"选择。

若用户未为检索词指定字段时，系统将在所有可供检索的字段中进行检索。

2. 调整检索式

扩大检索与缩小检索是检索过程中经常面临的问题。在联机检索时，用户应该在上机前就拟订好扩检与缩检的策略，也就是说，在拟订检索策略时，应该同时考虑如命中文献太少或太多时该如何处理。否则，会大大增加上机时间，而且不易得到满意的结果。

（1）扩大检索　扩大检索是指初始设定的检索范围太小，命中文献不多，需要扩大检索范围的方法。对检索结果数量比较少的，可以进行扩大检索，提高查全率。造成检索信息量少的原因通常有以下几点：

1）范围的不当，选用了不规范的主题词或某些产品的俗称、商品名称作为检索词。

2）同义词不全，检索时同义词、相关词、近义词没有运用全。

3）概念的缩小，上位概念或下位概念没有完整运用。

4）年代的范围小。

针对这种情况，调整检索策略的方法如下：

1）选全同义词与相关词并用逻辑"或"将它们连接起来，增加命中率。

2）减少逻辑"与"的运算，丢掉一些次要的或者太专指的概念。

3）去除某些字段限制。

4）调整位置算符，由严变松。

（2）缩小检索　缩小检索是指开始设定的检索范围太大，命中文献太多，或查准率太低，需要增加查准率的一个方法。缩检与扩检相反，通过概念的缩小、范围的限定、年代的减少等实现。

对检索结果过多的，进行缩检，可以提高查准率。

产生检索结果信息量过多的原因可能有以下两点：

1）主题词本身的多义性导致误检。

2）对所选的检索词的截词截得太短。

在这种情况下，调整检索策略的方法如下：

1）减少同义词与同族相关词。

2）增加限制概念，采用逻辑"与"连接检索词。

3）使用字段限定，将检索词限定在某个或某些字段范围。

4）使用逻辑"非"算符，排除无关概念。

5）调整位置算符，由松变严。

3.3.6　获取全文途径

全文也称"原文"，是指数据库中的原始记录。原文检索即以原始记录中的检索词与检索词间特定位置关系为对象的运算。通过以上检索步骤可以获得符合检索提问式要求的原始文献的线索，经过浏览、筛选后，可将满意的题录、文摘抄录、打印或下载，再根据文献线索找到该文献的收藏单位索取原文。对全文数据库而言，可直接单击全文"链接"，继而浏览或打印、下载所需文献。根据获取全文从易到难的程度，获取原始文献有以下途径。

1. 利用图书馆数字资源获取全文

利用网上全文数据库获取原始文献。在校园内，利用图书馆数字资源，直接获取文献全文；在校园外，可以申请图书馆的远程访问，通过远程访问系统，登录图书馆主页并访问图书馆购买的数字资源。一般高校图书馆近百万种数字图书，近 2 万种数字期刊，都可以直接获取全文。

2. 利用网上全文传递服务获取全文

网络环境下的电子化文献传递，使用户获得文献信息的渠道更畅通，传送的速度更快捷，手续更简洁。目前，超星数字图书馆有 400 万种数字图书，可以通过文献传递方式获取全文。读者只需填写 E-mail，后台的服务器就会立刻自动为读者传递文件，读者打开邮箱就可以获取全文，且中文的满足率高达 90% 以上，外文的满足率达 85%。如果超星数字图书馆中没有所查找的文献，利用超星技术构建的全国参考咨询联盟平台，将读者的咨询发布在平台上，专家级别的网上咨询人员就可以为读者服务，在全世界范围内，通过人工查询，为读者找到所需文献，并传递到读者的邮箱。等待时间是查找文献的时间，一般在两天内就可以帮助读者找到文献并传递到读者的邮箱。

3. 去图书馆借书获取全文

利用图书馆的馆藏目录、公共查询系统、联合目录获取原始文献，即直接到图书馆去借书。

4. 利用馆际互借获取全文

利用馆与馆之间的图书信息资源共享合作，获取全文。

5. 与著者联系索取原始文献

用检索结果中提供的责任者联系方式，与之联系获取原文。

3.4　文献检索效果的评价

文献检索效果是指用户利用文献检索系统进行检索所产生的有效结果。作为文献需求用户，其主观愿望是希望在最短的时间内获取最满意的文献资料。但在实际检索时，往往受多种因素的影响，通常只能检索出一部分相关文献，而漏掉一部分相关文献。为此对检索效果进行评价，以便找出和分析检索中存在的问题，以及影响文献检索效果的各种因素，进一步提高文献检索的有效性。

3.4.1　评价指标

我们以一个检索提问式，去任何一个数据库中检索，都可以用相关文献量、非相关文献量检出与漏检来评价文献检索效果。文献检索量及关系见表 3-2。

表 3-2　文献检索量及关系表

系统匹配	用户相关		
	相关文献量	非相关文献量	合计
检出	a	b	$a+b$
漏检	c	d	$c+d$
合计	$a+c$	$b+d$	

表 3-2 中，a 为检出的相关文献量；b 为检出的非相关文献量；c 为漏检的相关文献量；d 为漏检的非相关文献量；$a+b$ 为检出的文献总量；$a+c$ 为系统相关文献总量。

它们之间的不同比值表现了不同的含义。检索效果的评价指标通常有以下几种。

1. 查全率

查全率（Recall Ratio，简称 R）是衡量检索系统在实施某一检索提问时检出相关文献能力的一种测度指标。将检索系统中所有相关信息都检索出来的，查全率为 100%，这是一个理想的数据，现实中是不可能达到 100% 的。由于在检索系统的数据库中，针对某一提问的全部相关文献数量不能精确获知，查全率的计算结果一般都是近似值。通常，查全率增加，查准率就会降低。可定义为

$$查全率：R=\frac{a}{a+c} \times 100\%$$

检出相关文献数量 a 与系统内的相关文献总数（$a+c$）之比称为检全率。查全率是对所需文献被检出程度的文献量指标。

2. 查准率

查准率（Precision Ratio，简称 P）是衡量检索系统在实施某一检索提问时检索精确度的一个测度指标。假设检索返回的结果均是相关信息的，查准率为 100%，这是一个理想的数据，现实中是不可能达到 100% 的。通常，查准率增加，查全率就会降低。可定义为

$$查准率：P=\frac{a}{a+b} \times 100\%$$

检出的相关文献数 a 与检出的文献总数（$a+b$）之比称为查准率，它间接反映了一个检索系统的信号噪声比，是测度检索系统拒绝非相关文献能力大小的一项指标。

3. 漏检率

漏检率（Omission Ratio，简称 O）为漏检相关文献数量 c 与文献库内相关文献总数（$a+c$）之比，是查全率的补数。漏检率是衡量检索系统漏检相关文献的指标。可定义为

$$漏检率: O=1-R= \left(\frac{a+c}{a+c} - \frac{a}{a+c} \right) \times 100\% = \frac{c}{a+c} \times 100\%$$

4. 误检率

误检率（Noise Ratio，简称 N）为在检出的结果中，不相关文献数 b 与检出的文献总数（$a+b$）的比，是查准率的补数。误检率是衡量误检出不相关文献的程度指标。可定义为

$$误检率: N=1-P= \left(\frac{a+b}{a+b} - \frac{a}{a+b} \right) \times 100\% = \frac{b}{a+b} \times 100\%$$

3.4.2　查全率与查准率的关系

查全率表述的是系统中的全部相关文献检出来多少，是对检索全面性的测度。

查准率表述的是检出的文献中有多少是相关的，是对检索准确性的测度。

英国 Cranfield University 航空学院图书馆馆长、情报学家 C.W.Cleverdon 领导下的研究小组于 1957 年对检索系统的性能进行了深入的研究。Cranfield University 试验是其中一个著名的试验，它证实了人们的直观感觉：查全率和查准率呈互逆关系。查全率与查准率的关系示意图如图 3–5 所示。

理想的检出结果是查全率 R 和查准率 P 都趋于 1，但在实际检索中，查全率 R 和查准率 P 存在着互逆相关性。如果追求过高的查全率 R，就可能降低查准率 P。查全率 R 接近 100% 时，查准率 P 则显著降低。

1. 关系曲线分析

（1）*A* 点　查全率很高，查准率极低。这意味着分离相关文献与无关文献需要更多的时间。

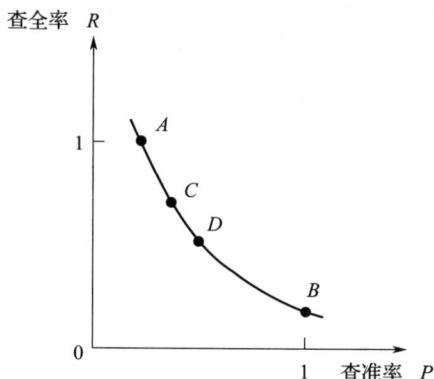

图 3–5　查全率与查准率的关系的示意图

如一个人正在撰写综述性文章，或者着手一项长期研究计划，需要全面检索，这要求查全率很高，以保证尽可能将相关文献全部查出来。这种情况对应于曲线图中的 *A* 点。

（2）*B* 点　查准率很高，查全率极低。这意味着漏掉了许多相关文献。如一个人需要了解某一主题的最新文献，他除了要求文献及时外，还希望获得的文献都是相关文献，而对文献是否全面并不十分关注。这种情况对应于曲线中的 *B* 点。

（3）*C* 点和 *D* 点　检索的最佳状态。由查全率与查准率的关系曲线可知，要使查全率和查准率同时都达到 100%，通常是不可能的。有许多因素限制了这种理想状态的获得。通常的情况是：检出的文献中掺杂一些无关文献（称为误检文献），而系统中的相关文献也没有被全部检出来（称为漏检文献）。

实验表明：查全率和查准率之间存在反比关系（互逆关系），即提高查全率会降低查准率，反之亦然。在同一个检索系统中当查全率与查准率达到一定阈值（即查全率为 60%~70%，查准率为 40%~50%）后，二者呈互逆关系，即查全率提高，查准率就会降低，反之亦然。因此，一般情况下，可以采用一种折中的检索方案，即在查准率可以接受的情况下，尽可能查全。这种情况对应于曲线中的 *C*、*D* 点。因此，检索的最佳状态就是在查全率为 60%~70%，且查准率为

40%~50% 时。

2. 几类典型的检索问题的处理

1）已知文献线索，获取原文。

2）数据与事实检索，检索结果是数据或事实。例如，某种金属的熔点、某种材料的电阻率等。

如需查找某一特定文献，获取某一个数据或事实，对应的检索结果是查到或没查到两种情况。查到时，查全率和查准率均为 100%。若没有查到，查全率和查准率均为 0。

3）某一学科领域的全面的文献检索。例如，要系统地搜集该学科领域方面的文献。

4）定题通报服务。利用这种服务，用户可及时了解某一专业方面的最新文献。

5）有关某一主题的为数不多的好文章或参考文献的追踪查找。

这几种情况对应于图 3-5 曲线中的 C、D 点之间，根据检索问题的要求不同，可在查准率为 40%~50%，查全率为 60%~70% 范围内选择。

3. 查全率与查准率的相对性

虽然用查全率和查准率可以判断检索效果，但它们仍存在着难以克服的模糊性和局限性。到目前为止，还没有一个判断文献相关性的客观方法。文献是否相关，不同的人可能存在不同的判断标准，即带有一定的主观性。正因为如此，检索系统中的相关文献总量实际上是一个无法准确估计的模糊量，查全率难以准确计算。另外，查全率和文献的重要性没有必然联系，即假设所有相关文献都具有相同的价值，这意味着文献无好坏之分，这也与实际情况不符。例如，在某次检索中，检出相关文献 5 篇，漏检了 10 篇，查全率为 33%。然而，检出的这 5 篇文献，其价值可能比漏检的 10 篇要大得多，这使得漏检的影响变得微不足道。因此用查全率和查准率描述检索效果只能是近似的和相对的。

3.4.3　提高检索效果的措施

1. 影响检索效果的主要因素

1）文献标引网罗度（考验文献标引者的水平）。

2）检索词的专指度（专业术语的准确性）。

3）检索者的水平（懂专业、又懂检索技巧的人最容易找到自己需要的文献）。

因此，为了获得满意的检索效果，需从提高检索系统的质量以及提高用户检索水平两方面入手。就用户层面而言，检索成败的关键在于检索策略的制订。

2. 提高检索效果的措施

1）熟悉各种文献系统特征，合理选用数据库。

2）认真分析课题需求，要全面、细致地分析检索问题，尽可能列出全部已知线索，为制订最优检索策略提供依据。

3）掌握检索方法和提高制订检索策略的能力。

4）选取能够准确表达情报需求的检索词和构造检索式。

5）在检索过程中，灵活、有效地运用各种检索方法。

6）要根据不同的检索要求，适当地调整查全率和查准率。

3.4.4　产生漏检的原因

在实际操作过程中，产生漏检的原因可能有：

1）没有使用足够的同义词、近义词、隐含概念。

2）位置算符用得过严、过多；逻辑"与"用得太多。

3）后缀代码限制得太严；工具选择不恰当。

4）截词运算不恰当；单词拼写错误。

5）文档号错误；组号错误；括号不匹配等。

3.4.5　产生误检的原因

在实际操作过程中，产生误检的原因可能有：

1）检索词一词多义；括号使用不正确。

2）检索词与英国、美国人的姓名、地址名称相同。

3）不严格的位置算符的运用。

4）逻辑运算符号前后未空格。

5）截词运算不恰当。

6）检索式中没有使用逻辑"非"运算。

7）检索式中检索概念太少。

8）从错误的组号中打印检索结果。

3.4.6　提高查全率的方法

提高查全率的方法通常有以下几种：

1）选择上位词和相关词，例如，查找关于孙中山的文献，可用孙中山、孙文或国父查找。

2）调节检索式的网罗度，删除不必要的组面，如 and（并且）。

3）进行族性检索（分类检索或用 or 连接相关检索词）。

4）截词检索；com* 代替 computer。

5）增加检索途径。

6）上位概念、同义词、近义词检索。

7）截词检索。

8）减少对文献外部特征的限定。

9）布尔逻辑组配检索（逻辑"或"）。

10）位置运算检索（W—N）。

11）选择更合适的数据库检索。

3.4.7　提高查准率的方法

提高查准率的方法通常有以下几种：

1）提高专指度（用下位词或换专指性强的自由词）。

2）用文献外部特征限制输出结果（在中文图书中查找）。

3）用"二次检索""条件检索"排除误检项。

4）限制检索字段，指定邻接和优先关系。

5）布尔逻辑组配检索（逻辑"与"、逻辑"非"）。

6）位置运算检索。

7）限制选择功能检索（时间、语种）。

8）进阶检索或高级检索。

3.5 文献检索语言

3.5.1 文献检索语言概述

计算机检索的基本原理是将用户的检索提问词与数据库文献记录中的标引词进行对比，当提问词与标引词匹配一致时，即为命中，检索成功。由此可见，能否准确地检索出用户所需的信息，关键在于能否准确地选择检索词。这里所谓的"准确"，是指用户所选用的检索词必须与数据库中标引文献记录所用的标引词相一致。

检索语言就是为沟通文献标引与文献检索而编制的人工语言，也是连接信息存储和检索两个过程中标引人员与检索人员双方思路的渠道，是用于文献标引和检索提问的约定语言。如果没有检索语言作为标引人员和检索人员的共同语言，就很难使得标引人员对文献信息内容的表达和检索人员对相同文献信息内容需求时的表达取得一致，信息检索也就不可能顺利实现。因此，编制检索语言的目的就是不但能够保证不同的标引人员描述文献特征的一致性，而且能够保证检索提问词与文献标引词的一致性。要把存储和检索联系起来，检索语言所表达的概念应该是唯一的。这就是说，表达的概念同所要表达的事物——对应，尽量减少一词多义或多词一义的现象，要使其在该检索系统中具有单义性。目前，世界上的信息检索语言有几千种，依其划分方法的不同，其类型也不一样。下面介绍两种常用的检索语言划分方法及其类型。

1. 按照标识的性质与原理划分

（1）分类语言 分类语言是指以数字、字母或字母与数字结合作为基本字符，采用字符直接连接并以圆点（或其他符号）作为分隔符的书写法，以基本类目为基本词汇，以类目的从属关系来表达复杂概念的一类检索语言。

分类语言是根据文献的学科范畴和体系来组织划分文献的一种语言体系，它集中体现了学科的系统性，反映事物的从属、派生和并行的关系。以知识属性来描述和表达信息内容的信息处理方法称为分类法。著名的分类法有《国际十进分类法》《美国国会图书馆图书分类法》《国际专利分类表》《中国图书馆分类法》等。

（2）主题语言 主题语言是指以自然语言的字符为字符，以名词术语为基本词汇，用一组名词术语作为检索标志的一类检索语言。以主题语言来描述和表达信息内容的信息处理方法称为主题法。主题语言又可分为标题词、元词、叙词、关键词。

1）标题词。标题词是指从自然语言中选取并经过规范化处理，表示事物概念的词、词组或短语。标题词是主题语言系统中最早的一种类型，它通过主标题词和副标题词固定组配来构成检索标志，只能选用"定型"标题词进行标引和检索，所反映文献主题概念必然受到限制，不适应时代发展的需要，目前已较少使用。

2）元词。元词又称单元词，是指能够用以描述信息所论及主题的最小、最基本的词汇单位。经过规范化的能表达信息主题的元词集合构成元词语言。元词法是通过若干单元词的组配来表达复杂的主题概念的方法。元词语言多用于机械检索，适于用简单的标志和检索手段（如穿孔卡片等）来标记信息。

3）叙词。叙词是指以概念为基础、经过规范化和优选处理的、具有组配功能并能显示词间语义关系的动态性的词或词组。一般来讲，选做的叙词具有概念性、描述性、组配性，经过规范化处理后，还具有语义的关联性、动态性、直观性。叙词法综合了多种信息检索语言的原理和方法，具有多种优越性，适用于计算机和手工检索系统，是目前应用较广的一种语言。CA、EI 等著名检索工具都采用了叙词法进行编排。

4）关键词。关键词是指出现在文献标题、文摘、正文，对表征文献主题内容具有实质意义的语词。关键词法主要用于计算机信息加工抽词编制索引，因而称这种索引为关键词索引。目前，关键词法得到了广泛的应用，出现了多种关键词索引，常见的有题内关键词索引、题外关键词索引、词对式关键词索引和纯关键词索引等。其优点为计算机自动编排各种关键词索引，加速文献的标引速度和缩短检索工具出版的滞后时间；其缺点为检索质量较差，可能会在标引和检索之间造成歧义或误差，从而导致漏检或误检。

（3）代码语言 代码语言是指对事物的某方面特征，用某种代码系统来表示和排列事物概念，从而提供检索语言。例如，专利号、标准号、报告号、ISBN 号、ISSN 号等的顺序排检。还可以根据化合物的分子式这种代码语言，构成分子式索引系统，允许用户从分子式出发，检索相应的化合物及其相关的文献信息。

2. 按照描述文献的特征划分

（1）描述文献内容特征的检索语言 主要是指所论述的主题、观点、见解和结论等。

1）分类语言是以号码为基本字符，用分类号来表达各种概念，将各种概念按学科性质进行分类和系统排列。

2）主题语言是用语词来表达各种概念，即用自然语言中的名词、名词性词组或句子作为主题词，来表达各种概念，将各种概念不管其相互关系，完全按字顺排列。

（2）描述文献外部特征的检索语言 主要是指文献的篇名（题目）、作者姓名、出版者、报告号、专利号等，是将不同的文献按照篇名、作者名称的字序进行排列，或者按照报告号、专利号的数序进行排列，所形成的以篇名、作者及号码的检索途径来满足用户需求的检索语言。描述文献外部特征的检索语言可简要概述为：

1）题名语言是按题名的字序排检。

2）著者语言是按著者姓名的字序排检。

3）号码语言是按文献代码，如专利号、标准号、报告号、ISBN 号、ISSN 号等顺序排检。

4）其他，如人名索引，引用文献目录等。

3.5.2 检索语言的发展趋势

1. 自然语言的应用将成为检索领域的一个发展趋势

自然语言的应用是以计算机检索为前提的，没有计算机检索，自然语言的检索就难以实现。

随着计算机在各行业的普及，自然语言检索的应用也越来越广。

除了计算机应用的普及，自然语言本身的优势也是其迅速发展的一个因素。自然语言和人工语言相比，其优点表现为：克服人工语言系统词汇冗余、更新滞后等缺点，使检索完全专指，用户使用起来方便。可以说，自然语言的应用是当前文献检索领域的一个重要发展趋势。

2. 检索语言向易学、易用和智能化的方向发展

计算机检索的发展，自然语言在文献检索领域的普及，使得检索语言朝自然化、智能化的方向发展。大量的词汇转换工作由计算机后台处理，而呈现在用户面前的是直观、易学、易用和智能化的前台。

3.5.3 常用文献检索途径

检索途径是指利用各种检索工具（系统）进行文献检索的路径。不同的检索工具所揭示文献的角度不同，也就形成了不同的检索途径。一般来说，各种检索工具会依据文献的外部特征和内容特征提供多种检索途径。

1. 题名途径

题名即文献的标题或名称，包括书名、刊名、篇名等。许多检索系统是依据文献题名编制的，只要知道了文献的具体名称，就可以利用书名、刊名或篇名准确地查找到所需文献。检索工具中的书名索引、会议名称索引、刊名索引等均提供由题名检索文献的途径，如书名目录、期刊联合目录等。

2. 责任者途径

责任者是指对文献内容负责或作出贡献的个人或团体，包括著者、编者、译者。通过这一途径，可将责任者分散在不同学科、不同主题范围的文献全部检索出来，这是其他检索途径难以取代的独特功能。责任者途径检索应注意两个问题：一是西方国家的个人姓名是名在前、姓在后，而在编制责任者索引时倒置为姓在前、名在后；二是同姓名的责任者很多，检索结果的专指性不能得到保证，所以用户对检索结果要注意区分。

3. 分类途径

分类途径是指以代表文献所属学科的分类词为检索标志，对文献信息进行检索的一种途径。从分类途径进行检索，能够把学科内容、性质相同的文献集中于同一类目下，也可把同一学科的文献信息集中检索出来。但用户对一些新兴学科、边缘学科的文献难以给予确切的分类，易造成误检和漏检。因此，从分类途径查找文献，一定要掌握学科的分类体系及有关规则。

4. 主题途径

主题途径是指以代表文献内容实质的主题词（关键词、标题词或叙词）作为检索标志来检索文献信息的途径。利用主题途径进行检索，可将分散在各学科中的有关文献集中在同一主题下，便于读者从中选择适用的文献。主题途径以其直观性、专指性、灵活性的优势，更适应现代科学研究对文献信息检索的要求。

5. 序号途径

有些文献有专门的序号，如标准号、专利号、合同号、国际标准书号和刊号等。序号途径是指按照那些已知的文献资料所特有的号码特征来查找文献信息的途径。文献专门序号具有简短、明确、唯一等特点，因此检索方便，查准率高。

6. 引文途径

一般来讲，文献多数附有参考资料或引用文献。利用引文编制的索引系统，称为引文索引系统。引文途径，即从被引文献检索引用文献的一种途径，如美国的《科学引文索引》（SCI）；国内的典型实例，如南京大学社会科学评价中心编制的《中文社会科学引文索引》（CSSCI）。另外，重庆维普资讯"引文引证追踪"是目前国内规模最大的文摘和引文索引型数据库，中国知网的"知网节点文献"都提供了引文途径。

7. 其他途径

除上述检索途径外，还有代码途径、时序途径、地区途径及专业名词途径等。在实际检索中，究竟利用哪种途径，需要根据特定课题的实际情况、对检索要求的分析以及所选用的检索工具的特点来确定。

3.6　两大中文搜索引擎简介

随着计算机和网络的普及，尤其是图书搜索引擎的推出，读者的阅读方式发生了变革。有学者对百度、读秀两大中文图书搜索引擎从首页、高级检索、检索结果、显示信息以及提供图书详细信息和获得方式方面进行了分析和比较 。这里只作简介。

3.6.1　百度

百度是中文网站（http://www.baidu.com/），百度也是基于网页的搜索引擎如图 3-6 所示。百度使用也很简单，只要在搜索框中输入关键词，单击"百度一下"按钮，就会自动找出相关的网站和资料。百度会寻找所有符合查询条件的资料，并把最相关的网站或资料排在前列。

图 3-6　百度基于网页的搜索引擎

关键词就是用户输入搜索框中的文字，也就是用户命令百度寻找的东西。

用户可以命令百度寻找任何内容，所以关键词的内容可以是人名、网站、新闻、小说、软件、游戏、星座、工作、购物、论文等。关键词可以是任何中文、英文、数字，或者中文、英

　　○ 李志明.谷歌、百度、读秀三大中文图书搜索引擎比较及启示.［J］.图书馆工作与研究，2009（8）：3.

文、数字的混合体。例如，可以搜索"大话西游""Windows""F-1 赛车"。搜索时可以输入一个关键词，或者多个，甚至可以输入一句话。提示：多个关键词之间必须输入一个空格。

百度都是用于搜索网页的、免费的文献资料，一般说来，新的、有价值的学术文献基本没有。而有价值的学术文献是由出版社按照一定程序严格审查、编辑、把关、正式出版发行的文献。只有符合这些条件的文献，才是图书馆收藏的文献。而这种学术文献由于具有知识产权等，在公共网上一般是下载不到的，是要收费的，需要时只能到高校图书馆或科研机构图书馆等专网上去查询和下载。

3.6.2　读秀学术搜索引擎

百度这类简单的搜索引擎对搜索学术文献并没有多大的作用，因为：①学术文献普遍是要收费的。在互联网上基本检索不到高质量的学术论文。要检索较高质量的数字图书、数字期刊和特种文献，都得到重点高校图书馆内部网络去查找和下载。②学术文献检索方法也比较落后。多数是单库检索，后来进步到跨库检索，按照文献内容分类，有图书、期刊、报纸、学位论文（博士、硕士）、会议论文、科技报告、专利、标准等近 10 种类型，有的要在几十个数据库中选择一个或者多个数据库，这是一个很烦琐的工作。③检索难度大且有一定技巧性。

随着计算机科学技术的发展，中文数字资源的增加，超星、阿帕比、维普、万方、知网等知名图书、期刊数据公司加快了中国国家数字图书馆的建设进程，特别是超星公司站在读者的角度，开发出基于元数据检索的学术搜索引擎，去掉了跨库检索的烦琐，最终使得图书馆业界的学术检索也变得像百度一样简便，使得查找学术文献变得容易和简单，得到业界专家们的广泛认可和高度的评价。目前，绝大多数高校都在使用读秀学术搜索。读秀学术搜索的主页如图 3-7 所示。

图 3-7　读秀学术搜索的主页

以前烦琐和深奥的文献检索，在读秀学术搜索平台上变得非常简单，中文、外文及全部文献知识，图书、期刊、报纸、学位论文（博士、硕士论文）、会议论文、科技报告、专利、标准等近 10 种类型的文献，只需填写一个检索词，就可完成一站式搜索。

读秀学术搜索步骤如下：

1）选择文献频道（确定搜索什么文献类型）。

2）选择检索途径（确定用什么途径搜索文献）。

3）填写检索词（与检索字段一致并相关）。

4）单击搜索按钮（兼语种选择）。

习 题 3

1. 试述文献检索原理。

2. 试述文献检索方法。

3. 试述文献检索技术。

4. 试述布尔逻辑检索。

5. 试述文献检索步骤。

6. 常用检索数字图书、数字期刊、特种数字文献的数据库有哪些?

7. 从易到难获取全文的途径有哪些?

8. 什么是检索评价指标? 查全率与查准率的关系如何?

9. 提高查全率的方法有哪些?

10. 提高查准率的方法有哪些?

在线测试 3

在线测试 3

　　扫描左侧二维码，完成本章的在线测试题，完成后可查看答案。测试包含 10 道单选题和 10 道判断题，帮助您巩固本章知识点。

Chapter Four

第**4**章
数字图书及检索

📎 **本章概要**

　　数字图书是最重要的数字资源之一。数字图书馆为读者提供了一条获取图书最方便、快捷和有效的途径。本章将向读者详细介绍数字图书常用的检索平台、检索方法，以及全文获取、浏览、下载、摘录、记录来源等实用技巧。

📎 **学习目的**

- ◆ 了解数字图书及检索的基本知识和要点。
- ◆ 学会下载和安装数字图书浏览器。
- ◆ 掌握数字图书的检索、获取方法。
- ◆ 学会下载、摘录方法，利用数字图书资源。

📎 **内容框架**

数字图书及检索 ─┬─ 超星数字图书馆及检索

　　　　　　　　├─ 中华数字书苑电子图书及检索

　　　　　　　　└─ CALIS易得文献获取数字图书

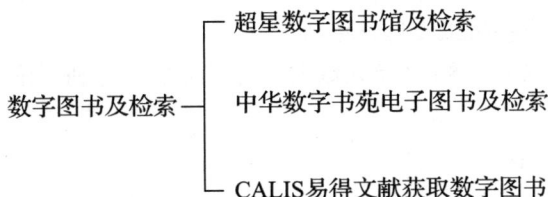

4.1　超星数字图书馆及检索

4.1.1　超星数字图书馆概述

　　超星公司是目前国内最大的数字图书提供商，超星数字图书馆是该公司的一个主要产品。超星数字图书馆由海量的读秀知识库和读秀学术搜索平台组成。

　　读秀学术搜索是一个真正意义上的文献搜索及获取的服务平台，其后台建构在海量（680万种中文图书书目、400万种中文图书试读全文数据和17.7亿页中文知识全文）数据库基础之上，为用户提供深入内容的章节和全文检索，部分文献的原文试读，以及高效查找、获取各种类型学术文献资料的一站式检索，周到的参考咨询服务，是一个真正意义上的学术搜索引擎及文献资料服务平台。超星数字图书馆的读秀学术搜索平台如图4-1所示。

1. 读秀学术搜索平台

超星公司的海量数字资源都是通过读秀学术搜索平台提供一站式检索服务的，在此平台上可以检索：知识、图书、期刊、报纸、学位论文、会议论文、标准、专利、音视频、百科、词典、文档、电子书、课程、考试辅导等文献资源。

图4-1　超星数字图书馆的读秀学术搜索平台

（1）知识频道　知识频道是将所有图书打破，以章节目录为基础重新组合的知识体系。目前，知识频道可搜索的信息量涵盖4.5亿章节，超17.7亿页全文资料，可为读者提供深入图书内容的全文检索。读者可以根据任何一句话、一句诗词找到材料出自哪一本书，对找到的内容可实现"排列显示、PDF下载、阅读页面、文字摘录、整页文字提取、文献来源信息"等功能。

（2）图书频道　在收录的680万种中文图书书目数据中检索，可对400万种图书全文数据进行文献传递。检索可深入图书目录章节，在线试读，支持50页以内原文快速文献传递；支持馆藏挂接（电子图书和纸本图书）；中文图书的显示系统提供本馆文献资源（纸本、电子本及其他文献资源）目录显示；独有的图书被引用数据；馆藏结构主题分布分析。提供通过检索或分类导航进入，左侧聚类、高级和二次检索等方法快速缩小范围等深度服务，专业检索支持复杂逻辑运算。

（3）期刊频道　目前有7438种授权期刊、1397种核心期刊、7100种全文授权期刊，期刊频道文献元数据全部对高校开放，开放全文链接openURL。

（4）报纸频道　其资源有中文报纸，含1.5亿篇文章，提供报种、篇目检索；绝大部分篇目可直接在线全文阅读，有些报纸支持日更新。

（5）其他频道　包含文献1.85亿条元数据，可对标准、专利、论文、音视频等各种文献类型的统一检索。

2. 中文一站式解决方案

读秀学术搜索是超星公司推出的目前最优秀的中文一站式解决方案。它的三大核心功能是全文服务系统、中文图书的目录关联系统和情报分析功能。具体由知识搜索系统、目录章节搜索系统、图书目录关联挂接系统、其他相关文献最佳检索系统、情报分析系统等多个系统组成。

（1）知识搜索系统　这是在最全的中文图书全文搜索系统进行搜索，解决每个名句、每个典故的出处。全文检索直接指向搜索来源，通过层层链接均可最终达到纸本和电子本。

（2）目录章节搜索系统　这是目次级别的深入检索，指示出检索到的名句在图书的哪个章节，并有链接直达章节去阅读原文。

（3）图书目录关联挂接系统　可实现馆藏纸本、电子本的整合，检索到的书与馆藏书（纸本图书和电子图书）的关联和挂接，还提供全国联合目录提示系统，提供全国哪些高校图书馆有此书的信息，通过链接直达该馆目录系统，这是馆际互借的基础和前提。馆藏挂接的好处是，读者可通过读秀的图书频道检索命中某个目录章节，一站式快速获取馆藏资源。

（4）其他相关文献最佳检索系统　提供检索到的其他相关文献信息。

（5）**情报分析系统**　情报分析系统给读者提供该知识领域的发展趋势和数据分布直观分析图以及引用等数据。

4.1.2　读秀学术搜索平台的功能

读秀学术搜索是由海量图书资源组成的庞大的知识系统，为读者提供深入到图书内容的全文检索，并且提供原文传送服务的平台。读秀学术搜索是一个为读者提供多种信息获取途径的平台。

1. 整合各种文献资源

读秀学术搜索将图书馆纸质图书、电子图书、期刊等各种资料整合于同一平台上供统一检索，使读者可在读秀平台上即时查找、获取知识文献。在高效服务读者的同时，也节省了图书馆的人力、物力，减轻了图书管理人员的工作强度，提高了工作效率及图书馆的管理水平和能力。

读秀学术搜索将检索框嵌入到图书馆等文献服务单位门户首页，为读者提供整合多渠道文献资源的统一检索路径，读者可在读秀平台上查询、获取目标资源。读秀不但检索精准，使用方便，同时也提高了文献服务单位现有的资源利用率。其具体整合内容如下：

（1）**整合纸质图书**　图书馆有大量纸质图书，读者使用自动化系统只能检索到图书的元数据信息，不能看到具体内容，无法判断图书是不是所需要的。整合完成后，读者检索时可直接试读图书的原文，通过试读，判断是否需要该图书。

（2）**整合电子资源**　将图书馆自有的电子图书、购买的电子图书、电子期刊等电子资源，与读秀知识库数据进行对接。整合后实现馆内文献资源的充分利用，使读者真正零距离地获取知识，提高资源的利用率。

（3）**整合资源统一检索**　将图书馆常用的各种资源整合于同一平台上，统一检索，避免多个站点逐一登录、逐一检索的弊端，读者可在同一站点上查询所有信息，检索过程便捷，用户使用方便，大大提高了图书馆的服务水平。

2. 章节和全文深度检索

读秀集成了业界先进的搜索技术，突破了以往的简单检索模式，实现了章节和全文深度检索功能。通过使用读秀知识库的深度检索，读者能在最短的时间内获得最深入、最准确、最全面的文献信息，节约了时间，可把更多的时间和精力投入学习研究中，提高了学习效率。

3. 400 万种全文图书实现自动文献传递

读者检索后，对于有馆藏资源的可以直接在挂接中获取。但是，对于没有馆藏的文献，读者可以通过读秀特有的目录页试读，进入读秀的图书馆文献传递中心，根据提示实现文献传递。读秀为读者提供了单次传递原文不超过 50 页，同时一周内对同一本书传递不超过 20%，以邮件加密链接方式提供 20 天有效期的原文在线查阅服务。这一期间内，读者可以随时浏览阅读。

读秀文献传递可以立即获取所需要的资料，没有时间、空间的限制。读秀 400 万种全文图书资源能够满足不同读者的专业需求，读者可通过读秀参考咨询系统从海量图书资源库中自动获取所需文献，使图书馆的文献资源保障能力得到提升。目前，大部分高校图书馆存在着馆藏不足、资金有限等问题，读秀是解决这个问题的有效方案。

4. 搭建交流平台，实现读者间以及读者与图书馆间的互动

读秀学术搜索为读者之间、专家与读者之间提供了一个良好的交流平台，使得读者的学习和研究有了互动性和互补性，同时在读者与图书馆之间创建了沟通渠道，图书馆的资源和读者的需求能够实现一致，提高了图书馆资源的利用率。

5. 图书被引用情况报告（2023）

图书被引用情况报告（2023）由北京世纪读秀技术有限公司发布。本报告的目的是便于大家观察和了解图书的被引用情况，为图书和作者的权威性评价提供必不可少的重要依据。

基本结论：被引用图书共计 1904988 种，占全部被考察图书的 28.80%。

数据基础：被考察图书包括自 1900 年 1 月 1 日至 2022 年 12 月 31 日发行且书目数据符合分析条件的 6614506 种中文图书，引用图书包括自 1900 年 1 月 1 日至 2022 年 12 月 31 日发行且全文数据符合分析条件的 3435318 种中文图书。

概念说明：A 图书引用了 B 图书，则 A 图书为引用图书，B 图书为被引用图书。

统计方法：在引用图书中仔细核对被引用图书的书名、作者、出版年信息，核对正确则计入统计中。有被引用种数和引用次数两种指标，前者主要用于评价作者的权威性和用于考察年代、学科的分布，后者主要用于评价某种具体图书的权威性。

【例 4-1】查看作者饶宗政主编的《现代文献检索与利用》的图书被引用情况报告，页数：279 页，出版日期：2012.08，收藏馆 203，总被引用 19；被图书引用 14，如图 4-2 所示。

图 4-2　图书被引用情况图（2023 年 9 月 18 日截图）

4.1.3　读秀学术搜索文献分类

与不同电视频道播放不同电视节目的概念相似，读秀将文献类型定义为不同频道，文献频道分为"知识、图书、期刊、报纸、学位论文、会议论文、专利、标准、音视频"等，根据文献类型的不同，提供的检索字段也有差异，各频道中采用描述该文献类型最密切相关的字段。读秀学术搜索文献频道与检索途径（字段）的对应关系见表 4-1。

表 4-1　读秀学术搜索文献频道与检索途径（字段）的对应关系

文献频道	检索途径						
	途径 1	途径 2	途径 3	途径 4	途径 5	途径 6	途径 7
知识							
图书	全部字段	书名	作者	主题词	丛书名	目次	
期刊	全部字段	标题	作者	刊名	关键词	作者单位	ISSN
报纸	全部字段	标题	作者	来源	全文	关键词	副标题
学位论文	全部字段	标题	作者	授予单位	关键词	导师	
会议论文	全部字段	标题	作者	关键词	会议名称		
专利	全部字段	专利名称	申请号	发明人	申请人	IPC 号	
标准	全部字段	中文名称	英文名称	标准号	发布单位		
音视频	全部字段	视频名称	简介	字幕	关键词	主讲人	主讲机构

从表 4-1 可知，各种文献类型提供的检索途径都是表征此类文献最本质的字段，如图书提供的检索途径有：全部字段（相当于全选）、书名、作者、主题词、丛书名、目次 6 项。又如期刊提供的检索途径有：全部字段、标题、作者、刊名、关键词、作者单位、ISSN7 项。各文献频道对应的检索字段不需要记，也不填写，只是单击单选。但是，选择了字段后，检索框中输入的检索词要与其对应，不能张冠李戴。如选择书名途径，不能填写作者，或者其他著录信息。

4.1.4　读秀的知识（全文）检索

1. 知识搜索

如图 4-3 所示，知识搜索的步骤为：①选择"知识"频道；②填写检索词（为使检索命中率更加精准，推荐同时使用多个关键词或较长的关键词进行检索）；③单击"中文搜索"按钮。

2. 以章节和知识点搜索

图 4-3　读秀知识搜索平台页面

创新的知识点检索模式，为研究型读者提供了查找资料的便捷途径。读秀不是以检索文献单元为根本目标，而是以检索文献所包含的知识点为根本目标，是将各类文献中所包含的同一知识内容检索出来。读秀围绕关键词进行全面、发散式的搜索，其检索结果显示的是与关键词相关的所有知识点，免除了读者反复查找、确认的过程，为读者提供便捷的知识获取途径。

读秀的知识频道搜索不是以单本书为单位进行服务，而是以章节和知识点为单位进行搜索，每次搜索都是在 4.5 亿多个章节、17.7 亿多页全文资料的读秀知识库中进行搜索，即把所有的书变成了一本书进行搜索和直接阅读，提供少量页的 PDF 下载。

知识频道的检索最简单，和百度一样，输入检索关键词或者一句话，单击"中文搜索"（或"外文搜索"）就可找到一组相关的文献，再通过相关链接就可以找到需要的文献。

通过知识频道的全文搜索，可搜索到所有图书中的任何一句话（诗词）、任何一幅插图（图表）等。另外，知识频道搜索也提供文字摘录和文字提取功能，方便用户引用。

【例 4-2】利用关键词"温室效应"找相关的知识。

1）检索过程：①读秀默认"知识"频道，在检索框中输入"温室效应"，②单击"中文搜索"，找到相关的条目 100154 条。搜索关键词以红色显示，很适合快速阅读和查找资料。搜索结果如图 4-4 所示。

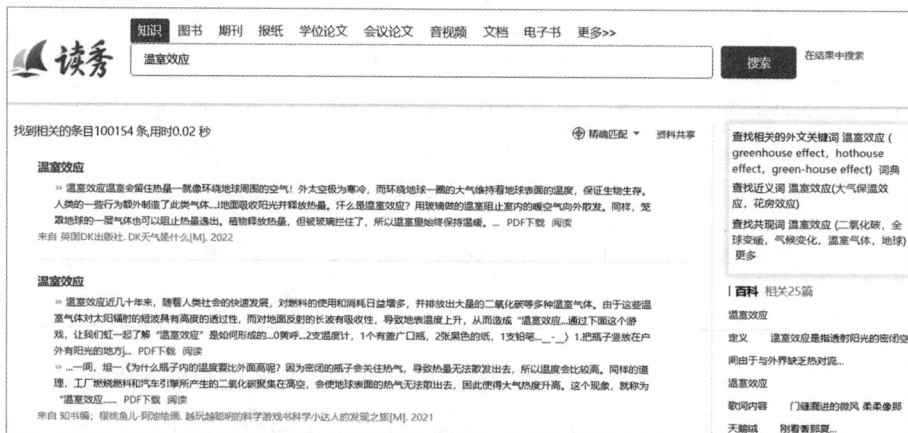

图 4-4　用知识频道搜索"温室效应"得到的结果（2023 年 9 月 20 日截图）

2）阅读和 PDF 下载：在图 4-4 中，单击标题或"阅读"，即可查阅相关知识点文献；单击"PDF 下载"，即可下载文献。

3）文字提取与摘录：在阅读过程中，如果需要文字摘录，单击页面左上角的"选取文字"后，在正文中页面上单击就出现两个选项："文字提取"和"文字摘录"，并有说明"文字提取较快，可识别整页正文页（荐），文字摘录较慢，支持划选文字区域"。"选取文字"和"查看来源"页面如图 4-5 所示。

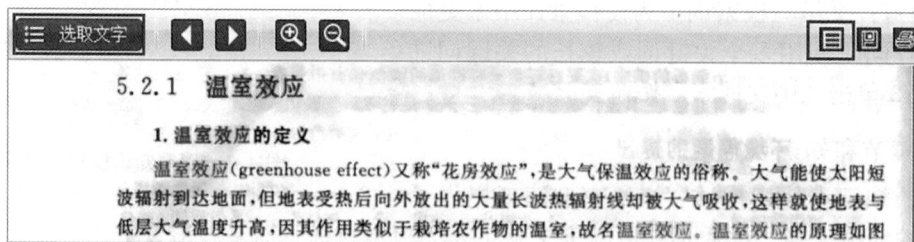

图 4-5　"选取文字"和"查看来源"页面（2023 年 9 月 20 日截图）

若选择"文字提取"，系统会显示整页文字，单击"复制"后，可"粘贴"到 Word 文档中，就提取了整页文字。若习惯用"文字摘录"方式，就单击"文字摘录"按钮，按住鼠标左键，拖动鼠标选择要摘录的文字区域，选择完成后，释放鼠标加载，加载完成后会有一段摘录文字框弹出，单击"复制"按钮后，会显示"复制成功"提示。这样就可以将摘录的文字复制到 Word 文档中。

4）查看来源：看书学习时重要的文字可以摘录或复制在读书笔记本上；同样文字摘录时要及时记录资料来源；单击图 4-5 页面右上角的▤"查看来源"，即可查看到该知识来源于何处。

读者可以将资料来源与摘录文字复制在一起，以便写文章时正确规范地引用，这是一种良好的读书习惯。

3. 读秀的多面搜索

在读秀的任何一个频道，任何一个搜索都可以显示很多相关的词条解释、人物、图书、期刊、报纸、学位论文、会议论文、相关内容、图片、音视频等信息，这就是读秀的多面搜索。

例如，在例4-2中，图4-4页面右侧有更多与"温室效应"相关的信息，即多面搜索的内容有：

（1）百科相关 25 篇　温室效应（green house effect，greenhouse effect，glasshouse effect），例如：

温室效应简介：温室效应（来自 IPCC 术语表中对温室效应所作出的定义的中文版）是由环境污染引起的地球表面变热的现象。温室效应主要是由于现代化工业社会过多燃烧煤炭、石油和天然气，这些燃料燃烧后放出大量的二氧化碳气体进入大气造成的。二氧化碳气体具有吸热和隔热的功能。它在大气中增多的结果是形成一种无形的玻璃罩，使太阳辐射到地球上的热量无法向外层空间发散，其结果是地球表面变热。因此，二氧化碳也被称为温室气体。温室气体有效地吸收地球表面、大气本身相同气体和云所发射出的红外辐射。大气辐射向所有方向发射，包括向下方的地球表面的放射。温室气体则将热量捕获于地面——对流层。

（2）图书相关 4263 篇　单击进入"图书"频道，检索词"温室效应""全部字段"检索页面，找到相关的中文图书 4263 篇。

（3）期刊相关 17144 篇　单击进入"期刊"频道，检索词"温室效应""全部字段"检索页面，找到相关的中文期刊 17144 篇。

（4）报纸相关 889 篇　单击进入"报纸"频道，检索词"温室效应""全部字段"检索页面，找到相关的中文报纸 889 篇。

（5）文档相关 2064 篇　单击进入"文档"频道，检索词"温室效应"，"全部"检索页面，找到相关的中文文档 2064 篇。

（6）学位论文相关 11390 篇　单击进入"学位论"文频道，检索词"温室效应"，"全部字段"检索页面，找到相关的中文学位论文 11390 篇。

（7）会议论文相关 2099 篇　单击进入"会议论文"频道，检索词"温室效应"，"全部字段"检索页面，找到相关的中文会议论文 2099 篇。

（8）课程课件相关 5 篇　单击进入"课程课件"专题馆，检索词"温室效应"，包含"全部"检索页面，找到相关的课程课件 5 篇。

（9）考试辅导相关 414 篇　单击进入"考试辅导"专题馆，检索词"温室效应"，包含"全部"检索页面，找到与温室效应相关的中文考试辅导资料 414 篇。

（10）专利相关 1920 篇　单击进入"专利"频道，检索词"温室效应"，"全部字段"检索页面，找到相关的中文专利 1920 篇。

（11）音视频 340 篇　单击进入"音视频"频道，检索词"温室效应"，"全部字段"检索页面，找到相关的音视频 340 篇。

（12）政府公开信息相关 7 篇　单击进入"政府公开信息"频道，检索词"温室效应"，"全部字段"检索页面，找到相关的政府公开信息 7 篇。

有如此多的相关文献信息，为学习和研究提供了丰富的文献资料。

4. 读秀的全文搜索

读秀知识搜索是一种全文检索引擎，集天下书为一书。

【例 4-3】由于日本核污染排海引发人们关注，想了解核污染的内容，选择"知识"频道，输入"核污染"，单击"搜索"按钮，搜索到与"核污染"相关信息，如图 4-6 所示。

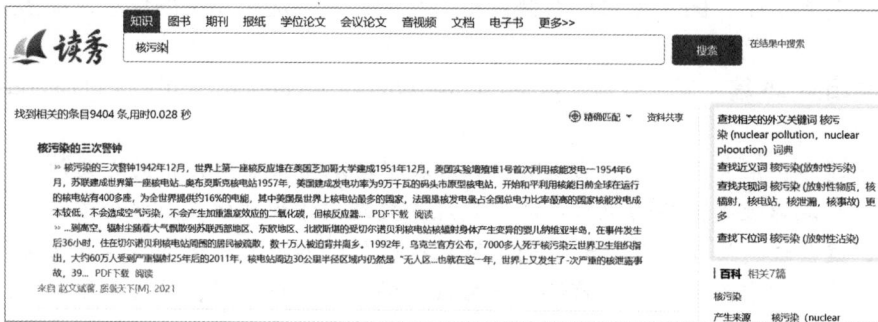

图 4-6 用知识频道搜索"核污染"得到的相关信息（2023 年 9 月 20 日截图）

读秀从 17.7 亿页全文中查找，找到与"核污染"相关条目 9404 条。

页面右边提供了很多其他类文献的相关搜索结果：如百科相关 7 篇、图书相关 9278 篇、期刊相关 15136 篇、报纸相关 7202 篇、文档相关 123 篇、学位论文相关 13231 篇、会议论文相关 2684 篇、考试辅导相关 7 篇、标准相关 46 篇、政府公开信息相关 22 篇、专利相关 4466 篇、音视频相关 349 篇。读者可以单击感兴趣的内容阅读，如单击百科相关的"核污染"标题链接，就可以阅读百科词条"核污染"原文，现从中摘录部分如下。

核污染

核污染主要指核物质泄漏后的遗留物对环境的破坏，包括核辐射、原子尘埃等本身引起的污染，还有这些物质对环境的污染后带来的次生污染，比如被核物质污染的水源对人畜的伤害。

1. 产生来源（略）。
2. 主要危害（略）。
3. 除污方法（略）。
4. 防治措施（略）。
5. 重要事故（略）。

读秀知识频道的检索阅读方式，是一种知识点的阅读方式。读者可以在这里检索和阅读相关的知识点，并可以对一个知识点所在的各类章节的内容进行阅读和了解，使读者能够在较短的时间内，对原来陌生的知识点也能有个大概了解。实际上，读秀知识频道突破了原有的通过零散的一本本图书查找知识点的局限，而是将读者需要的知识点通过读秀知识频道汇聚在一起，这不但为读者节约了大量查找时间，而且查全率非常高，是读者快速检索获取知识点的一种新阅读途径。

5. 读秀是一部终身学习的百科全书

读秀围绕读者所需要的"知识点"进行检索，通过相关词条（定义）、图书、期刊、报纸、文档、学位论文、会议论文、课程课件、考试辅导、专利、音视频等频道，将搜索结果送到读者面前，通过这些密切相关的文献资料，读者完全可以对该知识从了解、熟悉到精通。

　　网络的便捷改变了读者获取信息的方式，只要会搜索、会利用，无论什么知识、什么概念，读者都完全可以在短时间内对它略知一二。一个人在一生中，可能会遇到很多以前不曾知道的，或根本没有涉及过的知识领域，对于比较简单的问题，应该利用网络的便捷优势，马上去搜索、了解、学习，从网络上找到解决问题的答案。可以说，读秀是一部值得终身学习的百科全书。

4.1.5　读秀的图书检索

读秀整合了中文图书资源，实现了纸质图书、电子图书的统一检索和文献服务，并提供了丰富的图书揭示信息（封面页、版权页、前言页、目录页、部分正文页等），实现了图书的目次检索，使读者通过检索目次知识点来准确查找图书。

　　"图书"频道是读秀的主要频道，提供了检索框、检索字段以及分类导航、高级检索等检索途径，读秀图书频道检索页面如图 4-7 所示。

图 4-7　读秀图书频道检索页面

1. 通过分类导航查找图书

　　分类导航入口在图 4-7 搜索框右侧，单击"分类导航"进入分类导航页面，如图 4-8 所示。

图 4-8　用分类导航进入浏览图书的页面

　　（1）从分类导航浏览图书　分类导航是按照《中图法》22 大类进行分类的，通过页面左边的分类列表，逐级进入下一级进行浏览，直到找到所需的图书为止。

　　熟悉《中图法》的读者会很快判断出自己需要的书在 22 个大类中的哪个大类，哪个小类，会熟练单击分类表类目进入，直到找到需要的图书为止。如想找"大数据技术"的图书，进入分类导航首页→工业技术→自动化技术、计算机技术，需要的"大数据技术"书就出现了，如图 4-9 所示。

图 4-9　用分类导航逐级进入查找图书

排在首位的图书就是关于"大数据技术"的，单击图书封面或书名进入图书的详细书目信息页面，如图 4-10 所示。

图 4-10　图书详细书目信息页面

在图书详细书目信息页面，系统提供了 5 种获取本书的途径：

1）本馆馆藏纸书：需要到图书馆去借阅纸本图书。

2）本馆电子全文（包库）：当图书馆购买了电子版的图书时，页面下方显示"包库全文阅读"按钮，点击该按钮就可以直接阅读电子版全文。

3）图书馆文献传递：若图书馆没有购买电子版图书，读者可以通过"图书馆文献传递"方式，每次获取 50 页电子版图书。

4）相似文档：单击"相似文档"，系统会推送相似文档。

5）文献互助：单击"文献互助"，提示该操作需要登记。

实际中，获取图书从易到难次序：

1）在线试读：试读范围从书名页开始到正文 10 页的内容。这些信息足以决定图书的取舍（借与不借）。

2）如果需要，可以直接阅读电子版图书。图书馆购买了电子版图书，页面下方有"包库全文阅读"按钮，单击就可以直接阅读电子版全文。

3）如果本馆还没有购买电子版图书，可以去图书馆借阅纸本图书。

4）如果暂时不便去图书馆，可以通过"图书馆文献传递"方式，每次获取 50 页电子版图书，每天只能申请文献传递一次。

5）或者单击"相似文档"，系统会推送相似文档。"文献互助"不如申请"图书馆文献传递"便捷。

（2）输入关键词搜索图书　在导航页面上方的读秀搜索框中，选择"图书"频道，输入检索关键词，单击中文搜索，系统将搜索到与关键词相关的图书显示出来。

【例 4-4】查找"5G 通信"方面的图书。

检索过程：①在图书导航页面上方，选择"图书"频道；②检索途径采用系统默认的"全部字段"；③输入关键词"5G 通信"；④单击"中文搜索"。找到相关的中文图书 946 种，如图 4-11 所示。

图 4-11　输入关键词搜索图书的页面（1）

如果在上面过程中，选择"图书"频道后；再选择"书名"途径；输入关键词"5G 通信"；单击"中文搜索"。找到相关中文图书 68 种，如图 4-12 所示。

图 4-12　输入关键词搜索图书的页面（2）

可见，在检索过程中，若在检索字段中加以选择，可以搜索到相关度更加高的图书。

2. 通过"图书"频道检索图书

检索过程：①选"图书"频道；②默认全部字段；③填入检索词；④单击"中文搜索"
按钮。

【**例 4-5**】请用读秀图书频道查找"电力避雷器"方面的图书。

检索过程：①选择"图书"频道；②默认"全部字段"，③输入关键词"电力避雷器"；
④单击"中文搜索"按钮。这次通过图书频道搜索到相关的中文图书 4015 种，如图 4-13
所示。

图 4-13　搜索到与"电力避雷器"相关的图书信息页面

检索结果及生成的相关信息：

（1）页面左侧聚类信息

1）图书导航：中图法分类导航，单击进入分类导航页面。

2）类型（本馆主题馆藏结构分析）：

①本馆馆藏纸书 1099 种，如果要获取这本纸质图书，可以单击"本馆馆藏纸书"，进入
图书馆馆藏信息页面，了解书目信息，通过图书馆借到此图书。②本馆电子全文 688 种，单击
"本馆电子全文"，可以链接到本馆的电子图书页。③本馆随书光盘 4 种，单击链接可以链接到
本馆的电子图书页。④在线试读 2043 种，单击"在线试读"可以进入试读。

3）年代聚类：年代聚类是提供了相关图书按年代分布的情况，如 2023（4）、2022（12）、
2021（18）、2020（42）、2019（48）、2018（89）、2017（106）、2016（121）、2015（136）、
2014（175）等。

4）学科聚类：工业技术（3273）、经济（272）、交通运输（194）、自然科学总论（65）、综
合性图书（48）、文化、科学（42）等等。

5）作者聚类：此聚类包括方大千（32）、王兰君（25）、杨清德（24）、陈家斌（24）刘光
源（21）、商福恭（20）等。

有三种方式可以缩小搜索范围：①通过左侧的"类型、年代、学科和作者"等聚类方式缩

小搜索范围；②通过右上方的"在结果中搜索"；③精确定位搜索范围。

（2）页面右侧提供除图书之外的其他文献信息及链接　读秀凭借先进的检索技术，整合文献服务单位各种资源，帮助读者扩大知识搜索的范围，读者在一次搜索后，可以同时获得围绕知识点多角度、全面的学术信息。在海量的学术资源库前端为广大读者打造一个崭新的学术检索工具。页面右侧提供除图书之外的其他文献信息及链接如下：

1）期刊相关 7527 篇。

2）报纸相关 85 篇。

3）学位论文相关 773 篇。

4）会议论文相关 672 篇。

5）标准相关 37 篇。

6）专利相关 6213 篇。

7）音视频相关 6 篇。

（3）图 4-13 中部是搜索到的图书信息：本次搜索到图书相关 4015 种，排在第一位的是《电力避雷器》；排在第二位的是《电力避雷器的原理试验与维修》图书，单击排在第一位的书名《电力避雷器》进入本书的详细信息页面，如图 4-14 所示。

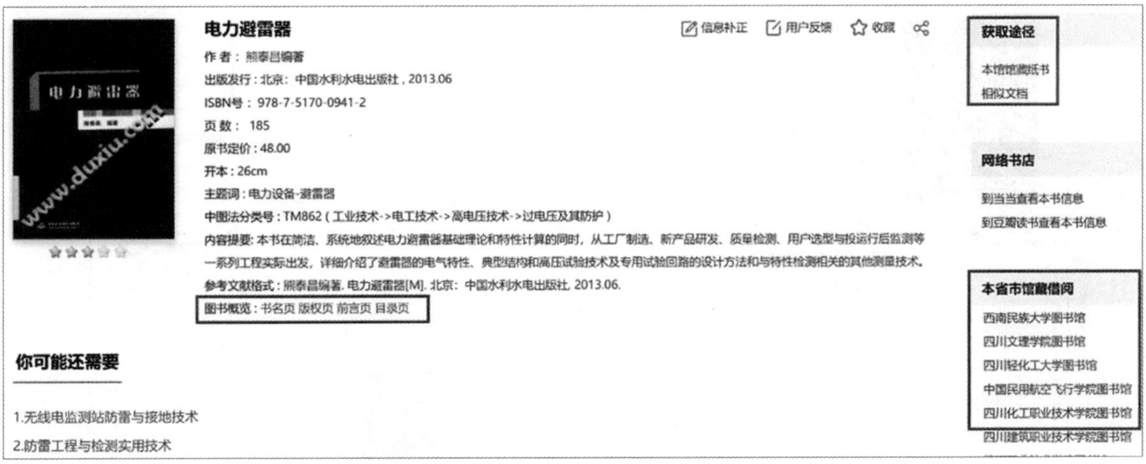

图 4-14　《电力避雷器》的详细信息页面

图书的详细信息有"书名、作者、出版发行、ISBN 号、页数、定价、开本、主题词、中图法分类号、内容摘要、参考文献格式"等。

1）图书概览：可以阅读到图书的书名页、版权页、前言页、书目页和正文 17 页。

2）获取途径：提供了"本馆馆藏纸书"，单击"本馆馆藏纸书"进入成都工业学院纸书馆藏地址信息页面，如图 4-15 所示。

图 4-15 页面中提供了：①该书的"基本信息、MARC、作者介绍、文献目录"。②页面下方提供了《电力避雷器》纸书馆藏信息：如第一本书的条形码（0941847）、馆藏地址（7 楼自然科学书库）、索书号（TM762/2256/2014）、馆藏状态（馆藏）、外借状态（在架）、架位号（查看）、操作（预约）等信息。

如果单击排在第 2 位的书名《电力避雷器的原理试验与维修》，进入该图书的详细信息页面，如图 4-16 所示。

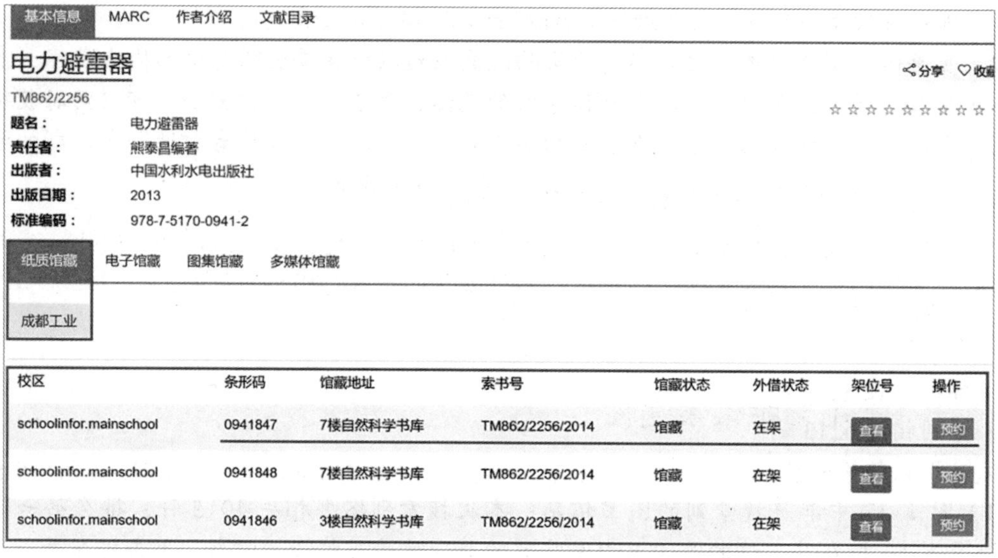

基本信息
MARC
作者介绍
文献目录
电力避雷器
分享
TM862/2256
题名：电力避雷器
责任者：熊泰昌编著
出版者：中国水利水电出版社
出版日期：2013
标准编码：978-7-5170-0941-2
纸质馆藏
电子馆藏
图集馆藏
多媒体馆藏
成都工业
校区 条形码 馆藏地址 索书号 馆藏状态 外借状态 架位号 操作
schoolinfor.mainschool 0941847 7楼自然科学书库 TM862/2256/2014 馆藏 在架 查看 预约
schoolinfor.mainschool 0941848 7楼自然科学书库 TM862/2256/2014 馆藏 在架 查看 预约
schoolinfor.mainschool 0941846 3楼自然科学书库 TM862/2256/2014 馆藏 在架 查看 预约

图 4–15　《电力避雷器》纸书馆藏地址信息页面

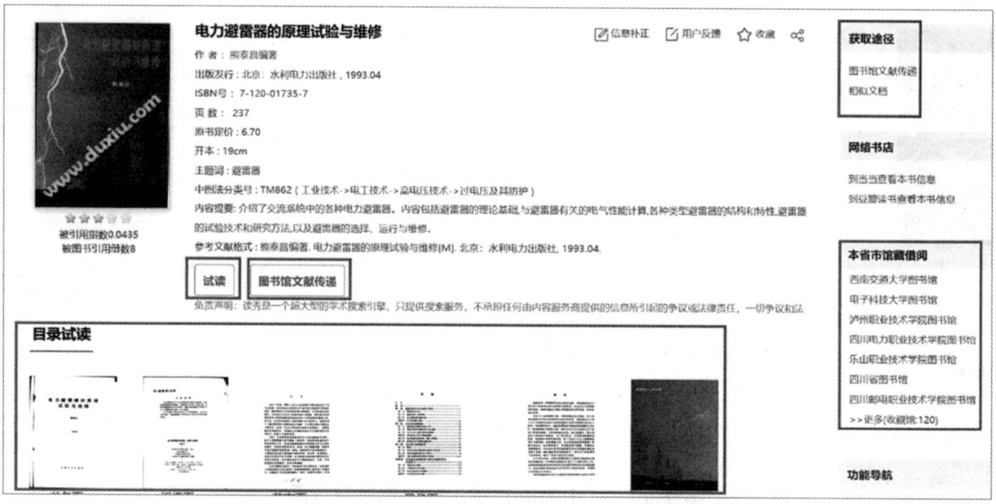

电力避雷器的原理试验与维修
信息补正
用户反馈
收藏
作者：熊泰昌编著
出版发行：北京：水利电力出版社，1993.04
ISBN号：7-120-01735-7
页数：237
原书定价：6.70
开本：19cm
主题词：避雷器
试读
图书馆文献传递
目录试读
获取途径
图书馆文献传递
相似文档
网络书店
本省市馆藏借阅
西南交通大学图书馆
电子科技大学图书馆
四川省图书馆
功能导航
www.duxiu.com

图 4–16　《电力避雷器的原理试验与维修》的详细信息页面

图书的详细信息：有“书名、作者、出版发行、ISBN 号、页数、定价、开本、主题词、中图法分类号、内容摘要、参考文献格式”等。

本页面显示没有馆藏纸书，但是提供了“试读”“图书馆文献传递”。

1）单击“试读”可以阅读图书的前言页、书目页和正文 17 页。读者在没有借到书之前就能阅读到图书的部分章节。读者通过这些部分内容的试读，足够判断是否需要此书。

2）如果想要等到全文，页面右边有两种方式：

①“图书馆文献传递”方式获取电子全文。页面提供了“图书馆文献传递”链接，单击链接进入四川高校文献保障系统的咨询申请表单页面：请读者仔细填写申请表单，输入文献传递的页码，填写读者正确有效的 E–mail 地址，提交成功后，系统会将文献内容通过 E–mail 自动发送到读者的邮箱。图书馆文献咨询服务咨询表单页面，如图 4–17 所示。

咨询范围：系统默认正文页 1 页至 48 页（不超过 50 页）；填写收件"电子信箱"和"验证码"，最后"确认提交"即可。确认提交成功后，读者打开邮箱，就可以看到收到的图书，单击链接，就可以阅读。这个过程相当于借阅了此书，在 20 天有效时间内，可以 20 次阅读和摘录，超过期限，链接失效，相当于此书归还了。

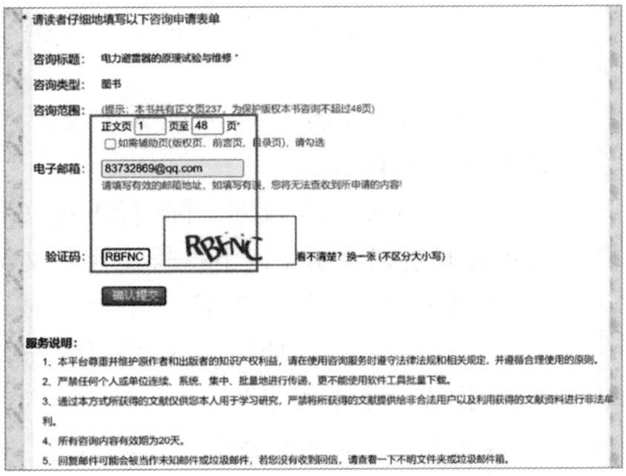

②利用"本省市馆藏借阅"方式获取纸本图书。如距离最近的高校有"西南交通大学图书馆、电子科技大学图书馆"均有馆藏，可以通过图书馆的馆际互借帮助借到纸书，但是这种方式不如"图书馆文献传递"快速，目前较少使用。

图 4-17　图书馆文献咨询服务咨询表单页面

3. 通过高级检索查找图书

高级检索是提高图书查准率的一项有效方法，读秀中文图书高级检索界面如图 4-18 所示。

高级搜索是一个照单填空的过程，从"书名、作者、主题词、出版社、ISBN、分类（选择）、年代（选择）"等字段，逐一限定条件，使得图书检索结果定位更加精确。

实际操作时，读者能填多少就填多少，每多填一个空，就缩小一个范围，空填得越多，检索到的文献就越精确。如果确实不能填入多个字段，可以输入一个或者两个字段，或者就在书名框中输入一个关键词，单击"高级搜索"按钮，也能找到满足输入条件的图书。如果检索的结果太多，可以进行二次搜索；或者使用"在结果中搜索"功能，实际上这是一个把复杂工具简单化的过程。

图 4-18　读秀中文图书高级检索界面

4. 通过专业检索查找图书

读秀的图书、期刊、报纸、学位论文、会议论文、专利和标准等频道都设有专业搜索功能，支持任意复杂的布尔逻辑检索式，非常适合图书馆专业人员进行查新检索。专业检索规则如下：

（1）字段规则　具体如下：

1）图书：T= 书名，A= 作者，K= 关键词，Y= 年（出版发行年），S= 摘要，BKp= 出版社（出版发行者），BKc= 目录。

2）期刊：T= 题名，A= 作者（责任者），K= 关键词（主题词），Y= 年（出版发行年），O= 作者单位，JNj= 刊名，S= 文摘（摘要）。

3）学位论文：T= 题名，A= 作者（责任者），K= 关键词（主题词），Y= 年（学位年度），S= 文摘（摘要），F= 指导老师，DTn= 学位，DTu= 学位授予单位，Tf= 英文题名，DTa= 英文文摘。

4）会议论文：T= 题名，A= 作者（责任者），K= 关键词（主题词），Y= 年（学位年度），S= 文摘（摘要），C= 分类号，CPn= 会议名称。

5）报纸：T= 题名，A= 作者（责任者），K= 关键词（主题词），NPd= 出版日期，NPn= 报纸名称。

6）专利：T= 题名，A= 发明人（设计人），K= 关键词（主题词），N= 申请号，Y= 年（申请年度），PTi=IPC 号。

7）标准：T= 标准中文名，Tf= 标准英文名，N= 标准号，STu= 发布单位，Y= 年（发布年度）。

（2）检索规则说明（以下符号均为英文半角符号） 具体如下：

1）逻辑符号：* 代表"与"，| 代表"或"，– 代"非"。

2）其他符号：（ ）括号内的逻辑优先运算，= 后面为字段所包含的值，=< 代表"大于等于"，<= 代表"小于等于"。

【例 4-6】用专业检索查找书名中包含"现代文献检索利用"的图书。

按照读秀的专业检索规则，表达式可写为：（T= 现代 *T= 文献 *T= 检索 *T= 利用）

将表达式输入专业检索框内，检索得到相关的中文图书 5 种图书，如图 4-19 所示。

图 4-19　读秀中文图书专业检索页面

5. 读秀图书频道的特点

1）读秀学术搜索的最大特色是可深入到图书的目录中。

2）在 680 万种中文图书书目数据中检索，有 400 万种全文数据提供在线试读，通过书名页、版权页、前言、目录、10 页以上正文试读，读者就知道图书的内容和取舍。

3）提供本馆的纸质图书电子书挂接服务，该馆有电子全文的即可直接阅读全文。

4）提供多达 400 万种中文图书的文献传递服务。为了保护作者版权，采用局部使用模式，每本图书的咨询都有自己的规则，例如，①每本图书单次咨询不超过 50 页，同一图书每周的咨询量不超过全书的 20%；②所有咨询内容有效期为 20 天。

5）馆藏纸本挂接。纸本馆藏的基本信息有书名、作者、出版社、出版年、ISBN、页数、价格、OPAC 书目地址样本。将纸本馆藏与读秀做挂接后，通过读秀的章节和全文搜索，读者即可找到本地纸本馆藏。单击"阅读部分"按钮，在借书之前就可以看到封面、版权页、目录等内容。

【例 4-7】现在图书馆基本是开架借书，就是读者自己去书库找书，读者可通过读秀图书检索《彩色电视机原理与维修》馆藏纸本在什么地方。

　　检索过程： ①选择图书频道、书名途径，输入"彩色电视机原理与维修"，单击中文搜索，出现如图 4-20 所示。

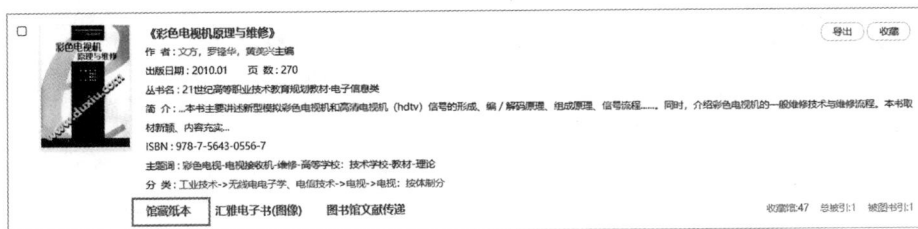

图 4-20　馆藏纸本挂接

　　②单击"馆藏纸本"进入成都工业学院图书馆的书目数据库检索系统，如图 4-21 所示，上面部分是图书的基本信息，下面部分是纸质馆藏信息：条形码号：1305200；馆藏地址：7 楼自然科学书库；索书号：TN949.12/0000；藏状态：在架。

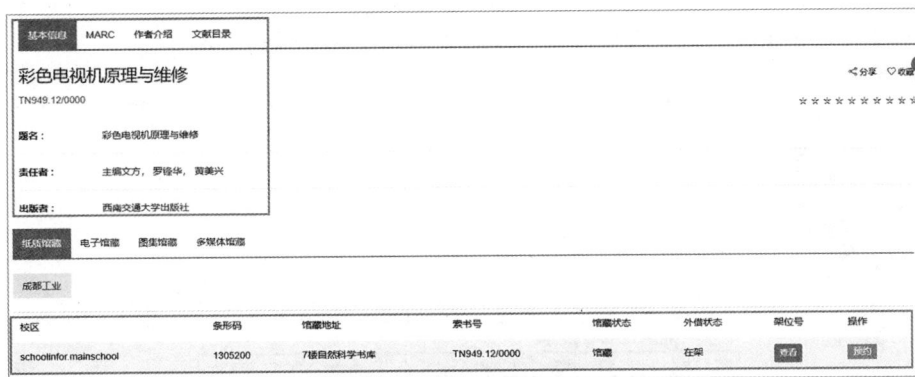

图 4-21　书目数据库检索系统

　　6）OPAC 挂接读秀：传统的 OPAC 只能搜索到文献的基本信息。读秀提供一个接口给 OPAC，即读秀的图书封面和详细信息页面接口。OPAC 技术人员稍作修改，即可在 OPAC 中直接显示读秀图书封面并链接到读秀的图书详细信息页面（方便读者试读等），通过 OPAC 即可领略现场翻书的体验。图 4-22 展示了北京大学 OPAC 挂接读秀之后的检索页面。

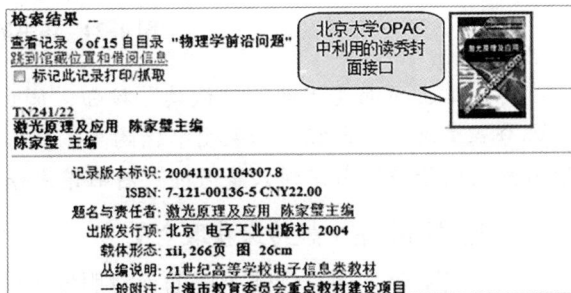

图 4-22　北京大学 OPAC 挂接读秀之后的检索页面

4.1.6　图书检索全程实例

1.图书检索

【例 4-8】这几年中国 5G 移动通信技术发展很快，查找"现代 5G 移动通信技术"方面的图书。

检索过程： ①登录读秀首页（http://www.duxiu.com）；②选择"图书"频道；③选择"书名"途径；④在检索框中输入检索词"现代5G移动通信技术"；⑤单击"中文搜索"按钮，找到相关的中文图书112种，如图4-23所示。

图4-23　搜索到的"现代5G移动通信技术"页面

单击封面或书名链接，进入图书的详细信息页面，如图4-24所示。

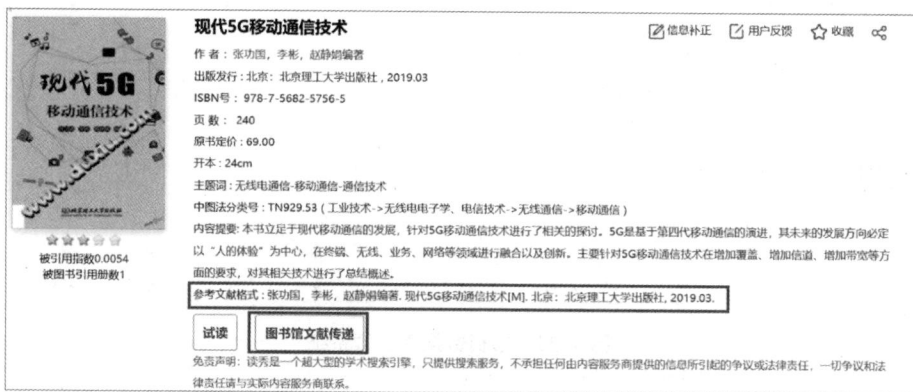

图4-24　该书的详细信息页面

可以单击页面左下面的"试读"按钮，阅读该书的"书名页、版权页、前言页、目录页以及部分正文页"等内容。如果图书馆购买了该书电子版，可以直接单击"包库全文阅读"；如果没有购买电子版图书，则只能通过"图书馆文献传递"获取。

2. 通过图书馆文献传递获取全文

图书馆文献传递是读秀主要的免费服务方式。文献传递就是图书馆参考咨询中心通过电子邮箱（E-mail），快速准确地将读者需要的资料发送到读者的邮箱，为读者提供全文服务。

1）单击"图书馆文献传递"按钮，进入"图书馆参考咨询服务"页面。图书馆参考咨询申请表单如图4-25所示。

2）读者要仔细填写咨询申请表单。要准确填写三个信息：正文页码、E-mail和验证码，以确保提交信息无误。最后单击"确定提交"按钮，系统会提醒你填写的邮箱地址是否准确无误，如图4-26所示。

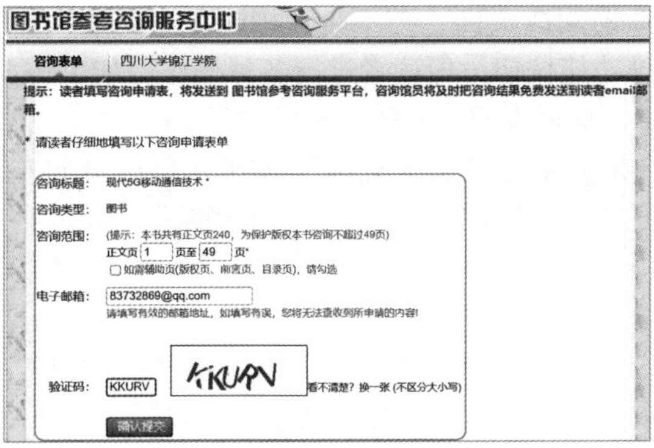

图 4-25　图书馆参考咨询申请表单

图 4-26　系统提醒核对邮箱

如果有错，马上改还来得及。单击"确定"后，系统立即按照读者的要求，自动把你需要的文献发给读者指定的邮箱。咨询提交成功提示如图 4-27 所示。

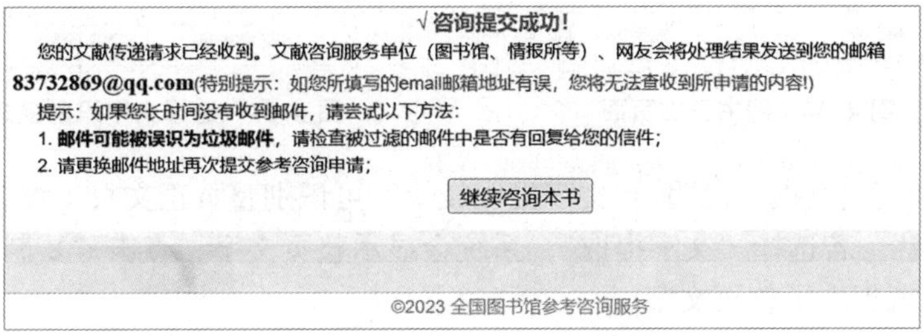

图 4-27　咨询提交成功提示

咨询提交成功后，在短时间内邮箱收到一封新邮件，如图 4-28 所示。

图 4-28　收到一封新邮件

打开邮件之后，进入咨询图书链接页面，如图 4-29 所示。

图 4-29　咨询图书链接页面

3. 阅读全文摘录文字

该链接页面是咨询的图书的基本信息，咨询有效期 20 天，只允许打开 20 次的提示信息。单击"现代 5G 移动通信技术 1-50 页"链接，即可阅读图书正文，如图 4-30 所示。

图 4-30 所示页面是在邮箱中的链接打开的图书阅读页面，并不是使用超星专用阅读器打开的，所以界面有所不同。在页面最上方，有一排功能按钮方便读者进行各种操作，如上一页、下一页、放大、缩小、文字提取、截取图片、PDF、本页来源、打印等可供选择。

如果要对感兴趣的某段文字摘录，可在工具条上单击"文字提取"按钮，单击页面左上的"文字提取字"后，在正文页面上就出现两个选项："文字提取"和"文字摘录"，如图 4-31 所示。

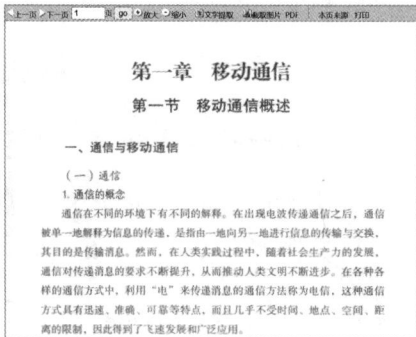

图 4-30 图书正文页面

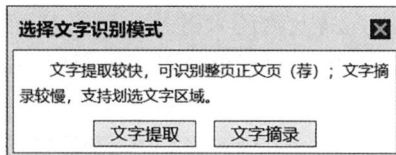

图 4-31 选择文字识别模式

选择文字识别模式有提示说明："文字提取较快，可识别整页正文页（荐），文字摘录较慢，支持划选文字区域"。若选择"文字提取"，系统会显示整页文字，点击"复制"后，可"粘贴"到 Word 文档中，就提取了整页文字。

若习惯用"文字摘录"方式，就单击"文字摘录"按钮，然后鼠标变成十字，用鼠标左键去选择需要摘录的文字区域，放手后弹出文字摘录页面，如图 4-32 所示。

这是通过"OCR"文字识别系统，转换成可编辑的数字文字。单击"复制"按钮，系统会提示"复制成功"字样，如图 4-33 所示。

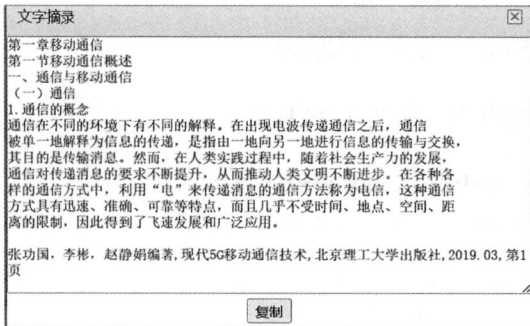

图 4-32 文字摘录提取的文字

图 4-33 系统提示"复制成功"

可以复制到 Word 文档（或者记事本）。方法是打开 Word 文档，发粘贴命令的快捷键"Ctrl+V"，摘录的文字就复制到了 Word 文档。"OCR"文字识别系统有个别错误，需要人工校对，通过校对后的文字，如图 4-34 所示。

这是一段可以编辑和利用的摘录文字，是我们写文章时可能引用的文字，但是引用原则是要注明文章来源。

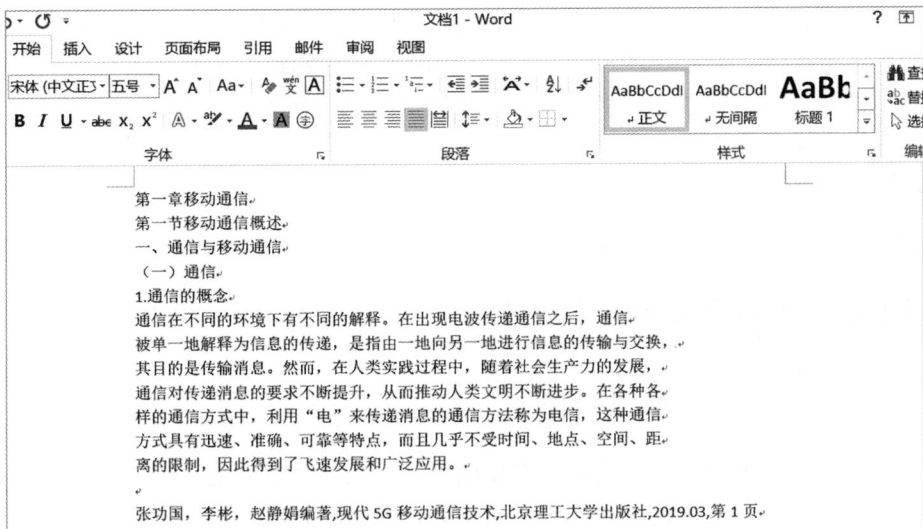

图 4-34　摘录文字复制到 Word 文档

4. 养成注明来源方便引用的良好习惯

为方便读者摘录时注明文摘来源，系统提供了参考文献著录格式：

［1］张功国，李彬，赵静娟. 现代 5G 移动通信技术［M］. 北京：北京理工大学出版
社，2019.

如果此时不及时注明来源，以后需要引用时，还得重新去找这段文字的出处，是很费时间
的。所以读者应该养成阅读的良好习惯。为了尊重作者的劳动，当我们在写作时引用这段文摘，
一定要及时注明文摘来源，注明出处。（详细的相关内容见第 9 章论文写作指南）

4.1.7　读秀的使用技巧

1. 搜索词的选择技巧

搜索词尽量不要太短、太普通，如只搜索"经济""中国"这样的词，会因结果太多而成为
无意义搜索。尽可能使用相对准确的、较长的专业词，或者多个词搜索。

2. 读秀的搜索语法

1）逻辑"非"。在要排除的（不希望在结果的标题中出现的）关键词前加空格再加半角减
号，如"数字图书馆 - 高校"。

2）在"知识"频道，可用"time:"+ 数字年份，用于命中某年的资料；用书名作为关键词，
用于命中某本书。

3. 扩大、缩小搜索范围的技巧

（1）扩大搜索范围　①搜索结果太少或者没有，要充分利用页面右侧相关信息，查看其他
文献类型是否有命中的结果，或者改变搜索方式为"模糊"，利用搜索结果页面顶端和底端上提
供的外文关键词（还有近义词、相关搜索词），手工将所搜索的关键词用空格分开（去掉个别
字），以便扩大搜索结果。②搜索会议论文时，如果搜索结果没有或太少，可直接用标题在"知

识"频道中尝试搜索一下，可命中且可全文阅读。③无论什么文献，如果搜索结果没有或太少，可直接用标题在"文档"频道中尝试搜索一下，可命中很多文献且可下载全文。

（2）缩小搜索范围 若搜索结果太多，则要充分利用页面左侧的聚类，或改变搜索方式为"精确"，或进行在结果中搜索、高级搜索，或将搜索条件的"全部字段"改为标题、作者等特定字段，以便缩小范围。

4.2 中华数字书苑电子图书及检索

4.2.1 中华数字书苑平台简介

中华数字书苑是方正阿帕比公司最新推出的服务全行业的知识服务综合平台。在数字化时代，中华数字书苑收录了中华人民共和国成立以来大部分的图书全文资源、全国各级各类报纸及年鉴、工具书、图片等特色资源。通过中华数字书苑，各类图书馆、企业、政府等机构客户及其所属读者实现了在线阅读、全文检索、离线借阅、移动阅读各类数字内容，满足了数字时代的基本需求。到 2023 年 9 月，中华数字书苑平台资源有：

1）电子图书，收录了 260 万册可供条目检索的电子图书，183 万册可供全文检索、在线阅读，近 85 万册可供全文下载。外文图书 5000 多种，民国期刊 20000 多期，中医古籍 2000 余册，国学要览 80000 余册。覆盖了人文、科学、经济、医学、历史等各领域。

2）数字报纸，目前方正与 300 多家报社合作，在线运营报纸近 500 种，收录 9000 多万篇新闻，最早回溯至 1949 年。所收录的报纸均由报社直接提供排版文件转换而来，所有内容均为文本形式，为读者提供全文检索、复制、引用文字服务。

3）企鹅英文原版书，由世界上最大的大众图书出版商——英国企鹅集团授权，在我国唯一制作发行的正版英文原版书库。

4）《四库全书》电子版，完全遵照原版式排列，收录经、史、子、集四部，版本齐全。《四库全书》是迄今为止人类历史上最大的丛书，它是清代乾隆年间历经十年编纂而成，收书 36000 余册，79000 余卷，约 8 亿字。

5）工具书库，有近 2000 种、3000 册，覆盖所有的工具书分类，并包含《中国大百科全书》《汉语大词典》《辞海》等。

6）年鉴库，目前收录年鉴近 1000 种、6000 卷，其中包括各类统计年鉴 600 种，约 4000 卷。

4.2.2 下载安装 Apabi Reader 阅读器

阿帕比中华数字书苑平台网址（http://www.apabi.com/jigou/pub.mvc/），登录后的页面如图 4-35 所示。

下载安装 Apabi Reader 阅读器是方正阿帕比数字资源正常使用的前提条件。

登录进入主页后，在检索框右边有个"高级检索"按钮，它的右边有个方形图标，鼠标指向它时，会出现适合台式电脑和手机安装的阅读器，如图 4-36 所示。

图 4-35　阿帕比中华数字书苑平台

图 4-36　下载安装 Apabi Reader 阅读器

另一种方式是在首页左下有个"软件下载"。这两个地方都可以点击进入下载 Apabi Reader 阅读器。在图 4-36 中，左边是电脑版下载，"点击下载"就可下载电脑版；右边是手机版下载，手机扫描二维码后根据手机平台选择"Android 版本下载"或"iOS 版本下载"。下载并安装"阿帕比阅读器"后，就可以正常阅读方正阿帕比公司的数字资源了。

用 Apabi Reader 阅读器的好处是，可以对电子图书进行标注、复制书中文字或图片，阅读体验较好。Apabi Reader 最大限度地保留了纸书阅读的习惯：任意翻页、灵活设置书签、添加标注等。批注功能提供箭头线、直线、椭圆、矩形、多边形、自由画线、删除线、加亮、下划线、注释等工具。

4.2.3　电子图书检索

1. 一般检索

在中华数字书苑主页上方列有"首页、电子图书、数字报纸、图片库、工具书库、年鉴库、方正知库"等资源频道，中华数字书苑电子图书的一般检索，如图 4-37 所示。

图 4-37　中华数字书苑电子图书的一般检索

检索步骤：①选择"电子图书"频道，②在检索框中输入检索词"电工技术"；③系统出现两项提示：一是"电工技术在电子图书中检索"；二是"电工技术在图书章节中检索"，如选择前者，则在电子图书中检索结果如图 4-38 所示。

从图 4-38 所示检索结果页面中，获得了以下信息：

1）页面左边：表明本次是在"电子图书"频道中检索，检索内容是"电工技术"。

2）页面中间上方列出了检索条件：全部、电子书库、建党 90 周年专题、民国期刊、北京周报、企鹅外文、四库全书、经典套装、法典书库、经典文学等中华数字书苑的全部资源库名称，点击可以进入资源库。

图 4-38 在电子图书中检索结果

3）对于电子图书，系统提供的检索范围有：全部、书名、作者、出版社、ISBN、目录和正文。

4）本次从电子图书中检索"电工技术"，检索结果共 1030 条。分若干页显示，现在是 01 页，每页显示 20（或 40）条图书信息。

5）对于检索结果可以有两种排列方式：一种图标方式显示图书封面，另一种是列表方式，还可以自定义排序：如按浏览量、出版时间、只显示可整本阅读的书。

6）每本书都显示了：书名、作者、出版社、出版时间、内容简介、部分目录等书目信息。供读者初步选择图书。

点击图书封面进入该图书的详细内容页面，如图 4-39 所示。

图 4-39 图书的详细内容页面

　　在图书的详细内容页面中，除有图书的基本信息外，还增加了图书介绍、目录等更加详细的信息，还提供了"在线阅读"和"借阅"两个选择按钮。如果单击"在线阅读"按钮，就调用了"Apabi Reader"专用阅读器，阅读页面字迹清晰、操控方便，如图 4-40 所示。

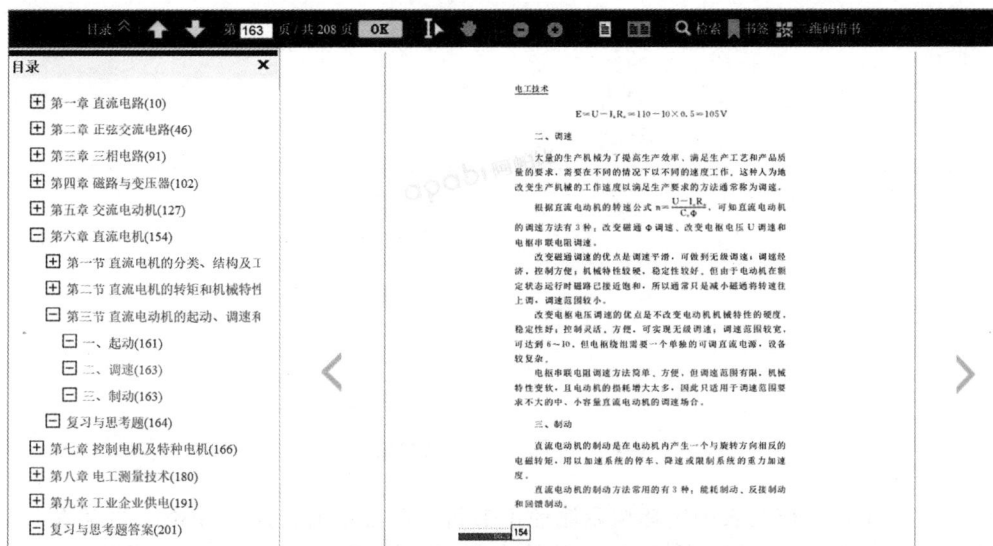

图 4-40　阅读页面字迹清晰、操控方便

　　在阅读页面中上方有各种阅读控制按钮：

　　1）目录打开、关闭按钮：该书提供了三级目录。如一级：第六章直流电机；二级：第三节直流电动机的起动、调速和制动；三级：二、调速。各级目录都是有链接的，这样可以非常方便地从目录定位页面。

　　2）上一页、下一页按钮：与此对应的还有正文中央两侧的向后翻页、向前翻页按钮。

　　3）直达第 ×× 页按钮：在框里直接填入页码，单击"OK"就可以直达所填页面。

　　4）复制按钮：在阅读过程中，需要复制图书内容时，可以单击这个"复制"按钮，然后单击左键去选择需要复制的区域，复制可以是整页、整段、整行、局部复制，当选择完成时释放左键，就完成了文字识别并显示在旁边，单击"复制"后，会显示"复制成功"，单击"确定"后，可以把复制的内容粘贴到 Word 文档中，即形成可以编辑的文字（引用时要注明出处）。

　　5）拖拽按钮。

　　6）页面缩小、放大按钮。

　　7）阅读页面有单页模式和双页模式选择按钮。

　　8）在本书范围内检索按钮。

　　9）书签和二维码按钮等。

2. Apabi 的高级检索

电子图书的高级检索页面如图 4-41 所示。

高级检索可以输入较多的检索限制条件，如书名、作者、出版社、ISBN、目录等，各检索条件之间可选择 AND 和 OR 逻辑关系匹配。用这些限制条件后，检索结果更加符合要求。

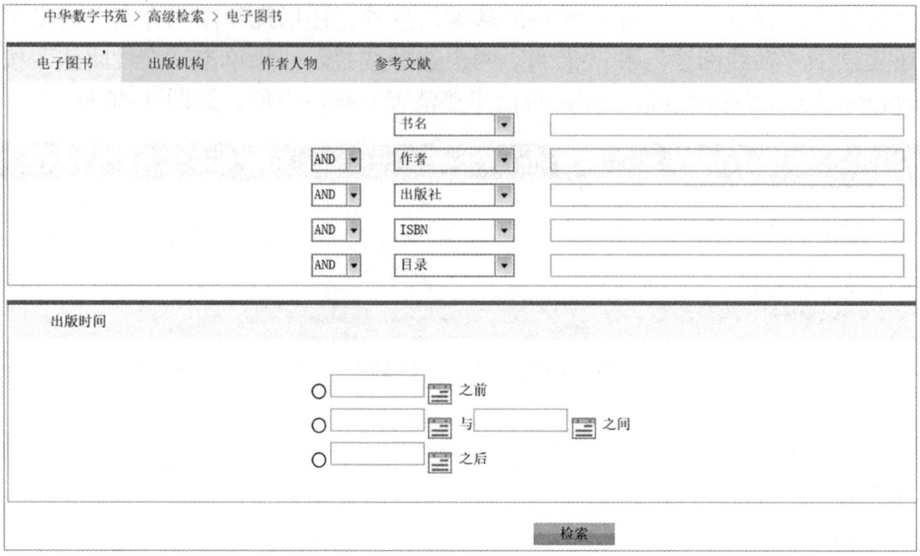

图 4-41　电子图书的高级检索页面

检索过程：①在下拉列表中选择检索途径（书名、作者、出版社、ISBN、目录等），读者可直接将与检索途径对应的检索词填入后面的检索框中，能填多少填多少，填写得越多，检索结果越准确；②输入与检索项相关的检索词；③各检索词之间可以用逻辑关系"AND"或"OR"进行连接；④出版时间有某某年之前、之间、之后和不选四种选项；⑤所有的选项设置完成后，单击"检索"开始进行高级检索；⑥检索结果可选择图文显示或列表显示，单击"关闭高级检索"可结束检索。

3. Apabi 的分类浏览

中华数字书苑电子图书频道首页显示 3127734 条，如图 4-42 所示。

图 4-42　中华数字书苑的电子图书频道首页

在中华数字书苑的电子图书频道首页，"只显示可整本阅读的书"前面有一个方框，勾选后，界面显示可整本阅读的书共 732269 条，如图 4-43 所示，可以在线分类浏览阅读，这些电子图书分布在书苑常用分类的一级类目：文学传记（107104）、经济管理（89405）、人文社科（95396）、艺术（15941）、成功励志（5391）、生活健康（20943）、语言文字（32103）、法律（36024）、政治军事（55827）、历史地理（37713）、自然科学（27304）、工业技术（84370）、农业科技（19323）、医学卫生（29736）、中小学教辅（75689）之中。

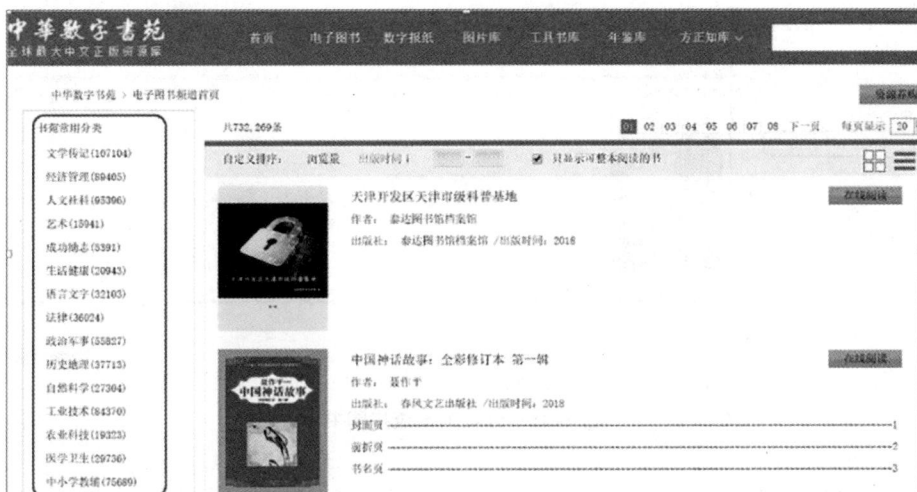

图 4-43　中华数字书苑中可以整本阅读的电子图书

读者要浏览哪类图书，就单击哪个类目，然后进入该类目的二级类目，如单击"工业技术"类目后展开了二级类目，如图 4-44 所示。

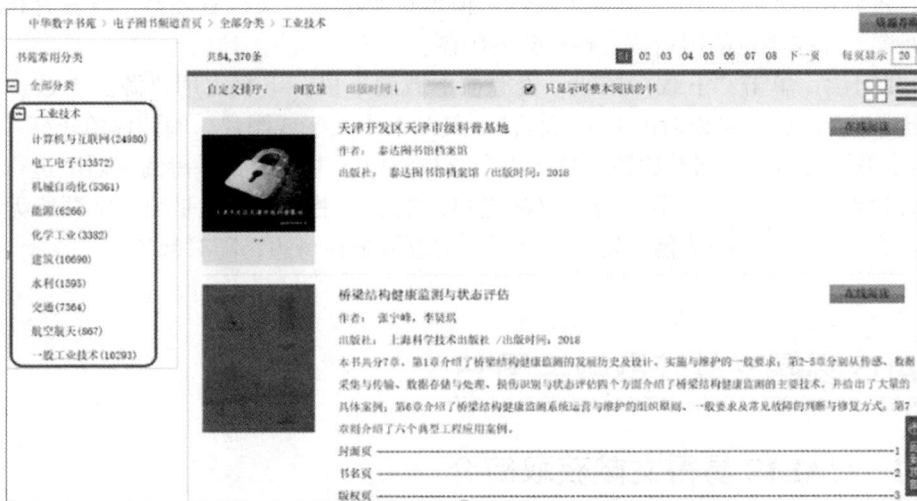

图 4-44　一级类目"工业技术"展开为二级类目

"工业技术"有整本阅读的电子图书 84370 条，分布在其下的二级类目：计算机与互联网（24980）、电工电子（13572）、机械自动化（5361）、能源（6266）、化学工业（3382）、建筑（10690）、水利（1595）、交通（7364）、航空航天（867）、一般工业技术（10293）之中。如果想浏览"计算机与互联网"类图书，单击展开该二级类目即可，如图 4-45 所示。

分类浏览查找图书，其方法是单击类别名，页面会显示当前资源库该分类下的检索结果，并显示该类图书有多少条，并提供了"图文"或"列表"或"缩略图"的单项选择。图 4-45 所示界面就是通过分类途径查找图书的结果显示，是《中图法》中"全部分类 > 工业技术 > 计算机与互联网"的图书的列表显示，共有 24980 条信息。

图 4-45　分类浏览查找图书

4. 在线浏览与下载

目前电子图书阅读方式有在线阅读、下载阅读和移动手持阅读器三种方式。

1）在线浏览：可用浏览器直接打开阅读，不受借阅复本的限制，浏览使用方便。在线浏览指用户登入系统后，可以在一定的时间内在线浏览任何一本书（包括已借完的）。单击"在线浏览"按钮，将启动 Apabi Reader 下载该资源。但该资源不进入文档管理器，且只有在规定的时间内可以阅读。在线浏览的用户数受授权数的限制。

2）下载阅读：单击"下载"按钮，资源被下载到本机，下载占用资源复本数。下载后用 Apabi Reader 打开阅读，可以对图书进行标注、复制书中文字或图片，阅读体验较好。

3）移动手持阅读器：阿帕比数字资源平台支持将电子书下载到手持阅读器上进行阅读，真正实现随时随地随身阅读。在数字资源兴起之初，纸质图书的移动性是数字资源所无法解决的问题，但随着电子书移动阅读器的发展，电子图书也能带在身边，随时阅读。

4.3　CALIS 易得文献获取数字图书

4.3.1　CALIS 易得文献获取简介

1. CALIS 易得文献获取平台

CALIS 资源目前只对 CALIS 成员馆服务。

CALIS 资源池通过多年的建设，数据库资源池的各种文献资源的元数据信息庞大，所以检全率较高。加入 CALIS 成员馆的读者将比未加入该馆的读者多了一条获取文献资源的途径。

CALIS 成员馆的读者均可获得易得（e 得）所提供的文献获取服务。易得是为读者提供"一个账号、全国获取""可查可得、一查即得"一站式服务的原文文献获取门户。CALIS 易得文献获取平台页面如图 4-46 所示。

图 4-46　CALIS 易得文献获取平台页面

2. CALIS 易得文献获取平台上的图书资源

1）CALIS 联合目录：有 858 万种的书目信息（2023 年 11 月 19 日数据）。

2）CALIS 外文期刊：有 10 万多种纸本和电子的外文期刊，8000 多万的期刊篇名信息。

3）CALIS 全文资源：有 36 万种中文图书和 3 千多册外文图书的在线阅读和电子书借还服务。

4）CALIS 与国家图书馆的合作服务已经开通，高校读者通过本馆的用户账号，即可获得国家图书馆丰富的馆藏资源。据《国家图书馆年鉴（2021）》统计资料显示，截至 2020 年底，国家图书馆馆藏总量为 41079751 册 / 件；资源内容主要包括电子图书 2150132 种 2630345 册，电子期刊 54804 种，电子报纸 3430 种，学位论文 11265313 篇，会议论文 7815528 篇，音频资料 1919636 首，视频资料 198965 小时；外购数据库共计 251 个，包括中文数据库 134 个、外文数据库 117 个。

CALIS 易得文献获取平台已经成为全国高校云服务平台，相关内容将在第 7 章相关章节介绍。

4.3.2　CALIS 联合目录

CALIS 联合目录数据库于 2000 年 3 月正式启动服务。经过多年的积累，现已成为国内外颇具影响力的联合目录数据库。近 900 家成员单位的 3500 万余条馆藏信息，涵盖印刷型图书和连续出版物、古籍、部分电子资源及其他非书资料等多种文献类型，覆盖中、英、日、俄、法、德、意、西、拉丁、韩、阿拉伯文等 40 多个语种，数据标准和检索标准与国际标准兼容。CALIS 联合目录提供了 858 万种的书目信息，目前 CALIS 成员馆可提供图书的部分章节复印服务。查找 CALIS 联合目录公共检索系统（http://opac.calis.edu.cn）简单检索页面，如图 4-47 所示。

1. CALIS 联合目录简单检索说明

1）检索范围包括 CALIS 联合目录中心数据库的所有中文、外文数据。目前包含书目记录 8580638 条（2023 年 11 月 19 日数据）。

2）选择检索途径：全面检索（默认）、题名、责任者、主题、分类号、所有标准号码、ISBN、ISSN；输入检索词，然后单击"检索"按钮，或直接按回车键。

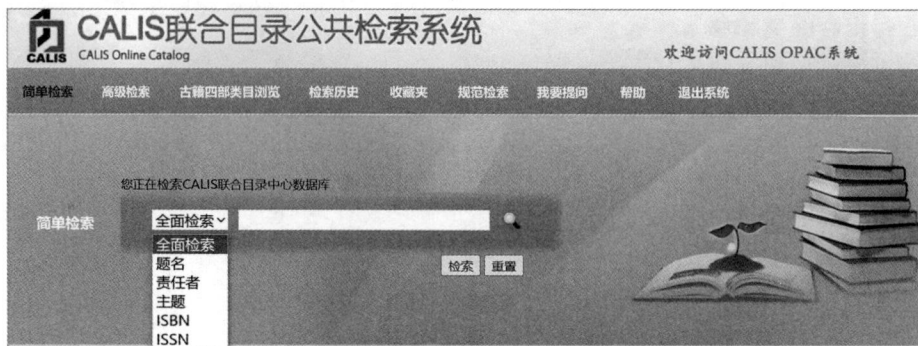

图 4-47　CALIS 联合目录简单检索页面

3）系统按照题名默认排序，也可以在结果列表页面选择责任者或出版信息排序。

2. CALIS 联合目录高级检索说明

CALIS 联合目录高级检索页面，如图 4-48 所示。

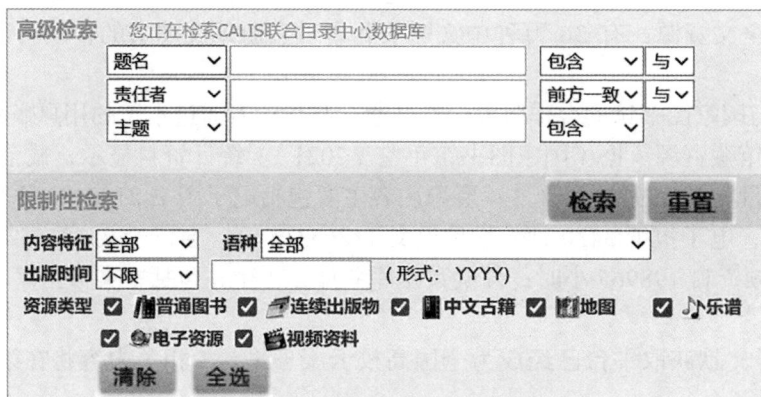

图 4-48　CALIS 联合目录高级检索页面

检索途径：全面检索、题名、责任者、主题、出版者、期刊题名、丛编题名、统一题名、个人责任者、团体责任者、会议名称、分类号、所有标准号码、ISBN、ISSN、ISRC、记录控制号等。

CALIS 联合目录高级检索说明：

1）请选择检索点，输入检索词，选择限定信息，单击"检索"按钮或直接回车。

2）默认的检索匹配方式为前方一致，也可以在复选框中选择：精确匹配或包含。

3）最多可输入三项检索词，默认逻辑运算方式为"与"，也可以在复选框中选择"或""非"。

4）选择分类号检索点时，可以单击"中图分类号表"按钮浏览，选中的分类号将自动填写到检索词输入框中。

5）限制性检索的文献类型可选择：普通图书、连续出版物、中文古籍等，默认为全部类型。

6）限制性检索的内容特征可选择：统计资料、字典词典、百科全书，默认为全部。

7）可通过输入出版时间对检索结果进行限定，例如：选择"介于之间"，并输入

"2018 — 2023"，即检索 2018 年至 2023 年出版的文献。

　　8）检索词与限制性检索之间为"与"的关系。

习　题　4

　　1. 试述读秀知识库为读者提供的数字文献资源有哪些？

　　2. 读秀中文学术搜索平台提供了哪些文献频道？各个文献频道有哪些检索途径？

　　3. 试用读秀的知识频道搜索找几个知识名词，获得全文、阅读、下载、摘录、注明来源。

　　4. 试用读秀的图书频道搜索找几本书，获得全文、阅读、下载、摘录、注明来源。

　　5. 试用读秀的文献传递服务获取图书原文。

　　6. 试用中华数字书苑平台检索几本书。

　　7. 试用 CALIS 易得文献获取平台检索几本书。

在线测试 4

　　扫描右侧二维码，完成本章的在线测试题，完成后可查看答案。测试包含 10 道单选题和 10 道判断题，帮助您巩固本章知识点。

在线测试 4

Chapter Five

第**5**章

数字期刊及检索

📎 **本章概要**

　　本章将系统地介绍数字期刊的概念、特点，核心期刊及其评价指标；重点阐述三大数字期刊资源；中国知网（CNKI）、维普资讯和万方数据的检索平台，及其检索方法、全文获取、浏览、下载、摘录、记录来源等实用技巧，同时对近年发展起来的超星期刊检索和百度学术期刊检索进行了简单介绍。中文期刊论文检索的目的是要找到所需文献的全文，阅读、下载和摘录有用字句。

📎 **学习目的**

◆ 了解常用的几个数字期刊数据库。
◆ 掌握数字期刊数据库检索及快速检索、标准检索、高级检索和专业检索。
◆ 掌握期刊论文的获取方法、原文下载、阅读、摘录等技巧。

📎 **内容框架**

```
                        ┌── 数字期刊概述
                        ├── 中国知网（CNKI）期刊检索
                        ├── 维普科技期刊检索
        数字期刊及检索 ──┤── 万方期刊检索
                        ├── 超星期刊检索
                        └── 百度学术期刊检索
```

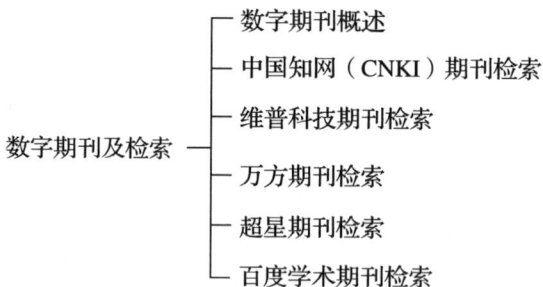

5.1　数字期刊概述

5.1.1　概述

1. 定义

　　数字期刊（Digital Journal）也称为电子期刊（Electronic Journal），是以数字形式出版发行的，存储在光、磁等介质上，并可通过计算机设备在本地或远程读取、使用的连续出版物。数字期刊包括以光盘、磁盘为载体的数字期刊和网上数字期刊。其特点是传递速度快、内容丰富、使用方便、交互性强、功能强大。

数字期刊的发展大致可以分为两个阶段：

1991—2000 年，网上数字期刊的出版尚处于试验阶段，数量增长迅速。1994 年 4 月，世界上第一种中文网络数字期刊——《华夏文摘》的出版，标志着中文网络数字期刊的诞生。这个时期数字期刊的应用者还主要在学术界，一些网络的爱好者和学术团体承担了数字期刊出版者的角色，目的在于促进学术交流。

随着互联网的迅速发展，进入 21 世纪后，从 2002 年开始，数字期刊在技术运用上实现历史性突破，多媒体元素的加入使数字期刊在表现形式上有了巨大变革，P2P（点对点）技术的应用是产生数字期刊全新传播方式的基础。这一阶段是数字期刊发展成型的阶段。

就广义而言，任何以数字形式存在的期刊都可称为数字期刊，涵盖通过联机网络可检索到的期刊和以 CD-ROM 形式发行的期刊。现在数字期刊已经进入第三代，和电子杂志一样，以 Flash 为主要载体独立于网站存在。数字期刊是一种非常好的媒体表现形式，它兼具了媒体平面刊物与互联网两者的特点，且融入了图像、文字、声音、视频、游戏等呈现给读者，此外，还结合了链接、及时互动等网络元素。数字期刊延展性强，可移植到 PDA、MOBILE、MP4、PSP 及 TV（数字电视、机顶盒）等多种个人终端进行阅读。

2. 数字期刊的特点

与纸本期刊相比，数字期刊的使用除了不受时间和空间的限制外，还具有以下特点：

（1）时效性强　时效性强是指数字期刊基于网络平台出版发行，没有传统期刊的邮寄时间，因而可以比纸本期刊更快地与读者见面；同时，越来越多的期刊通过"Article in Press"方式提供已录用的文章，当纸本期刊还在排版印刷时，读者就已经能在网上看到文章的全文了。

（2）功能强大　功能强大是指数字期刊数据库提供期刊浏览与检索、期刊导航及期刊投稿信息查询等功能。有些数字期刊数据库还提供文章的增补内容，如 Science Online 可提供与文章的结论有直接关系，但因版面限制而不能发表的文字、表格、图片等附加材料。此外，同一份数字期刊可供多位读者同时使用。

（3）信息通报　信息通报是指系统按用户设置自动将相关的最新文献信息定期发送到用户邮箱，如 Elsevier Science Direct 的 Alert 服务可提供期刊的最新目次，通报最新的文章信息以及文章最新的被引用信息等。

（4）参考文献链接　参考文献链接是指一些数字期刊数据库（如清华同方 CNKI）还提供参考文献链接（也称为引文链接）。单击参考文献的篇名就可以直接看到原文。例如，在 *Nature*（《自然》）杂志的电子版中，每篇文章后面都会给出一系列参考文献，凡是可以通过引文链接看到原文的，均提供了"Article"链接，单击后可看到参考文献原文。当然，前提条件是用户必须购买了被链接的数字期刊的使用权。

（5）全文阅读器　全文阅读器是指阅读数字期刊全文时，一般都需要预先下载安装指定的阅读器。国外的数字期刊全文通常采用 PDF 和 HTML 两种格式；国内的三大全文数字期刊数据库各不相同，万方数字化期刊采用 PDF 格式，清华同方的中国期刊全文数据库（简称 CNKI 期刊库）采用 CAJ 专用格式和 PDF 格式，重庆维普的中文科技期刊数据库（简称维普期刊库）采用 VIP 专用格式和 PDF 格式。

（6）通过各自的平台提供服务　通过各自的平台提供服务是指国内外常用的综合性全文数

字期刊，一般都有各自的服务平台，另外也可以用由数字资源集成服务商所建立的服务平台，包括清华同方 CNKI 平台、EBSCOhost 平台、ProQuest 平台等。

（7）访问控制 访问控制是指数字期刊数据库一般采用 IP 地址控制访问权限，少数采用 IP+ 账号密码方式；数字期刊数据库的题录信息一般是免费开放的，而全文只有订购用户才能浏览。此外，一些数字期刊数据库还有并发用户数量的限制，即允许同时访问数据库的用户数量的限制。

3. 数字期刊的优点

（1）数字期刊是机读杂志 它借助计算机惊人的运算速度和海量存储，极大地提高信息量，一般的数字期刊数据库收录数据都大于 7000 种，如中国知网 CNKI 现在收录的全部期刊 10924 种，学术期刊共 8511 种（2023 年 11 月 20 日数据）；维普资讯期刊总量 15356 余种，现刊 9400 余种。

（2）快速查询 在计算机特有的查询功能的帮助下，使人们在信息的海洋中快速寻找所需内容成为可能，如清华同方 CNKI 提供关键词、题名、作者等多种检索途径。

（3）数字期刊在内容的表现形式上是声、图、像并茂 人们不仅可以看到文字、图片，还可以听到各种音效，看到活动的图像。

总之，数字期刊可以使人们获得多种感官的享受，加上数字期刊中极其方便的电子索引、随机注释，更使得数字期刊具有信息时代的特征。

5.1.2 期刊数量与来源

1. 高校期刊订购数量

《普通高等学校图书馆评估指标（修改稿）》对期刊数量的要求是"中外文现刊订购量：种数与读者数之比为 40% 及以上。"这个指标应该是很高的。例如，有一万名学生规模的高校图书馆，每年征订纸本期刊 4000 种以上，这是由期刊的重要性决定的。

2. 数字期刊的来源

目前，各高校图书馆数字期刊的来源有两个途径：

（1）由大型期刊出版社提供 这多是以某个大型出版社出版的期刊为主，由于这些期刊均归属于同一出版社，因此收录比较稳定。这类数字期刊库包括：Elsevier Science、SpringerLINK、Wiley InterScience、WorldSciNet、Blackwell Synergy 等。

（2）由数据库集成商提供 这是由某个数据库集成服务商将众多出版社的期刊汇集、整合在同一个检索平台上提供服务，如 CNKI 期刊库、维普期刊库、万方数字化期刊都属于这一类。这些数据库往往包含数千种期刊，同时还可能集成有其他类型的出版物，资源丰富。但由于所收录的期刊并不是专属期刊，涉及出版社向集成服务商授权的问题，因此期刊来源往往不太稳定，且电子版通常较印刷版滞后 3~4 个月。此外，有许多期刊同时被多个数据库重复收录的现象。

当然，电子版较印刷版也有超前的。为了更好地服务读者，促进文化繁荣和科技发展，"中国知网"全力打造"中国知网（CNKI）高级人才快速情报服务系统"，旨在通过优先数字出版开放获取平台，为高级专业人才免费提供最新、最好的文献推送服务。根据用户个人定制的所属学科和研究方向（用户自己填写的关键词），通过 E-mail、手机短信和中国知网个人数字图书馆等方式推送检索到的优先数字出版论文。优先数字出版论文是即将印刷出版的期刊论文，首先在网络上优先以数字形式出版的文献。CNKI 所遴选和推送的优先数字出版论文，将在最大程度上满足读者查询的需要。

5.1.3　核心期刊

1. 核心期刊的起源

核心期刊这个概念的源头可以追溯到 19 世纪 30 年代的英国。时任南肯辛顿科学图书馆馆长的英国化学家、文献学家布拉德福（S. C. Bradford），以润滑学和应用地球物理学两个学科为个案，对馆里的 490 种期刊中的 1727 篇论文，按每种期刊载文的多少分别排序，结果发现不同学科的论文往往集中发表在少数期刊上。1934 年，他撰写了论文《专门学科的情报源》，将发表专业文章最多的那部分期刊称为核心区域；其余期刊按发表专业文章的数量递减排序，并分成若干组，统称为相继区域；核心区域的期刊由于发表特定学科的论文的密度最大，被认为对该专业的贡献最大，于是将之称为该专业的"核心期刊"。

这个发现被情报学界概括为布拉德福定律，成为情报管理的基本理论之一。在此基础上发展起来的"核心期刊"研究，其主要功用是帮助图书馆制定相应的馆藏战略，及尽可能购买和收藏使用率（重要性）排在最前面的那批刊物，以便物尽其用，满足特定读者群中多数人的需要。

美国著名情报学家、SCI 等三大引文索引的创始人加菲尔德则进一步发展了布拉德福定律，开创了以引文分析法遴选核心期刊的先河。1971 年，他对 SCI 收录的 2000 余种期刊中的 100 万篇参考文献进行统计与分析，发现 25 种期刊占全部"参考文献"的 24%，152 种期刊占全部"参考文献"的 50%。也就是说，大约 75% 的被引文献来自较为集中的少数期刊，加菲尔德将这些期刊命名为"核心期刊（Core Journals）"，这就是著名的加菲尔德文献集中定律。加菲尔德不仅发展了布氏定律，把期刊所载论文的质量（被引用情况）列为核心期刊的首要因素，而且成功地把文献集中定律应用在引文索引的研究和开发之中，取得了极大的成功。[⊖]

在众多科研资料当中，科技工作者最常使用的是期刊。期刊内容新颖、详尽、专业，成为科技工作者交流学术思想和动态的第一阵地。近年来，期刊发行量迅速增加，种类也急速增长。对于专业研究人员来说，期刊质量是参差不齐的，有的期刊刊载了大量高质量的论文，受到科研人员的普遍重视，有的则少有高质量文章。为了方便读者能迅速查找到他们所需要的有价值的信息，核心期刊便应运而生，成为科技工作者必须阅读的直接检索刊物。

2. 核心期刊含义

核心期刊是指某学科的主要期刊。它一般是指所含专业信息量大、质量高，能够代表专业学科发展水平并受到本学科读者重视的专业期刊，也指刊载某学科学术论文较多的、论文被引用较多的、受读者重视的、能反映该学科当前研究状态的、最为活跃的那些期刊。核心期刊能集中该学科的大部分重要文献，能反映该学科当前的研究状况和发展方向，其学术性强，研究成果新颖，专题集中、系统，因此是获得专业领域前沿信息的主要信息源。

如前所述，专家研究发现，在文献信息源的实际分布中，存在着一种核心期刊效应，即世界上某一专业的大量科学论文集中在少量的科技期刊中。这一现象可以从许多领域中看到，因

⊖　尹培丽，侯汉清. 核心期刊的异化及治理［J］. 图书情报工作网刊，2009（7）：1-4.

此，在文献情报量激增的时代，核心期刊效应引起了人们的重视。目前，确定核心期刊的方法有多种，我国一般根据以下几条原则来综合测定：

1）载文量（即刊载本学科的文献量）多的期刊。

2）被二次文献摘录量大的期刊。

3）被读者引用次数多的期刊。

核心期刊是期刊中学术水平较高的刊物，是我国学术评价体系的一个重要组成部分。它主要体现在对科研工作者学术水平的衡量方面，如在相当一批教学科研单位申请高级职称、取得博士论文答辩资格、申报科研项目、科研机构或高等院校学术水平评估等，都需要在核心期刊上发表一篇或若干篇论文。

3. 核心期刊的特点

（1）**集中性**　这是核心期刊最显著的特征，即它相对集中了大量某一学科的高质量文献。而这一特性来源于核心期刊的研制基础——布拉德福定律。

（2）**代表性**　核心期刊上所刊登的论文质量较高，代表了该学科最新发展水平和发展方向。通过关注这些论文，研究人员可以很容易地掌握该学科最新研究成果和研究趋势。追踪这些期刊的论文，就能站在学科的最前沿，跟上学科发展的步伐。

（3）**学科性**　核心期刊是对学术性期刊进行的研究总结，因此具有学科性。它总是与具体学科联系在一起，在某一学科范围内成为核心期刊，在其他学科范围内往往就不再是核心期刊。但是不排除由于学科之间的交叉渗透，有些期刊可以成为多个学科领域的核心期刊。

（4）**公正性和权威性**　核心期刊标准的制订必须符合客观实际，因此在选择核心期刊时，不仅要进行大量的数据统计、文献计量学的详细计算，还需要各行业专家进行客观的评审和调整，保证核心期刊的公正和权威。

（5）**动态性和相对性**　核心期刊是一个动态的概念，核心期刊的目录不是固定不变的。随着科学技术的发展，反映和记录科学技术活动和成果的学术期刊也在发展变化，其论文质量也在不断地发展变化。因此核心期刊需要定期重新筛选，核心期刊目录要进行修订和完善。核心期刊与非核心期刊之间并没有不可逾越的鸿沟，它们只是一种相对的概念，是某一时间段内期刊发展的大致情形。而经过期刊的不断发展和评价指标的不断变化，原来的核心期刊可能不再属于核心期刊，而原先的非核心期刊有可能发展成为核心期刊。

目前，我国已经制定出一些比较权威的核心期刊目录，图书情报界、学术界、出版界和科研管理部门对该项研究成果都给予了较高评价，普遍认为它适应了社会需要，为国内外图书情报部门对学术期刊的评估和选购提供了参考依据，促进了期刊编辑和出版质量的提高，已成为具有一定权威性的参考工具书。但是，人们在长期的研究过程中发现，核心期刊并不能准确体现期刊的发展状况。由于统计数据存在误差，核心期刊目录的制定和利用仍然存在一定的局限性。

除了这些权威的全国范围内各学科的核心期刊目录，一些科研院所也常常根据自己的需要对目录进行相应的修正。很多单位会结合自己的实际情况，制定出本单位承认的各种目录，称为"馆藏核心期刊"或"馆藏重要期刊"。

4. 核心期刊的作用

1）可以为图书馆期刊采购提供依据。

2）可以为图书馆导读工作和参考咨询提供依据。

3）可以为数据库建设提供支持。

4）可以为期刊扩大影响，提高学术水平服务。

5）可以为我国学术论文统计分析提供依据。

6）可以为科研绩效评价、专业职务评定提供依据。

7）可以为读者投稿提供参考。

5. 国内较有影响力的核心期刊目录简介

（1）国家一级期刊目录　它是根据国务院学位委员会办公室，原国家教委研究生工作办公室确定的一级刊物，有时又称为中文重要期刊，是认定研究生教育水平的重要依据之一。国家一级期刊目录（中文重要期刊）只有 166 种。其中图书馆专业方面的只有《大学图书馆学报》和《中国图书馆学报》两种。

（2）《中文核心期刊要目总览》　这是由北京大学图书馆及北京十几所高校图书馆众多期刊工作者及相关单位专家参加的中文核心期刊评价研究项目成果，已经出版了 1992、1996、2000、2004、2008、2011、2014、2017、2020、2023 年版共 10 版，主要是为图书情报部门对中文学术期刊的评估与订购、为读者导读提供参考依据。

《中文核心期刊要目总览》在 2008 年之前每 4 年更新研究和编制出版一次，2008 年之后，改为每 3 年更新研究和编制出版一次，每版都会根据当时的实际情况在研制方法上不断调整和完善，以求研究成果能更科学合理地反映客观实际。研究方法是定量和定性相结合的分学科评价方法，核心期刊定量评价采用被摘量（全文、摘要）、被摘率（全文、摘要）、被引量、他引量（期刊、博士论文）、影响因子、他引影响因子、5 年影响因子、5 年他引影响因子、特征因子、论文影响分值、论文被引指数、互引指数、获奖或被重要检索工具收录、基金论文比（国家级、省部级）、Web 下载量、Web 下载率等评价指标；在定量评价的基础上，再进行专家定性评审。经过定量筛选和专家定性评审，从我国正式出版的中文期刊中评选出核心期刊。

（3）《中国科技论文统计源期刊》　又称《中国科技核心期刊》，是中国科学技术信息研究所（ISTIC）受科技部委托，按照美国费城的科学情报研究所（ISI）《期刊引证报告》（JCR）的模式，结合我国科技期刊发展的实际情况，选择了"总被引频次、影响因子、年指标、自引率、他引率、普赖斯指数、引用半衰期、被引半衰期、老化系数、来源文献量、参考文献量、平均引用率、平均作者数、地区分布数、机构数、国际论文比、基金论文比"17 项期刊评价指标编制的。中国科技核心期刊按照公开、公平、公正、客观的原则，采取以定量评估数据为主、专家定性评价为辅的方式，开展遴选工作。遴选结果通过网上发布、召开发布会、正式出版《中国科技期刊引证报告》（核心版）的方式向社会公布；中国科技核心期刊每年评估和调整一次。

（4）《中国科学引文数据库》（Chinese Science Citation Database，简称 CSCD）　CSCD 是我国第一个引文数据库。1995 年 CSCD 出版了我国的第一本印刷本《中国科学引文索引》，1998 年出版了我国第一张中国科学引文数据库检索光盘，1999 年出版了基于 CSCD 和 SCI 数据，利用文献计量学原理制作的《中国科学计量指标：论文与引文统计》，2003 年 CSCD 开通上网服务，推出了网络版，2005 年 CSCD 出版了《中国科学计量指标：期刊引证报告》。2007 年中国科学引文数据库与美国 Thomson–Reuters Scientific 合作，中国科学引文数据库以 ISI Web of Knowledge 为平台，实现与 Web of Science 的跨库检索，中国科学引文数据库是 ISI Web of Knowledge 平台上第一个非英文语种的数据库。CSCD 被誉为"中国的 SCI"。

中国科学引文数据库来源期刊每两年遴选一次。每次遴选均采用定量与定性相结合的方法，定量数据来自中国科学引文数据库，定性评价则通过聘请国内专家定性评估对期刊进行评审。定量与定性综合评估结果构成了中国科学引文数据库来源期刊。中国科学引文数据库来源期刊分为核心库和扩展库两部分。如：

2021—2022 年度，中国科学引文数据库收录来源期刊 1262 种，其中，我国出版的英文期刊 245 种，中文期刊 1017 种。中国科学引文数据库来源期刊分为核心库和扩展库两部分，包括 926 种核心库来源期刊和 336 种扩展库来源期刊。

2023—2024 年度，中国科学引文数据库收录来源期刊 1340 种，其中我国出版的英文期刊 317 种，中文期刊 1023 种。中国科学引文数据库来源期刊分为核心库和扩展库两部分，其中核心库 996 种（以备注栏中 C 为标记）；扩展库 344 种（以备注栏中 E 为标记）。

（5）《中文社会科学引文索引》（*Chinese Social Sciences Citation Index*，简称 CSSCI）　它是由南京大学中国社会科学研究评价中心于 1997 年研制开发，后有香港科技大学加盟。CSSCI 参照国外的著名检索工具 SCI 和我国 CSCD 的做法调整选定。CSSCI 是教育部人文社会科学研究重大项目，国内第一个大型人文社会科学引文数据库，在国内学术界有重大影响。

CSSCI（2021—2022）共收录 613 种来源期刊和 229 种扩展版来源期刊以及 2 种报纸理论版。

5.1.4　著名期刊检索工具

1. 美国费城的科学信息研究所的期刊检索工具

位于美国费城的科学信息研究所（Institute for Scientific Information，简称 ISI），是美国人尤金·加菲尔德（Eugene Garfield）于 1960 创办的一家私人公司，先后出版了当今世界上著名的期刊文献检索工具：SCI（科学引文索引）、SSCI（社会科学引言索引）、ISR（科学评论索引）、A&HCI（艺术人文引文索引）、JCR（期刊引用报告）和 Web of Science（科学引文索引网络版）。

（1）SCI——《科学引文索引》　SCI（*Science Citation Index*）创刊于 1963 年，是美国费城的科学信息研究所（ISI）出版的一部世界著名的期刊文献检索工具。SCI 收录全世界出版的数、理、化、农、林、医、生命科学、天文、地理、环境、材料、工程技术等自然科学各学科的核心期刊约 3500 种；扩展版收录期刊 5800 余种。ISI 通过它严格的选刊标准和评估程序挑选刊源，而且每年略有增减，从而做到其收录的文献能全面覆盖全世界最重要、最有影响力的研究成果。所谓最有影响力的研究成果，是指报道这些成果的文献大量地被其他文献引用，即通过先期的文献被当前文献的引用，来说明文献之间的相关性及先前文献对当前文献的影响力。这使得 SCI 不仅作为一部文献检索工具使用，而且成为对科研进行评价的一种依据。科研机构被 SCI 收录的论文总量，反映出整个学术团体的研究水平，尤其是基础研究的水平；个人的论文被 SCI 收录的数量及被引用次数，反映出个人的研究能力与学术水平。

1）SCI 的特点如下：

①有利于了解某位著者或某一机构发表论文的数量及其影响的情况。SCI 收录的期刊均是学术价值较高、影响较大的国际科技期刊。因此，一个国家和地区乃至个人的学术论文被 SCI 收录和引用的数量多少，则是其科研水平、科研实力和科研论文质量高低的重要评价指标。同时也可反映出一个国家或地区或单位的科学活动在世界上的地位和比重。近年来，我国高等院校和科研单位都十分重视本单位科研人员被 SCI 收录的论文数量，并制定了相应的奖励政策，

以便迅速提高本单位在相关研究领域的知名度与国际影响力。

②有利于了解世界范围内某一学科的研究动态。SCI 收录世界各国自然科学领域所有最新研究成果，反映学科最新研究水平。例如，利用 SCI 进行循环检索，就能逐步了解动物学前沿的进展情况，并能及时了解和捕捉国内外动物学领域及相关领域最新科研信息和研究动态。从而准确把握学科研究的方向和可能出现的重大进展，使科研成果在深度和广度上得到开拓。

③有利于了解研究热点及某篇论文的被引用情况。进入现代社会，几乎所有科学研究活动都是在继承、借鉴和积累的基础上得到提高和发展的。科技论文的发表必须建立在科学论证的基础上，在科技论文后面往往列有多篇参考文献。SCI 就是从这个角度，对公开发表又被他人引用过的文献建立起的一种独特索引，它可以把绝大多数内容相关的文献联系起来，将引用同一篇旧文献的所有新文献全部组合在一起，以便通过一篇文献找到其引用的参考文献。因此说，利用 SCI 可以使我们清楚地了解某项研究成果的继承与发展全貌。就某篇论文而言，被引用的次数越多，说明该论文受关注的程度越高，其学术影响力越大。高引频论文常常表现为该论文研究的内容是某一时期该领域的研究热点。

2）SCI 的主要作用如下：

① 通过文献间的引用和被引用关系，了解某一学术问题或观点的起源、发展、修正及研究进展。

② 评价科学文献、学术期刊和专著的学术水平的参考工具。一般来说，高质量的学术期刊被引的频次较高。根据引文索引提供的引证数据有助于评价科技期刊的质量，确定某个学科的核心期刊。1975 年，ISI 在 SCI 的基础上推出期刊引用报告（Journal Citation Report，JCR），提供了一套统计数据，展示学术期刊的被引用情况、发表论文的数量以及论文的平均被引用情况。

③ 作为科研机构和科研人员绩效评价的参考工具。引文索引有助于评价科学著作的价值和生命力、科学工作者的能力及其研究工作所产生的社会效果。科研机构被 SCI 收录的论文总量，反映整个机构的科研，尤其是基础研究的水平；个人的论文被 SCI 收录的数量及被引用次数，反映他的研究能力与学术水平。

④ 作为文献检索的一种工具。引文索引提供了一种全新的文献检索手段，即从已知的某一作者的一篇论文开始，查到所有引用过这一论文的其他论文，再以这些引用论文的作者为新的检索起点，查到更多地被引用论文。经过多轮循环，可以检索到大量相关的文献线索。

（2）SSCI——《社会科学引文索引》 SSCI（*Social Sciences Citation Index*）创刊于 1973 年，为 SCI 的姊妹篇，也是由美国费城的科学信息研究所（ISI）创建的综合性社科文献数据库，是目前世界上可以用来对不同国家和地区的社会科学论文的数量进行统计分析的大型检索工具。1999 年，SSCI 全文收录 1809 种世界最重要的社会科学期刊，内容覆盖包括人类学、法律、经济、历史、地理、心理学区域研究、社会学、信息科学等 55 个领域；收录 50 个语种的 1700 多种重要的国际性期刊，累计约 350 万条记录，文献类型包括研究论文、书评、专题讨论、社论、人物自传、书信等；选择收录（Selectively Covered）期刊为 1300 多种。

（3）ISR——《科学评论索引》 ISR（*Index to Scientific Reviews*）创刊于 1974 年，由美国费城的科学信息研究所（ISI）编辑出版，收录世界各国 2700 余种科技期刊及 300 余种专著丛刊中有价值的评述论文。高质量的评述文章能够提供本学科或某个领域的研究发展概况、研究热点、主攻方向等重要信息，是极为珍贵的参考资料。

（4）A&HCI——《艺术人文引文索引》 A&HCI（*Arts & Humanities Citation Index*）1978 年创刊，为美国费城的科学信息研究所（ISI）建立的综合性艺术与人文类文献数据库，包括语言、文学、哲学、亚洲研究、历史、艺术等内容；收录 1400 多种国际权威的期刊，累计 200 余万条记录。

（5）JCR——《期刊引用报告》　JCR（*Journal Citation Reports*）是美国费城的科学信息研究所（ISI）从 1975 年起，每年出版的期刊引用报告。它是对包括 SCI 收录的 3500 种期刊在内的 4700 种期刊之间的引用和被引用数据进行统计、运算，并针对每种期刊定义了影响因子（Impact Factor）等指数加以报道。一种期刊的影响因子，指该刊前两年发表的文献在当年平均被引用次数。一种刊物的影响因子越高，其刊载的文献被引用率越高，说明这些文献报道的研究成果影响力大，该刊物的学术水平高。论文作者可根据期刊的影响因子排名决定投稿方向。

1）JCR 常用词语解释：

① Citation，引文。一篇文章的参考文献称为引文，该篇文章称为来源文献。

② Citation Index，引文索引。反映文献之间引用和被引用关系及规律的一种新型的索引工具。以作者姓名（被引作者）为检索起点，查找该作者历年发表的论文曾被哪些人（引用作者）或被哪些文章（来源文献）引用过，并查出这些来源文献的题录和引用作者所在的单位。

③ Citing，引用。

④ Citing Author，引用作者即来源文献的作者。

⑤ Cited，被引用。

⑥ Cited Author，被引作者即参考文献的作者。

⑦ Cites，引用（被引用）频次。总被引频次是指该期刊自创刊以来所登载的全部论文在统计当年被引用的总次数。这是一个非常客观、实际的评价指标，可以显示该期刊被使用和受重视的程度，以及在科学交流中的作用和地位。

⑧ Source Ite，来源文献。刊载来源文献的期刊或专著丛书等称为来源出版物（Source Publications）。

2）JCR 各项指数计算方法。JCR 中定义了期刊影响因子（Impact Factor）、立即指数（Immediacy Index）、被引用半衰期（Cited Half Life）和引用半衰期（Citing Half Life）等 4 项指数。重庆维普资讯的《中文科技期刊评价报告》就是采用 JCR 这套指标体系计算的。

① 影响因子。影响因子（Impact Factor，I_F）是指某一期刊的文章在特定年份或时期被引用的频率，是衡量学术期刊影响力的一个重要指标。影响因子可测度近年期刊的学术影响力。该项指标用论文平均被引率反映了期刊近期在科学发展和文献交流中所起的作用。

影响因子定义：某刊前 2 年发表论文被引次数占前 2 年论文总量的比值（相对数量指标）。

即：影响因子＝（该刊前两年发表论文在统计当年被引用的总次数）/（该刊前两年发表论文总数）。

计算公式：$$I_F(k) = (C_{k-1} + C_{k-2}) / (A_{k-1} + A_{k-2})$$

式中，k 为某年，$A_{k-1} + A_{k-2}$ 为该刊在前两年发表的论文总数量，$C_{k-1} + C_{k-2}$ 该刊在 k 年的被引用总数量。

以 2022 年 *Science* 杂志为例：

$$I_F(2022) = (C_{2021} + C_{2020}) / (A_{2021} + A_{2020})$$

其中，

A_{2021}=2021 年发表的论文数 =814（篇）；A_{2020}=2020 年发表的论文数 =811（篇）；

C_{2021}=2021 年发表的论文在 2022 年被引用的次数 =37018（次）；

C_{2020}=2020 年发表的论文在 2022 年被引用的次数 =55430（次）。

$$I_F（2021）=（C_{2021}+C_{2020}）/（A_{2021}+A_{2020}）=（37018+55430）/（814+811）=92448/1625=56.9$$

影响因子的意义：该指标是相对统计值，可克服大小期刊由于载文量不同所带来的偏差。一般来说，影响因子越大，其学术影响力也越大。

一种刊物的影响因子越高，也即其刊载的文献被引用率越高，一方面说明这些文献报道的研究成果影响力大，另一方面也反映该刊物的学术水平高。因此，JCR 以其大量的期刊统计数据及计算的影响因子等指数，而成为一种期刊评价工具。图书馆可根据 JCR 提供的数据制定期刊征订政策；论文作者可根据期刊的影响因子排名决定投稿方向。

②立即指数。立即指数（Immediacy Index，I_X），也称"即年指标"，是一个表征期刊即时反应速率的指标，主要描述期刊当年发表的论文在当年被引用的情况。

立即指数定义：某期刊当年发表论文的被引用次数与该期刊当年发表论文总数比值。

以 2022 年 *Science* 杂志为例：

$$I_X（2022）=C_{2022}/A_{2022}$$

其中，$A_{2022}=$ 2022 年发表的论文数 $=713$（篇）；$C_{2022}=$ 2022 年发表的论文在 2022 年被引用的次数 $=11019$（次）。

$$I_X（2022）=C_{2022}/A_{2022}=11019/713=15.5（次/篇）。$$

③被引用半衰期。被引用半衰期（Cited Half-Life，L_D）是指该期刊在统计当年被引用的全部次数中，较新的一半（50%）是在多长一段时间内发表的。

被引用半衰期可测度期刊文献老化的速度。文献的半衰期受学科的内容、性质等因素的制约。一般来说，比较稳定的学科，其期刊半衰期要比正在经历重大变化的学科，或者说发展较快、较活跃的学科的期刊半衰期长；基础理论学科的期刊半衰期要比技术学科的期刊半衰期长；历史悠久的学科期刊半衰期要比新兴学科的期刊半衰期长。

据 JCR_SCIENCE_2022 报告显示，2022 年 *Science* 被引用半衰期 11.2 年，如图 5-1 所示。

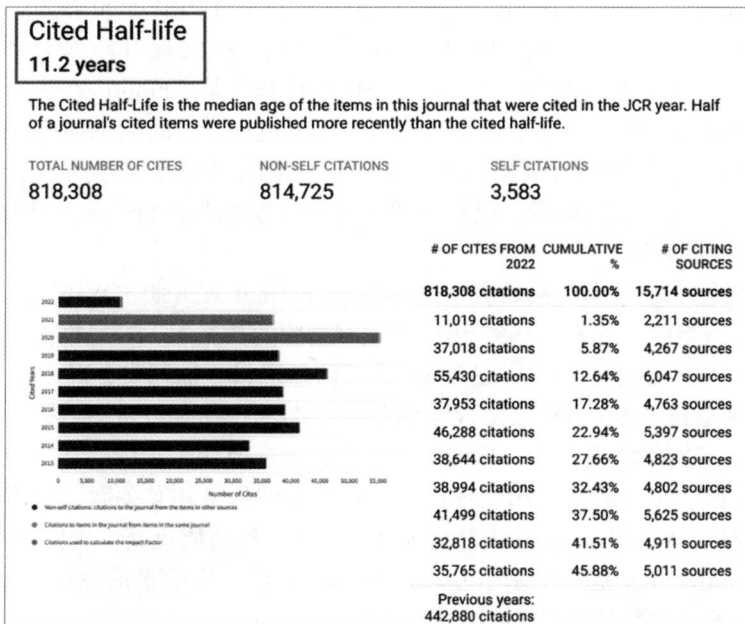

图 5-1　JCR_SCIENCE_2022 报告 被引用半衰期（2023 年 10 月 13 日截图）

④引用半衰期，引用半衰期（Citing Half-life，L_G）是指某种期刊在某年中所引用的全部参考文献中较新的一半（50%）是在最近多少年内发表的。引用半衰期可测量期刊文献老化的速度。文献的半衰期受学科的内容、性质等因素的制约。

JCR_SCIENCE_2022 报告显示，2022 年 Science 引用半衰期为 6.3 年，如图 5-2 所示。

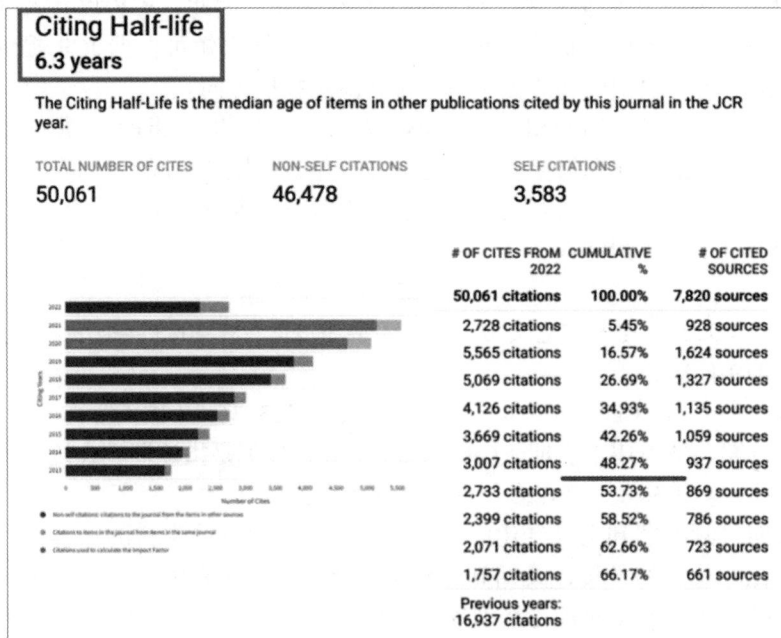

图 5-2　JCR_SCIENCE_2022 报告 引用半衰期（2023 年 10 月 13 日截图）

（6）Web of Science——《科学引文索引》（SCI 网络版）　ISI 是世界闻名的从事科技信息研究、出版和服务的机构。著名的科技信息检索工具《科学引文索引》（*Science Citation Index*，SCI）是 ISI 的产品。SCI 通过独特的引文索引法揭示科技文献之间的内在逻辑与联系，反映文献之间引用与被引用的关系，体现了科学和技术的发展过程，同时帮助研究人员了解自己著作的被引用率和持续时间，从而估计其影响力。多年来，SCI 在科学界得到了广泛的应用，发表的学术论文被 SCI 收录或引用的数量，已被世界上许多大学作为评价学术水平的一个重要标准，大大促进了科学研究的发展。

1）SCI 主要发行三个版本：纸质版、光盘版及 Internet Web 版。Web of Science 是《科学引文索引》（SCI）网络版。SCI 在 1997 年推出了网络版的数据库，一经推出即获得了用户的普遍好评。与 SCI 的光盘版相比，Web of Science 的信息资料更加翔实，其中的 Science Citation Index Expand 收录全球 5600 多种权威性科学与技术期刊，比 SCI 光盘增加 2100 种；Web of Science 充分地利用了网络的便利性，功能更加强大，彻底改变了传统的文献检索方式，运用通用的网络浏览器界面、全新的网络超文本格式，将所有的信息相互关联，只需轻按鼠标，即可获取想要的信息资料，Web of Science 更新更加及时，数据库每周更新，确保及时反映研究动态。

2）Web of Knowledge 是一个基于互联网所建立的新一代学术信息资源整合体系。目前，Web of Knowledge 平台的数据库还有以下七大类数据库。

① Web of Science（WOS，包括 SCI-Expanded、SSCI、A&HCI）。

② ISI Proceedings（包括 ISTP、ISSHP）。

③ Derwent Innovations Index（德温特专利）。

④ Current Contents Connect（CC，现刊题录）。

⑤ ISI Chemistry（化学数据库）。

⑥ BIOSIS Previews（BP，生物科学数据库）。

⑦ Journal Citation Reports（JCR，期刊引用报告）。

3）Web of Science 由三个独立的数据库构成。

① Science Citation Index Expanded™（科学引文索引，SCI），每周更新，收录 5600 多种权威性科学与技术期刊，可追溯至 1973 年。

② Social Science Citation Index（社会科学引文索引，SSCI），每周更新，收录 700 多种社会科学期刊，可追溯至 1973 年。

③ Arts & Humanities Citation Index（艺术与人文科学引文索引，A&HCI），每周更新，收录全球 1140 种艺术与人文科学期刊，可追溯至 1975 年。它们既可以分库检索，也可以多库联检。如果需要跨库检索，可选择"CrossSearch"，即能在同一平台同时检索 5 个数据库。

4）最与众不同的功能。该库不仅将登载在期刊文章中的相关书目资料（如作者、篇名、出处、摘要等）完整呈现出来，而且包括了该篇文章所引用的参考文献。经由 ISI 公司独家设计的被引用文献检索（Cited Reference Search）功能，可帮助研究人员迅速找到相关研究的文献资料。

5）引文检索独有的功能。

① 跨学科检索来自科学技术、社会科学和人文科学三大领域 230 门学科的学术文献。

② 查询引用过某一研究领域的文献，客观评估该项研究工作在全球学术界的影响力。

③ 查找某项重要理论或概念的由来。

④ 了解自己以及同行业竞争者研究工作的进展与影响，做到知己知彼。

⑤ 追踪当前的研究热点。

⑥ 查询某一理论是否仍然有效，而且已经得到证明；或者相反，该理论已经被修正过；考证基础理论研究如何转化到应用领域。

⑦ 证明某一理论或概念的独特性。

2. EI——美国工程信息公司的《工程索引》

《工程索引》（The Engineering Index，EI）创刊于 1884 年，是由美国工程信息公司（Engineering Information Inc.）出版的著名工程技术类综合性检索工具。EI 每月出版 1 期，文摘 1.3 万~1.4 万条；每期附有主题索引与作者索引；每年还另外出版年卷本和年度索引，年度索引还增加了作者单位索引。收录文献几乎涉及工程技术各个领域，如动力、电工、电子、自动控制、矿冶、金属工艺、机械制造、土建、水利等。它具有综合性强，资料来源广，地理覆盖面广，报道量大，报道质量高，权威性强等特点。

EI 选用世界上几十个国家和地区 15 个语种的工程技术类 3500 余种期刊和 1000 余种会议录、科技报告、标准、图书等出版物，年报道文献量 16 万余条。

（1）EI 发展的几个阶段　EI 于 1884 年创办至今，拥有月刊、年刊的印刷版。20 世纪 70 年代，创办电子版数据库（Compendex），并通过 Dialog 等大型联机系统提供检索服务；80 年代，光盘版数据库（CD-ROM，Compendex）问世；90 年代，开始提供网络版数据库（EI Compendex Web），推出了工程信息村（Engineering Information Village）；2000 年 8 月，EI 推出

Engineering Information Village-2 版本（EV2），对文摘录入格式进行了改进。

（2）EI Compendex 网络版 EI Compendex 网络版（简称 EI 网络版）由 Elsevier Engineering Information Inc. 编制，是目前全球最全面的工程检索数据库，收录文献来源于世界 50 余个国家、15 种文字的 5100 种出版物，文献类型主要为工程类期刊、会议论文集和技术报告的超过 700 万篇论文的参考文献和摘要，但不报道纯理论性文献和专利文献。数据库涵盖工程和应用科学领域的各学科，涉及核技术、生物工程、交通运输、化学和工艺工程、照明和光学技术、农业工程和食品技术、计算机和数据处理、应用物理、电子和通信、控制工程、土木工程、机械工程、材料工程、石油、航空、汽车工程以及这些领域的子学科与其他主要的工程领域。

EI 网络版可以检索到 1970 年至今的文献，数据库每年增加选自超过 175 个学科和工程专业的大约 25 万条新记录；EI 网络版数据库每周更新数据，以确保用户可以跟踪其所在领域的最新进展。EI 网络版是全世界最早的工程文献来源；EI 网络版收录的文献涵盖了所有的工程领域，其中大约 22% 为会议文献，90% 的文献语种是英文。

EI 在 1992 年开始收录中国期刊。1998 年 EI 在清华大学图书馆建立了 EI 中国镜像站。为了让中国用户与全球用户同步使用 EV2 数据库，美国工程信息公司实施 EV2 中国用户的平台转换工作，转换时间是 2011 年 4 月 27 日，平台转换后，成员全部通过国际站点访问 EV2 数据库，清华镜像站点停止使用。用户再登录原镜像站点，将会有弹出信息提醒用户使用国际站点。

2009 年以前，EI 把它收录的论文分为两个档次：

1）EI Compendex 标引文摘（也称为核心数据）。它收录论文的题录、摘要，并以主题词、分类号进行标引深加工。有没有主题词和分类号，是判断论文是否被 EI 正式收录的唯一标志。

2）EI Page One 题录（也称为非核心数据）。它主要是以题录形式收录，有的也带有摘要，但未进行深加工，没有主题词和分类号。所以，Page One 题录文摘不一定算作正式进入 EI。EI Compendex 数据库从 2009 年 1 月起，所收录的中国期刊数据不再分为核心数据和非核心数据。

（3）EI 对稿件内容和学术水平的要求 具体要求如下：

1）具有较高学术水平的工程论文，涵盖的学科有：

①机械工程、机电工程、船舶工程、制造技术等。

②矿业、冶金、材料工程、金属材料、有色金属、陶瓷、塑料及聚合物工程等。

③土木工程、建筑工程、结构工程、海洋工程、水利工程等。

④电气工程、电工、电子工程、通信、自动控制、计算机、计算技术、软件、航空航天技术等。

⑤化学工程、石油化工、燃烧技术、生物技术、轻工纺织、食品工业。

⑥工程管理。

2）国家自然科学基金资助项目、科技攻关项目、"863" 高技术项目等。

3）论文达到国际先进水平，成果有创新。

3. ISTP——美国科学情报研究所的《科技会议录索引》

《科技会议录索引》（Index to Scientific & Technical Proceedings，ISTP）创刊于 1978 年，由美国费城的科学信息研究所编辑出版。该索引收录生命科学、物理与化学科学、农业、生物和环境科学、工程技术和应用科学等学科的会议文献，包括一般性会议、座谈会、研究会、讨论会、发表会等。其中工程技术与应用科学类文献约占 35%，其他涉及学科基本与 SCI 相同。

ISTP 收录论文的多少与科技人员参加的重要国际学术会议多少或提交、发表论文的多少有关。我国科技人员在国外举办的国际会议上发表的论文占被收录论文总数的 64.44%。在 ISTP、EI、SCI 这三大检索系统中，SCI 最能反映基础学科研究水平和论文质量，该检索系统收录的科技期刊比较全面，可以说它集中了各个学科高质量优秀论文的精粹，该检索系统历来都是世界科技界密切注视的中心和焦点。ISTP、EI 这两个检索系统在评定科技论文和科技期刊的质量标准方面相对较为宽松。

5.2　中国知网（CNKI）期刊检索

5.2.1　CNKI 概述

1. CNKI 主页

中国知网（CNKI）主页经过多次升级，目前升级到 2.0 版本，网址 https://www.cnki.net，检索平台实现了"文献、期刊、博硕论文、会议、报纸、年鉴、专利、标准、成果、图书、学术期刊、法律法规、政府文件、企业标准、科技报告、政府采购"各类文献的一站式检索服务。中国知网（CNKI）主页如图 5-3 所示。

中国知网（CNKI）主页上提供了"文献检索、知识元检索、引文检索"三个入口，如图 5-4 所示。

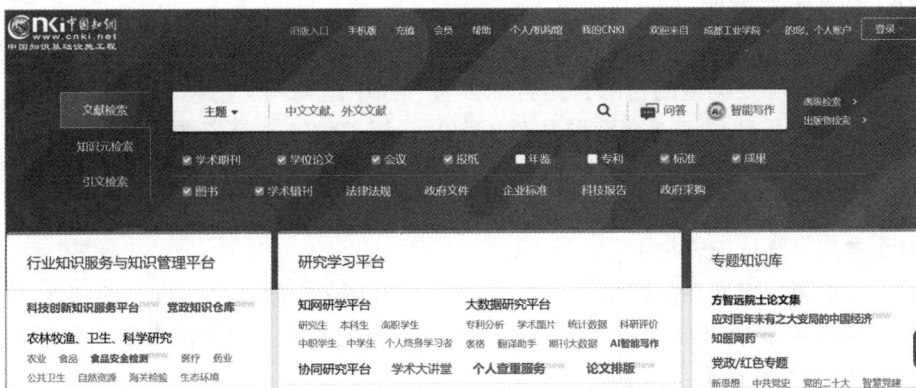

图 5-3　中国知网（CNKI）主页（2023 年 9 月 27 日截图）

图 5-4　中国知网（CNKI）文献检索页面

（1）文献检索　文献检索是默认入口。CNKI 2.0 平台支持中外文混检，文献检索按照文献类型重新组织中外文资源，实现了中、外文文献的合并检索和统一排序。读者也可以按照自己的需求，在检索结果中切换显示"中文文献"或"外文文献"。文献检索既可选择跨库检索，也可选择单库检索。

（2）知识元检索　知识元检索页面如图 5-5 所示。

图 5-5　中国知网（CNKI）知识元检索页面

中国知网（CNKI）知识元检索，默认是工具书数据库；支持跨库检索，根据需要或选中"工具书、词典、手册、百科、图片、统计数据、指数"等数据库检索。

（3）引文检索　引文检索如图 5-6 所示。

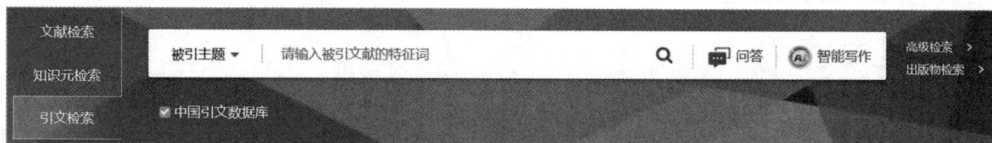

图 5-6　中国知网（CNKI）引文检索页面

中国知网（CNKI）可以对"被引主题、被引题名、被引关键词、被引摘要、被引作者、被引单位、被引文献来源"等内容进行检索。

2. CNKI 的文献资源库

中国知网（CNKI）文献资源池里有文献量有 483220568 篇（2023 年 9 月 27 日数据），这里介绍 CNKI 文献资源及类型的目的，是告知读者，在中国知网（CNKI）上读者可以检索和利用的文献资源及类型。建议读者在获取文献资源时，以 CNKI 文献资源平台为主，其他平台为辅助（知识元检索和引言检索），熟悉文献资源类型，熟练掌握检索方法，以便需要时快速检索与利用。

（1）中文资源　具体内容如下。

1）期刊：《中国学术期刊（网络版）》、中国学术辑刊全文数据库、世纪期刊。

2）学位论文：中国博士学位论文全文数据库、中国优秀硕士学位论文全文数据库。

3）报纸：中国重要报纸全文数据库。

4）会议：中国重要会议论文全文数据库、国际会议论文全文数据库。

5）医药：人民军医知识库、人民军医出版社图书数据库。

6）专利：中国专利全文数据库（知网版）、海外专利摘要数据库（知网版）。

7）标准：国家标准全文数据库、国内外标准题录数据库、中国行业标准全文数据库。

（2）外文文献资源　中国知网收录国际期刊 7.3 万余种（其中外文学术期刊 4.6 万余种），覆盖 JCR 期刊的 94%，Scopus 期刊的 80%，文献数量超过 1 亿条。期刊资源分为自然科学、工程技术、医学、农业科学、社会科学、人文学科、哲学等七大专辑。读者可查阅每本期刊的概况（刊名、刊号、出版周期、创刊年 / 收录年限、出版社 / 合作商、学科主题、出版地、语种等），并进入文献页面获取题录摘要信息。部分文章提供参考文献引文信息。期刊最早回溯至1665 年。

5.2.2　CNKI 文献检索频道

1. 文献检索频道的跨库选择

打开 CNKI 主页（http://www.cnki.net），进入主页的文献检索频道，如图 5-7 所示。

图 5-7　文献检索频道的跨库选择

（1）跨库检索　可以选择控制在 1~10 个数据库中进行检索，系统默认的文献检索是在"学术期刊、学位论文、会议论文、报纸、标准、成果、图书、学术期刊"8 个数据库中进行检索。如果读者还想增加数据库，可添加"年鉴、专利"两个数据库，方法是用鼠标选中该数据库（即在数据库方框内打钩），如图 5-7 所示，最多可以在 10 个数据库中进行跨库检索。如果读者很明确是在学术期刊中检索，则可以去掉其他数据库方框内钩，方法是单击一下数据库前面方框，取消方框内的钩。读者根据检索内容需要，合理选择包含检索内容的数据库，会节省检索时间。全选是 10 个数据库，检索会在全部数据库中进行，会增加检索量，检索时间也相应延长很多。

（2）单库检索　除了有复选框的频道可以进行单库检索外，文献检索频道前面没有复选框的频道只能单独选中进行单库检索，如法律法规、政府文件、企业标准、科技报告、政府采购等数据库的单库检索，要先点击进入该单库数据库，如图 5-8 所示。

图 5-8　文献检索频道的单库选择

2. 文献检索频道的途径选择

通过上面文献频道的跨库选择之后，接着进行的是选择检索途径：文献检索提供了"主题、篇关摘、关键词、篇名、全文、作者、第一作者、通讯作者、作者单位、基金、摘要、小标题、参考文献、分类号、文献来源、DOI"等文献检索的途径供选择，如图 5-9 所示。

如果读者不作任何选择，系统默认是主题，读者在检索框中输入中文文献或外文文献的主题词就可以检索了。

提醒读者注意：检索途径与检索词之间有严格的相关性，如检索途径选择"篇名"，检索词就填写"文章标题名称"；如检索途径选择"作者"，检索词就填写"作者姓名"。

文献检索频道的检索框中可以输入中文文献，或外文文献，或中外文混合检索。检索结果默认按"相关度↓（降序）"排列，也可选"发表时间↓"，或选"被引↓"，或选"下载↓"，或选"综合↓"，↓表示降序排列。

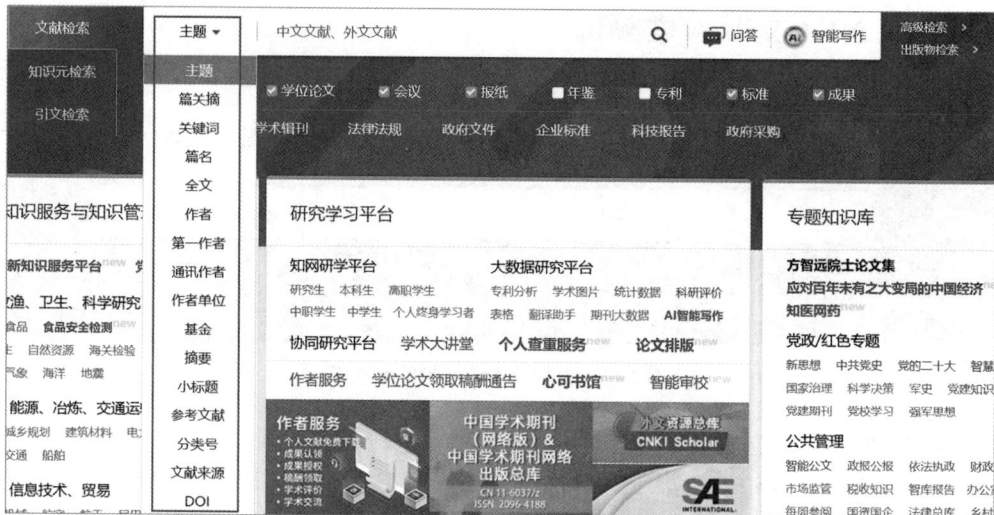

图 5-9　文献检索频道的途径选择

【例 5-1】我们想看看"人工智能"方面的文献。

在默认的主题框中，输入主题词"人工智能"，单击检索按钮，得到如图 5-10 所示页面。

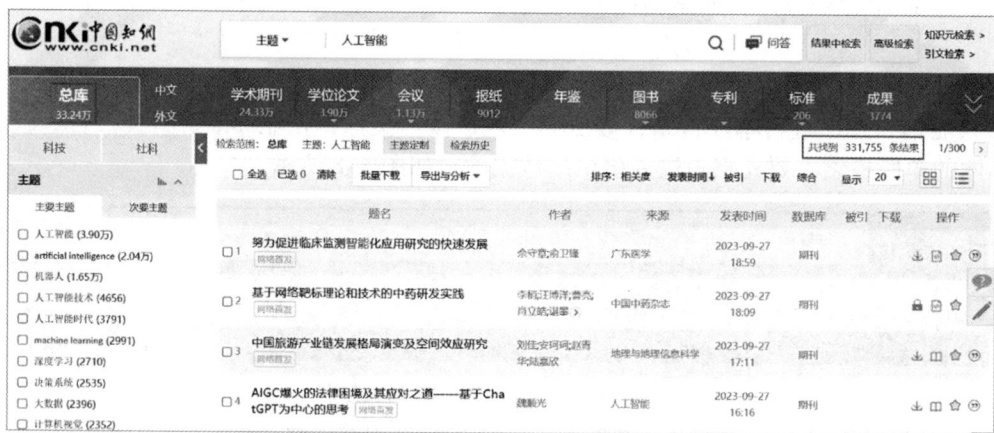

图 5-10　默认主题词，输入"人工智能"检索结果

共找到 331755 条结果，总库 33.24 万条，分布于学术期刊（24.33 万）、学位论文（3.90 万）、会议（1.13 万）、报纸（9012）、图书（8066）、标准（206）、成果（3774）中。读者可根据需要进一步查看。

3. 文献频道的高级检索

在文献频道主页检索框右边有一个"高级检索"，单击"高级检索"后，进入文献频道高级检索页面，如图 5-11 所示。

【例 5-2】去华为总部深圳参观过的人都知道，华为公司已经在研究和试验 5.5G 移动通信网络技术了，为此，我们检索"华为 5.5G"方面的文献。

在图 5-11 所示高级检索页面中，在第一行默认主题框中输入"华为 5.5G"，其他全部空着（不填），单击"检索"，得到如图 5-12 所示检索结果页面。

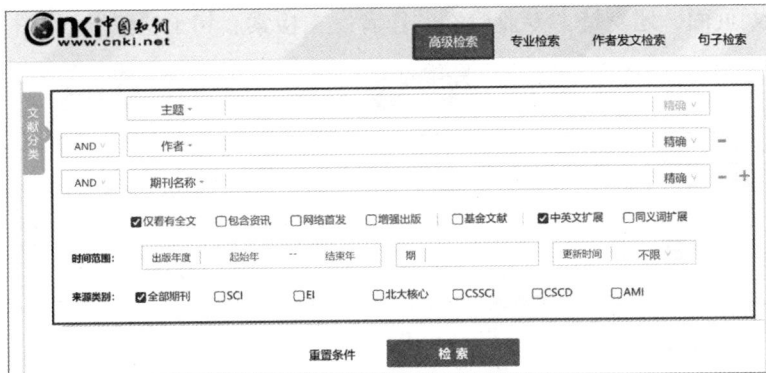

图 5-11　文献频道的高级检索页面

这次检索结果：共找到 32 条与"华为 5.5G"相关的结果，总库也是 32 篇文献：分别是学术期刊 21 篇、学位论文 7 篇、会议 0 篇、报纸 3 篇、图书 0 篇、标准 0 篇、成果 0 篇、学术辑刊 0 篇、特色期刊 1 篇。每次检索共找到的文献数量都与总库文献相等。读者可以有选择地点击阅读。如我们想看看第二篇文章"华为明年将发布 5.5G 商用全套新产品"，可以下载阅读，这里选择 HTML 阅读，如图 5-13 所示。

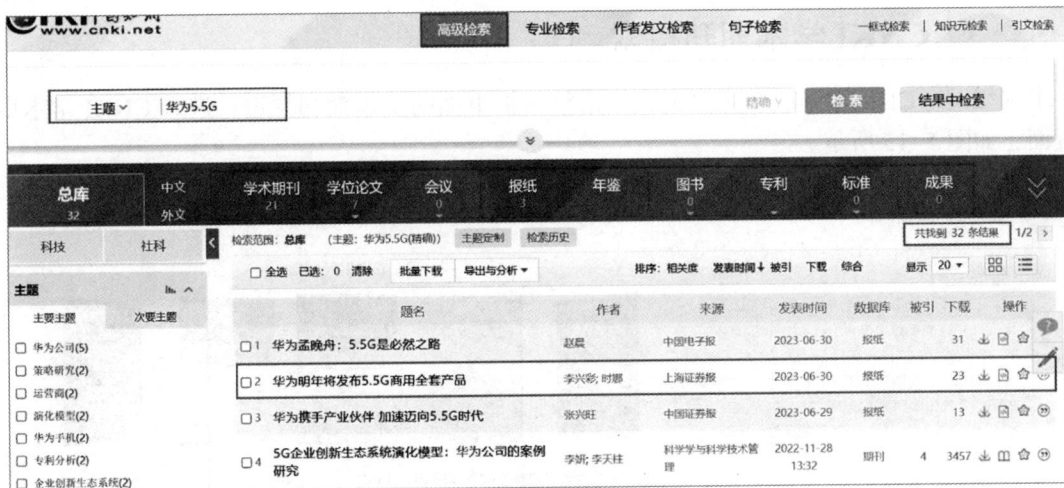

图 5-12　文献频道的高级检索结果页面

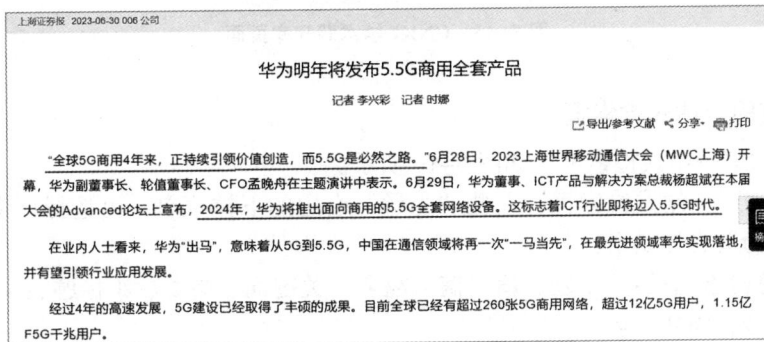

图 5-13　HTML 阅读页面

文献高级检索页面，还支持"专业检索、作者发文检索、句子检索"，如图 5-14 所示。

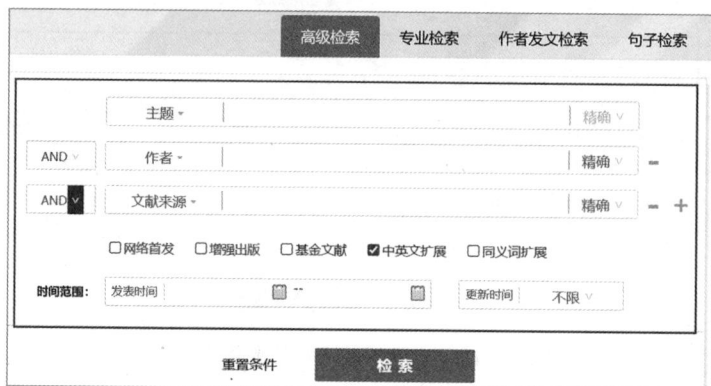

图 5-14　文献高级检索页面

由文献高级检索页面可知，系统设置了多项可选择的检索控制条件，如"网络首发、增强出版、基金文献、中英文扩展、同义词扩展"等；还有时间范围控制等。目的是使检索结果更加准确和精确。

5.2.3　CNKI 学术期刊检索

中国知网（CNKI 2.0 版）主页上，单击检索框下面的学术期刊频道，进入 CNKI 学术期刊库页面，如图 5-15 所示。

图 5-15　CNKI 学术期刊库页面

1. 期刊频道的一站式检索框

CNKI 期刊频道一站式检索框，如图 5-16 所示。

CNKI 期刊频道一站式检索框，左侧"主题"右边的下拉菜单，可选择检索途径和框中填写的内容。系统为读者提供了：

1）篇章信息检索途径："主题、篇名摘、篇名、关键词、摘要、小标题、全文、参考文献、基金、中国分类号、DOI"等。

2）作者 / 机构检索途径："作者、第一作者，通讯作者、作者单位、第一单位"。

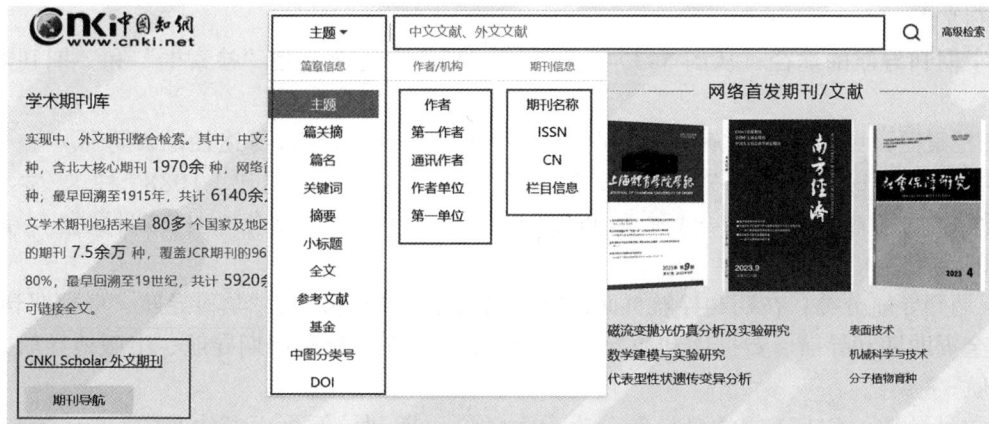

图 5-16　期刊频道的一站式检索框

3）期刊信息检索途径："期刊名称、ISSN、CN、栏目信息"等。

读者可从中选择一个检索途径，在其后的检索框中输入对应的检索内容的关键词，关键词可以是中文或者外文，就可以进行简单的期刊检索。

2. 期刊导航

中国知网期刊导航库，目前收录全部期刊 10866 种、学术期刊 8449 种、网络首发期刊 2484 种、世纪期刊 3766 种，是 CNKI 最重要的资源库。收录期刊大部分回溯至创刊，最早的回溯到 1915 年。读者可直接浏览期刊基本信息，按期查找期刊文章。期刊导航中，核心期刊按 2020 年版《中文核心期刊要目总览》核心期刊表分类，只包括被 2020 年版《中文核心期刊要目总览》收录的期刊。世纪期刊按期刊的知识内容分类，只包括 1994 年之前出版的期刊。期刊的影响因子按《中国学术期刊影响因子年报（2022 版）》结果显示。

（1）进入期刊导航　期刊导航在图 5-16 页面的左下方，单击"期刊导航"进入期刊导航页面，如图 5-17 所示。

图 5-17　期刊导航页面（2023 年 9 月 28 日截图）

收录期刊大部分回溯至创刊，最早的回溯到 1915 年。读者可直接浏览期刊基本信息，按期查找期刊文章。

（2）期刊导航的途径　从图 5-17 页面可知：页面上边部分是"检索框"和"期刊类型导航"。

1）检索框：可以通过系统提供的刊名、主办单位、ISSN、CN 等途径检索期刊。

2）期刊类型：从图 5-17 中可知，期刊类型导航分为全部期刊（10887 种）、学术期刊（8449 种）；网络首发期刊（2484 种）；世纪期刊（3766 种）（2023 年 9 月 28 日数据）。读者可从不同的途径进入查找期刊。

3）期刊导航分类：在期刊导航页面左侧，期刊导航栏中分为："学科导航、卓越期刊导航、社科基金资助期刊导航、数据库刊源导航、主办单位导航、出版周期导航、出版地导航、核心期刊导航"8 类：

①学科导航：CNKI 的学科导航分为十大学科：期刊导航页面左边是学科导航，内容覆盖：基础科学（842）、工程科技Ⅰ（1037）工程科技Ⅱ（1268）、农业科技（618）、医学卫生科技（1321）、哲学与人文科学（1272）、社会科学（2097）、信息科技（645）、经济与管理科学（1332）等十个领域，再将十大学科又分为 178 个分支学科（2023 年 9 月 28 日数据统计）。

②卓越期刊导航：中国科技期刊卓越行动计划入选项目（244 种期刊）。

③社科基金资助期刊导航：2022 年国家社科基金资助期刊（176）。

④数据库刊源导航：收录了国内外著名的期刊资源数据库，它们是：CA 化学文摘（美）（2023）（1767）；INSPEC 科学文摘（英）（2023）（219）；SCI 科学引文索引（美）（2023）（178）；JST 日本科学技术振兴机构数据库（日）（2022）（2674）；Рж（AJ）文摘杂志（俄）（2020）（478）；EI 工程索引（美）（2023）（264）；CSCD 中国科学引文数据库来源期刊（2023—2024 年度）（895）；CSCD 中国科学引文数据库来源期刊（2023—2024 年度）（扩展版）（344）；CSSCI 中文社会科学引文索引（2021—2022）来源期刊（含扩展版）（583）；CSSCI 中文社会科学引文索引（2017—2018）来源集刊（164）；WJCI 科技期刊世界影响力指数报告（2021）来源期刊（1477）。（2023-9-28 数据）。各数据库后面括号内的数字是（年）和期刊（种）。

⑤主办单位导航：分为出版社（52）、211 高校（872）、科研院所（132）、学会（448）等。

⑥出版周期导航：分为年刊、半年刊、季刊、双月刊、月刊、半月刊、旬刊、周刊等。

⑦出版地导航：分为华北、华东、华南、西北、西南、华中等。

⑧核心期刊导航：核心期刊按 2020 年版《中文核心期刊要目总览》核心期刊表分类，只包括被 2020 年版《中文核心期刊要目总览》收录的期刊。第一编哲学、社会学、政治、法律（276）种；第二编经济（156）种；第三编文化、教育、历史（297）种；第四编自然科学（344）种；第五编医药、卫生（258）种；第六编农业科学（133）种；第七编 工业技术（516）种，合计 1980 种。

读者可根据自己的兴趣，点击关心的专题，层层进入查找自己所需期刊。

（3）期刊导航检索举例

【例 5-3】运用期刊导航浏览方式查找核心期刊"中国图书馆学报"上的文章。

1）登录 CNKI 主页，单击主页检索框下面的"学术期刊"进行学术期刊页面；再单击图 5-16 所示左下角的"期刊导航"，进入"期刊导航"页面，如图 5-18 所示。

2）选择关注的学科。查找核心期刊"中国图书馆学报"有两种方式：①直接在检索框中，选择刊名，输入"中国图书馆学报"，单击"出版来源检索"，就可以找到。（但题目要求从期刊导航浏览方式查找）②从期刊导航浏览方式查找，单击页面左下方的"核心期刊导航"，进入核心期刊导航页面，鼠标指向"第三编文化、教育、历史"，出现第三编的全部期刊展开框，鼠标划向右边的"图书馆事业、信息事业"，如图 5-19 所示，然后进入图 5-20 所示页面。

图 5-18　期刊导航页面

图 5-19　核心期刊导航页面

图 5-20　核心期刊导航进入页面

3）单击首位期刊名称"中国图书馆学报"，进入中国图书馆学报首页，如图5-21所示。

图5-21　中国图书馆学报的首页（2023年9月28日截图）

期刊首页有该刊的基本信息、出版信息、评价信息。

①基本信息：曾用刊名、主办单位、出版周期（双月）、ISSN（1001-8867）、CN（11-2746/G2）、出版地（北京市）、语种（中文）、开本（16开）、邮发代号（2-408）、创刊时间（1957）。

②出版信息有：专辑名称、专题名称、出版文献量、总下载次数、总被引次数。

③评价信息有：评价信息有：（2022版）复合影响因子（9.291）；（2022版）综合影响因子（8.019）；该刊被以下数据库收录：JST 日本科学技术振兴机构数据库（日）（2022），CSSCI 中文社会科学引文索引（2021—2022）来源期刊（含扩展版），北京大学《中文核心期刊要目总览》来源期刊：1992年（第一版），1996年（第二版），2000年版，2004年版，2008年版，2011年版，2014年版，2017年版，2020年版；《中国人文社会科学期刊AMI综合评价报告》：2018版A刊权威；2022版A刊顶；期刊荣誉：社科双效期刊；2022年国家社科基金资助期。

④期刊浏览：页面左边列出了本刊历年目录，从2023年到1957年（降序排列），读者在这里可看到本刊历年的全部期刊，读者单击关注的年代查看，该刊的全部合订本就显示出来了，页面默认是最新出版期内容。当天的网络首发文章都有，如最新一篇文章就是当天的文献（2023年9月28日截图）。

4）单击年份看该年的期刊原文。系统列出了创刊到现年的全部期刊，读者单击年份，就可以翻看该年份的期刊目录和内容，再单击目录中的题名就可以打开该文章浏览，阅读或下载。如想看最新的文章，单击图5-18所示最上面的标题，进入文章页面阅读，页面左边是文章目录，右边是文章原文，如图5-22所示。

【例5-4】用期刊导航页面检索方式查找"中国机械工程"类期刊。

1）通过刊名检索。在期刊导航页面的下拉菜单中，提供了4个选项"刊名（曾用刊名）、主办单位、ISSN、CN"，默认检索途径是"刊名（曾用刊名）"，可选择其中之一，在检索框中输入相应的检索词进行检索。这里用刊名途径检索，输入"中国机械工程"，如图5-23所示。

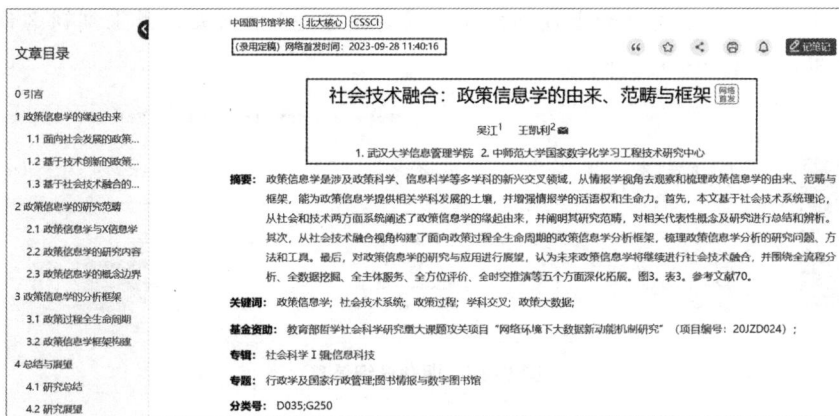

图 5-22　文章原文页面（2023 年 9 月 28 日截图）

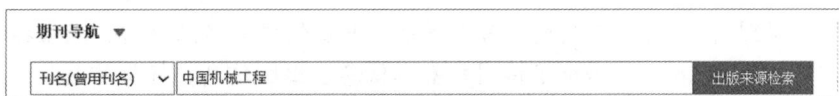

图 5-23　期刊导航用刊名途径检索 中国机械工程

单击"出版来源检索"得到结果，如图 5-24 所示。

图 5-24　"图形方式"显示检索结果

2）选择检索结果显示方式。在图 5-24 右上角，为期刊导航的检索结果提供了两种显示模式：即"图形方式、列表方式"。默认按图形方式显示。

①图形方式：系统默认是图形方式，在图形方式的显示模式下，对每一种期刊，显示"期刊的封面、期刊名称、复合影响因子、综合影响因子"，如图 5-24 所示。

②列表方式：列表方式仅显示"期刊名称、主办单位、复合影响因子、综合影响因子、被引次数"，如图 5-25 所示。

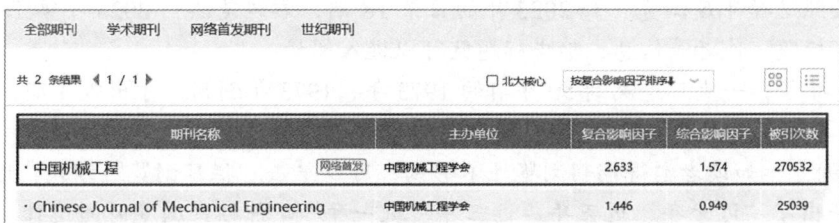

图 5-25　"列表方式"显示检索结果

单击图 5-24 中图形方式页面上期刊封面,或者图 5-25 中列表方式上期刊名称,进入本期刊详细信息页面,如图 5-26 所示。

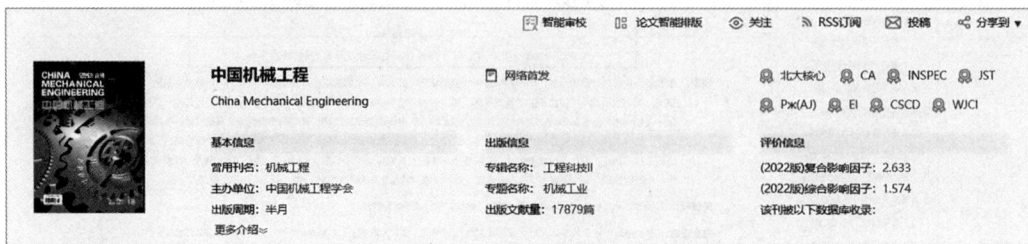

图 5-26　期刊详细信息

3)单击右上角"RSS 订阅"按钮后,一批简易聚合的 RSS 文件,即包含文摘的文章目录聚合推送给读者。

4)单击"分享到",可将该期刊内容可以通过"复制链接、新浪微博、微信扫一扫"分享。

5)期刊信息。图 5-26 中部给出了该刊的基本信息、出版信息、评价信息。

6)期刊浏览。收录了本刊创刊以来的全部数字期刊资源,对查找和研究学科发展史都具有重要的意义,相当于看本刊的全部合订本,《中国机械工程》期刊的浏览页面,如图 5-27 所示。

图 5-27　《中国机械工程》期刊的浏览页面

默认显示该期刊最新一期封面和目录,单击就可以直接阅读和下载。

读者可按照选择年度浏览,如 2023 年的目录 18 期,右边是该刊 2023 年第 18 期的目录的具体内容,有标题、作者等信息,单击标题就可以进入阅读。

该刊浏览年份,一直可追溯到 50 年前的 1973 年,1973 年创刊,才出版 3 期,1974 年出版 4 期,目前是半月刊,一年出版 24 期。50 年的电子合订本都在这儿可以阅读到。

7)栏目浏览。如读者觉得期刊浏览还不够细,可以单击"栏目浏览"方式,进一步集中相似文章,并给出了"近十年、近五年、近三年、近一年"4 种栏目浏览时间选择。如果想看近一年的文章,则选中"近一年"如图 5-28 所示。

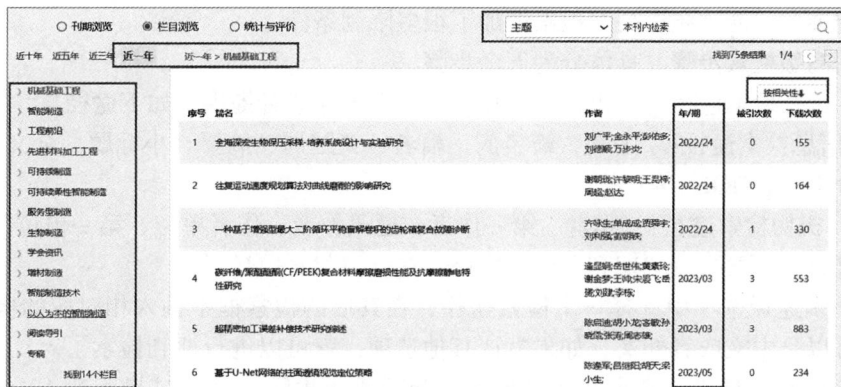

图 5-28　近一年的栏目浏览页面

8）本刊检索。系统还提供的"本刊内检索"框，为读者查找本期刊文章提供方便，如图 5-29 所示。

本刊内检索步骤：

①选择检索项：本刊内检索框提供了"主题、篇名、作者、关键词、单位、基金、期、摘要、全文、参考文献、中图分类号、DOI、栏目信息"13 种检索途径可选择，默认是主题途径。

②输入检索词：输入与选择检索途径相匹配的检索词，如检索项是篇名时，可输入检索

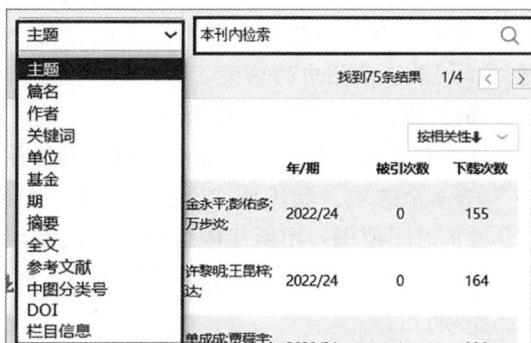

图 5-29　本刊内检索框

词如"机械制造"，就可查找到该刊发表的篇名含有"机械制造"的文章。

③检索：查找该刊的相关文献。

④重复①②步，可以检索其他需要的内容。

3. 期刊频道高级检索

进入 CNKI 主页，在一框式检索下单击"学术期刊"进入学术期刊频道；在期刊频道页面单击检索框右边的"高级检索"，进入学术期刊高级检索页面，如图 5-30 所示。

图 5-30　期刊频道高级检索页面

为提高查准率，期刊频道高级检索增加了很多限制条件。

（1）期刊高级检索步骤 具体分为五个步骤。

第一步，选择检索途径。高级检索途径很多，系统为读者提供了如下途径。

1）篇章信息检索途径："主题、篇名摘、篇名、关键词、摘要、小标题、全文、参考文献、基金、中国分类号、DOI"等；

2）作者 / 机构检索途径："作者、第一作者，通讯作者、作者单位、第一单位"；

3）期刊信息检索途径："期刊名称、ISSN、CN、栏目信息"等。

从这些众多途径选项中选择一个检索途径，在其后的检索框中输入相对应的检索内容关键词，关键词可以是中文或者外文，如果默认其他选项，就可以进行期刊检索了。

注意：检索框可根据检索内容多少进行增加⊞或减少⊟，最多可增加到 10 个检索框，最少 2 个检索框；检索框输入的检索词之间的逻辑关系，可用"AND、OR、NOT"代替布尔逻辑关系"与、或、非"，并输出符合条件的检索结果；检索词之间是"精确匹配与模糊匹配"可选择，精确：检索结果完全等同，或包含与检索字 / 词完全相同的词语；模糊：检索结果包含检索字 / 词或检索词中的词素。

第二步，选择检索控件条件。

1）有"仅看有全文、包含资讯、网络首发、增强出版、基金文献、中英文扩展、同义词扩展"等多个选项，默认是"仅看有全文、中英文扩展"。

2）时间范围：出版年限可以在"起始年—结束年"之间设定，如不做设定，则检索全部。

3）来源类别：有"全部期刊、SCI、EI、北大核心、CSSCI、CSCD、AMI"可多选，默认是全部期刊。

注意：检索控件条件项可选或可不选（不选择时为系统默认条件）；可多选，可少选，由检索者自主控制。

【例 5-5】用学术期刊高级检索查找篇名中包含有"5G 移动通信网络"关键词的文献。

这里把"5G 移动通信网络"分为 3 个关键词"5G""移动通信""网络"。进入 CNKI 主页，在一框式检索下点击"学术期刊"，进入学术期刊频道页面；在期刊频道页面单击检索框右边的"高级检索"，进入学术期刊高级检索页面，如图 5-31 所示。

图 5-31 期刊高级检索页面

在这个期刊高级检索页面中，选择系统默认的三个检索框：第一个框选择"篇名"途径，输入"5G"，第二行检索框也选"篇名"途径，输入"移动通信"，第三行检索框也选"篇名"途径，输入"网络"，3 个检索词之间的逻辑关系默认"AND"，单击"检索"得到如图 5-32 页面。

图 5-32　期刊高级检索结果页面

第三步，对检索结果进行满意度修正。

对首次检索结果，可能有不太满意的，对此要分析原因，修正检索关系式（调整关键词），重新去检索，使检索结果更加接近满意。

页面上方第一行显示内容：检索范围：学术期刊；检索逻辑关系式：（篇名：5G（精确））AND（篇名：移动通信（精确））AND（篇名：网络（精确））；检索结果"共找到 267 条结果"，均符合期刊文献标题中都包含有"5G""移动通信""网络"。如页面中红色字显示。

第四步，对检索结果的操作。

页面上方第二行显示内容：全选、已选 2、清除；批量下载阅读（注：下载箭头是蓝色时可以下载，当下载箭头是黄色时无权下载）、导出与分析；

排序："发文时间、相关度、被引、综合、下载"之中选择其一，默认是相关降序排列；

显示：可在"详细"或"列表"中选择其一，本处是列表显示。

第五步，对下载文献应及时备注来源。

对下载文献或参考文献，应及时注明文献来源，CNKI 的检索结果中，专门有导出格式来解决这一问题。将鼠标移到"导出与分析"时，出现两个选项："导出文献"和"可视化分析"，选择"导出文献"，进入文献管理中心页面，选择常用的"GB/T 7714—2015 格式引文"，如图 5-33 页面。

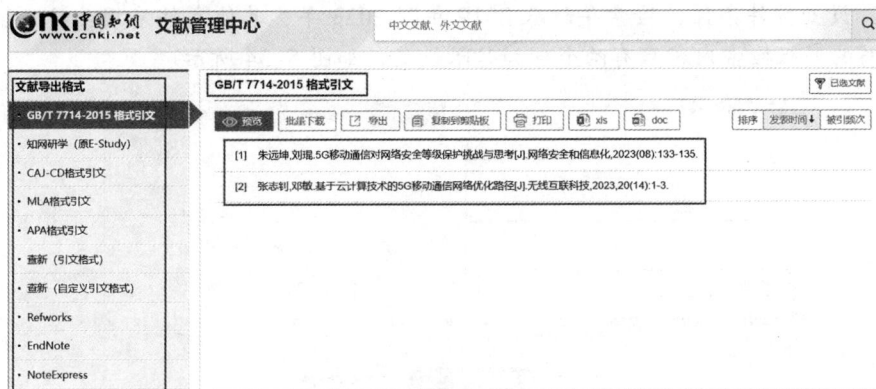

图 5-33　下载期刊文献导出格式（GB/T 7714—2015 格式引文）

可以复制保存，以后引用这篇文献时就非常方便。

［1］朱远坤，刘琨. 5G 移动通信对网络安全等级保护挑战与思考［J］.网络安全和信息化，2023（08）：133-135.

［2］张志钊，邓敏.基于云计算技术的 5G 移动通信网络优化路径［J］.无线互联科技，2023，20（14）：1-3.

编者偏好：在实际检索中，多数时候从篇名途径去检索，并填写 2 到 3 个篇名关键词，选择好关键词之间的布尔逻辑关系，就可以检索到篇名中相当多的相关度很高的文章。

（2）检索技巧 熟练掌握高级检索页面可实现更多特殊检索技巧。

1）查找某作者发表的文章。要完成这一功能，只需在高级检索页面中选用"作者"途径就可以完成。如果作者有重名时，再用"作者单位"限制检索结果。这就是后面要讲的"作者发文检索"。

这对于想考某导师的研究生，考前想了解导师的研究领域，曾经发表过哪些文章，可用此检索功能检索和下载某导师发表的文章，全文阅读了解，为面试准备。

2）查找某作者发表有哪些多少文章，学术价值如何。要完成这一功能，只需在"作者"途径＋"来源类别"即可完成。来源类别提供了"全部期刊、SCI、EI、北大核心、CSSCI、CSCD、AMI"等项的复选组合，这足够满足对某作者发表文章进行学术价值筛选的需要。

3）查找在某特定期刊上，某单位哪些作者发表过文章。完成这一功能，只需在高级检索中使用"期刊名称或 ISSN 号"＋"作者单位"即可完成筛选。

4）检索最近 5 年内发表的文章。有的导师要求学生参考最新的论文或成果，则在检索时加年度"时间限制"条件就可以了。如时间设定在 2019—2023 年度，检索输出结果就是近 5 年发表的文章。

5）推荐用篇名途径去检索文章。篇名就是文章的标题，也称题名（各数据库称法会不同）。篇名是以最恰当、最简明的词语反映论文中最重要的特定内容的逻辑组合。篇名中一般包含有几个关键词；且关键词排列有严格的顺序：第 1 关键词，论文所属学科名称；第 2 关键词，成果名称；第 3 关键词，所用方法名称；第 4 关键词，研究对象；第 5，6 关键词，便于检索和文献利用的名称。更重要的是如果用逻辑与组合关键词，检索结果会出现篇名中包含了全部输入的关键词。这种相关度是最理想的和最高的。

【例 5-6】 用期刊高级检索查找 5 年内且篇名中含有"文献检索"和"利用"的文章。

第一步，进入高级检索页面后，检索途径都选择"篇名"，在后面的检索框中填写"文献检索"，在第二个检索框中填写"利用"，两个词的逻辑关系选"AND"（布尔逻辑"与"）。

第二步，设置控件条件，检索年限从 2019 年到 2023 年，其他条件采用系统默认条件。实际上我们填写的高级检索内容只有两个词和时限设定，如图 5-34 所示。

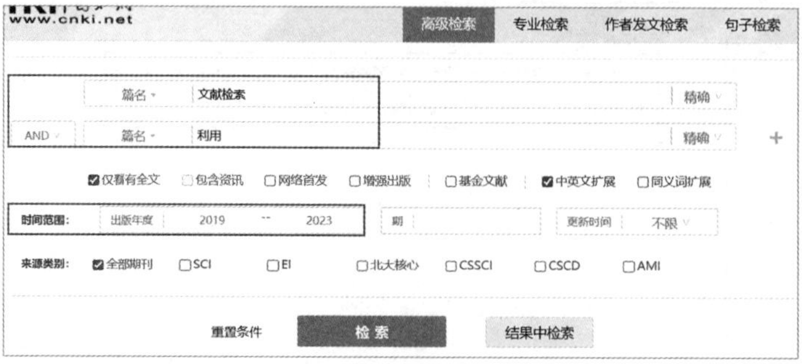

图 5-34 例 5-36 期刊高级检索页面

单击"检索"按钮，得到检索结果页面，如图 5-35 所示。

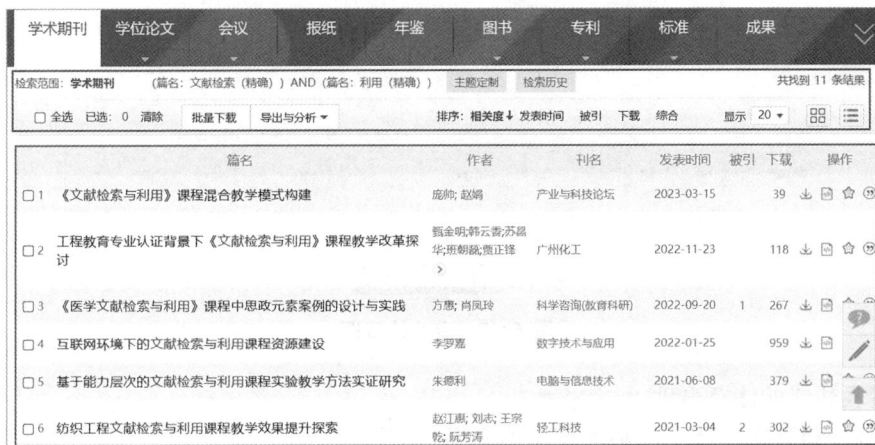

图 5-35　例 5-6 的检索结果页面

在检索结果页面中可看到，近 5 年来发表的文章中，篇名中同时含有"文献检索"与"利用"的期刊文章共找到 11 篇。排序按相关度排序；分组浏览：按发表年度降序排：如 2023（1），2022（3），2021（3），2020（1），2019（3）。

如果要下载全文，可以单击文章右边的下载按钮获取全文。

注意：如果读者想要浏览、下载和打印检索到的文章全文，就需要下载并安装 CNKI 的专用 CAJViewer 浏览器（简称 CAJ 全文浏览器）。系统将全文浏览器软件以压缩文件格式存放在 CNKI 主页中左下角，供用户单击下载安装，这是阅读 CNKI 的 CAJ 格式文献的必要条件（其他系统相似），如图 5-36 所示。

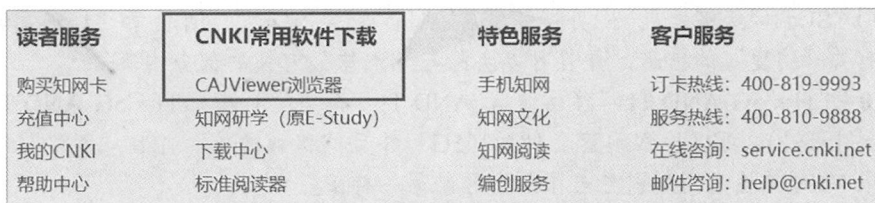

图 5-36　CNKI 主页中左下角 CAJViewer 浏览器下载链接

4. 期刊专业检索

专业检索常用于图书情报专业人员查新、信息分析等工作，使用逻辑运算符和关键词等构造检索式进行检索。专业检索是在检索框内写入特定的"检索字段"和"逻辑运算符"组合生成的检索表达式进行检索。专业检索框如图 5-37 所示。

（1）专业检索表达式语法

1）CNKI 在文献总库中对专业检索字段规定。

SU= 主题，TKA= 篇关摘，KY= 关键词，TI= 篇名，FT= 全文，AU= 作者，FI= 第一作者，RP= 通讯作者，AF= 作者单位，FU= 基金，AB= 摘要，CO= 小标题，RF= 参考文献，CLC= 分类号，LY= 文献来源，DOI=DOI，CF= 被引频次。

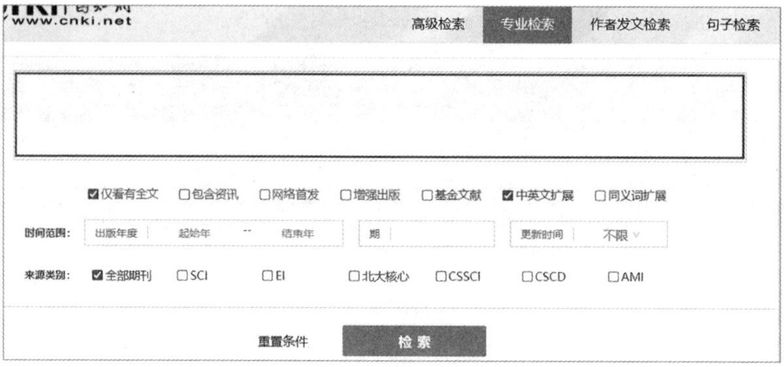

图 5-37 专业检索框

2）构造表达式的注意事项。

①所有符号和英文字母，都必须使用英文半角字符。

②"AND""OR""NOT"三种逻辑运算符的优先级相同；如要改变组合的顺序，请使用英文半角圆括号"（ ）"将条件括起。

③逻辑关系符号（与（AND）、或（OR）、非（NOT）前后要空一个字节。

④使用"同句""同段""词频"时，需用一组西文单引号将多个检索词及其运算符括起，如：'流体＃力学'。

（2）专业检索表达式 示例：

【例 5-7】"TI='生态' AND KY='生态文明' AND（AU % '陈' + '王'）"，可以检索到篇名包括"生态"并且关键词包括"生态文明"并且作者为"陈"姓和"王"姓的所有文章。

【例 5-8】"SU='北京' * '奥运' AND FT='环境保护'"，可以检索到主题包括"北京"及"奥运"并且全文中包括"环境保护"的信息。

【例 5-9】"SU=（'经济发展' + '可持续发展'）* '转变' - '泡沫'"，可检索"经济发展"或"可持续发展"有关"转变"的信息，并且可以去除与"泡沫"有关的部分内容。

【例 5-10】"TI='5G' AND TI='移动通信' AND TI='网络'"（或者 TI='5G' AND TI='移动通信' AND TI='网络'），可以检索到篇名包括"5G"并且"移动通信"并且"网络"的文章共找到 268 条结果。（可见检索词加引号与不加引号结果一样）

【例 5-11】"TI='电子' AND TI='机械制造' AND TI='应用'"，可以检索到篇名中包括"电子"并且包括"机械制造"并且还包括"应用"的所有文章，共找到 13 条结果。

【例 5-12】"TI='模具' AND TI='制造' AND TI='应用'"，可以检索到篇名包括"模具"和"制造"并且包括"应用"的文章，共找到 969 条结果。

【例 5-13】"TI='模具' AND TI='修理'"，可以检索到"篇名"包括"模具修理"的所有文章，共找到 10 条结果。

【例 5-14】"TI='彩电' AND TI='功率器件' AND（AU % '饶'）"，可以检索篇名包括"彩电"和篇名"功率器件"并且作者姓"饶"的所有文章，共找到 1 条结果。

5. 作者发文检索

作者发文检索是通过作者姓名、单位等信息，查找作者发表的全部文献及被引和下载情况。通过作者发文检索不仅能找到某一作者发表的文献，还可以通过对结果的分组筛选情况全方位地了解作者主要研究领域、研究成果等情况。作者发文检索框如图 5-38 所示。

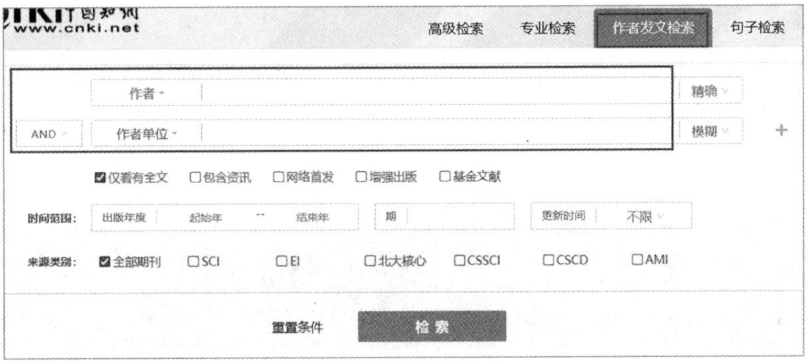

图 5-38　作者发文检索框

由图 5-38 可知，检索项包括作者、作者单位，可在检索框中直接输入相关名称进行检索。对于作者单位检索项，单击检索项前⊞增加逻辑检索行，单击⊟减少逻辑检索行。

6. 句子检索

在高级检索页切换"句子检索"标签，可进行句子检索。

句子检索是通过输入的两个检索词，在全文范围内查找同时包含这两个词的句子，找到有关事实的问题答案。用这种方法可以检索到需要的句子，也可查到用户引用了某作者的哪些文章等。同句、同段检索时必须输入两个检索词。

【例 5-15】用句子检索查找，在同一句子中，含有"5G 移动通信关键技术主要体现在无线传输技术和网络技术两方面"的文章。句子检索及结果如图 5-39 所示。

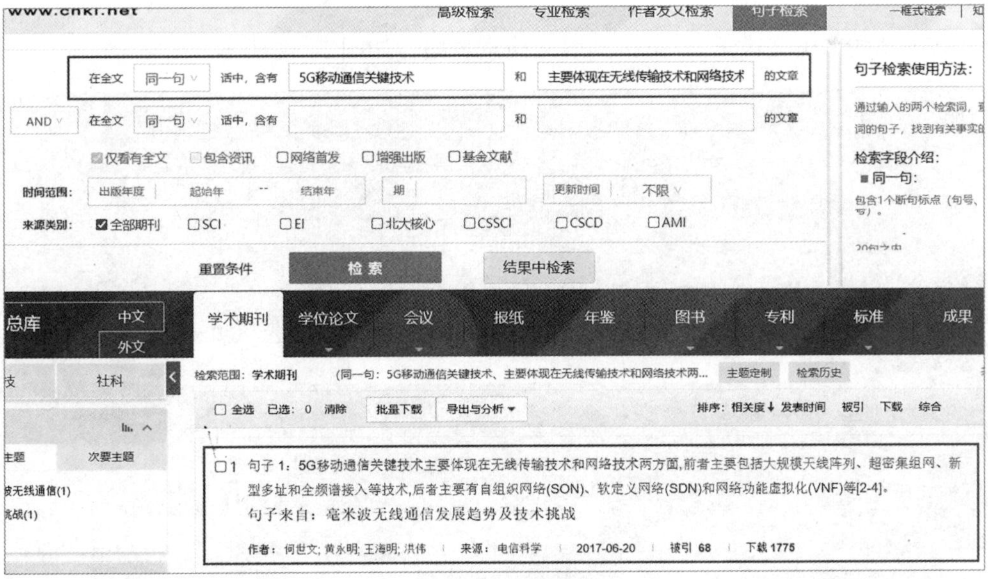

图 5-39　句子检索及结果

从图 5-39 可知，在同一句子中，含有"5G 移动通信关键技术主要体现在无线传输技术和网络技术两方面"的文章，共找到 1 条结果。

句子来自：毫米波无线电通信发展趋势技术挑战；作者：何世文，黄永明，王海明，洪伟；来源：电信科学；2017-07-20；被引 68，下载 1775。

7. 一框式检索

CNKI 高级检索页面上，最后面的"一框式检索"只是一个链接，单击该链接转到 CNKI 的一框式检索页面，如图 5-40 所示。

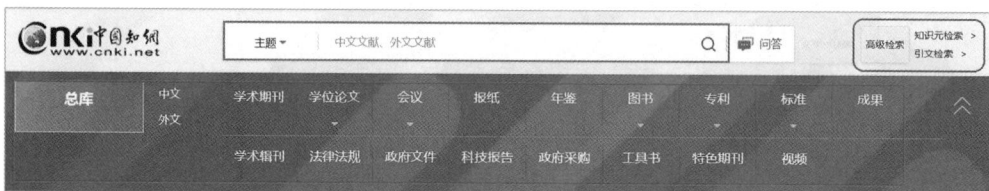

图 5-40　CNKI 的一框式检索页面

CNKI 的这个一框式检索页面，可以检索 CNKI 的全部文献资源：总库、总库中文、总库外文、学术期刊、学位论文、会议、报纸、年鉴、图书、专利、标准、成果、学术辑刊、法律法规、政府文件、科技报告、政府采购、工具书、特色期刊、视频等。

单击右上方的"高级检索"按钮，链接到高级检索页面，进行高级检索。

单击右上角的"知识元检索"，链接到知识元的检索页面，如图 5-41 所示。

图 5-41　知识元检索页面

单击右上角的"引文检索"，链接到引文检索页面，如图 5-42 所示。

图 5-42　引文检索页面

读者平时应该把 CNKI 的这些各种检索功能探索清楚，到真正需要查找需要文献时，才能得心应手检索到自己需要的文献资料。

5.2.4　检索结果处理

通过举例来说明对检索结果的处理。

【例 5-16】在学术期刊数据库中，用专业检索篇名中含有"无人驾驶汽车"和"人工智能"的文章。

专业检索表达式：(TI= 无人驾驶 and TI= 汽车 and TI= 人工智能)，检索结果如图 5-43 所示。

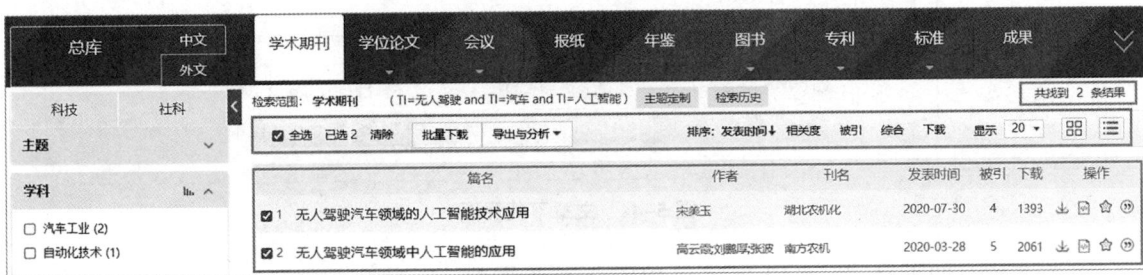

图 5-43　检索结果页面

从图 5-43 可知，满足篇名中含有"无人驾驶""汽车""人工智能"的文章，共找到 2 条结果，CNKI 期刊提供的检索结果处理有以下内容：

1. 分组浏览

分组浏览有主题、学科 2 种供读者选择。如学科中汽车工业（2），自动化技术（1）。

2. 排序

排序有"相关度、发表时间、被引、综合、下载、显示"等供选择，默认是发表时间排序；此外，还有总库、中文文献、外文文献、列表、摘要等排序方式选择。

3. 获取原文

期刊论文检索的目的是要找到并下载全文；阅读并摘录有用字句；记录文献来源以便引用。

（1）**HTML 阅读** 单击文章后面的 图标就可在线 HTML 阅读期刊论文，只能阅读，但不能复制文字。

（2）**收藏** 单击文章后面的 图标就收藏该论文了。

（3）**引用** 单击文章后面的 图标，就弹出 CNKI 提供的几种常用引用格式，供读者选择利用。

（4）**下载** 用户一般可以通过检索结果显示的篇名、作者、中文摘要、刊名等信息对检索出的文章进行初步筛选和取舍。若下载全文，系统提供两种方法：

1）直接单击文章后面的下载按钮（ ）进行下载。下载到本地计算机上详细阅读。

注意：下载按钮是绿色（ ）时，表示有下载权限；是黄色（ ）时，表示没有下载权限。由于受并发访问数的限制，CNKI 规定超过 5 分钟没有使用就自动下线收回并发数供他人使用，超过 5 分钟没用，你又想继续下载文章，就得重新登录一次。

2）直接单击文章篇名，进入文章下载页面（也是 CNKI 的文献知网节页面），再选择两种格式之一进行下载，如图 5-44 所示的页面。

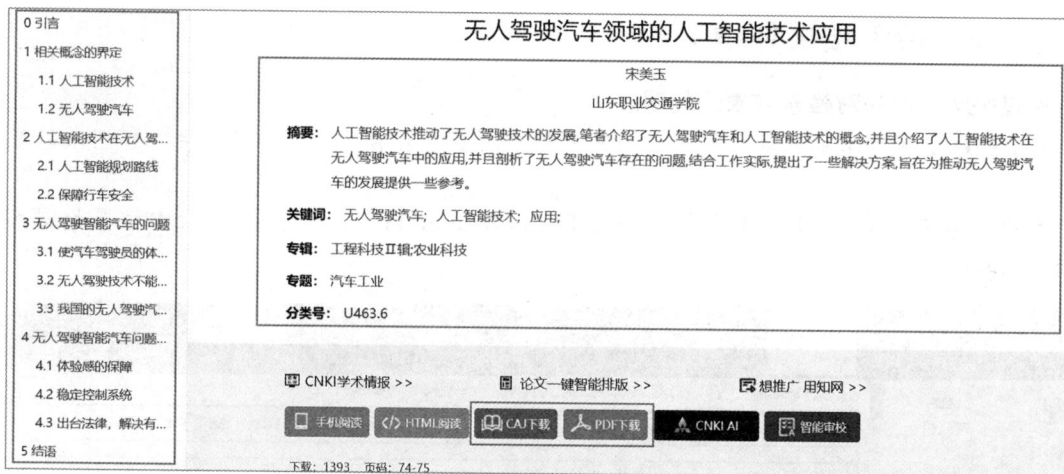

图5-44 文章下载页面

下载文章有两种格式：CAJ下载和PDF下载（推荐CAJ下载）。单击"CAJ下载"，系统弹出"新建下载任务"对话框，如图5-45所示。

在新建下载任务对话框中，有文件名，保存位置可设定，保存到"桌面"。单击"下载"按钮，系统默认保存到下载管理器，如图5-46所示。

同时，系统已将文章下载文献保存在桌面，如图5-47所示。

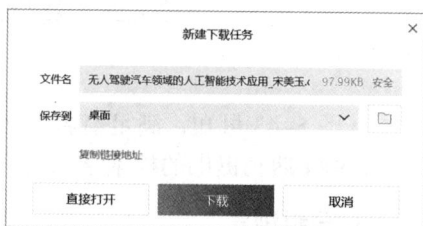

图5-45 "新建下载任务"对话框

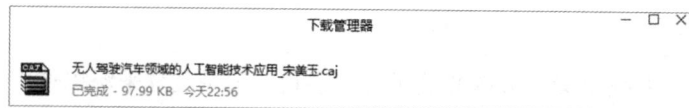

图5-46 下载管理器

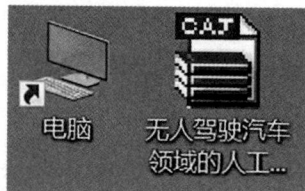

图5-47 下载到桌面的CAJ格式文章

按上述方法下载文章完成后，桌面上生成一个下载文章的快捷图标。双击桌面快捷图标，或单击"打开"按钮，CAJ全文浏览器会自动将全文以期刊原文原貌的方式打开显示出来。

4. 原文打印

需要打印文章时，单击浏览器CAJViewer页面左上方工具条中的打印机图标，使用默认设置打印文章的全部页码（前提条件是电脑已经安装好了打印机），如图5-48所示。

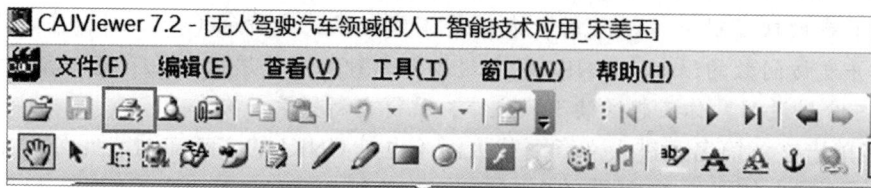

图5-48 打印下载到桌面的CAJ格式文献

5. 摘录文字

阅读原文的同时，若有需要的句子，想摘录下来，可先单击上方工具条中的"选择文字"图标 ⊤ 后，再去选中想摘录的文字区域，如图 5-49 所示。

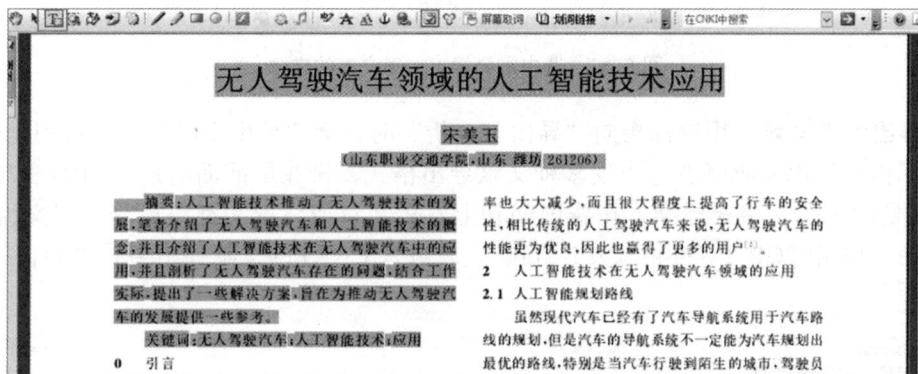

图 5-49　选中想要摘录的文字区域

若想复制摘录的文字，按"Ctrl+C"组合键或者单击右键选择"复制"命令。

再去打开一个 Word 文档，按"Ctrl+V"组合键或者单击右键选择"粘贴"命令，就可以把摘录的文字粘贴在 Word 文档上，如图 5-50 所示。

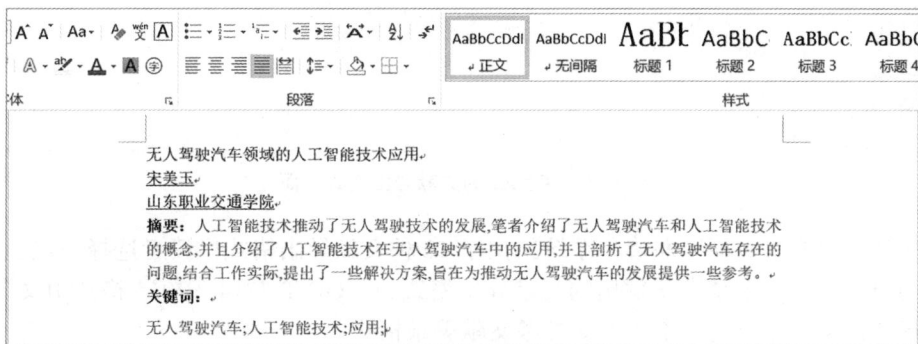

图 5-50　把摘录文字粘贴在 Word 文档上

摘录的这些文字是可以编辑的，将来写文章时可能被引用，读者在摘录文字的同时，要养成"注明文摘来源"的习惯。

6. 导出 / 参考文献

写文章不是反对引用，而是反对引用了他人的文字不注明来源，把他人的东西变成自己的东西。记录文摘来源的目的，是为了以后引用这段文摘时，知道是来自何处，以便准确标引参考文献，也是防止抄袭、剽窃嫌疑的最好办法。

参考文献的相关要求，请参考本书 9.3.2 参考文献著录规则。参考文献的格式要求严格，内容很多，读者不易掌握，为解决这一矛盾，CNKI 专门设计了"导出与分析"按钮，来解决这个问题。

CNKI 导出参考文献的步骤：

（1）选中需要导出参考文献的文章　如在检索结果页面中选中第 1 篇文章，如图 5-51 所示。

图 5-51　选中需要导出参考文献的文章

（2）导出参考文献　用鼠标指向"导出与分析"时，会"导出文献"和"可视化分析"选项，当鼠标指向导出文献时右边出现多种文献导出格式，排在最前面的是"GB/T 7714—2015格式"，这是国家引文格式标准，在我国期刊上发表文章或写论文都要遵守的引文格式标准。当鼠标移动并单击"GB/T 7714—2015 格式"，就进入 CNKI 的文献导出格式页面，如图 5-52所示。

图 5-52　CNKI 的文献导出格式页面

在"文献导出格式页面"左边，系统给出了 12 种文献导出格式供读者选择，以适合不同期刊出版社的投稿要求。系统默认输出的文献导出格式为"GB/T 7714—2015 格式引文"，这正是本书第 9 章"论文写作指南"中要求的参考文献著录格式。

这里参考文献导出方式系统给出了 5 种：①导出—导出工具对应的是 txt 格式；②复制到剪贴板；③打印；④ Excel 表格方式；⑤ Word 文档方式。

这里选择常使用的复制方法，将"GB/T 7714—2015 格式引文"复制到摘录的 word 文档后面备用，如图 5-53 所示。

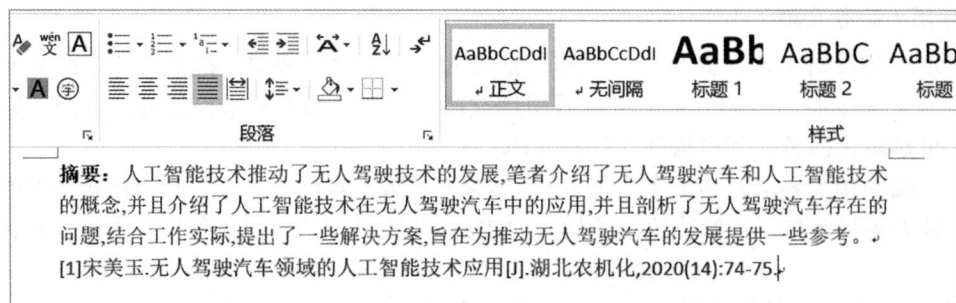

图 5-53　将参考文献复制到 word 文档后面

（3）CNKI 导出 / 参考文献格式种类　① GB/T 7714—2015 格式引文，② CAJ-CD 格式引文，③查新（引文格式），④查新（自定义引文格式），⑤ CNKI E-Study，⑥ Refworks，⑦ EndNote，⑧ NoteExpress，⑨ NoteFirst，⑩自定义（支持需输出更多文献信息的查新等用途）等。

这里只列举 3 种常用引文格式，供读者参考与比较各种引文格式的差异：

1）GB/T 7714—2015 格式引文，如图 5-54 所示。

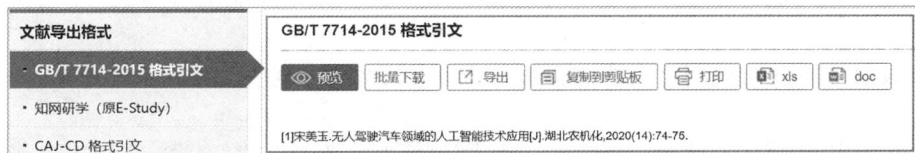

图 5-54　GB/T 7714—2015　格式引文页面

［1］宋美玉 . 无人驾驶汽车领域的人工智能技术应用［J］. 湖北农机化,2020（14）:
　　74-75.

2）CAJ-CD 格式引文，如图 5-55 所示。

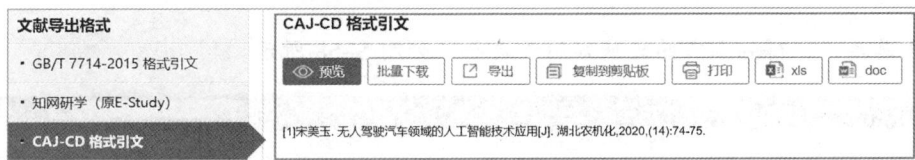

图 5-55　CAJ-CD 格式引文页面

［1］宋美玉 . 无人驾驶汽车领域的人工智能技术应用［J］. 湖北农机化,2020,（14）:
　　74-75.

比较 GB/T 7714—2015 格式引文和 CAJ-CD 格式引文，两者是一样的。

3）查新（引文格式），如图 5-56 所示。

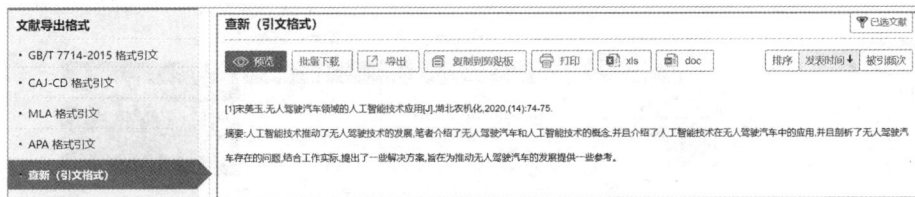

图 5-56　查新（引文格式）页面

［1］宋美玉 . 无人驾驶汽车领域的人工智能技术应用［J］. 湖北农机化,2020,（14）:
　　74-75.

摘要：人工智能技术推动了无人驾驶技术的发展，笔者介绍了无人驾驶汽车和人工智能技术的概念，并且介绍了人工智能技术在无人驾驶汽车中的应用，并且剖析了无人驾驶汽车存在的问题，结合工作实际，提出了一些解决方案，旨在为推动无人驾驶汽车的发展提供一些参考。

与 GB/T 7714-2015 格式引文格式比较，查新引文格式增加了摘要部分。

5.2.5 文献知网节

CNKI 的文献知网节页面是 CNKI 最出彩的一页，它为读者提供了查找相关文献的多种方法和渠道。以某一篇文章为文献知网节中心（也是时间轴原点），向前有一级参考文献、二级参考文献，向后有一级引证文献、二级引证文献。通过对节点文献的追根溯源，把知识节点的前前后后搞清楚，有利于知识的发现与创造。

【**例 5–17**】以文章《论政府招标采购图书的质量控制》（下面简称"本文"）为例说明文献知网节。

通过 CNKI 期刊检索找到《论政府招标采购图书的质量控制》，如图 5–57 所示。

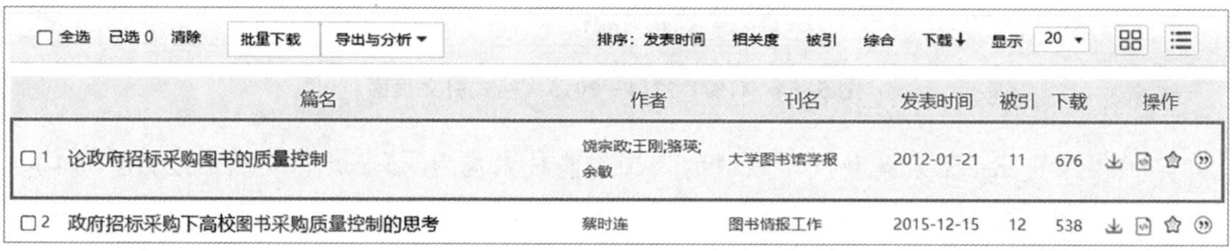

图 5–57　通过 CNKI 期刊检索找到本文

单击文章篇名，得到本文的文献知网节页面，如图 5–58 所示。

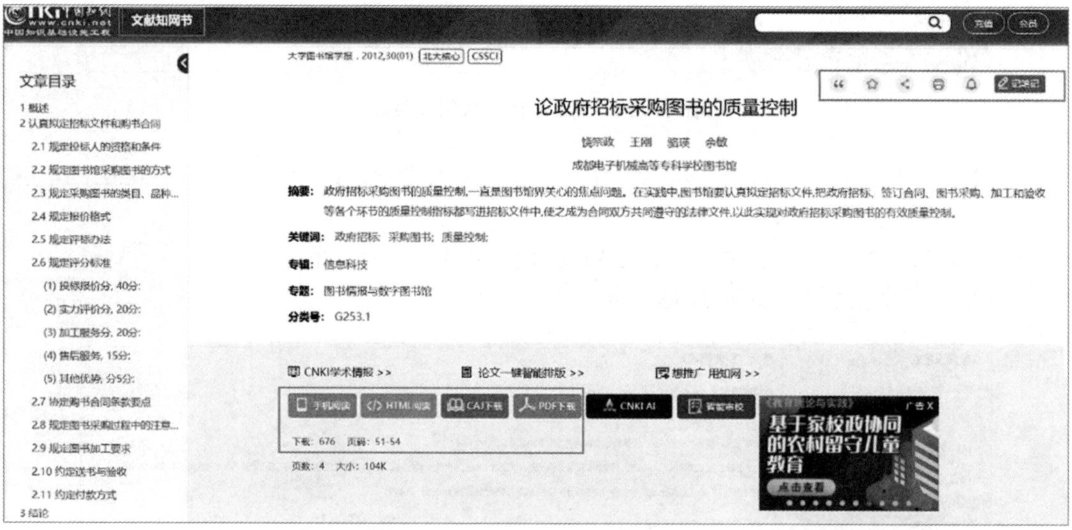

图 5–58　本文的文献知网节页面

从图 5–58 可知，本文的文献知网节主页面提供了如下内容。

1. 本文的知识节点信息

1）本文出处：主页最上方提供了"大学图书馆学报、时间、北大核心、CSSCI"等信息。

2）本文的知识节点，提供了节点文献的"篇名、作者、摘要、关键词、专辑、专题、分类号"等。

3）主页下方提供了"手机阅读、HTML 阅读、CAJ 下载、PDF 下载"。

4）主页右上方有"记笔记、关注、打印、分享、收藏、引用"等。

5）主页左边是本文的文章目录。

2. 本文的核心文献推荐

本文的核心文献推荐如图 5-59 所示。

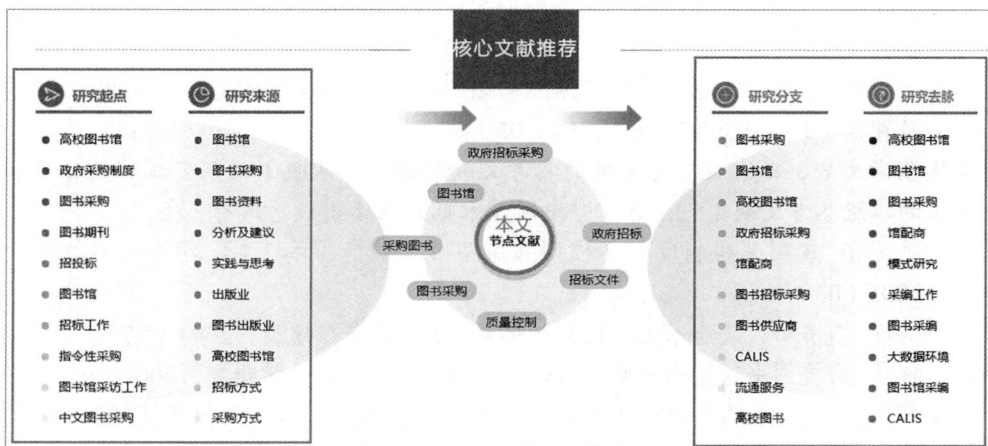

图 5-59　本文的核心文献推荐页面

3. 本文的引文网络图

本文的引文网络图如图 5-60 所示。

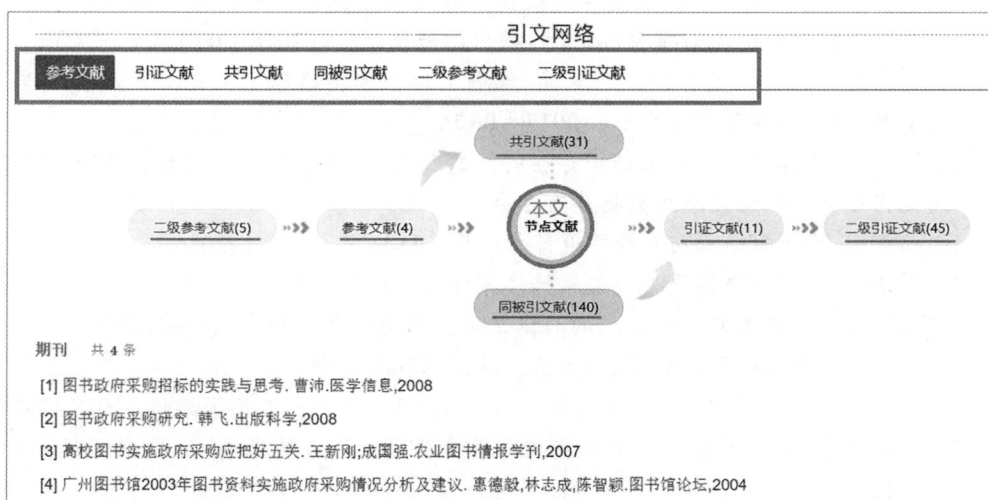

图 5-60　本文的引文网络图

本文的引文网络图提供了"本文的参考文献（4）、引证文献（11）、共引文献（31）、同被引文献（140）、二级参考文献（5）、二级引证文献（45）"等信息。

本文的引文网络图解读：引文网络图就是以《论政府招标采购图书的质量控制》为中心，从时间轴上向前看，本文引用了哪些文献，向后看，本文又被哪些文献引用了。具体定义如下：

① 节点文献，指本文，即指文章《论政府招标采购图书的质量控制》。

② 参考文献，是反映本文研究工作的背景和依据，是本文参考和引用的文献。从时间坐标轴上看，本文的参考文献是本文之前就已发表的文献。目前，中国学术期刊网络出版总

库有 4 条。

[1] 曹沛.图书政府采购招标的实践与思考 [J].医学信息，2008（08）.

[2] 韩飞.图书政府采购研究 [J].出版科学，2008（01）.

[3] 王新刚，成国强.高校图书实施政府采购应把好五关 [J].农业图书情报学刊，2007（02）.

[4] 惠德毅，林志成，陈智颖.广州图书馆 2003 年图书资料实施政府采购情况分析及建议 [J].图书馆论坛，2004（05）.

③ 二级参考文献，是本文参考文献的参考文献，进一步反映本文研究工作的背景和依据。本文的二级参考文献（5），目前，中国学术期刊网络出版总库有 5 条。

[1] 张为华.政府采购制度对高校图书馆图书采购的影响 [J].山东图书馆季刊，2005（03）.

[2] 周谨.图书实行政府采购应注意的问题 [J].图书馆建设，2004（05）.

[3] 陈伟.高校图书馆图书采购招标工作新探 [J].图书馆学研究，2004（05）.

[4] 郑家杰.政府采购行为对高校图书馆书刊采购的影响 [J].现代情报，2004（03）.

[5] 丁明刚.政府指令性采购图书利弊谈 [J].大学图书馆学报，2001（02）.

④ 引证文献，是引用本文的文献，是本文研究工作的继续、应用、发展或评价。从时间坐标轴上看，引证文献是本文之后才发表的文献。本文的引证文献有 11 条，这里只列举 3 条。

[1] 王玉橙.政府采购模式下高职院校图书馆图书采购的实践与探索——以成都工业职业技术学院图书馆为例 [J].四川图书馆学报，2018（03）.

[2] 史淑英，张静，魏青山，习亚萍.采编工作一体化趋势下中文图书采编工作的变革 [J].国家图书馆学刊，2017（06）.

[3] 顾维萍.浅谈图书招标采购中存在的问题及对策 [J].招标与投标，2016（03）.

中国优秀硕士学位论文全文数据库有 2 条。

[1] 邰相宁.政府招标采购系统的设计与实现 [D].东北大学，2016.

[2] 王汝欣.高校图书馆图书政府采购个案研究 [D].河北大学，2016.

⑤ 二级引证文献，是本文引证文献的引证文献，更进一步反映本文研究工作的继续、发展或评价。本文的二级引证文献共 45 条，这里只列举 3 条。

[1] 隋银昌."抢单式"中文图书采选模式研究 [J].大学图书情报学刊，2018（04）.

[2] 邓勇攀.公共图书馆实现文化精准扶贫价值目标之再思考 [J].图书情报导刊，2018（03）.

[3] 史淑英，张静，魏青山，习亚萍.采编工作一体化趋势下中文图书采编工作的变革 [J].国家图书馆学刊，2017（06）.

中国博士学位论文全文数据库有 1 条。

[1] 袁野.中国高校非经营性国有资产管理制度研究 [D].吉林大学，2013.

中国优秀硕士学位论文全文数据库有 4 条。

[1] 刘珊延.高职院校资金管理系统的开发与应用 [D].西南科技大学，2018.

[2] 于杰.供电公司信息设备资产管理系统的设计与实现 [D].西安电子科技大学，2016.

[3] 王汝欣.高校图书馆图书政府采购个案研究 [D].河北大学，2016.

〔4〕牟成林.职业高中资产管理系统的设计与实现〔D〕.电子科技大学，2015.

⑥ 共引文献，也称同引文献，与本文有相同参考文献的文献，与本文有共同研究背景或依据。本文的共引文献共30条。目前，中国学术期刊网络出版总库共31条（略）。

中国优秀硕士学位论文全文数据库共2条。

〔1〕马骏.东营市政府集中采购办公自动化系统的设计与应用〔D〕.电子科技大学，2011.

〔2〕陈玲.出版物团购消费行为研究〔D〕.北京印刷学院，2010.

⑦ 同被引文献，与本文同时被作为参考文献引用的文献，与本文共同作为进一步研究的基础。目前，中国学术期刊网络出版总库共140条（略）。

中国图书全文数据库共3条。

〔1〕赵洁.高校图书馆文献采访理论与实践探索〔M〕.中国农业大学出版社，2016.

〔2〕林泽明.图书馆图书招标采购实务〔M〕.中国电力出版社，2014.

〔3〕饶宗政.现代文献检索与利用〔M〕.机械工业出版社，2012.

国际期刊数据库共1条。

〔1〕Michelle Foss. Books-on-Demand Pilot Program：An Innovative "Patron-centric" Approach to Enhance the Library Collection〔J〕. Journal of Access Services，2008（1-2）.

4. 本文的相关文献推荐

本文的相关文献推荐如图5-61所示。

图5-61　本文的相关文献推荐

本文的相关文献推荐包括"相似文献、读者推荐、相关基金文献、相关作者、相似视频"等内容。

① 相似文献（与本文内容上较为接近的文献）

〔1〕邱洁嫒.政府招标采购下公共图书馆图书采购质量控制〔J〕.科技与创新，2014（03）.

〔2〕梁晓天，余玲.图书资料招标采购的实践与思考〔J〕.图书馆论坛，2002（06）.

〔3〕李红霞.浅析图书馆文献招标采购中的自由裁量权〔J〕.图书馆，2013（02）.

［4］陈喜红.高校图书馆文献招标采购探讨［J］.情报探索，2007（12）.

［5］杨桂金.浅谈图书馆文献的招标采购［J］.河北科技图苑，2003（05）.

［6］王莉.招标采购模式下的图书采购质量保障［J］.图书馆杂志，2013（11）.

［7］张宏.招标采购在期刊管理中的应用［J］.图书馆工作与研究，2005（04）.

［8］蔡时连.政府招标采购下高校图书采购质量控制的思考［J］.图书情报工作，2015（S2）.

［9］周英雄.论文献招标采购［J］.图书馆论坛，2005（03）.

［10］许强.政府招标采购模式下高校图书采购实践［J］.农业网络信息，2016（09）.

② 读者推荐（喜欢本文的读者同时还下载了这些文献）

［1］杨新涯，王文清，张洁，王宁.CALIS 三期共享域与图书馆系统整合的实践研究［J］.大学图书馆学报，2012（01）.

［2］姚倩.以文献共享为核心的数字图书馆构建策略［J］.大学图书馆学报，2012（01）.

［3］张秀华，靳茜.从国家社科基金项目看图书情报知识生产［J］.大学图书馆学报，2012（01）.

［4］方胜华，刘柏嵩.2009 年以来国外引文分析研究进展［J］.大学图书馆学报，2012（01）.

［5］李超.引用质量加权影响因子评价学术期刊研究——以 CSSCI 图书情报学期刊评价为例［J］.大学图书馆学报，2012（01）.

［6］包平，周丽.基于 ClimateQUAL™ 的高校图书馆评价实证研究［J］.大学图书馆学报，2012（01）.

［7］刘华."读者决策采购"在美国大学图书馆的实践及其对我国的启示［J］.大学图书馆学报，2012（01）.

［8］程艾军，张兆忠，马路.从连续三年中美高校图书馆电子资源建设经费统计数据看馆藏电子资源建设发展趋势［J］.大学图书馆学报，2012（01）.

［9］黎邦群.OPAC 书目纠错功能的设计与实现［J］.大学图书馆学报，2012（01）.

③ 相关基金文献

略。

④ 关联作者

本文引用了谁的文献？

王新刚、曹沛、陈智颖、成国强、惠德毅、林志成、韩飞。

谁引用了本文？

张静、魏青山、史淑英、习亚萍、蔡时连、王刚、罗绣明、邹定香、饶宗政、顾维萍、王汝欣、王玉橙。

以上所列与节点文献相关的"参考文献、二级参考文献、引证文献、二级引证文献，同引文献，同被引文献"的篇名都有链接，刊登文献的期刊名称也有链接，单击篇名可以看到全文。单击刊名进入期刊首页，通过知网节点文献页面，可以找到很多（162 条）与本文相关的文献信息，并通过链接方便地获取原文。可见，节点文献是扩大检索相关文献最有效的方法。

5.3　维普科技期刊检索

5.3.1　维普科技期刊服务平台简介

1. 维普资讯网

重庆维普资讯有限公司（简称：维普资讯）成立于 1995 年，前身为中国科技情报研究所重庆分所数据库研究中心，是我国第一家进行中文期刊数据库研究的机构。作为我国数据库产业的开拓者，维普资讯自主研发并推出的《中文科技期刊篇名数据库》是我国第一个中文期刊文献数据库，也是我国最大的自建中文文献数据库，实现了中文期刊计算机检索。维普资讯网建立于 2000 年，针对全国高等院校、公共图书馆、情报研究机构、医院、政府机关、大中型企业等各类用户的需求，重庆维普资讯有限公司又陆续推出了《中文科技期刊数据库》《中文科技期刊数据库（引文版）》《外文科技期刊数据库》《中国科学指标数据库》、中文科技期刊评价报告、维普考试资源系统、维普期刊资源整合服务平台、维普论文检测系统等系列产品。维普资讯主页（ http://www.vipinfo.com.cn/ ），如图 5-62 所示。

图 5-62　维普资讯主页

维普资讯网上，数字资源的分类按《中国图书馆分类法》，设有"医药卫生、农业科学、机械工程、自动化与计算机技术、化学工程、经济管理、政治法律、哲学宗教、文学艺术"等 35 个学科大类，457 个学科小类。著录标准分别按照《中国图书馆分类法》《检索期刊条目著录规则》（GB3793—1983）、《文献主题标引规则》（GB3860—1983）、《信息与文献参考文献著录规则》（GB/T 7714—2015）执行。

2. 维普资讯中文期刊服务平台

维普资讯主页上的"中文期刊服务平台"，是维普资讯 2018 年 10 月推出的中文期刊服务平台，也是目前全国各高校图书馆普遍使用的维普期刊数据库中文期刊服务平台，如图 5-63 所示。

图 5-63　维普资讯中文期刊服务平台（2023 年 10 月 3 日截图）

《中文科技期刊数据库》诞生于 1989 年，累计收录期刊 14000 余种，现刊 9000 余种，期刊文献总量 74684553 篇，是我国数字图书馆建设的核心资源之一，是高校图书馆文献保障系统的重要组成部分，也是科研工作者进行科技查证和科技查新的必备数据库。此中文期刊服务平台上方，提供了"期刊导航、期刊评价报告、期刊开放获取、下载 APP"等栏目。在检索框右边还有"高级检索"，单击该按钮可进入高级检索页面。该平台简捷实用，功能完善。据维普资讯，从 2019 年 1 月起全面推广使用维普中文期刊服务平台。

3. 期刊导航

在中文期刊服务平台左上角，单击"期刊导航"，进入期刊导航主页，即《中文科技期刊数据库》主页。现在维普资讯"期刊导航"是原来"期刊大全"的替代产品，是读者浏览查看期刊的一种老方法，至今仍是各期刊数据库一直为读者保留的浏览查看期刊的方法。维普资讯的期刊导航页面，如图 5-64 所示。

图 5-64　维普资讯的期刊导航页面

期刊导航页面显示，目前期刊总量 15336 种。期刊导航页面提供了按期刊名称的首字母拼音序列查找，也有按照分类法浏览。期刊导航左边提供了期刊检索，检索途径有"刊名、任意字段、ISSN 号（国际标准期刊号）、CN 号（国内统一刊号）、主办单位、主编、邮发代号"等。

4. 期刊评价报告

维普资讯的期刊评价报告是国内做得最早、做得最好，与国际接轨的中文期刊评价报告。对期刊的评价方法完全与美国费城的科学信息研究所的期刊引用报告（JCR）统计方法一致，是读者对期刊进行判断和比较的重要参考依据。

5.3.2 期刊文献检索

1. 期刊基本检索

维普中文期刊服务平台上，默认字段是"任意字段"，此时，只要在检索框中输入任意检索词或符号，就可以检索，并得到与检索词相关的结果。它像百度搜索平台一样简捷。这里的"任意字段"的含义，包括了"题名或关键词、题名、关键词、摘要、作者、第一作者、机构、刊名、分类号、参考文献、作者简介、基金资助、栏目信息"等 13 个字段内容。如果读者检索目的明确，可选择 13 个字段之一进行检索，如查某作者的文章，则在下拉菜单中选择作者字段，输入作者姓名，检索就得到该作者所发表的期刊文章。这样目的性更强，效率更高。

【**例 5–18**】 我国华为公司在 5G 移动通信技术专利方面已经是世界的排头兵，查找含有"5G 网络"与"5G 应用"方面的文章。

方法一：①采用系统默认的任意字段；②输入检索词"5G 网络、5G 应用"，两个关键词之间留一个空格；③单击"检索"按钮，④共找到 2079 篇文章。

方法二：①选择"题名"字段；②输入关键词"5G 网络、5G 应用"，两个关键词之间留一个空格；③单击"检索"按钮；④共找到 747 篇文章，如图 5-65 所示。

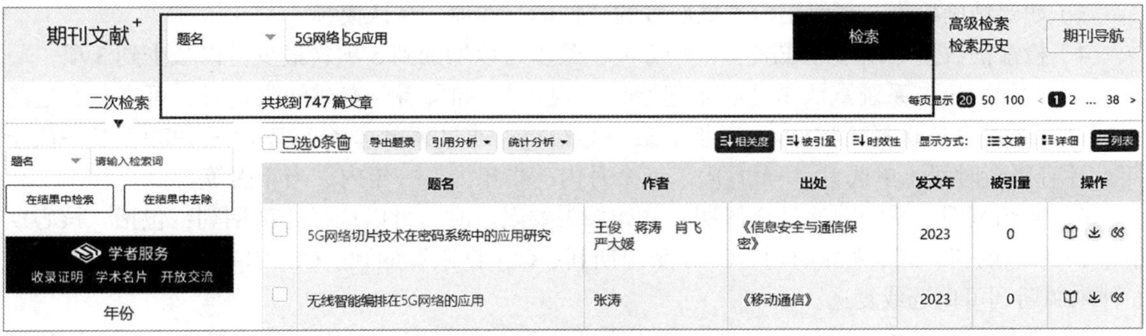

图 5–65 期刊基本检索页面

显然，在方法二中，因选择了题名字段，检索结果为 747 篇文章，但是题名中都包含了"5G 网络"和"5G 应用"，搜索到的文章都是与检索词相关度非常高的文章。

在这个基本检索平台上，建议读者分别选择"题名或关键词、题名、关键词、摘要、作者、第一作者、机构、刊名、分类号、参考文献、作者简介、基金资助、栏目信息"等作为检索字段，输入相应的检索词，试检索一下，看看检索结果怎样。这是熟悉和掌握维普中文期刊服务平台最有效的方法。

2. 期刊高级检索

在图 5-65 中文期刊服务平台主页，单击右边"高级检索"按钮，进入高级检索页面，如图 5-66 所示。

图 5-66 中文期刊服务平台的高级检索页面

（1）期刊高级检索页面功能说明

1）检索字段选择：有"任意字段、题名或关键词、题名、关键词、摘要、作者、第一作者、机构、刊名、分类号、参考文献、作者简介、基金资助、栏目信息"等 14 个字段供读者选择。

2）逻辑运算符号选择：前后检索词之间的逻辑关系有"与、或、非"，可选其一。

3）如要精确检索，请使用检索框后方的"精确"选项。默认模糊。

4）检索框数量可以增加或减少（＋或－）：最多可以增加到 5 项，最少可以减少到 3 项。

5）时间限定：系统默认是"收录起始年～现年"。如果需要有时间限定时，可以从右边箭头展开，通过菜单选择（1989—现年）某一起始年；通过菜单选择（现年—1989）某一截止年，还有更新时间（单选）：一个月内、三个月内、半年内、一年内、当年内等。

6）期刊范围：系统默认是全部期刊。如果需要限定时，可以选择全部期刊：包括"核心期刊、EI 来源期刊、SCI 来源期刊、CAS 来源期刊、CSCD 来源期刊、CSSCI 来源期刊"，或者对 6 种来源期刊可单选或复选。

7）学科限定：系统默认是全选。如果需要限定某学科时，可以从左边箭头展开，选择医学，农业，一般工业等 45 个学科中选择。

8）检索历史，记录了曾经检索过的检索表达式。

（2）期刊高级检索示例

【例 5-19】用高级检索查找题名中包含"5G 网络、5G 应用"方面的文章。

检索过程：①在主页上单击检索框右边的"高级检索"进入高级检索页面；②选择"题名"途径；③可以分为"5G 网络、5G 应用"2 个词；④逻辑关系选择"与"；⑤其他为默认条件。其实这是将做的工作转化为检索式："题名＝5G 网络"与"题名＝5G 应用"，单击"检索"按钮，得到检索结果，检索页面如图 5-67 所示。

图 5-67　高级检索页面

共找到 747 篇文章，且题名中都包含有关键词 "5G 网络、5G 应用"，与前例结果一样。

（3）检索结果页面信息与操作

1）检索结果页面信息：①检索结果共找到 747 篇文章；②检索式：题名＝5G 网络 AND 题名＝5G 应用；③每篇文章信息有：题名、作者、出处、发文年、被引量；④操作：在线阅读、下载全文、引用。

2）导出题录：选中检索结果题录列表前的复选框，单击 "导出"，可以将选中的文献题录以文本（默认）、参考文献、XML、NoteExpress、Refworks、EndNote 的格式导出。导出形式有复制、导出打印等。

3）引用分析：参考文献、引证文献。

4）统计分析：检索结果、已选文献。

5）检索结果排序：相关度排序、被引量排序、时效性排序。

6）显示方式：文摘方式、详细方式、列表方式。

（4）高级检索框中支持简单逻辑运算

1）检索框中可支持 "并且"（AND/and/*）、"或者"（OR/or/+）、"非"（NOT/not/-）三种简单逻辑运算。

2）逻辑运算符 AND、OR、NOT 的前后空一格；逻辑运算符优先级为：NOT>AND>OR，且可通过英文半角（　）进一步提高优先级。

3）表达式中，检索内容包含 AND/and、NOT/not、OR/or、*、- 等运算符或特殊字符检索时，需加半角引号单独处理，如："C++"。

4）精确检索请使用检索框后方的 "精确" 选项。

【例 5-20】验证检索框中可支持 "并且"（AND）简单逻辑运算。

验证过程：在一个检索框前面选择 "题名"；在后面的检索框中输入 "5G 网络 and 5G 应用"；检索结果共找到 747 篇文章；如图 5-68 所示。

图5-68 验证检索框中可支持"并且"（AND）简单逻辑运算页面

检索结果与例5-15结果相同，说明检索框中支持"并且"（AND）简单逻辑运算。

【例5-21】验证检索框中可支持"或者"（OR）简单逻辑运算。

验证过程：在一个检索框前面选择"题名"；在后面的检索框中输入"5G网络 or 5G应用"；检索结果共找到9660篇文章；如图5-69所示。

图5-69 验证检索框中可支持"或者"（OR）简单逻辑运算页面

说明检索框中可支持"或者"（OR）简单逻辑运算，且逻辑"或"扩大检索范围。

【例5-22】验证检索框中可支持"不包含"（NOT）简单逻辑运算。

验证过程：在一个检索框前面选择"题名"；在后面的检索框中输入"5G网络 not 5G应用"；其含义是检索结果中，题名中只含有"5G网络"，不包含"5G应用"的文章；检索结果共找到1110篇文章，如图5-70所示。

图 5-70　高级检索框中支持"不包含"（NOT）简单逻辑运算页面

共找到 3987 篇文章，且全部文章题名中只含"5G 网络"，不包含"5G 应用"。

说明检索框中可支持"不包含"（NOT）简单逻辑运算；不包含（NOT）是缩小检索范围。

3. 期刊专业检索

期刊专业检索是在检索框中直接输入检索表达式进行检索的方法。检索表达式是由检索字段标识符、逻辑运算符连接组合而成的，且符合检索意图的一个完整检索表达式。

（1）专业检索步骤

1）正确写入检索表达式　读者可以在检索框中使用正确的检索字段及代码、布尔逻辑运算符对多个检索词进行组配成检索表达式。

2）检索条件限定　执行检索前，读者可以根据需要，选择合适的时间范围、学科范围、期刊范围等限制条件。

3）调整检索式　每次调整检索策略并执行检索后，均会在检索区下方生成一个新的检索结果列表，方便读者对多个检索策略的结果进行比对分析。使用检索条件限定，可以进一步缩小检索范围，获得更符合需求的检索结果。

（2）专业检索规则

1）关于逻辑运算符：常用 3 种逻辑运算符对照表，见表 5-1。

表 5-1　逻辑运算符对照表

逻辑关系	并且、与	或者	不包含、非
运算符	AND/ and/*	OR/or/+	NOT/not/-

逻辑运算符优先级为：（　）＞ NOT ＞ AND ＞ OR；所有运算符号必须在英文半角状态下输入，且前后必须空一格，英文半角 "" 表示检索词不做分词处理，作为整个词组进行检索，以提高准确性。

2）关于检索字段及代码：检索字段及代码对照表见表 5-2。

表 5-2 检索字段及代码对照表

代码	字段	代码	字段
U	任意字段	S	机构
M	题名或关键词	J	刊名
K	关键词	F	第一作者
A	作者	T	题名
C	分类号	R	摘要

（3）专业检索示例

【例 5-23】用专业检索查找题名中同时含有"5G 网络、5G 应用"的文章。

检索过程：①选择"题名"字段，检索词可分为"5G 网络、5G 应用"2 个词；②逻辑运算符"AND"；③检索框写入的专业检索式：T=5G 网络 and T=5G 应用；④其他为默认条件；⑤单击"检索"；⑥共找到 747 篇文章，如图 5-71 所示。

图 5-71 专业检索页面

可见，专业检索与高级检索的结果是相同的。

【例 5-24】5G 网络特点是低时延，用专业检索查找题名中同时含有"5G 网络、低时延"的文章。

检索过程：①选择"题名"途径；②可以分为 2 个词："5G 网络、低时延"；③逻辑关系选择"AND"；④专业检索式：T=5G 网络 and T= 低时延；⑤其他为默认条件；⑥单击"检索"；⑦共找到 7 篇文章，题名中都包含有关键词"5G 网络、低延时"，如图 5-72 所示。

图 5-72　例 5-24 专业检索页面

4. 期刊导航

在维普资讯中文期刊服务平台主页上，单击上角"期刊导航"进入期刊导航页面，如图 5-73 所示。

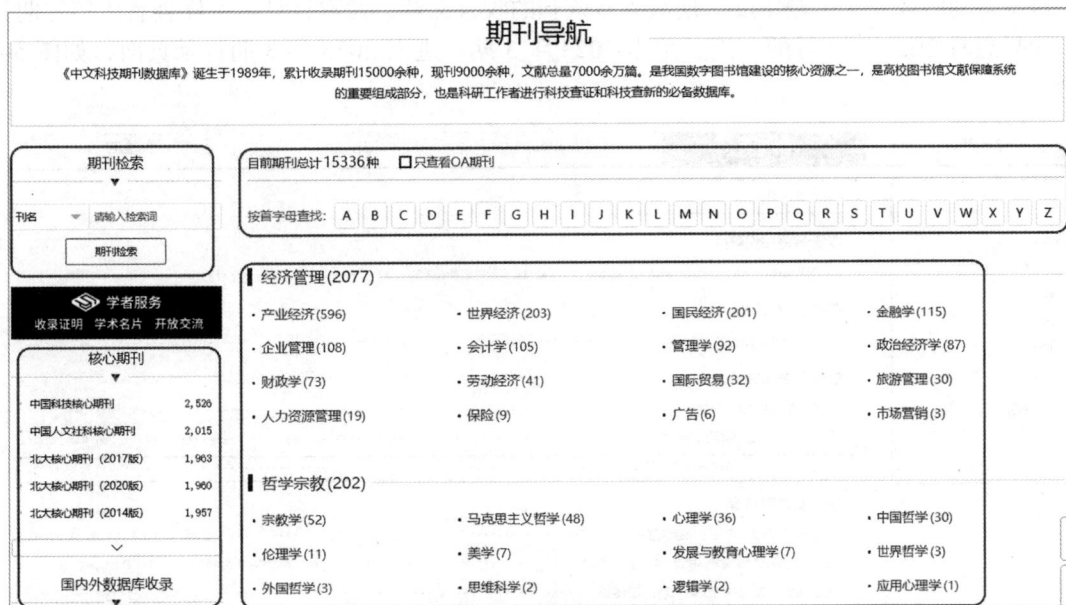

图 5-73　期刊导航页面

期刊导航上显示，目前收录的期刊总计 15336 种，是我国数字图书馆建设的核心资源之一，是高校图书馆文献保障系统的重要组成部分，也是科研工作者进行科技查证和科技查新的必备数据库。从期刊导航页面中可知，期刊导航分为检索方式和浏览方式两种：

（1）**检索方式**　期刊导航页面的左上方是期刊检索区。系统提供的检索途径有"刊名、任意字段、ISSN、CN、主办单位、主编、邮发代号"等 7 个途径。

通常选择"刊名"途径，例如输入"中国图书馆学报"，单击"期刊检索"按钮，可得中国图书馆学报的页面，如图 5-74 所示。

图 5-74　《中国图书馆学报》页面

对检索到的期刊，可按年度、期数查看该刊的收录文章，像看合订本一样查看历年的期刊。

如果想看 2023 年 3 月的一期，单击 2023 年 3 期，进入 2023 年 3 期目录页面，如图 5-75 所示。

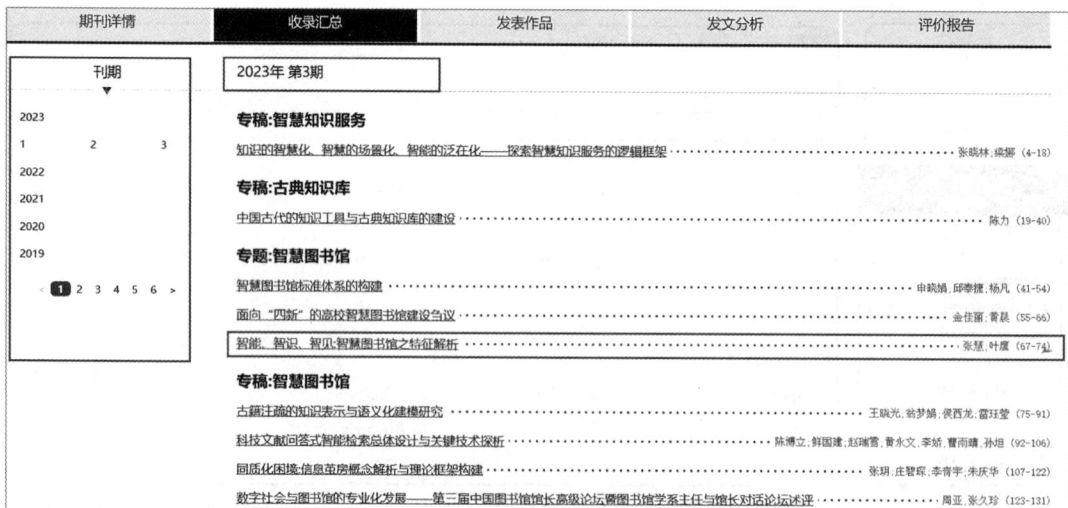

图 5-75　《中国图书馆学报》2023 年 3 期目录页面

这里左上角系统提供的检索框，仅限于查找本刊内历年发表的文章。

2023 年 3 期目录页面显示，本期共有 9 篇文章，如果看第 5 篇文章，单击题名进入文章的详细描述页面，如图 5-76 所示。

文章详细描述页面，相当于 CNKI 的知网节点文献，除了"题名、摘要、作者、机构地区、出处、基金、关键词、分类号、作者简介、相关文献"外，还有右上角的"导出、分享"等内容。文章详细描述页面提供了"在线阅读、下载 PDF"。读者可在线阅读，也可下载后阅读。

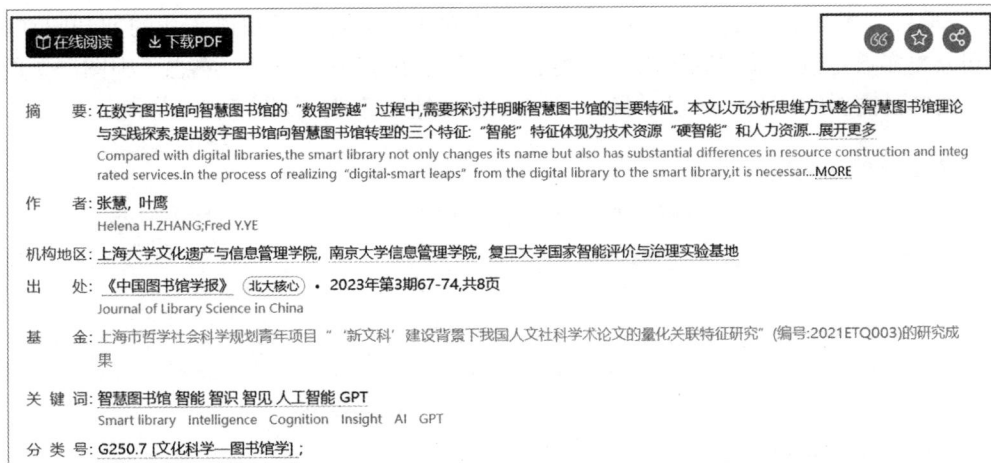

摘　　要：在数字图书馆向智慧图书馆的"数智跨越"过程中，需要探讨并明晰智慧图书馆的主要特征。本文以元分析思维方式整合智慧图书馆理论与实践探索，提出数字图书馆向智慧图书馆转型的三个特征："智能"特征体现为技术资源"硬智能"和人力资源...展开更多
Compared with digital libraries,the smart library not only changes its name but also has substantial differences in resource construction and integrated services.In the process of realizing "digital-smart leaps" from the digital library to the smart library,it is necessar...MORE

作　　者：张慧，叶鹰
Helena H.ZHANG;Fred Y.YE

机构地区：上海大学文化遗产与信息管理学院，南京大学信息管理学院，复旦大学国家智能评价与治理实验基地

出　　处：《中国图书馆学报》 [北大核心] · 2023年第3期67-74,共8页
Journal of Library Science in China

基　　金：上海市哲学社会科学规划青年项目 "'新文科'建设背景下我国人文社科学术论文的量化关联特征研究"（编号:2021ETQ003)的研究成果

关 键 词：智慧图书馆 智能 智识 智见 人工智能 GPT
Smart library Intelligence Cognition Insight AI GPT

分 类 号：G250.7 [文化科学—图书馆学]；

图 5-76　文章详细描述页面

点击"导出"进入导出页面，文献导出格式有"参考文献、查新格式"等 10 种方式可选择，默认文献格式引用是"参考文献"和"查新格式"，如图 5-77 所示。

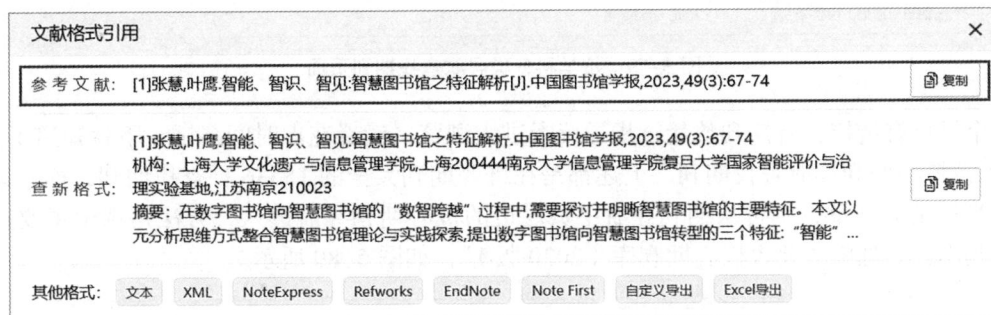

文献格式引用　✕

参 考 文 献：[1]张慧,叶鹰.智能、智识、智见:智慧图书馆之特征解析[J].中国图书馆学报,2023,49(3):67-74　🗎复制

[1]张慧,叶鹰.智能、智识、智见:智慧图书馆之特征解析.中国图书馆学报,2023,49(3):67-74
机构：上海大学文化遗产与信息管理学院,上海200444南京大学信息管理学院复旦大学国家智能评价与治
查新格式：理实验基地,江苏南京210023　🗎复制
摘要：在数字图书馆向智慧图书馆的"数智跨越"过程中,需要探讨并明晰智慧图书馆的主要特征。本文以元分析思维方式整合智慧图书馆理论与实践探索,提出数字图书馆向智慧图书馆转型的三个特征："智能"...

其他格式：[文本]　[XML]　[NoteExpress]　[Refworks]　[EndNote]　[Note First]　[自定义导出]　[Excel导出]

图 5-77　文献格式引用页面

导出的参考文献格式如下：

［1］张慧，叶鹰.智能、智识、智见：智慧图书馆之特征解析［J］.中国图书馆学报，2023，49（3）：67-74。

（2）浏览方式　系统提供 6 种浏览方式："按首字母查找、核心期刊、国内外数据库收录、学科分类、地区、主题"等。

在图 5-73 期刊导航页面左侧，聚类筛选面板系统提供"核心期刊、国内外数据库收录、学科分类、地区、主题"多种期刊聚类方式，方便您按需进行切换。期刊导航可以多渠道快速定位期刊，可以做年、卷、期的内容浏览及相关期刊或文献的漫游。

1）按首字母查找　是按期刊名首字拼音字母顺序查找，按首字母查找入口，如图 5-78 所示。

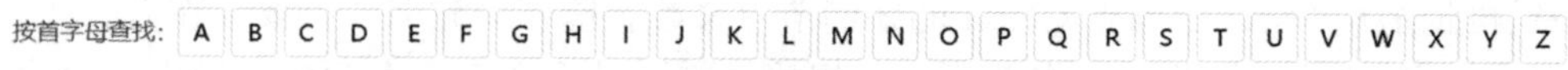
按首字母查找:
A B C D E F G H I J K L M N O P Q R S T U V W X Y Z

图 5-78　按刊名首字母查找入口

2）按学科分类导航查找期刊　这是最传统的方法，读者得先知道查找的期刊归在哪个学科。期刊分类多数是按照《中国图书馆分类法》进行学科分类，因此，熟悉《中图法》的读者，会很快找到自己需要的期刊。通过学科分类方式进入浏览期刊，如图 5-79 所示。

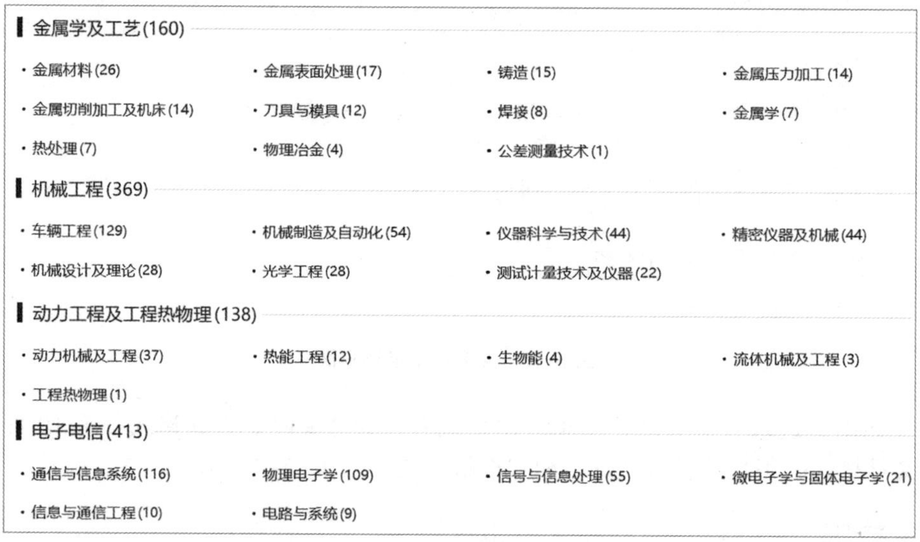
金属学及工艺(160)
金属材料(26)
金属表面处理(17)
铸造(15)
金属压力加工(14)
金属切削加工及机床(14)
刀具与模具(12)
焊接(8)
金属学(7)
热处理(7)
物理冶金(4)
公差测量技术(1)
机械工程(369)
车辆工程(129)
机械制造及自动化(54)
仪器科学与技术(44)
精密仪器及机械(44)
机械设计及理论(28)
光学工程(28)
测试计量技术及仪器(22)
动力工程及工程热物理(138)
动力机械及工程(37)
热能工程(12)
生物能(4)
流体机械及工程(3)
工程热物理(1)
电子电信(413)
通信与信息系统(116)
物理电子学(109)
信号与信息处理(55)
微电子学与固体电子学(21)
信息与通信工程(10)
电路与系统(9)

图 5-79　按学科分类导航查找期刊页面

每个类目有链接，有期刊数量，指导读者进入浏览，读者花点时间多试一下就知道了。

3）按核心期刊导航查找期刊　上述都是在维普期刊大全的 15336 种查找期刊，如果读者只想关注高质量的文章，则可从期刊导航主页左边的核心期刊导航进入，方法是选中想要进入的核心期刊库，如选中"北大核心期刊库（2020 版）"，如图 5-80 所示。

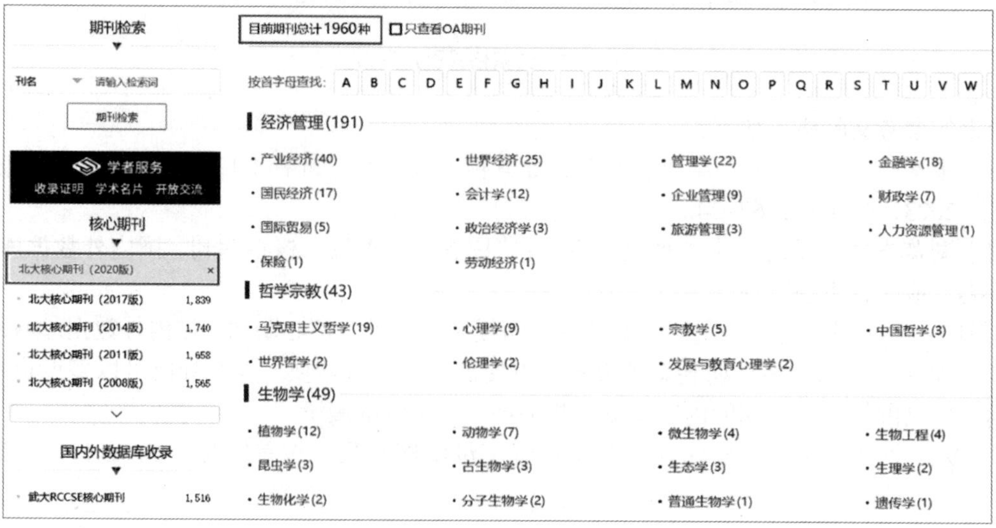
期刊检索
刊名
请输入检索词
期刊检索
学者服务
收录证明　学术名片　开放交流
核心期刊
北大核心期刊（2020版）
北大核心期刊（2017版）1,839
北大核心期刊（2014版）1,740
北大核心期刊（2011版）1,658
北大核心期刊（2008版）1,565
国内外数据库收录
武大RCCSE核心期刊 1,516
目前期刊总计1960种
只查看OA期刊
按首字母查找:
A B C D E F G H I J K L M N O P Q R S T U V W
经济管理(191)
产业经济(40)
世界经济(25)
管理学(22)
金融学(18)
国民经济(17)
会计学(12)
企业管理(9)
财政学(7)
国际贸易(5)
政治经济学(3)
旅游管理(3)
人力资源管理(1)
保险(1)
劳动经济(1)
哲学宗教(43)
马克思主义哲学(19)
心理学(9)
宗教学(5)
中国哲学(3)
世界哲学(2)
伦理学(2)
发展与教育心理学(2)
生物学(49)
植物学(12)
动物学(7)
微生物学(4)
生物工程(4)
昆虫学(3)
古生物学(3)
生态学(3)
生理学(2)
生物化学(2)
分子生物学(2)
普通生物学(1)
遗传学(1)

图 5-80　核心期刊导航

选中北大核心期刊库（2020 版）之后，右侧的首字母查找和学科分类导航都缩小到北大核心期刊（2020 版）1960 种范围之内查找，与全部期刊 15336 种相比查找范围缩小到 1960 种，而且都是核心期刊。

国内外数据库收录导航、期刊地区分布导航等，读者可以自行去操作查找实习。

5.3.3　期刊评价报告

期刊评价报告是国内同行业中做得最早的，它的指标是与国际指标接轨的，它提供了"被引次数、影响因子、立即指数、被引半衰期、引用半衰期、期刊他引率、平均引文率"等 7 个指标，完全与美国费城的科学信息研究所的期刊引用报告（JCR）统计方法一致，是读者对期刊进行判断和比较的重要参考依据。

从维普资讯中文期刊服务平台主页，单击上方"期刊评价报告"进入期刊评价报告页面，如图 5-81 所示。

期刊评价报告

7,154 来源期刊　支持刊名、CN、ISSN、主办单位、主管单位检索

学科筛选：全部　哲学、社会学、政治、法律　经济　文化、教育、历史　自然科学　医药、卫生　农业科学　工业技术

地区筛选：全部　安徽　山东　北京　山西　江西　辽宁　陕西　福建　上海　甘肃　四川　广东　天津　广西　+

学科筛选：全部　地区筛选：全部　　　重置筛选

2012 年　2013 年　2014 年　2015 年　2016 年　2017 年　2018 年　2019 年　2020 年　2021 年

	期刊名	ISSN	发文量	被引量	影响因子	立即指数	期刊他引率	平均引文率	被引半衰期	引用半衰期
1	管理世界	1002-5502	175	28497	16.99	3.69	0.98	61.6	6.24	5.14
2	中国工业经济	1006-480X	119	17051	15.95	2.36	0.98	47.2	5.06	4.57
3	经济研究	0577-9154	150	34439	14.48	1.44	0.98	46.3	7.54	5.88
4	中国农村经济	1002-8870	91	8676	11.77	1.87	0.97	45.3	4.63	5.03

图 5-81　期刊评价报告页面

期刊评价报告是以 7154 种期刊作为来源期刊进行引文加工，涉及学科领域包括工业技术、医药卫生、农业、数理化及生物、天文地球、环境、交通运输、航空航天、经济、文教体育、图书情报、政治法律、人文社科等。

页面上方提供了检索框，输入"刊名、ISSN、CN"，可查找某期刊的期刊评价报告期刊。

【例 5-25】 查找《中国图书馆学报》期刊的评价报告。

在图 5-81 所示期刊评价报告页面，直接输入刊名"中国图书馆学报"，单击"检索"得到《中国图书馆学报》的期刊评价报告，如图 5-82 所示。

学科筛选：全部　地区筛选：全部　检索词：中国图书馆学报　　　重置筛选

2012 年　2013 年　2014 年　2015 年　2016 年　2017 年　2018 年　2019 年　2020 年　2021 年

	期刊名	ISSN	发文量	被引量	影响因子	立即指数	期刊他引率	平均引文率	被引半衰期	引用半衰期
1	中国图书馆学报	1001-8867	56	3758	8.56	1.88	0.97	38	5.6	5.56

图 5-82　《中国图书馆学报》的期刊评价报告页面

该刊页面上列出了期刊《中国图书馆学报》2012 — 2021 年的评价报告，默认是最新 2021 年的期刊评价报告，报告显示了本刊"期刊名、ISSN、发文量、被引量、影响因子、立即指数、期刊他引率、平均引文率、被引半衰期、引用半衰期"等评价参数指标。

单击期刊名"中国图书馆学报"，进入"中国图书馆学报"期刊评价报告页面，系统对本刊给出了下列 6 项评价指标的定义和参数计算值。

1. 期刊影响因子（JIF）

定义：影响因子是指该期刊近两年文献的平均被引用率，即该期刊前两年发表的论文在评价当年每篇论文被引用的平均次数，用以反映近年该期刊的学术影响力及近期在科学发展和文献交流中所起的作用。如：

本刊 2019 年的发文量 61，本刊 2020 年的发文量 52，前两年发文量之和 =61+52=113。

本刊 2019 年的文章在 2021 年的被引次数 471，本刊 2020 年的文章在 2021 年的被引次数 496，前两年发文在评价当年被引次数之和 =471+496=967。

$$本刊2021年影响因子 = \frac{前两年发文在评价当年被引用之和}{前两年发文量之和} = \frac{967}{113} = 8.56$$

2. 立即指数（Immediacy Index）

定义：表征期刊即时反应速率的指标，即该期刊在评价当年发表的论文，每篇被引用的平均次数。

例如，该刊 2021 年的文章在 2021 的被引次数 105 次，该刊 2021 年的发文量为 56 篇。

$$本刊2021年立即指数 = \frac{该刊在评价当年发文被引次数}{该刊在评价当年发文量} = \frac{105}{56} = 1.88$$

3. 期刊他引率（Non-Self-Cited Rate）

定义：期刊被他刊引用的次数占该刊总被引次数的比例，用以测度某期刊学术交流的广度、专业面的宽窄以及学科的交叉程度。

$$本刊2021年期刊他引率 = \frac{被他刊引用次数}{被引用总数} = \frac{3628}{3758} = 0.97$$

4. 平均引文率（Mean Citing Rate）

定义：在给定的时间内，期刊篇均参考文献量，用以测度期刊的平均引文水平，考察期刊吸收信息的能力以及科学交流程度的高低。

$$本刊2021年平均引文率 = \frac{期刊参考文献总数}{期刊论文总数} = \frac{2127}{56} = 38.00$$

5. 被引半衰期（Cited Half-life）

定义：衡量期刊老化速度快慢的一种指标，指某一期刊论文在某年被引用的全部次数中，较新的一半（50%）被引论文发表的时间跨度。本刊近 10 年发表论文在 2021 年统计被引用参考文献及累积百分比见表 5–3。

表 5–3 本刊近 10 年发表论文在 2021 年统计被引用参考文献及累积百分比

本刊文章发表的年份	2021	2020	2019	2018	2017	2016	2015	2014	2013	2012

（续）

在 2021 年的被引次数	105	496	471	295	333	297	212	201	135	206
被本刊自己引用的次数	6	19	13	16	8	10	8	6	4	5
被引次数的累积百分比	0.0279	0.1599	0.2853	0.3638	0.4524	0.5314	0.5878	0.6413	0.6772	0.732

本刊 2021 年被引半衰期 $=5+\dfrac{0.5-0.45}{0.53-0.45}=5+0.625=5.6$（年）

6. 引用半衰期（Citing Half-life）

定义：指某种期刊在某年中所引用的全部参考文献中较新的一半（50%）是在最近多少年时段内发表的。本刊 2021 年统计近 10 年引用参考文献及累积百分比见表 5-4。

表 5-4　本刊 2021 年统计近 10 年引用参考文献及累积百分比

2021 年本刊引用参考文献出版年	2021	2020	2019	2018	2017	2016	2015	2014	2013	2012
对应的参考文献数	23	96	107	91	57	56	44	36	31	27
累积百分比	0.0284	0.1467	0.2787	0.3909	0.4612	0.5302	0.5845	0.629	0.667	0.7004

本刊 2021 年引半衰期 $=5+\dfrac{0.5-0.46}{0.53-0.46}=5+0.57=5.57$（年）

5.3.4　期刊开放获取

1. 期刊开放获取简介

期刊开放获取（Open Access，以下简称 OA）是指科研人员将论文、专著、图书、演示手稿等研究成果发表在开放式学术期刊或存储在开放式知识库中，以免费的方式提供给读者检索、下载和复制。开放获取是国际学术界为推动科技成果利用网络自由传播而发起的运动，通过网络技术，任何人均可以免费获取各类文献。随着开放存取运动的开展，开放期刊、开放知识库和开放论文数量大幅增加，并且有多家知名出版商宣布旗下期刊采用开放存取出版模式。同时开放期刊的质量正在逐步提升，权威性数据库收录的 OA 期刊的数量逐步扩大。

2. 维普期刊开放获取平台简介

从维普资讯中文期刊服务平台主页，单击上方的"期刊开放获取"，进入期刊开放获取页面，如图 5-83 所示，维普的期刊开放获取平台资源由两部分组成：

图 5-83 开放获取（OA）期刊、期刊开放获取平台页面

（1）开放获取（OA）期刊 位于页面上方的是开放获取（OA）期刊，共找到 2241 种期刊，多数是中文期刊。

（2）期刊开放获取平台 位于页面下方的是期刊开放获取平台，列出了 29 个期刊开放获取平台数据库名称和链接。这些期刊开放获取平台都有链接，单击平台名称就链接到期刊开放获取平台。为方便读者获取这些免费的期刊资源，现将部分期刊开放获取平台名称及地址整理如下：

美国科研出版社（https://www.scirp.org/？from=zk_oaindex）

中国科技论文在线（http://www.paper.edu.cn/？from=zk_oaindex）

中国高校机构知识库联盟（http://chair.calis.edu.cn/index.html？from=Qikan_Journal_OaIndex）

ROAR（http://roar.eprints.org/？from=zk_oaindex）

PLoS（https://www.plos.org/？from=zk_oaindex）

BioMed Central（https://www.biomedcentral.com/？from=zk_oaindex）

arXiv.org（http://arxiv.org/？from=zk_oaindex）

Open Access Week（http://www.openaccessweek.org/？from=zk_oaindex）

eifl（http://www.eifl.net/？from=zk_oaindex）

OASPA（http://oaspa.org/？from=zk_oaindex）

PubMed Central（https://www.ncbi.nlm.nih.gov/pmc/？from=zk_oaindex）

中国微生物信息网络（http://www.im.cas.cn/？from=zk_oaindex）

香港科技大学图书馆（http://repository.ust.hk/ir/？from=zk_oaindex）

国际开放知识库联盟（https://www.coar-repositories.org/？from=Qikan_Journal_OaIndex）

澳大利亚研究在线（https://trove.nla.gov.au/？q&adv=y&from=zk_oaindex）

Taylor Francis Onlin（https://www.tandfonline.com/？from=zk_oaindex&）

Springer Open（http://www.springeropen.com/？from=zk_oaindex）

INASP（https://www.inasp.info/home？from=zk_oaindex）

hindawi（https://www.hindawi.com/？from=zk_oaindex）

Frontiers（https://www.frontiersin.org/？from=zk_oaindex）

ELCVIA（http://elcvia.cvc.uab.es/? from=zk_oaindex）

Dove Medical Press（https://www.dovepress.com/? from=zk_oaindex）

cogent oa（http://cogentoa.tandfonline.com/? from=zk_oaindex）

Copernicus Publicat（https://www.copernicus.org/? from=zk_oaindex）

COACTION（http://www.co-action.net/? from=zk_oaindex）

3. 部分开放数据库简介

（1）中国科技论文在线　排列在第一位的是中国科技论文在线，它是经教育部批准，由教育部科技发展中心主办，利用现代信息技术手段，打破传统出版物的概念，针对论文发表困难，学术交流渠道窄，不利于研究成果快速、高效地转化为现实生产力而创建的科技论文网站。给科研人员提供一个方便、快捷的交流平台，提供及时发表成果和新观点的有效渠道，从而使新成果得到及时推广，科研创新思想得到及时交流。

在线学术期刊免费全文库，是国内唯一免费全文期刊库，由中华人民共和国教育部主管，中国科技论文在线发起，期刊上网工程历时多年，得到广大学术期刊的支持，目前已收录近千家科技期刊、逾 130 万篇各领域科技论文全文，全部提供给广大科研工作者及爱好者进行免费下载。目前，首发论文库 97847 篇，期刊论文库 1299547 篇全文论文，全免费 OA 论文库。

（2）国际开放知识库联盟（Confederation of Open Access Repositories，COAR）　即开放获取知识库联盟，是一个年轻的、迅速成长的知识库联盟。COAR 成立于 2009 年 10 月，目前拥有来自五大洲的 120 多个成员和合作伙伴。它的使命是通过开放获取知识库的全球网络，扩大研究成果的可见度，促进研究成果的广泛应用。

（3）SpringerOpen　进入 SpringerOpen 后，有这样介绍："SpringerOpen 项目组合自 2010 年推出以来，发展迅猛，因此我们现在为来自科学、技术、医学、人文和社会科学所有领域的研究人员提供一个发表期刊和书籍的开放访问的地方。使用 SpringerOpen 进行发布可以让您的作品在发布后立即免费在线提供给每个人，并且我们的高级同行评审和生产过程保证了作品的质量和可靠性。"

5.4　万方期刊检索

万方数据知识服务平台（http://www.wanfangdata.com.cn），如图 5-84 所示。

图 5-84　万方数据知识服务平台页面

在万方数据知识服务平台上，万方智搜可实现一站式检索。万方资源频道分为：全部、期刊、学位、会议科技、报告、成果、标准、法规、地方志、视频等，读者要检索哪种文献，就先单击相应的频道，然后在检索框中输入检索词，点击检索按钮就可找到相应的文献。

检索框下面的有多个图标与检索框上的频道是一一对应的，单击对应的图标就进入相应的文献频道。

5.4.1　万方数据知识服务平台简介

1. 万方数据文献资源

从万方数据主页右上角"资源导航"进入，可查到万方数据文献类型与数量，如表 5-5 所示。

表 5-5　万方数据文献类型与数量（2023 年 10 月 5 日截图）

序号	数据库名称	数据量（条）
1	中外期刊论文	156102140
2	学位论文	6194561
3	会议论文	15387072
4	专利	153896586
5	科技报告	1268117
6	成果	655387
7	标准	2491454
8	法规	14911796
9	地方志	15158322
10	视频	33214

2. 万方学术期刊数据库

万方学术期刊数据库，也叫中国学术期刊数据库（China Online Journals，COJ），收录始于 1998 年，包含 8000 余种期刊，其中包含北京大学、中国科学技术信息研究所、中国科学院文献情报中心、南京大学、中国社会科学院历年收录的核心期刊 3300 余种，年增 300 万篇，每天更新，涵盖自然科学、工程技术、医药卫生、农业科学、哲学政法、社会科学、科教文艺等各个学科。

在万方主页上，单击下方的"学术期刊"，进入学术期刊数据库的期刊导航页面，如图 5-85 所示。

万方数据期刊导航页面上方是万方数据知识服务平台——万方智搜，可以通过检索方式查找期刊论文，也可以通过页面下方的期刊导航方式查找期刊论文。

图 5-85　万方学术期刊数据库导航页面

5.4.2　万方期刊文献检索

1. 万方期刊导航

万方期刊导航页面，如图 5-86 所示。

图 5-86　万方期刊导航页面

从图 5-86 可知，左侧显示系统提供了学科分类；右侧是主要部分，提供了按"刊首字母、核心收录、收录地区、出版周期、优先出版"查找的方案。右下边还可按照刊名、ISSN 号或 CN 号检索期刊。

（1）按学科分类检索导航　左侧学科分类将所有期刊分为：哲学政法（655）、社会科学

（937）、经济财政（1031）、教科文艺（2140）、基础科学（1144）、医药卫生（1503）、农业科学（665）、工业技术（2867）等 8 个大类，每个大类的括号内显示了本学科收录的期刊数量，又按《中国图书馆分类法》细分若干个小类。浏览查看时，一级一级单击进入，在相关类目下找到所需刊物名称。

（2）按期刊首字母导航 是按刊名首汉字的汉语拼音的第一个字母排序和查找期刊的一种方法，如图 5-87 所示。

图 5-87 按期刊名首字母导航

读者可以按系统提供的刊名首字母排序的进入，查找需要的期刊，阅读浏览，下载等操作。

（3）按核心收录导航 可选择"全部、CSTPCD、北大核心、CSCD、CSSCI、EI、SCI"，默认是全部。

（4）按地区分类导航 期刊所属地域查询单击"按省市分类"栏，可选其中所列任一省市，便可看到本系统所收录的该省市出版的期刊名录。

（5）按出版周期导航 读者可以选择"全部、周刊、旬刊、双周刊、半月刊、月刊、双月刊、季刊、半年刊、年刊、不定期"，默认是全部。

2. 期刊文献检索

在万方智搜检索平台上，期刊频道提供的检索途径有："题名、作者、作者单位、关键词、摘要、刊名、基金、中图分类号"，如图 5-88 所示。

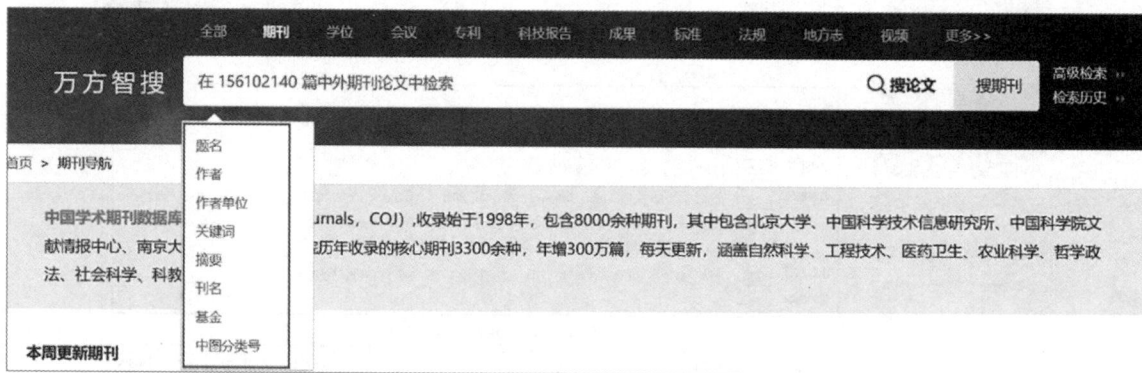

图 5-88 万方智搜提供的检索途径页面

读者可以选择这 8 种途径之一进入检索。输入检索词后，后面的两个选项："搜论文""搜期刊"两个按钮，可选择其一进行检索。

（1）从题名途径搜索

【例 5-26】查找题名中含有"电磁炮原理"的文章。

检索过程：①选择题名途径搜索，②输入"电磁炮原理"，③单击"搜论文"按钮，搜索结果找到 15 条结果，如图 5-89 所示。

按相关度标题排序，并且题名中都含有"电磁炮原理"，后有"作者，刊名、年期、被引、下载量、阅读、下载、引用（导出）"等项供读者选择。

图 5-89　从题名途径搜索页面

（2）从作者途径查找文章

【例 5-27】从作者途径查找作者饶宗政公开发表的文章。

　　检索过程：①选择作者途径搜索，②输入检索词"饶宗政"，③单击"搜论文"按钮，搜索结果找到 11 条结果，如图 5-90 所示。

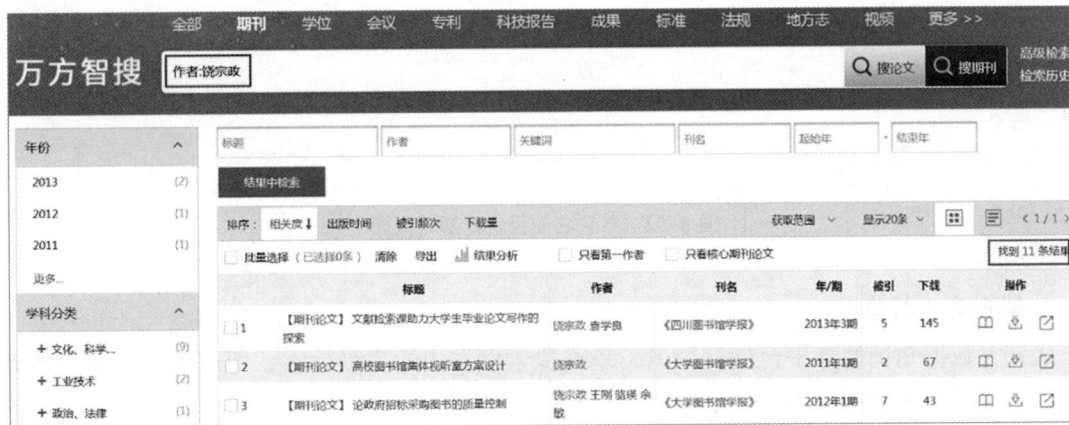

图 5-90　从作者途径搜索页面

（3）从关键词途径查找文章

【例 5-28】从关键词途径查找"舰载机电磁弹射"方面的文章。

　　检索过程：①选择关键词途径搜索，②输入检索词"舰载机电磁弹射"，③其他条件为默认，④单击"搜论文"按钮，找到 26 条结果，如图 5-91 所示。

（4）从刊名途径查找期刊

【例 5-29】从刊名途径查找刊名有"电子对抗"内容的期刊。

　　检索过程：①选择刊名途径搜索，②输入检索词"电子对抗"，③单击"搜期刊"按钮，找到 4 条结果，如图 5-92 所示。

图 5-91 从关键词途径搜索页面

图 5-92 从刊名途径查找期刊页面

3. 期刊高级检索

从万方数据知识服务平台期刊频道，单击检索框右边的高级检索，便进入万方期刊高级检索页面，如图 5-93 所示。

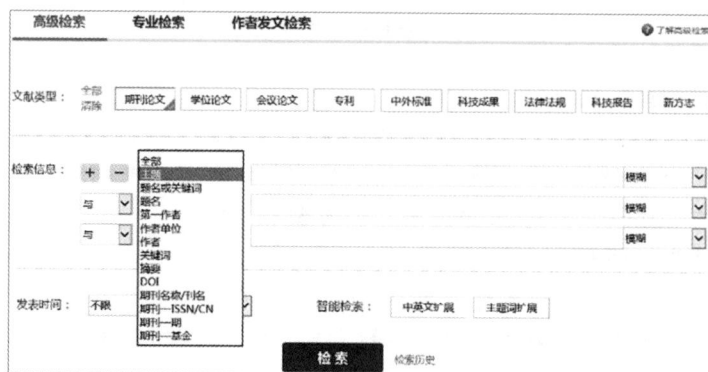

图 5-93 万方数据高级检索页面

（1）高级检索步骤　具体步骤如下。

1）进入期刊高级检索页面：在主页检索框下方选择期刊频道，进入期刊频道；单击检索框右边高级检索，进入期刊频道高级检索页面。

2）选择检索途径：在期刊论文的高级检索中，检索途径有"全部、主题、题名或关键词、题名、作者、作者单位、关键词、摘要、中国分类号、DOI、第一作者、期刊－基金、期刊－刊名、期刊－ISSN/CN、期刊－期"等 15 个检索途径；检索框可以增加或减少，默认：最少是 3 个，最多可增加到 6 个，即高级检索可以同时用 6 个检索条件去确定检索内容，使其精确定位检索结果。

3）输入检索词：输入与检索途径相关度很高的检索词。

4）选择逻辑关系：各个检索途径之间的逻辑关系：AND、OR、NOT。高级检索支持选择检索词精确或模糊匹配。

5）发表时间选择：不选择就是默认时间，从"不限—至今"，如选择近 5 年的期刊论文，则选择"2019—至今"。智能检索选择：中英文扩展、关键词扩展。默认不选择。

6）检索：找到满足检索条件的结果。

（2）从题名途径查找相关文章

【例 5-30】用万方数据查找期刊文献题名中含有"激光武器照射 or 打 or 攻击卫星"的相关文章。

检索过程：①从期刊频道进入高级检索页面（默认"期刊论文"）；②选择"题名"途径搜索；③分解输入检索词"激光武器照射 or 打 or 攻击卫星"；④在题名之间选择逻辑"与"；⑤发表时间默认；高级检索信息设置页面如图 5-94 所示。

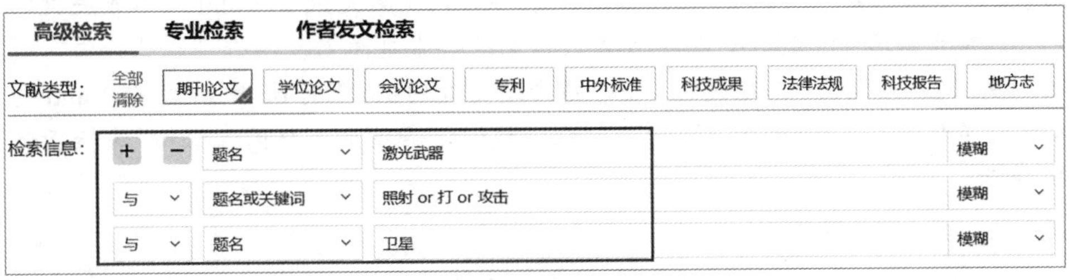

图 5-94　高级检索信息设置页面

这样分解检索词后，检索式：激光武器 and（照射 or 打 or 攻击）and 卫星

⑥单击"检索"按钮，找到 7 篇题名中同时含有"激光武器 and（照射 or 打 or 攻击）and 卫星"的文章，如图 5-95 所示。

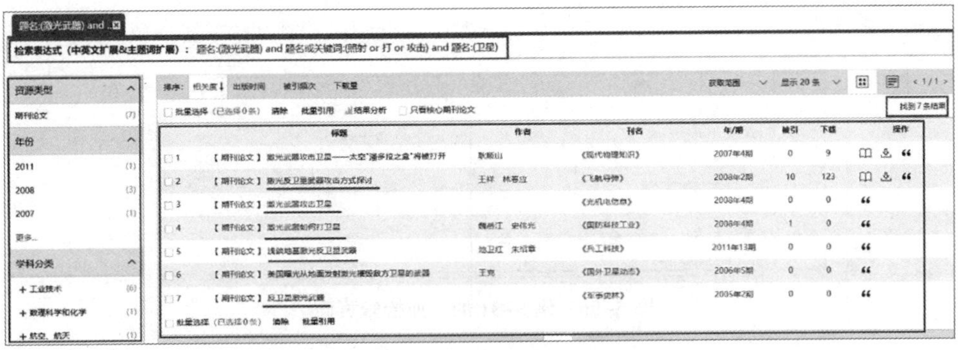

图 5-95　高级检索结果页面

检索式：题名：（激光武器）and 题名或关键词：（照射 or 打 or 攻击）and 题名：（卫星）

本例正确分解检索词和运用逻辑关系，如"激光武器 and（照射 or 打 or 攻击）and 卫星"，这是提高检准率和相关度较高文章的一种技巧。

4. 专业检索

万方智搜专业检索支持逻辑运算符、双引号以及特定符号的规则，如表 5-6 所示。

表 5-6　万方智搜专业检索规则

运算符	检索与含义	检索举例
AND/and	逻辑"与"运算，同时出现在文献中	题名：（激光武器）and 题名：（照射）
OR/or	逻辑"或"运算，其中一个或同时出现在文献中	题名：（信息素养）or 题名：（文献检索）
NOT/not	逻辑"非"运算，后面的词不出现在文献中	题名：（电子对抗）not 题名：（电子通信）
""	精确匹配，引号中词作为整体进行检索	题名："量子纠缠"
（）	限定检索顺序，括号内容作为一个子查询	题名：（电子 and 对抗）

注：运算符优先级：运算符优先级:（ ） > not > and > or，运算符建议使用英文半角形式。

【例 5-31】试用专业检索查找题名中同时含有"激光武器 and（照射 or 打 or 攻击）and 卫星"的文章。

检索过程：①依题意检索式可写为：检索式：题名：（激光武器）and 题名或关键词：（照射 or 打 or 攻击）and 题名：（卫星）；②在万方数据高级检索页面上，单击"专业检索"；③在检索框中输入"检索式：题名：（激光武器）and 题名或关键词：（照射 or 打 or 攻击）and 题名：（卫星）"；④其他条件默认；⑤单击"检索"按钮，找到 7 条结果，与例 5-30 高级检索结果相同，如图 5-96 所示。

图 5-96　例 5-31 的专业检索页面

读者可以自行在万方数据知识服务平台上练习检索多种文献，提高自己的检索能力。

5.5　超星期刊检索

5.5.1　超星期刊简介

1. 超星期刊资源

超星公司依靠电子图书在全国高校图书馆发展的优势和网络物理条件，收录了很多期刊文献元数据，内容涉及理学、工学、农学、社科、文化、教育、哲学、医学、经管等各学科领域。所以，超星期刊元数据（期刊目录数据）收录还是很齐全的，在超星期刊平台上对期刊文献的检全率是很高的。更重要的是超星期刊向公众网络开放了元数据检索，部分文章可以在公众网络上免费获取，不仅提供传统 PDF 格式文件下载，更创新性地实现了流式媒体的全文直接阅读，构建了全终端全过程多渠道的传播网络，最大限度地提高了读者精准获取文献的速率。

2. 超星期刊检索平台

超星公司在读秀学术检索的基础上，专门推出了超星期刊检索平台。并且，超星期刊打破传统数据库封闭性的壁垒，像 CNKI 和万方数据一样，把超星期刊的全部元数据放在公众网上，面向全社会提供元数据免费检索服务，全方位培训建立读者使用习惯。超星期刊高校版网址 https://qikan.chaoxing.com，超星期刊检索平台主页页面如图 5-97 所示。

图 5-97　超星期刊检索平台主页页面

由图 5-97 可知，超星期刊检索平台简捷，只有一个检索框，检索框右边高级检索入口，右上角是期刊导航和分类导航入口。

5.5.2　超星期刊检索

1. 基本检索

超星期刊主页页面检索框左侧下拉中提供有"全部字段、主题、标题、刊名、作者、机构、关键词、摘要、栏目、基金、第一作者、正文"十二个检索字段，读者可以根据需要选择字段进行检索。检索框中输入查询词，单击"检索"即可查找相关期刊文献。

【例 5-32】利用超星期刊基本检索"华为 5G 芯片"方面的期刊文献。

检索过程：①不选择字段（途径之意，默认全部字段的意思）；②在检索框中输入"华为 5G 芯片"；③单击"检索"，共检索到 181 个结果，如图 5-98 所示。

虽然不选择字段，直接在检索框中输入检索词，系统也可以进行检索，但是这样检索得到的检索结果参考价值不大，或检索意义不大。

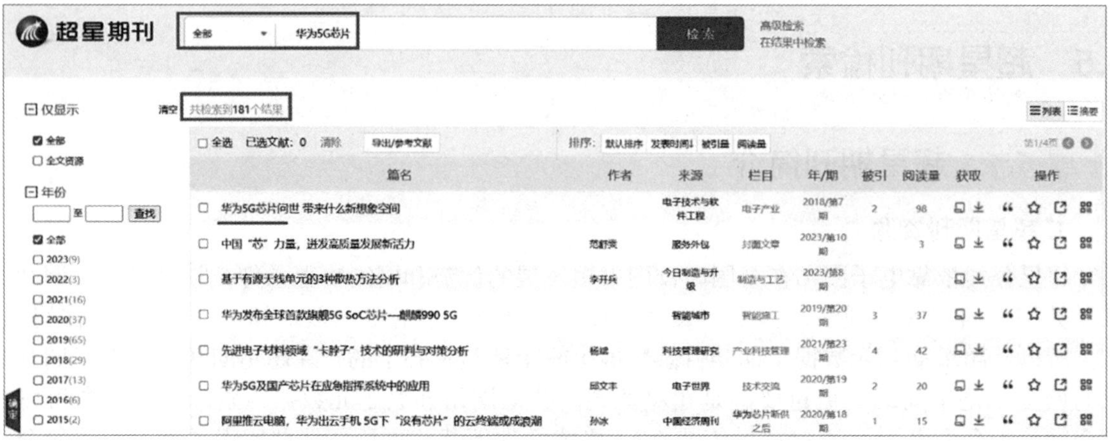

图 5-98　不选择字段（默认全部）检索结果页面

【例 5-33】利用超星期刊"标题"字段查找"华为 5G 芯片"。

检索过程： ①选择"标题"字段；②在检索框中输入"华为 5G 芯片"；③单击"检索"，得到 15 条结果，如图 5-99 所示。

图 5-99　选择"标题"字段的检索结果页面

虽然检索结果由 181 条减少到 15 条，但相关度更高了，检索词"华为 5G 芯片"全部包含在标题之中，因此，操作时选择字段（途径）这步不能少。显然，选字段与不选字段相比较，选择了字段的检索结果查准率更高。本例再次证明：从标题途径去检索文献的重要性是不言而喻的。

2. 高级检索

高级检索入口在首页检索框右边，单击"高级搜索"链接，进入高级搜索页面，如图 5-100 所示。

单击［＋］［－］号可以增加或减少检索框数量，最多可增加到 5 个，最少可减少到 1 个。对一个字段内多个关键词以并含、或者、不含三种关系检索，支持括号内的逻辑优先运算。

高级检索是通过多个字段来精确定位一篇文献。每个检索框中可选择"全部字段、主题、题名、刊名、作者、第一作者、摘要、关键词、基金、DOI、栏目、正文"检索字段之一。一般通过"题名、刊名、作者"3 个字段基本上精确定位到唯一期刊论文。

图 5–100　高级检索页面

【例 5–34】利用高级检索查找：题名"提高彩电功率器件可靠性的设计方法"、刊名"电视技术"、作者"饶宗政"的文章。

检索过程：进入高级检索页面，①第一行框选择"题名"字段，输入"提高彩电功率器件可靠性的设计方法"、②第二行框选择"刊名"字段，输入"电视技术"、③第三行框选择"作者"字段，输入"饶宗政"，④各字段间的逻辑关系选择"并且"，⑤单击检索，共检索到 1 篇文章，如图 5–101 所示。

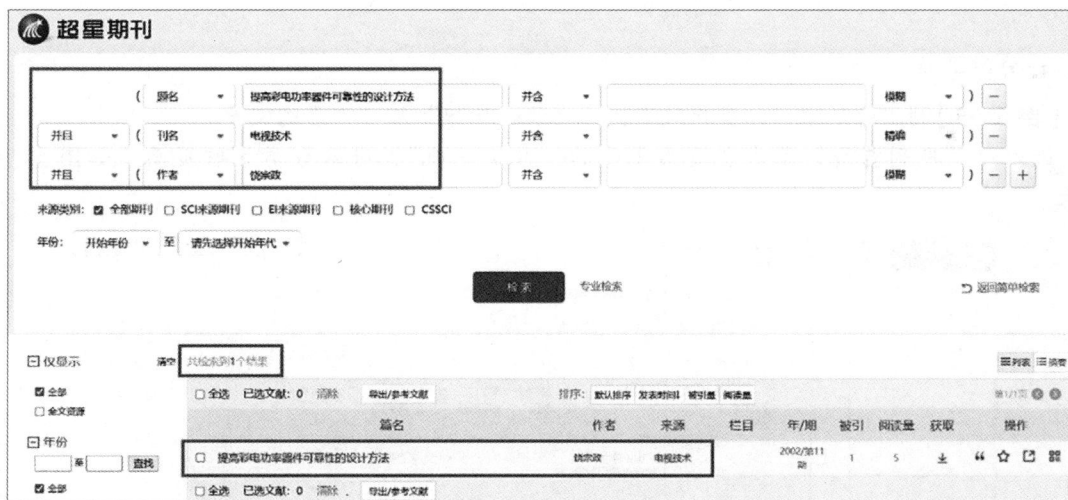

图 5–101　高级检索过程

读者可以试用高级检索多个字段精确定位查找文献，领会高级检索的高级之处。

3. 期刊导航

进入超星期刊首页，单击首页右上部的"期刊导航"，进入期刊导航页面，如图 5–102 所示。

在页面上方的搜索框输入"刊名 / 主办单位 /ISSN 号 /CN"号可以直接检索相关刊物。

单击左侧学科分类下一级分类，再单击右侧二级分类的链接，可以看到属于相应类别的期刊文章。读者可从期刊导航途径去查找期刊文献。

图 5-102　期刊导航页面

4. 分类导航

【例5-35】利用超星期刊分类导航查找"火箭、导弹"类目方面的文章。

　　进入超星期刊首页，单击首页右上部的"分类导航"，进入分类导航页面，如图5-103所示。

图 5-103　分类导航页面

① 分类导航页面左侧是《中国图书馆分类法》的 22 个大类（一级类目）。

② 单击一级类目"工业技术"，右侧显示工业技术的若干个二级类目，如"武器工业"是若干个二级类目之一。

③ 二级类目"武器工业"右侧是若干个三级类目。"火箭、导弹"是三级类目。

④ 单击三级类目"火箭、导弹"，进入所有"火箭、导弹"文章页面，如图 5-104 所示。

图 5-104　火箭、导弹类目下的文献按阅读量降序排列页面

图 5-104 上方显示分类："工业技术→武器工业→火箭、导弹"，共检索到 29096 篇文章，若按阅读量降序排列，右侧显示：第 1 篇文章的阅读量 4747，第 2 篇文章的阅读量 2509，第 3 篇文章的阅读量 1993，等等。

如果读者熟悉《中国图书馆分类法》，只需要点击鼠标 3 次就进入所需类目文献汇总页面，所有关于"火箭、导弹"的期刊文献都类聚在这里，读者可选择性阅读自己感兴趣的文献。

5.5.3　获取全文

1. PDF 格式下载文献

在图 5-104 检索结果页面的中部，有"HTML"和"PDF 下载"两个选项：单击论文下方的"PDF 下载"图标就可下载全文；或单击"HTML"进入文章详细页面，如图 5-105 所示。

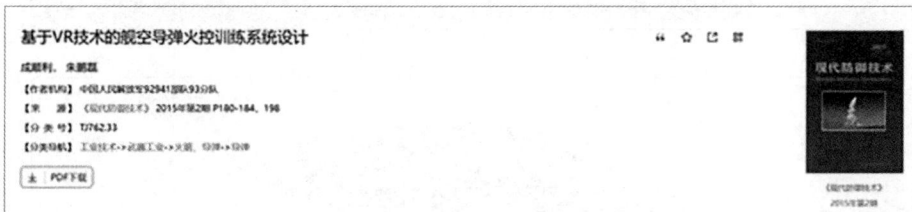

图 5-105　文章详细页面也能 PDF 下载

在图 5-105 页面，单击左下方的 PDF 下载图标，也能下载 PDF 全文；页面往下拉就是流式媒体全文。

2. 流式媒体全文

在图 5-104 检索结果页面中无需下载，单击文章题名即可直接浏览全文，如图 5-106 所示。

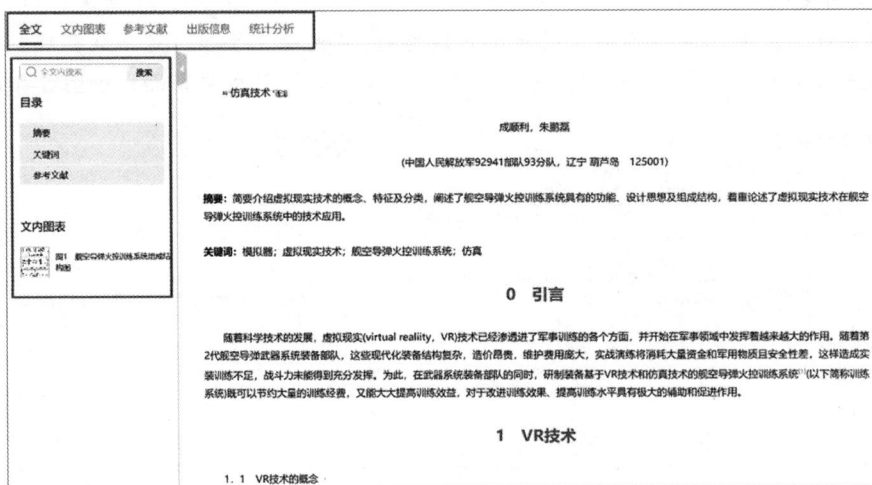

图 5-106　流式媒体全文

图 5-106 左上方有"全文、文内图表，参考文献、出版信息、统计分析"5 个页面标签，图 5-106 是全文页面，下方有一个检索框，可对某关键词进行全文检索，查找资料更为方便。检索框下方有文章的目录，文内图表等。右侧是全文，读者可在这里浏览全文。

3. 统计分析

在统计分析标签页面，提供了文章"基于 VR 技术的舰空导弹火控训练系统设计"的"主题指数、关键词词云、引文网络、参考文献"4 项内容，如图 5-107 所示。

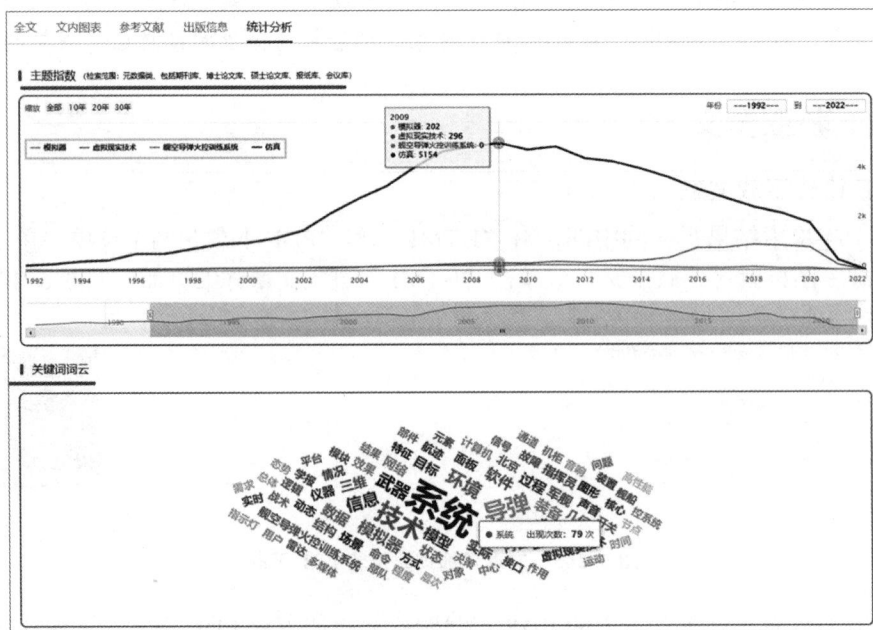

图 5-107　主题指数、关键词词云

1）主题指数，是文章"基于 VR 技术的舰空导弹火控训练系统设计"相关主题研究的时间范围（1992—2022）与 4 个主题："模拟器、虚拟现实技术、航空导弹火控训练系统、仿真"的词频率曲线图：仿真主题于 2009 年达到高峰 5154 次，虚拟现实技术 296 次；而到 2018 年时，仿真 2551 次，虚拟现实技术 1038 次，统计检索范围是"元数据包括期刊库、博士论文库、硕士论文库、报纸库、会议论文库"。

2）关键词词云，是文章"基于 VR 技术的舰空导弹火控训练系统设计"中出现的关键词频率统计数：系统 79 次，导弹 40 次，技术 46 次，环境 26 次，武器 23 次，信息 20 次，模拟器 19 次，等等。关键词词云中，关键词字体大小正比于词频多少，出现频率高，关键词就大；反之，词频少，关键词就小。

类似 CNKI 的引文网络、参考文献，这里不作介绍。

5.6 百度学术期刊检索

5.6.1 百度学术期刊简介

百度学术（https://xueshu.baidu.com）于 2014 年 6 月上线，是百度旗下的免费学术资源搜索平台，致力于将资源检索技术和大数据挖掘分析能力贡献于学术研究，优化学术资源生态，引导学术价值创新，为海内外科研工作者提供最全面的学术资源检索和最好的科研服务体验。目前已经与中国科学院、中国科协、北大等 300 多所国内高等院校、近 3000 多家学术期刊建立了良好的合作关系。百度学术目前收录的文献资源主要是期刊元数据（期刊目录），到 2023 年 10 月，百度学术期刊库已收录中文期刊 17445 种，收录了包括知网、维普、万方、Springer 等 120 多万个国内外学术站点，索引了超过 12 亿全文文献链接，建设了包括学术期刊、会议论文、学位论文、专利、图书等类型在内的 6.8 亿多中外学术文献元数据，免费全文资源 1.6 亿，成为全球文献覆盖量最大的学术检索平台。

1. 百度学术检索平台主页

百度学术检索平台（http://xueshu.baidu.com）是百度旗下的免费学术资源检索平台（即期刊元数据检索是免费的，也有部分开放了的期刊文献可以免费得到全文），在百度学术主页上，百度学术的频道设置在主页右下面，有"论文查重、学术分析、开题分析、学者主页、期刊频道、文献互助" 6 个频道，如图 5-108 所示。这里将主要介绍期刊频道。

这种期刊开放获取平台受读者欢迎，部分期刊文献可以在这里免费获取。因此，国内越来越多的读者把百度学术检索平台，列为重要的期刊文献获取源之一。

（1）论文查重 将在后面第 9 章的"9.4.4 论文检测系统简介"介绍。

（2）学术分析 学术分析统计系统通过对百度学术海量数据资源统计、分析，遴选出行业内优秀的科研成果、科研学者、科研

图 5-108 百度学术检索平台主页

机构和学术期刊，并深度挖掘各类对象间引证关系，为用户提供专业、及时的学术计量统计分析服务。

（3）开题分析 百度学术的"开题分析"频道是百度自身学术集成海量学术资源，融合人工智能、深度学习、大数据分析等技术，结合检索关键词生成并推送的报告，成为百度独有的特色，写论文也有捷径和可能，为科研工作者提供全面快捷的学术服务。这部分内容将会在后面第8章的"8.3.5百度学术APP"中介绍。

（4）学者主页 是读者注册成功后，就有了自己的主页，主页上包括学者姓名，头像、工作单位、读者发表过的文章数（年度成果）、被引频次（年度被引）、研究领域、研究内容等。

（5）期刊频道 本节将主要介绍。

（6）文献互助 文献互助是一个支持公开求助全文的免费平台，用户可以发布自己想要的文献信息，等待应助，他人应助成功后，用户即可在"我的求助"中下载全文，也可以在这平台上帮其他读者找文章并上传。

2. 百度学术提供的服务

百度学术目前提供百度学术检索（免费）和学术服务两大类服务（百度学术要求真名注册并严格认证通过后可使用）。

（1）百度学术检索 提供文献检索、期刊检索、学者检索3类内容的检索。

（2）百度学术服务内容 支持用户"订阅"感兴趣的关键词，"收藏"有价值的文献，进行毕业"论文查重"，对所研究的方向做"开题分析"，通过"单篇购买"或者"文献互助"的方式获取所需文献，在首页设置常用数据库方便直接访问。

5.6.2 百度学术期刊检索

1. 百度学术期刊频道

在图5-108所示百度学术主页右下方，单击"期刊频道"进入百度学术期刊频道主页，如图5-109所示。

图5-109 百度学术期刊频道主页

从百度学术期刊频道主页可知，系统为读者提供了多种途径查找期刊：

1）从期刊频道分类途径：期刊频道分类：哲学、教育学、经济学、法学、军事学、文学、艺术学、历史学、信息工程、理学、工业工程、医学、管理学、农学。

2）期刊快速查找：系统提供了"期刊名、ISSN、CN"途径查找。

3）从重要期刊数据库途径：系统提供了北大核心期刊（1617）、中国科技核心期刊（1975）、CSSCI 索引（429）、CSCD 索引（596）。

4）从期刊首字母途径：ABCDEFGHIJKLMNOPQRSTUVWXYZ。

5）直接在 17445 种期刊中浏览查找。

2. 百度学术期刊检索

百度学术文献检索库中目前主要是期刊文献。期刊文献检索是很多学者学习和科研人员需求最多、使用频率最高的功能，百度学术能够识别并且满足多种不同表达方式的检索需求。

当读者在百度学术主页检索框中，输入主题词、关键词、作者、期刊名称等时，单击百度一下，搜索结果会综合考虑文献的相关性、权威度、时效性等多维度指标，提供与输入词最相关的多篇文献。

【例 5-36】试用百度学术期刊频道查找"反卫星激光武器"方面的文章。

检索过程：①打开百度学术主页，进入期刊频道；②在百度学术主页检索框中输入"反卫星激光武器"；③单击百度一下，就找到 5660 条相关文献（如果没有选择检索途径，就相当于全部字段内检索，出现检索词的位置是文章任何位置），如图 5-110 所示。

图 5-110　百度学术的文献检索结果页面

百度学术的文献检索结果页面提供了如下功能：

1）排序：页面右上边，支持按"相关性、被引量、时间降序"3 种方式将文献进行排序，默认为按相关性排序。

2）筛选：页面左边，支持按"发表时间、研究领域、核心期刊数据库、获取方式、关键词、文献类型、发表期刊、发表机构"8 种方式将文章进行筛选，缩小搜索范围，找到所需文献。

3）研究点分析：页面右上边，提取出与所检索文献最相关的多个研究点进行深度分析，用户单击后即可查看可视化分析。

4）功能区：每篇文献均在功能区提供"收藏、引用、批量引用、免费下载"4种功能。

3. 百度学术期刊高级检索

在百度学术检索框右边，有一个"高级检索"按钮，单击"高级检索"按钮，进入高级检索页面，如图5-111所示。

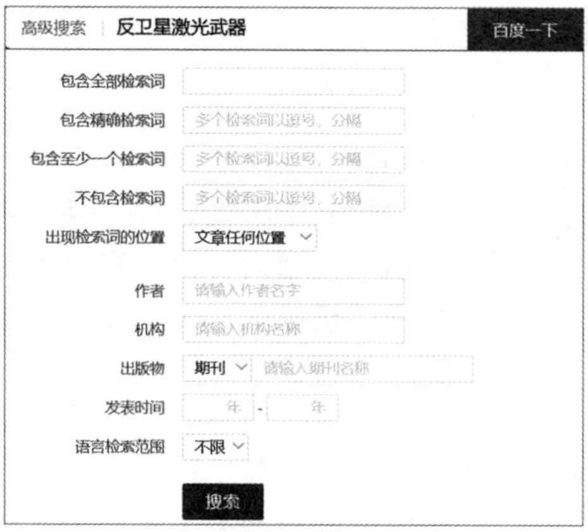

图5-111 百度学术期刊高级检索页面

高级检索使用说明：

包含全部检索词：输入检索词；

包含精确检索词：多个检索词以逗号，分隔；

包含至少一个检索词：多个检索词以逗号，分隔；

不包含检索词：多个检索词以逗号，分隔；

出现检索词的位置：文章任何位置，位于文章标题，二选一；

作者：请输入作者名字；

机构：请输入 机构名称；

出版物期刊：输入期刊名称；会议：输入会议名称；

发表时间：××年—××年，默认全部；

语言检索范围：不限（默认），英文，中文，三选一。

【例5-37】利用高级检索查找"反卫星激光武器"方面的文章，要求检索词位于文章标题中。

检索过程：①进入百度学术主页面；②单击主页左下方"期刊频道"；③再单击百度学术检索框右边的"高级检索"进入百度学术高级检索页面；④在第1个框"包含全部检索词"中输入"反卫星激光武器"；⑤在第2个框"包含精确检索词"中输入"反卫星激光武器"，⑥在第5个框"出现检索词的位置"选择"位于文章标题"，如图5-112所示。

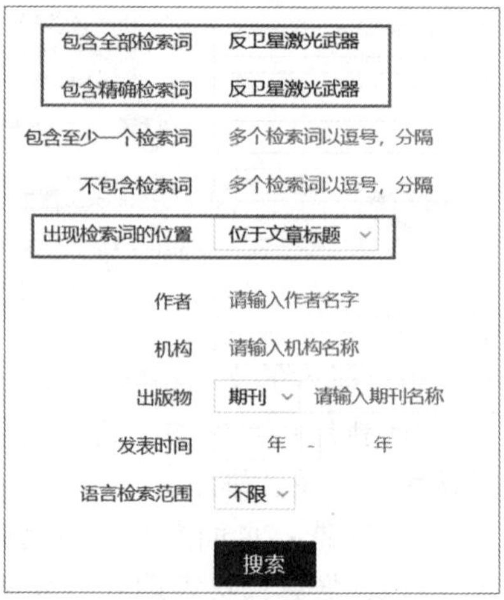

单击"检索"按钮，找到满足检索设定条件出现检索词的位置："位于文章标题"的只有17条相关结果（相当

图5-112 高级检索及条件设定

于在题名途径内检索），而不是例 5–36 中的 5660 条相关文献（相当于全部字段内检索），如图 5–113 所示。

图 5–113　全文在线阅读页面

由此可见，在高级检索中，合理设定检索条件，会使检索结果更加精确。读者可以尝试更多的条件设定，使百度高级检索更加精准。

习　题　5

1. 简述 ISSN 号的含义。
2. 简述核心期刊及其含义。
3. 简述影响因子及其意义。
4. 简述 SCI 的含义。
5. 简述 CNKI 的含义，它提供了哪些数字文献资源？
6. 试用 CNKI 平台检索几篇本专业的期刊论文。
7. 什么是 CNKI 文献知网节？它的意义何在？
8. 试用维普中文期刊服务平台检索几篇期刊论文。
9. 试用万方数据知识服务平台检索几篇期刊论文。
10. 试用超星期刊平台检索几篇期刊论文。
11. 试用百度学术平台检索几篇期刊论文。
12. 简述维普中文科技期刊评价报告用了哪几个指标。
13. 列出几种你常用的检索中外期刊论文的数据库名称和网址。

在线测试 5

扫描右侧二维码，完成本章的在线测试题，完成后可查看答案。测试包含 10 道单选题和 10 道判断题，帮助您巩固本章知识点。

在线测试 5

Chapter Six

第**6**章

数字特种文献及检索

本章概要

特种文献是指普通图书、期刊之外出版发行的、获取途径比较特殊的科技文献。它包括学位论文、会议文献、科技报告、专利文献、标准文献、科技档案、政府出版物、产品样本等。本章将系统地介绍数字特种文献资源的检索平台、检索方法、全文获取等实用技巧。

学习目的

◆ 了解特种文献常用检索工具。
◆ 熟悉特种文献数据库。
◆ 学会特种文献的检索方法。
◆ 了解原文获取的各种途径。

内容框架

数字特种文献及检索 —
— 使用读秀平台检索特种文献
— 使用CNKI检索特种文献
— 使用万方平台检索特种文献
— 其他特种文献资源检索平台

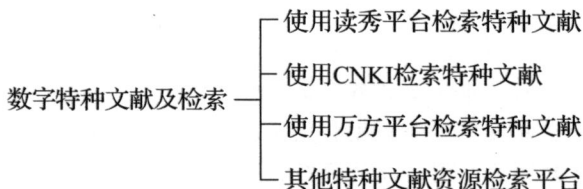

6.1 使用读秀平台检索特种文献

超星公司经过多年的元数据搜集之后，元数据应该是最全的，因此，首先推荐使用读秀学术搜索平台检索特种文献；另外一个原因是读秀学术搜索平台搜索简单。

6.1.1 读秀学术搜索简介

读秀学术搜索是一站式搜索平台，网址 http://www.duxiu.com，如图 6-1 所示。
从图 6-1 可知，所有关于中文的特种文献检索，在这个平台上都可以一站检索完成。

利用读秀学术搜索查找到的文献，想要得到全文有三种方式：①图书馆购买了数据库，文献后面有链接，通过链接可直接得到全文；②图书馆没有购买数据库而超星资源库有收藏的，通过文献传递方式，由后台机器自动传递到你的邮箱；③如超星数据库没有收藏的，由人工参考咨询员根据读者需求信息查找到文献并发送到读者的邮箱，得到全文的时间在 0～24 小时内。

图 6-1　读秀学术搜索平台

6.1.2　读秀学位论文检索

学位论文（Dissertation）是指高等院校，科研机构的毕业生和研究生，为获得相应学位，在导师指导下完成的科学研究、科学试验成果的书面报告，或者所提交的学术论文。其一般具有一定的独创性，内容系统详尽，是启迪思路、开创新领域的重要研究资料。学位论文根据所申请的学位不同，又可分为学士论文、硕士论文、博士论文三种。学位论文在格式等方面有严格要求，学位论文是学术论文的一种形式，具有较高的参考价值。

1. 检索途径

读秀学位论文检索提供了"全部字段、标题、作者、授予单位、关键词、导师"6 种途径。系统默认"全部字段"，其含义是包括标题、作者、授予单位、关键词、导师的全部字段，此时，你可以在检索框中输入标题、作者、授予单位、关键词、导师，可以检索出满足条件的结果。在实际检索过程中，多数情况下是从题名的关键词去检索文献效果会更好。

2. 检索步骤

检索步骤为：①选择"学位论文"频道；②选择途径；③输入检索词；④单击"中文搜索"按钮，即可得到结果。

【例 6-1】从作者途径检索某作者的文章（了解某人发表哪些文章时常用）。

选择"学位论文"频道；默认全部字段（也可选择作者途径）；输入作者姓名；单击"中文搜索"出结果，在不同名的情况下，一个人的学位论文最多一篇到两篇，如图 6-2 所示。

图 6-2　学位论文检索页面

系统显示：系统提供了"电子全文、图书馆文献传递"两种方式供读者选择。本例有"电子全文"，可以直接阅读。单击论文标题，进入 CNKI 的文献知网节页面，如图 6-3 所示。

图 6-3　CNKI 的文献知网节页面

在 CNKI 的文献知网节页面。系统提供了"CAJ 下载、PDF 下载、章节下载、在线阅读"4 种方式获取全文。CNKI 的文献知网节页面的"核心文献推荐、引文网络、相关文献推荐"等都可以在这里实现。读者输入检索后，系统就会通过文献知网节为读者推送相关度很高的若干文献。

6.1.3　读秀会议论文检索

会议文献（Conference Literature）是指在学术会议上和专业学术会议上宣读或交流的论文、材料、讨论记录、会议纪要等文献。会议文献是报道最新科技动向的一次文献，特点是反映某些学科或领域的最新研究进展和成就，具有较高的研究价值；一般是经过挑选的，质量较高的，能及时反映科学技术中的新发现、新成果、新成就以及学科发展趋向，是一种重要的情报源。

1. 检索途径

会议论文检索提供了"全部字段、标题、作者、关键词、会议名称"5 种途径。默认"全部字段"。

2. 检索步骤

检索步骤：①选择"会议论文"频道；②选择途径；③输入检索词；④单击"中文搜索"按钮，即可得到结果。

【例 6-2】查找"一带一路经济发展"方面的会议论文。

检索过程：选择"会议论文"频道；选择标题途径；输入关键词"一带一路经济发展"；单

击"中文搜索"按钮，检索到标题中包含了"一带一路经济发展"的中文会议论文 70 篇。会议论文检索如图 6-4 所示。

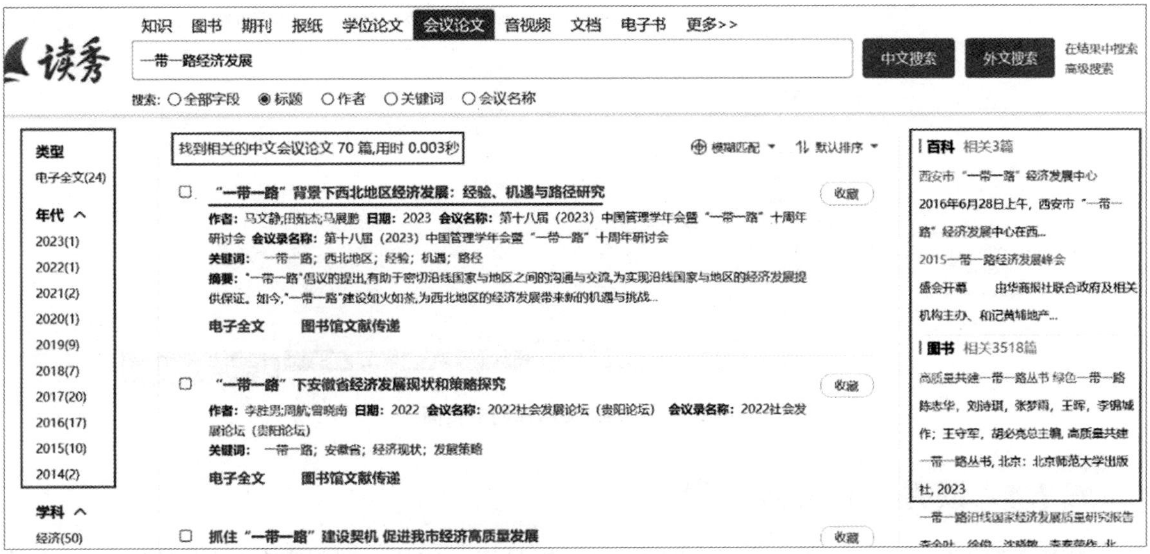

图 6-4　会议论文检索页面

如果想选择时间最近的，则选择第 1 篇《"一带一路"背景下西北地区经济发展：经验、机遇与路径研究》，单击论文标题，进入论文详细目录页面，如图 6-5 所示。

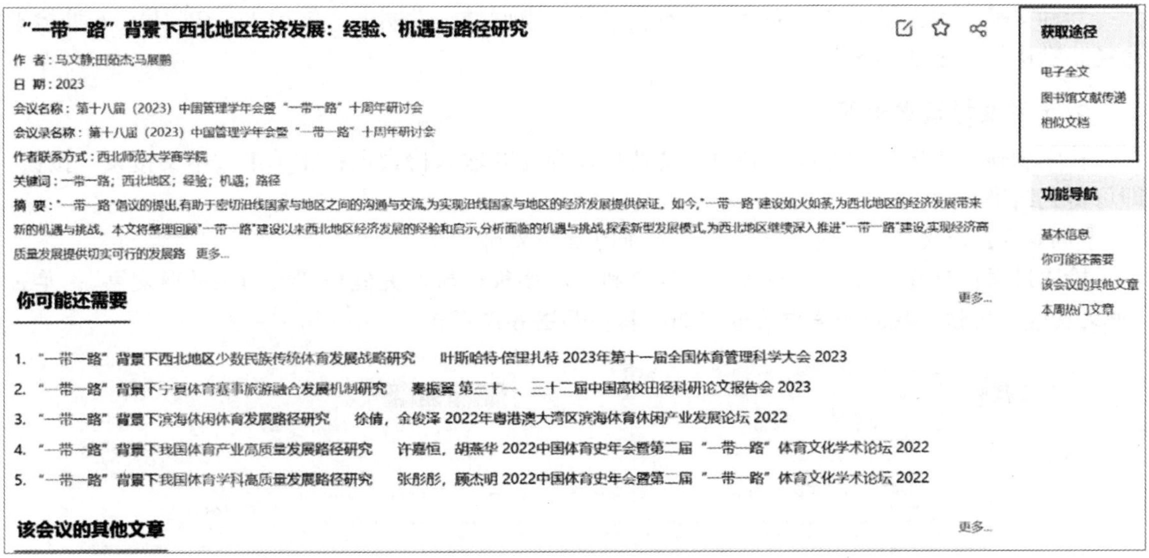

图 6-5　论文详细目录页面

在会议论文详细目录页面右上角，获取途径：系统提供了"电子全文、图书馆文献传递、相似文献"3 种方式供读者选择。本例选择"电子全文"，就进入 CNKI 的文献知网节页面，如图 6-6 所示。

系统提供了"手机阅读、HTML 阅读、CAJ 下载、PDF 下载"4 种方式获取全文。

图 6-6　CNKI 文献知网节页面

6.1.4　读秀专利文献检索

专利文献（Patent Literature），广义的专利文献是指一切与专利制度有关的文献，如专利说明书、专利公报、分类表、索引、专利的法律文书等。狭义的专利文献是指专利说明书。我国专利的种类有发明专利、实用新型专利和外观设计专利。

1. 检索途径

专利文献检索提供了"全部字段、专利名称、申请号、发明人、申请人、IPC 号"6 种检索途径。默认是"全部字段"。

2. 专利文献检索步骤

检索步骤：①选择"专利"频道；②选择途径；③输入检索词；④单击"中文搜索"按钮，即可得到结果。

【例 6-3】查找"太阳能并网发电"方面的专利文献。

检索过程：选择"专利"频道；选择专利名称字段；输入关键词"太阳能并网发电"；单击"中文搜索"按钮，找到相关中文专利 205 篇，如图 6-7 所示。

图 6-7　专利文献检索页面

单击专利文献名称，进入专利目录页面，可看到此专利的详细信息，这里没有全文链接，但有"图书馆文献传递"获取链接，可通过图书馆文献传递方式获取全文，如图 6-8 所示。

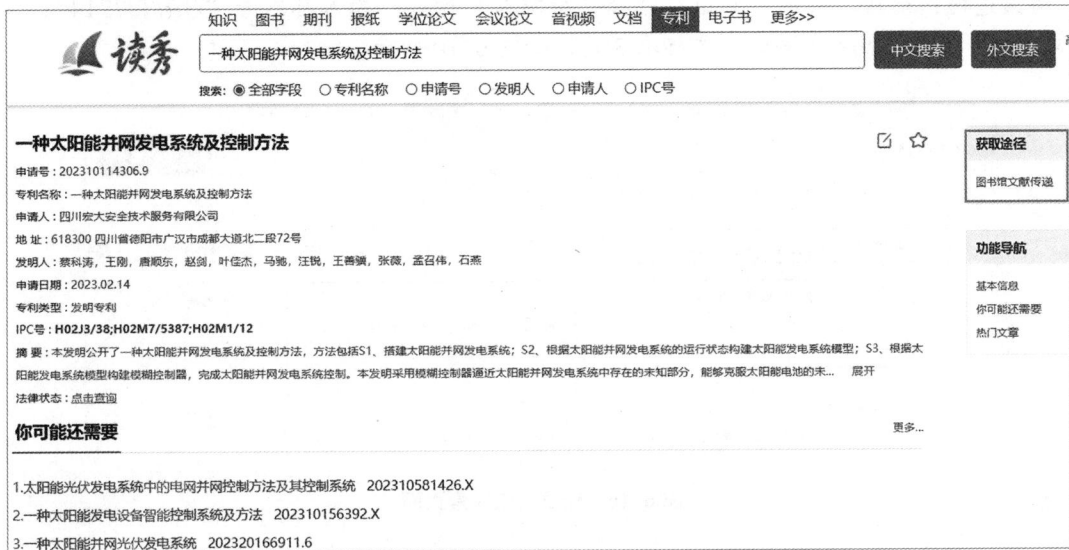

图 6-8　专利文献详细信息及获取途径页面

可通过图书馆文献传递方式获得该专利文献，方法是单击"图书馆文献传递"链接，进入全国图书馆参考咨询服务平台，如图 6-9 所示。

填写有效的邮箱地址（建议用 QQ 邮箱），正确填写接收电子邮箱和验证码，确认提交成功，即可在 0~24 小时收到文献。

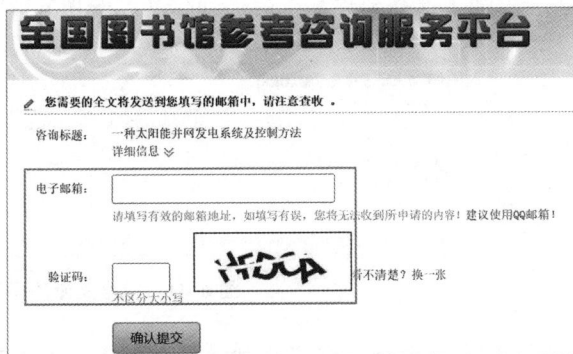

图 6-9　图书馆文献传递页面

6.1.5　读秀标准文献检索

标准文献（Standard Literature）是对工农业和工程建设的质量、规格、基本单位及其检验方法等方面由权威部门批准的技术规定，其反映的技术工艺水平及技术政策，是从事生产建设和管理的一种共同规范或依据，是促进社会产品质量的三次文献。标准分为：国际标准（ISO）、国家标准（GB）、行业标准、企业标准。某些标准文献还有法律约束力，对了解各国经济、技术政策、生产水平以及分析预测发展动向和促进现代管理具有重要的参考价值。

1. 检索途径

标准文献检索提供了"全部字段、标准中文名、标准英文名、标准号、发布单位"5 种途径。默认"全部字段"。

2. 标准文献检索步骤

检索步骤：①选择"标准"频道；②选择途径；③输入检索词；④单击"中文搜索"按钮，

即可得到结果。

【**例 6-4**】已知《文后参考文献著录规则》标准号 GB/T 7714—2005，查它的最新的标准。

检索过程：选择"标准"频道；选择"标准号"途径；输入标准号"GB/T 7714"；单击"中文搜索"按钮，找到相关的中文标准 3 篇，如图 6-10 所示。

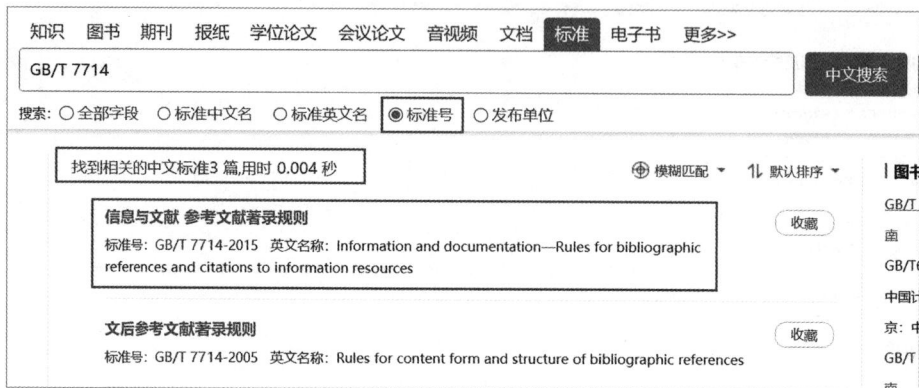

图 6-10　标准文献检索页面

从检索结果可知，排第 1 位的是 GB/T 7714—2015 标准，中文名《信息与文献　参考文献著录规则》；排第 2 位的是 GB/T 7714—2005 标准，中文名《文后参考文献著录规则》。单击首条标准题名，得到该标准的详细信息，如图 6-11 所示。

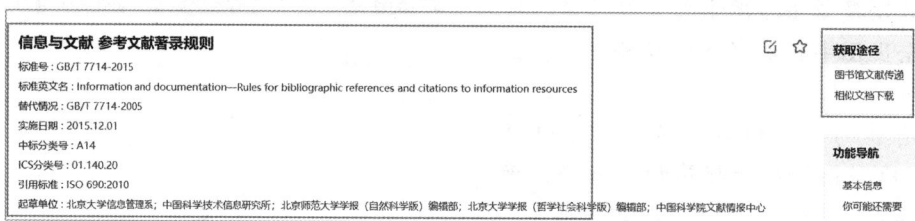

图 6-11　标准文献的详细信息及获取途径页面

《信息与文献　参考文献著录规则》GB/T 7714—2015 的详细页面显示了替代情况：标准 GB/T 7714—2015 替代标准 GB/T 7714—2005。获取途径有"图书馆文献传递、相似文档下载、文献互助"3 种，比较可靠的是通过图书馆文献传递获得。

6.2　使用 CNKI 检索特种文献

6.2.1　CNKI 学位论文检索

1. CNKI 学位论文全文数据库简介

《中国优秀博硕士学位论文全文数据库》指《中国博士学位论文全文数据库》和《中国优秀硕士学位论文全文数据库》，是目前国内资源完备、质量上乘、连续动态更新的中国博硕士学位论文全文数据库。该数据库出版 520 余家博士培养单位的博士学位论文 54 余万篇，800 余家硕士培养单位的硕士学位论文 563 余万篇，最早回溯至 1984 年，覆盖基础科学、工程技术、农业、医学、哲学、人文、社会科学等各个领域。CNKI 的学位论文数据库检索框如图 6-12 所示。

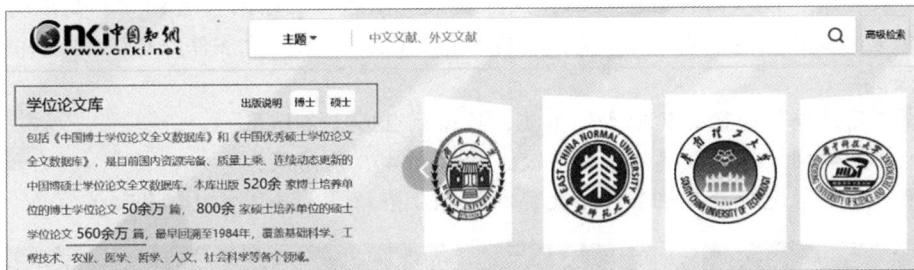

图 6-12　CNKI 的学位论文库检索页面

2. CNKI 学位论文检索

CNKI 的博士、硕士学位论文检索，可合并检索，也可按博士、硕士学位论文分库检索，两者检索方法相同，这里以博硕士学位论文高级检索页面为例进行介绍，如图 6-13 所示。

图 6-13　CNKI 博士、硕士学位论文检索页面

高级检索提供了"主题、篇关摘、关键词、题名、全文、作者、作者单位、导师、第一导师、学位授予单位、摘要、目录、基金、参考文献、中图分类号、学科专业名称、DOI"17 个途径去检索学位论文。

检索框可以〔+〕或〔−〕，默认是 3 个，其他控制条件，可选或不选，不选时就是系统默认条件。

在高级检索页面上，与检索相关的全部内容都可以在这个页面上实现，现将高级检索过程规范为 5 个步骤：

1）选择检索途径："主题、篇关摘、关键词、题名、全文、作者、作者单位、导师"等。

2）输入与检索途径相关的检索词。

3）选择逻辑关系：AND（默认）、OR、NOT。

4）选择检索控制条件（复选框）：双一流、一流大学、基金文献、中英文扩展（默认）、同义词扩展；时间范围：起始年——结束年；级别：不限（默认）、全国、省级、校级。

5）检索。

（与期刊检索方法相同，可以参见第 5 章相关章节）

【例6-5】用CNKI学位论文频道查找有关"特高压输电 或 特高压交流输电 或 特高压直流输电"的。

检索过程：①进入CNKI主页，单击选择学位论文，进入学位论文检索页面，单击检索框右边的"高级检索"进入高级检索页面，选择默认"主题"②输入检索词"特高压输电＋特高压交流输电＋特高压直流输电"；③选择逻辑关系"OR"；④检索条件默认（不选），⑤检索到1361条结果。

若只换"篇关摘"途径，其他条件不变，检索到28691条结果；

若只换"关键词"途径，其他条件不变，检索到475条结果；

若只换"题名"途径，其他条件不变，找到369条结果，如图6-14所示。

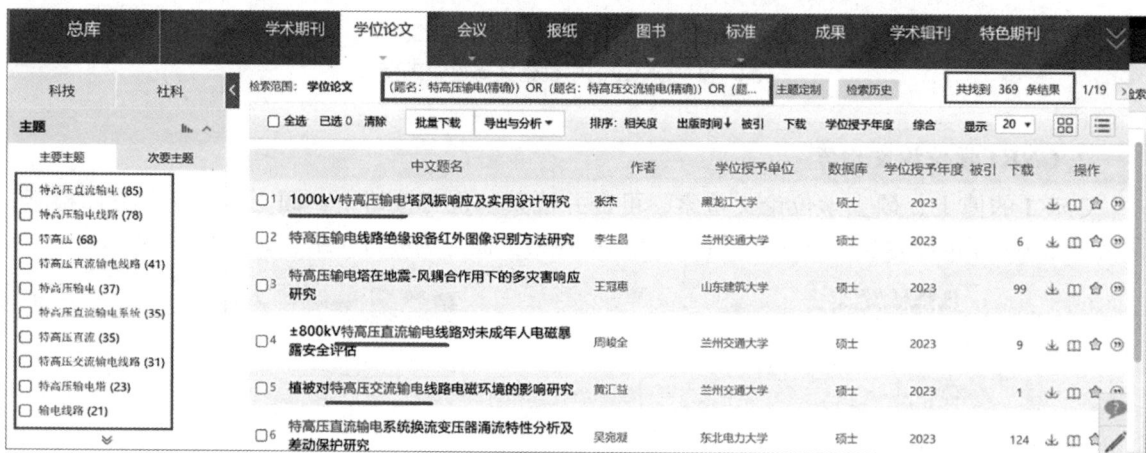

图6-14　CNKI学位论文检索页面1

检索式：题名：特高压输电（精确）OR（题名：特高压交流输电（精确））OR（题名：特高压直流输电（精确））。

如果觉得检索结果太多了，可修正检索词，①选择"题名"途径；②输入检索词"交流特高压输电"或"直流特高压输电"；③选择逻辑关系（OR）；④检索条件默认（不选），⑤途径检索到4条结果，如图6-15所示。

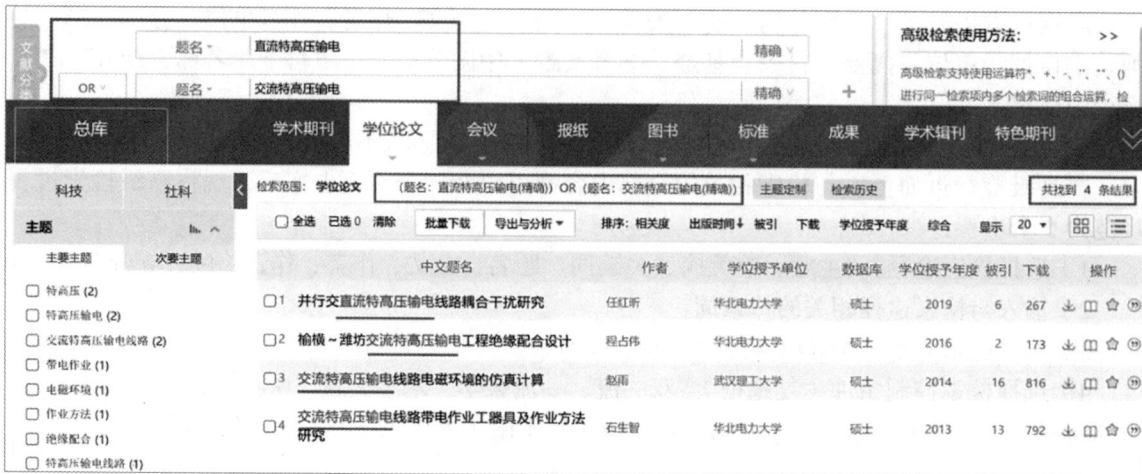

图6-15　CNKI学位论文检索页面2

检索式：（题名：直流特高压输电（精确））OR（题名：交流特高压输电（精确））

在图 6–15 所示的检索页面中，如果想看第 1 篇学位论文，单击第 1 篇论文题名，进入显示出第 1 篇论文的文献知网节页面，如图 6–16 所示。

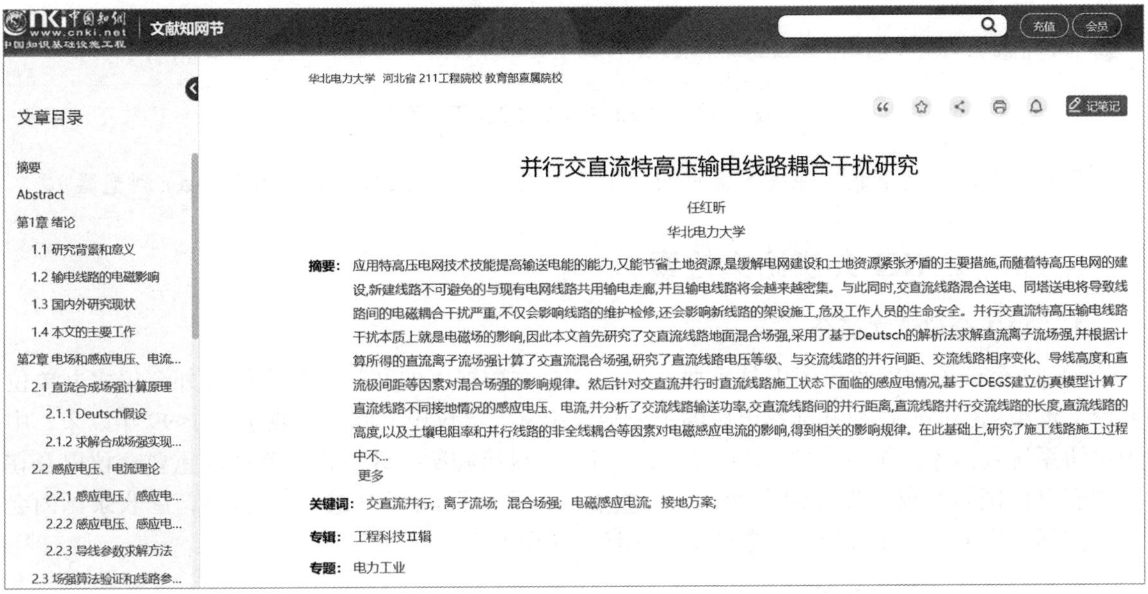
www.cnki.net
中国知识基础设施工程
文献知网节
充值
会员
华北电力大学 河北省 211工程院校 教育部直属院校
记笔记
文章目录
摘要
Abstract
第1章 绪论
1.1 研究背景和意义
1.2 输电线路的电磁影响
1.3 国内外研究现状
1.4 本文的主要工作
第2章 电场和感应电压、电流...
2.1 直流合成场强计算原理
2.1.1 Deutsch假设
2.1.2 求解合成场强实现...
2.2 感应电压、电流理论
2.2.1 感应电压、感应电...
2.2.2 感应电压、感应电...
2.2.3 导线参数求解方法
2.3 场强算法验证和线路参...
并行交直流特高压输电线路耦合干扰研究
任红昕
华北电力大学
摘要：应用特高压电网技术技能提高输送电能的能力,又能节省土地资源,是缓解电网建设和土地资源紧张矛盾的主要措施,而随着特高压电网的建设,新建线路不可避免的与现有电网线路共用输电走廊,并且输电线路将会越来越密集。与此同时,交直流线路混合送电、同塔送电将导致线路间的电磁耦合干扰严重,不仅会影响线路的维护检修,还会影响新线路的架设施工,危及工作人员的生命安全。并行交直流特高压输电线路干扰本质上就是电磁场的影响,因此本文首先研究了交直流线路地面混合场强,采用了基于Deutsch的解析法求解直流离子流场强,并根据计算所得的直流离子流场强计算了交直流混合场强,研究了直流线路电压等级、与交流线路的并行间距、交流线路相序变化、导线高度和直流极间距等因素对混合场强的影响规律。然后针对交直流并行时直流线路施工状态下面临的感应电情况,基于CDEGS建立仿真模型计算了直流线路不同接地情况的感应电压、电流,并分析了交流线路输送功率,交直流线路间的并行距离,直流线路并行交流线路的长度,直流线路的高度,以及土壤电阻率和并行线路的非全线耦合等因素对电磁感应电流的影响,得到相关的影响规律。在此基础上,研究了施工线路施工过程中不...
更多
关键词：交直流并行；离子流场；混合场强；电磁感应电流；接地方案；
专辑：工程科技Ⅱ辑
专题：电力工业

图 6–16　第 1 篇论文的文献知网节页面

如果还想看看第 2 篇文章"榆横～潍坊交流特高压输电工程绝缘配合设计"，单击题名进入节点文献页面，如图 6–17 所示。

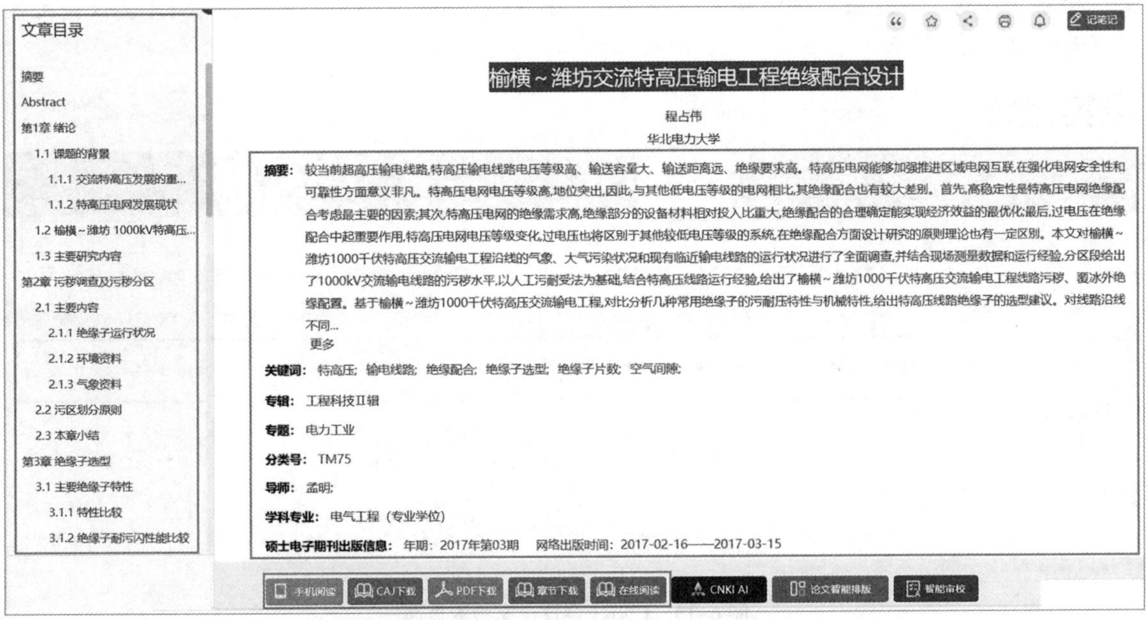
记笔记
文章目录
摘要
Abstract
第1章 绪论
1.1 课题的背景
1.1.1 交流特高压发展的重...
1.1.2 特高压电网发展现状
1.2 榆横～潍坊 1000kV特高压...
1.3 主要研究内容
第2章 污秽调查及污秽分区
2.1 主要内容
2.1.1 绝缘子运行状况
2.1.2 环境资料
2.1.3 气象资料
2.2 污区划分原则
2.3 本章小结
第3章 绝缘子选型
3.1 主要绝缘子特性
3.1.1 特性比较
3.1.2 绝缘子耐污闪性能比较
榆横～潍坊交流特高压输电工程绝缘配合设计
程占伟
华北电力大学
摘要：较当前超高压输电线路,特高压输电线路电压等级高、输送容量大、输送距离远、绝缘要求高。特高压电网能够加强推进区域电网互联,在强化电网安全性和可靠性方面意义非凡。特高压电网电压等级高,地位突出,因此,与其他低电压等级的电网相比,其绝缘配合也有较大差别。首先,高稳定性是特高压电网绝缘配合考虑最主要的因素;其次,特高压电网的绝缘需求高,绝缘部分的设备材料相对投入比重大,绝缘配合的合理确定能实现经济效益的最优化;最后,过电压在绝缘配合中起重要作用,特高压电网电压等级变化,过电压也将区别于其他较低电压等级的系统,在绝缘配合方面设计研究的原则理论也有一定区别。本文对榆横～潍坊1000千伏特高压交流输电工程沿线的气象、大气污染状况和现有临近输电线路的运行状况进行了全面调查,并结合现场测量数据和运行经验,分区段给出了1000kV交流输电线路的污秽水平,以人工污耐受法为基础,结合特高压线路运行经验,给出了榆横～潍坊1000千伏特高压交流输电工程线路污秽、覆冰外绝缘配置。基于榆横～潍坊1000千伏特高压交流输电工程,对比分析几种常用绝缘子的污耐压特性与机械特性,给出特高压线路绝缘子的选型建议。对线路沿线不同...
更多
关键词：特高压；输电线路；绝缘配合；绝缘子选型；绝缘子片数；空气间隙；
专辑：工程科技Ⅱ辑
专题：电力工业
分类号：TM75
导师：孟明；
学科专业：电气工程（专业学位）
硕士电子期刊出版信息：年期：2017年第03期　网络出版时间：2017-02-16——2017-03-15
手机阅读
CAJ下载
PDF下载
章节下载
在线阅读
CNKI AI
论文智能排版
智能审校

图 6–17　CNKI 学位论文全文下载及节点文献页面

在节点文献页面，系统提供了"手机阅读、CAJ 下载、PDF 下载、章节下载、在线阅读" 5

种选择。如果单击"CAJ下载"，就进入下载页面。系统默认存放在下载文件夹里面，如图6-18所示。

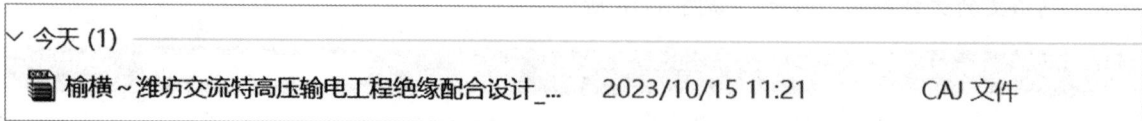

⌄ 今天 (1)		
榆横~潍坊交流特高压输电工程绝缘配合设计_...	2023/10/15 11:21	CAJ 文件

图 6-18　CNKI 学位论文全文下载页面

下载完成后，到下载文件夹里就可阅读了（前提是已安装 CNKI 的 CAJViewer 浏览器）。

6.2.2　CNKI 会议论文检索

1. CNKI 会议论文简介

CNKI 会议论文库收录国内外重要会议论文全文数据库的文献，是由国内外会议主办单位或论文汇编单位书面授权并推荐出版的重要会议论文。会议论文库重点收录了 1999 年以来，中国科协系统及国家二级以上的学会、协会，高校、科研院所，政府机关举办的重要会议以及在国内召开的国际会议上发表的文献，部分重点会议文献回溯至 1953 年，目前，已收录国内会议、国际会议论文集 2 万余本，累计文献总量 369 余万篇。

2. CNKI 会议论文检索

【例 6-6】查找有关"水光互补发电"方面的会议论文。

检索过程：①在 CNKI 主页上，单击"会议"频道，进入会议论文数据库页面；②默认的"主题"字段；③在检索框输入"水光互补发电"，④检索控制条件不选（默认）；⑤单击"检索"按钮，找到 5 条结果；若把检索途径换成"篇名"，则检索到 3 条结果，CNKI 会议论文检索页面如图 6-19 所示。

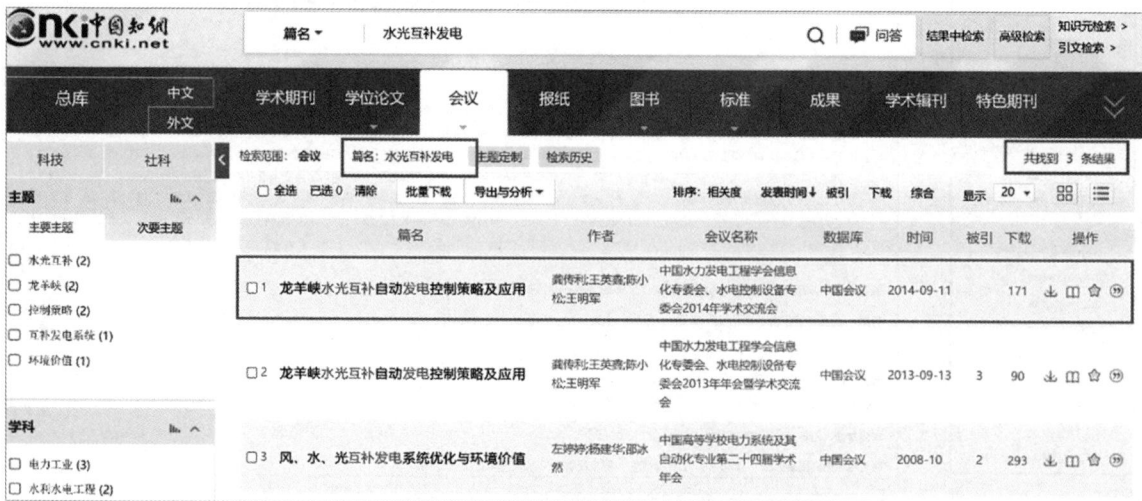

图 6-19　CNKI 会议论文检索页面

如想了解更加详细的内容，单击题名进入本文的文献知网节页面，如图 6-20 所示。

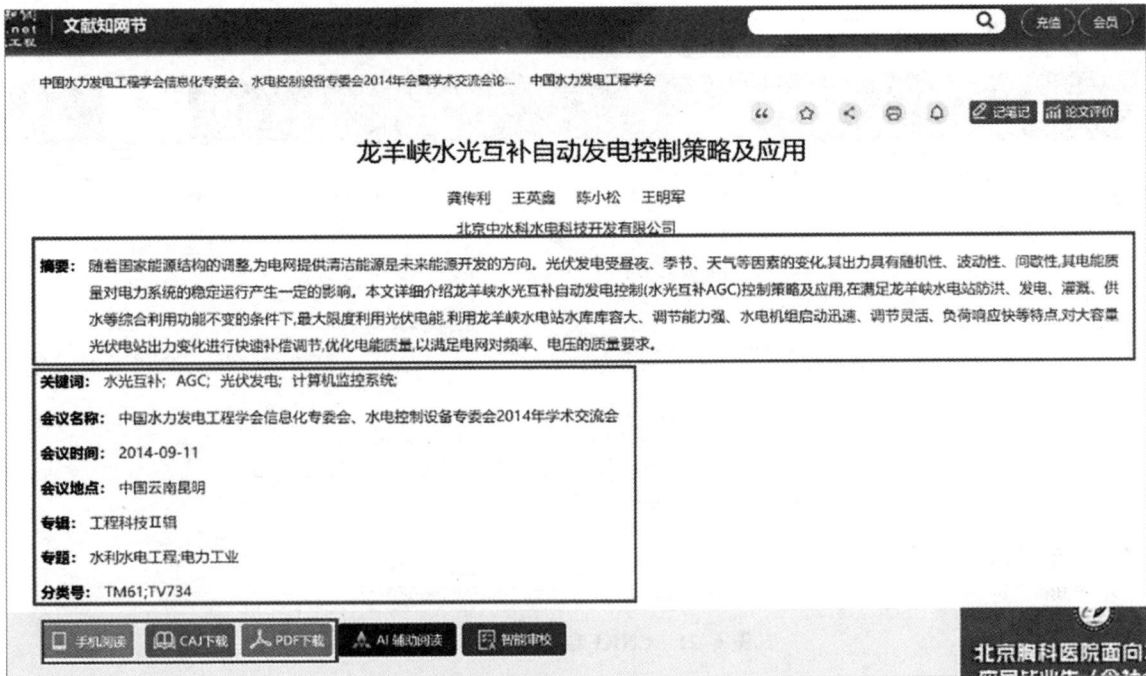

图 6-20　CNKI 会议论文的文献知网节页面

在文献知网节页面，系统提供了"手机阅读、CAJ 下载、PDF 下载"，供读者选择下载全文。

6.2.3　CNKI 专利文献检索

1. CNKI 专利文献简介

CNKI 的专利数据库包括中国专利和境外专利。中国专利收录了 1985 年以来在中国大陆申请的发明专利、外观设计专利、实用新型专利，共 5080 余万项，每年新增专利约 250 万项；境外专利包含美国、日本、英国、德国、法国、瑞士、世界知识产权组织、欧洲专利局、俄罗斯、韩国、加拿大、澳大利亚、中国香港及中国台湾等十国两组织两地区的专利，共计收录从 1970 年至今专利 1 亿余项，每年新增专利约 200 万项。

CNKI 的专利数据库可以通过"主题、篇关词、关键词、专利名称、摘要、全文、申请号、公开号、分类号、主分类号、申请人、发明人、代理人、同族专利人、优先权"共 15 个检索途径进行检索，国内专利一次性下载专利说明书全文，国外专利说明书全文链接到欧洲专利局网站。

2. CNKI 专利文献检索

【例 6-7】查找有关"水光互补发电"方面的专利文献。

检索过程：①在 CNKI 主页上，单击"专利"频道，进入"专利文献数据库"；②选择"专利名称"途径；③在检索框中输入"水光互补发电"；④单击"检索"按钮；找到 16 条结果；如图 6-21 所示。

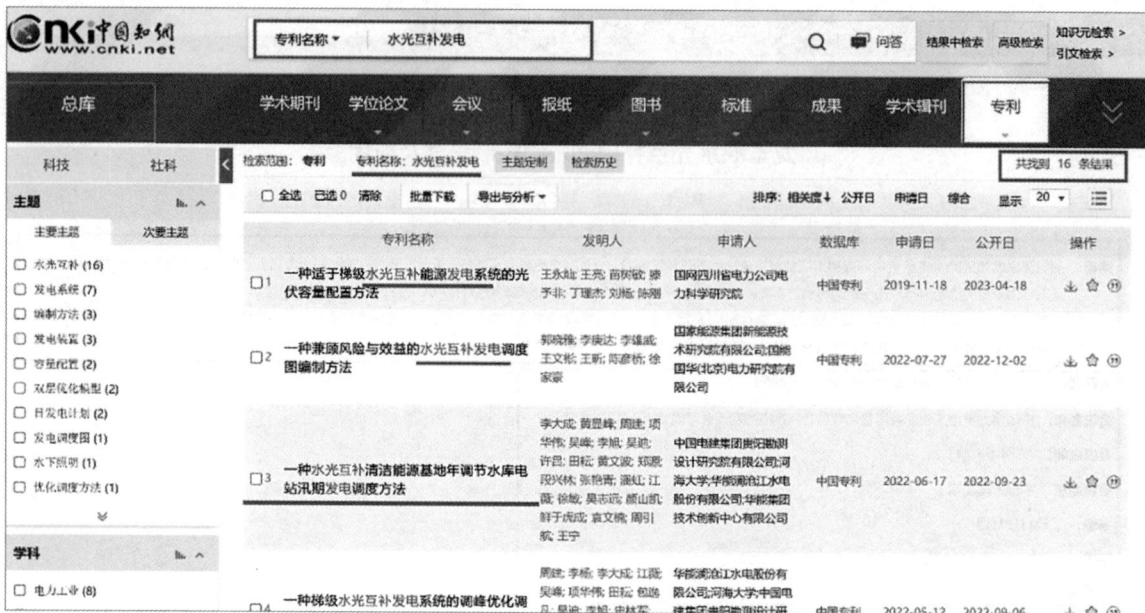

图 6-21　CNKI 专利文献检索页面

如想了解第二条专利，单击题名进入专利"知网节"页面，如图 6-22 所示。

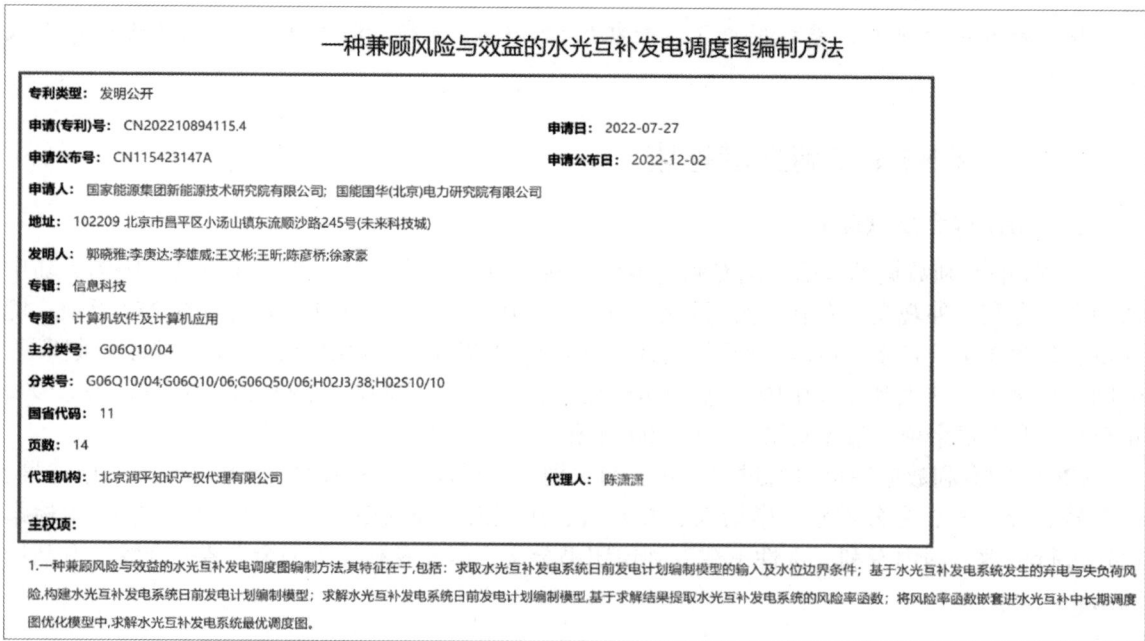

一种兼顾风险与效益的水光互补发电调度图编制方法

专利类型：	发明公开		
申请(专利)号：	CN202210894115.4	申请日：	2022-07-27
申请公布号：	CN115423147A	申请公布日：	2022-12-02
申请人：	国家能源集团新能源技术研究院有限公司; 国能国华(北京)电力研究院有限公司		
地址：	102209 北京市昌平区小汤山镇东流顺沙路245号(未来科技城)		
发明人：	郭晓雅;李庚达;李雄威;王文彬;王昕;陈彦桥;徐家豪		
专辑：	信息科技		
专题：	计算机软件及计算机应用		
主分类号：	G06Q10/04		
分类号：	G06Q10/04;G06Q10/06;G06Q50/06;H02J3/38;H02S10/10		
国省代码：	11		
页数：	14		
代理机构：	北京润平知识产权代理有限公司	代理人：	陈潇潇
主权项：			

1.一种兼顾风险与效益的水光互补发电调度图编制方法,其特征在于,包括: 求取水光互补发电系统日前发电计划编制模型的输入及水位边界条件; 基于水光互补发电系统发生的弃电与失负荷风险,构建水光互补发电系统日前发电计划编制模型;求解水光互补发电系统日前发电计划编制模型,基于求解结果提取水光互补发电系统的风险率函数; 将风险率函数嵌套进水光互补中长期调度图优化模型中,求解水光互补发电系统最优调度图。

图 6-22　专利文献知网节页面及下载页面

在专利文献知网节页面，系统提供了"CAJ原文下载"链接，单击它就可以下载全文。下载之后可以阅读专利文献全文，如图 6-23 所示。

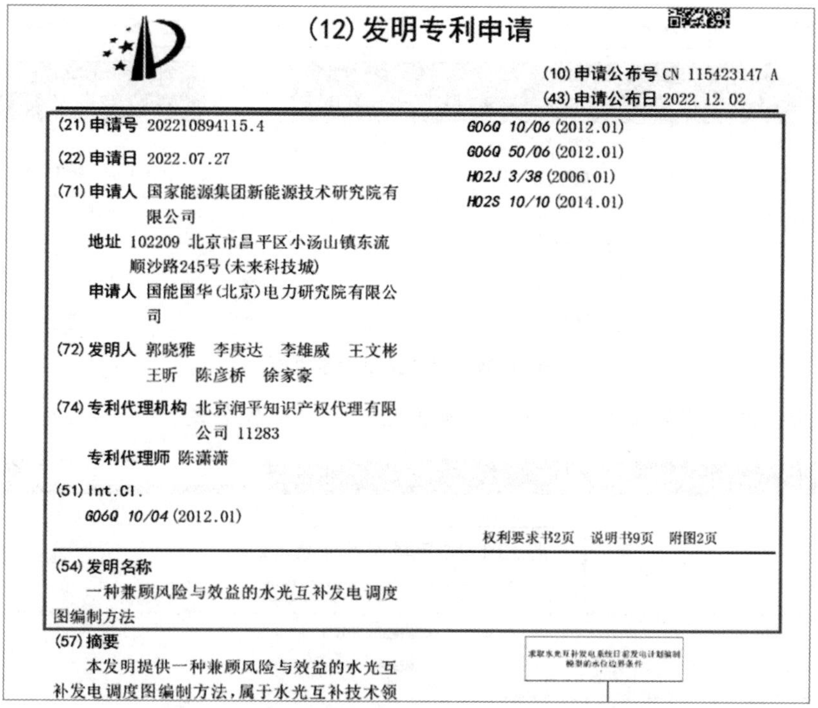

图 6-23　发明专利文献原文

6.2.4　CNKI 标准文献检索

1. CNKI 标准文献简介

CNKI《标准数据总库》，包括国家标准全文、行业标准全文以及国内外标准题录数据库，共计 59 余万项。其中《国家标准全文数据库》收录了由中国标准出版社出版的，国家标准化管理委员会发布的所有国家标准；《行业标准全文数据库》收录了现行、废止、被代替、即将实施的行业标准；《国内外标准题录数据库》收录了中国以及世界先进国家、标准化组织制定与发布的标准题录数据，共计 54 余万项。

CNKI 标准数据检索平台，系统提供检索途径有"主题、篇关摘、标准名称、标准号、关键词、摘要、全文、起草人、起草单位、发布单位、出版单位、中国标准分类号、国际标准分类号"等 13 个检索途径。

2. CNKI 标准文献检索

【例 6-8】查找有关"风力发电"方面的标准文献。

检索过程：①在 CNKI 主页上，单击"标准"频道，进入"标准"数据库检索页面；②选择"标准名称"途径；③在检索框输入"风力发电"，其他为系统默认条件；④单击"检索"按钮，找到 75 条相关标准。如果检索词调整为"海上风力发电"，单击"检索"按钮，找到 3 条相关标准，如图 6-24 所示。

如想查看第 1 条标准"海上风力发电设计标准"，单击进入标准"文献知网节"页面，如图 6-25 所示。

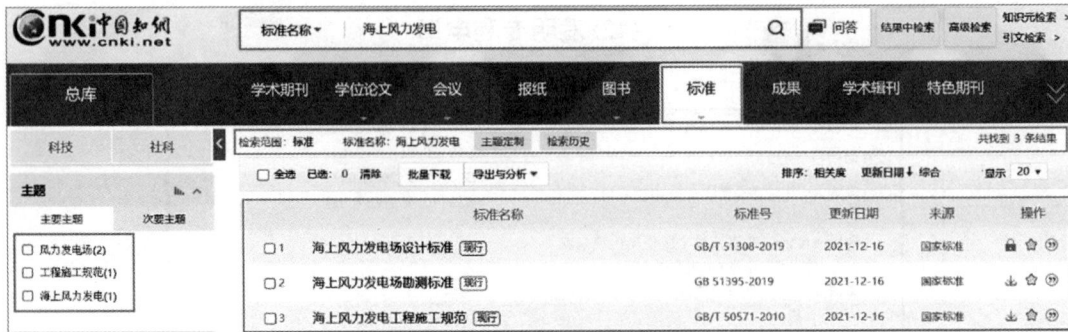

图 6-24 标准文献检索页面

知网节页面提供了"全文下载"链接，单击它就可以下载全文。

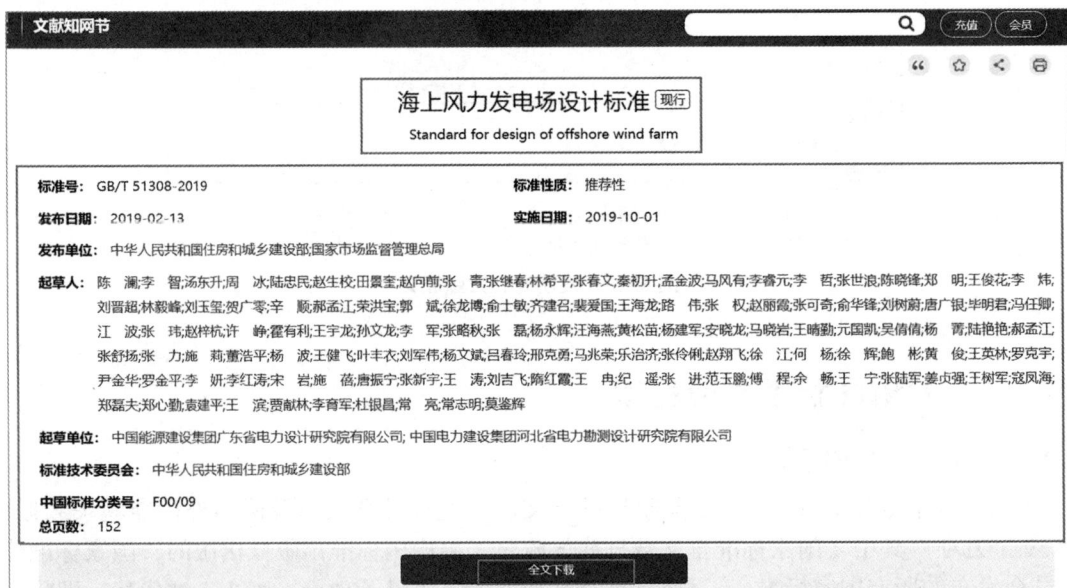

图 6-25 标准文献知网节页面

6.2.5 CNKI 科技成果检索

1. CNKI 科技成果简介

《中国科技项目创新成果鉴定意见数据库（知网版）》主要收录正式登记的中国科技成果，按行业、成果级别、学科领域分类。每条成果信息包含成果概况、立项、评价，知识产权状况及成果应用，成果完成单位、完成人等基本信息，并包含该成果的鉴定数据（推广应用前景与措施、主要技术文件目录及来源、测试报告和鉴定意见等内容）。目前，共计收录 108 余万项成果，年更新约 4.8 万项，收录年度集中于 1978 年至今，部分回溯至 1920 年。

CNKI 科技成果数据库检索平台，提供的检索途径有"主题、篇关摘、全文、成果名称、关键词、成果简介、中图分类号、学科分类号、成果完成人、第一完成单位、单位所在省市、合作完成单位"等 12 个检索途径。

2. CNKI 科技成果检索

【例 6-9】查找"时速 300km 动车组"方面的科技成果。

检索过程:①登录 CNKI 主页,单击"成果"频道,进入 CNKI 科技成果数据库检索页面;②选择"成果名称"途径;③输入"时速 300km 动车组";④单击"检索",找到 9 条结果,如图 6-26 所示。

图 6-26　CNKI 科技成果检索页面

单击第 1 条成果标题,进入 CNKI 科技成果"文献知网节"页面,如图 6-27 所示。

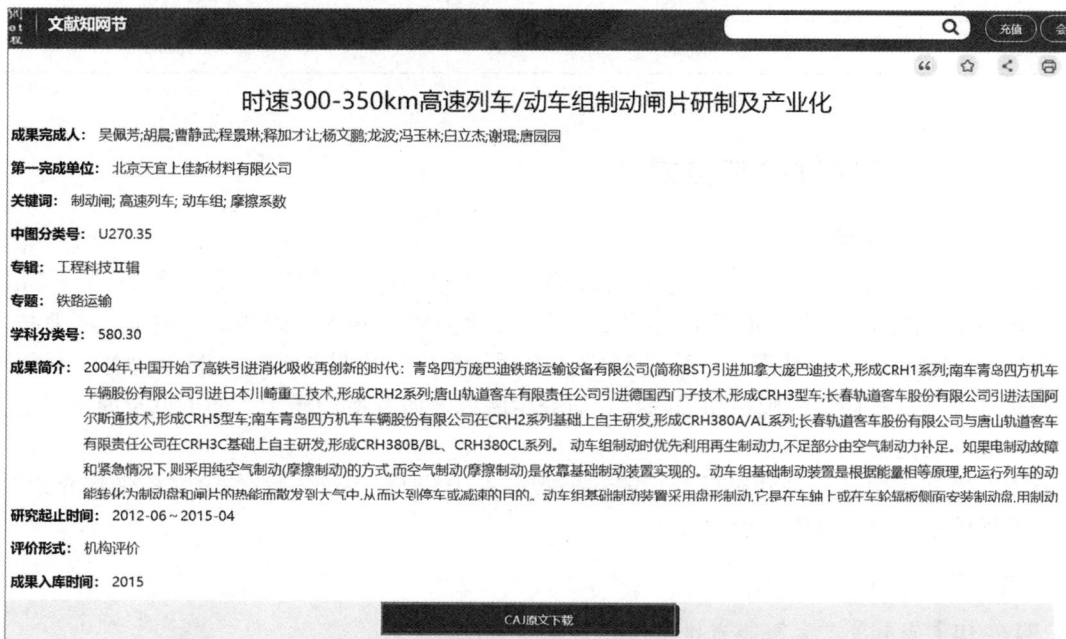

图 6-27　CNKI 科技成果"文献知网节"页面

文献知网节页面提供了"CAJ 全文下载"链接,单击它就可以下载全文。

6.3　使用万方平台检索特种文献

万方数据知识服务平台（http://www.wanfangdata.com.cn），如图 6-28 所示。

图 6-28　万方数据知识服务平台

在万方数据知识服务平台上，特种文献有学位论文、会议论文、专利、科技报告、成果、标准等，万方特种文献种类与数量如表 6-1 所示。

表 6-1　万方特种文献种类与数量（2023 年 10 月 16 日数据）

序号	数据库名称	数据量（条）
1	学位论文	6248754
2	会议论文	15387072
3	专利	153896586
4	标准	2491454
5	科技报告	1268117
6	成果	655387

6.3.1　万方学位论文检索

1. 万方学位论文简介

万方学位论文数据库收录的是全文资源。取名为中国学位论文全文数据库（China Dissertation Database），收录始于 1980 年，年增 35 余万篇，涵盖基础科学、理学、工业技术、人文科学、社会科学、医药卫生、农业科学、交通运输、航空航天和环境科学等各学科领域。收录源来自我国自然科学领域各高等院校、研究生院以及研究所的硕士、博士以及博士后论文，共计约 625 万篇全文。

万方数据知识服务平台升级后，功能和外观都进步较大，因此，学位论文检索将介绍普通检索，高级检索，专业检索 3 种方法。

2. 万方学位论文普通检索

【例 6-10】查有关"太阳能光伏发电"方面的学位论文。

（1）检索过程：①进入万方数据主页（www.wanfangdata.com.cn）；②选择"学位"频道；学位论文普通检索途径有"题名、作者、学位授予单位、关键词、摘要、专业、导师、中图分类法"8个，③本例选择"题名"途径；④输入检索词"太阳能光伏发电"；⑤单击"检索"按钮，在学位论文库中找到 138 条相关结果。

如果觉得太多，可调整检索词"太阳能光伏发电并网"，单击"检索"按钮，在学位论文库中找到 30 条相关结果，并且更名中都包含有"太阳能光伏发电并网"，如图 6-29 所示。

图 6-29　学位论文库检索页面

（2）**对检索结果排序与选择**：系统默认是相关度优先排序，也可选择"学位授予时间、被引频次、下载量"等排序；系统提供论文信息有：标题、作者、学位授予单位，学位授予年度、被引、下载、操作等项。读者可根据检索到的信息确定选择阅读论文，如果想看第 1 篇论文，就单击标题进入该论文的详细信息页面（类似 CNKI 的文献知网节），如图 6-30 所示。

图 6-30　学位论文详细信息页面

（3）**论文阅读和下载**：在该论文详细信息页面上，列出了论文相关信息：标题、作者、学位授予单位、简要、关键词、授予学位、学科专业、导师姓名、学位年度、语种、分类号、在线出版日期等；左边是学位论文的目录；此外，还有参考文献、引文网络、相关文献等。

在论文标题下方，提供了"在线阅读、下载、引用（导出）、收藏、分享"等，如单击"下载"按钮就可以下载全文。单击"引用"，进入该论文的导出页面，如图 6-31 所示。

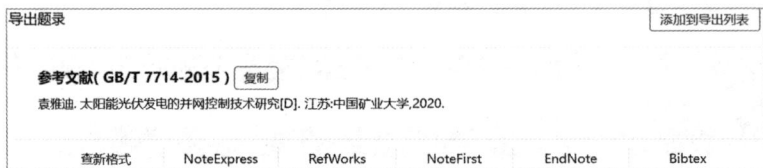

图 6-31　学位论文导出参考文献页面

导出参考文献格式多达 8 种格式可选择，其中参考文献著录标准：GB/T 7714-2015

例如：本例参考文献格式为：

［1］袁雅迪 . 太阳能光伏发电的并网控制技术研究［D］. 江苏：中国矿业大学，2020.

3. 万方学位论文高级检索

高级检索是一种按规定导向的填空式检索，输入更多限制条件，使得检索结果更加准确的一种方法。

学位论文检索途径有"全部、主题、题名或关键词、题名、作者、作者单位、关键词、摘要、中图分类号、DOI、专业、学位授予单位、导师、学位"等 14 个。读者在进行具体检索时，并不一定每项都填写，只填写几项主要的信息就可以检索了。如果检索结果比较多，再经过二次检索来筛选。

按特例考虑，假如某人很优秀，完成了两个硕士、两个博士论文。因此，输入作者就能检索，如果有同名，再加一个或者两个限制条件就足够区分了。高级检索页面看似复杂，把复杂的工具简单用是一种检索技巧，只要途径和关键词找准了，一般都可以检索到相关度较高的文献，获得较好的检索效果。

【例 6-11】利用高级检索查找"太阳能光伏发电并网技术"方面的学位论文。

检索过程：①进入万方数据主页；②单击检索右边的"高级检索"进入高级检索页面，如图 6-32 所示；③选择"学位论文"频道；④本例选择"题名"途径；⑤输入关键词"太阳能""光伏发电""并网技术"；⑥逻辑关系默认"与"；⑦其他条件默认；⑧单击"检索"按钮，在学位论文库中找到 5 条相关结果，高级检索结果页面如图 6-33 所示。

图 6-32　学位论文高级检索页面

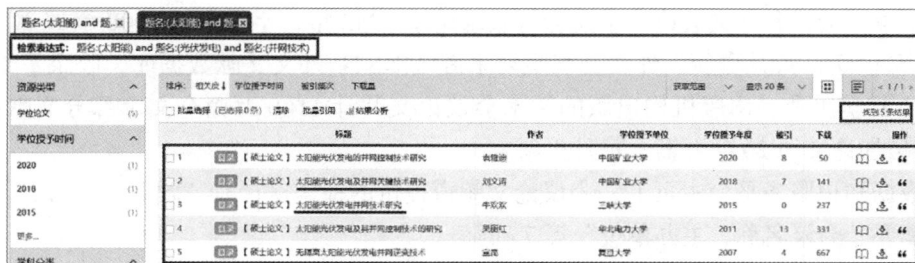

图 6-33　高级检索结果页面

4. 万方学位论文专业检索

专业检索是直接在检索框中，填写由"检索字段和逻辑符号"共同组成的检索表达式，对于专业检索表达式，不同的系统的基本方法是相同的，只是个别细节略有不同。一般都有说明和示例。

【例 6-12】 利用专业检索找"太阳能光伏发电并网技术"方面的学位论文。

检索过程： ①选择"学位论文"频道；②单击右边"高级检索"，再单击"专业检索"；③根据本例题意，专业检索表达式可写成"题名：太阳能 and 题名：光伏发电 and 题名：并网技术"，如图 6-34 所示；④单击"检索"按钮，找到 5 条检索结果，如图 6-35 所示。

图 6-34　专业检索页面

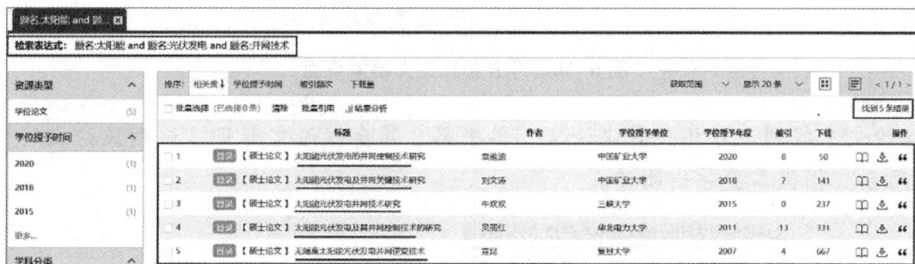

图 6-35　专业检索结果

可见专业检索与高级检索结果是相同的，题名中都含有"太阳能 光伏发电 并网技术"。找到需要的学位论文，根据需要选择"在线阅读、下载"获取全文。

6.3.2　万方会议论文检索

1. 万方会议论文简介

万方会议论文也叫中国学术会议文献数据库（China Conference Proceedings Database），会议资源包括中文会议和外文会议，中文会议收录始于 1982 年，年收集约 2000 个重要学术会议，年增 10 万篇论文，每月更新。外文会议主要来源于 NSTL 外文文献数据库，收录了 1985 年以来世界各主要学协会、出版机构出版的学术会议论文共计 1100 万篇全文（部分文献有少量回溯），每年增加论文约 20 余万篇，每月更新。

万方数据知识服务平台主页上，会议论文频道提供的检索途径有"题名、作者、作者单位、关键词、摘要、会议名称、主办单位"等 7 项。

会议论文高级检索途径有"全部、主题、题名或关键词、题名、作者、作者单位、关键词、摘要、中国分类号、DOI、第一作者、会议名称、会议主办单位"等 13 项。

2. 万方会议论文检索

【例 6-13】查找"太阳能光伏发电"方面的会议论文。

检索过程： ①进入万方主页（普通检索），选择"会议"频道；②在检索框输入"太阳能光伏发电"；③单击"搜论文"得到如图 6-36 所示页面。

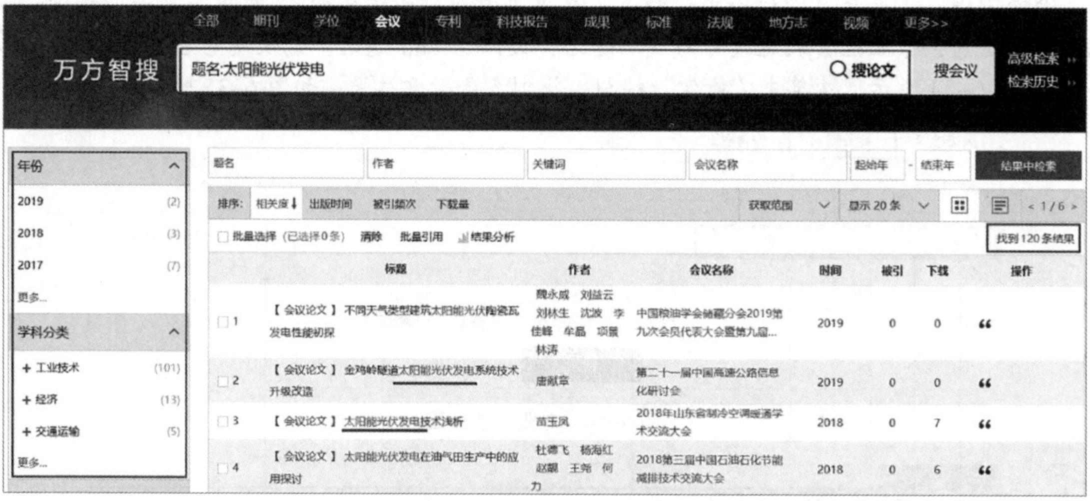

图 6-36　万方会议论文检索页面

在会议论文中找到 120 相关会议论文，单击第 2 篇会议论文题目，得到该论文的详细信息，如图 6-37 所示。根据需要导出阅读。

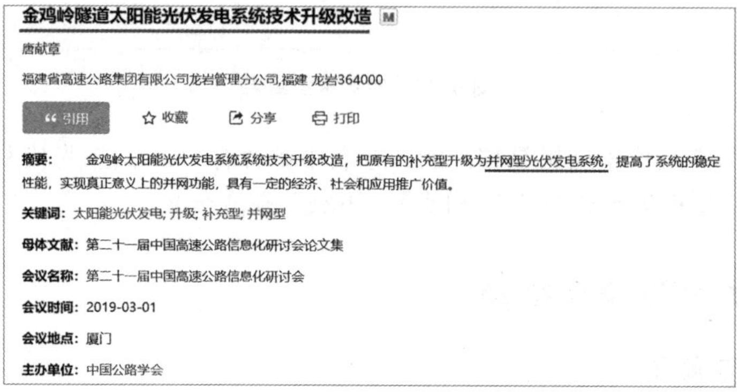

图 6-37　会议论文详细信息

6.3.3　万方专利文献检索

1. 万方专利文献简介

万方专利文献叫中外专利数据库（Wanfang Patent Database）涵盖 1.56 亿条国内外专利数据。其中，中国专利收录始于 1985 年，共收录 4060 万余条专利全文，可本地下载专利说明书，数据与国家知识产权局保持同步，包含发明专利、外观设计和实用新型三种类型，准确地反映我国最新的专利申请和授权状况，每年新增 300 万条。国外专利 1.1 亿余条，均提供欧洲专利局网站的专利说明书全文链接，收录范围涉及中国、美国、日本、英国、德国、法国、瑞士、俄罗斯、韩国、加拿大、澳大利亚、世界知识产权组织、欧洲专利局等十一国两组织及两地区数据，每年新增 1000 万余条。

万方数据主页上，专利频道普通检索途径有"题名、摘要、申请/专利号、公开号/公告号、申请人/专利权人、发明人/设计人、主分类号、分类号" 8 个。专利文献的普通检索方式简单易用。高级检索方式专业且功能强大，专利高级检索途径有"全部、主题、题名、摘要、专利－发明/设计人、专利－申请/专利号、专利－申请/专利权人、专利－公开/公告号、专利－主权项、专利－优先权、专利－主分类号、专利－分类号、专利－代理人、专利－代理机构" 14 个，给读者提供了丰富的途径选择。

2. 万方专利文献检索

【例 6-14】利用万方高级检索查找"太阳能光伏发电并网"方面的专利文献。

检索过程： ①选择"专利"频道；②单击右边"高级检索"进入高级检索页面；③选择"题名"途径；④输入"太阳能 光伏发电"；⑤逻辑关系默认"与"，高级检索页面，如图 6-38 所示。

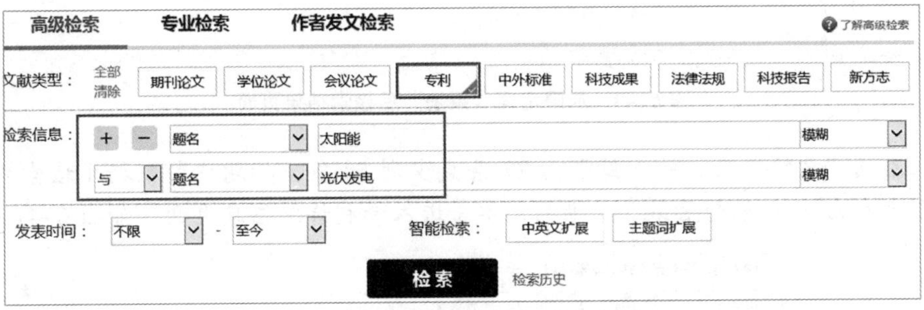

图 6-38　万方专利高级检索界面

对于初次使用的读者，可以试着先输入一些关键词，进行初步检索。这是专业术语吃不准时经常用的方法，初步检索之后，再从结果中复制更准确的专业术语，去检索更加精确的专业文章，这也是一种检索技巧。如果一个对专业非常精通的科技人员，他会非常准确地输入检索词，因此专业人员一旦学会了使用方法，他们的检准率会更高。

这里选择"题名"途径，把检索内容分成"太阳能、光伏发电、并网"关键词，默认逻辑"与"，意思是检索结果中，标题中同时包括了这 3 个词，单击"检索"按钮，得到专利检索结果页面，如图 6-39 所示。

从检索页面上可知，本次检索找到 82 条专利结果，如果结果太多了，可以加限定词"系统"后，检索结果页面如图 6-40 所示。

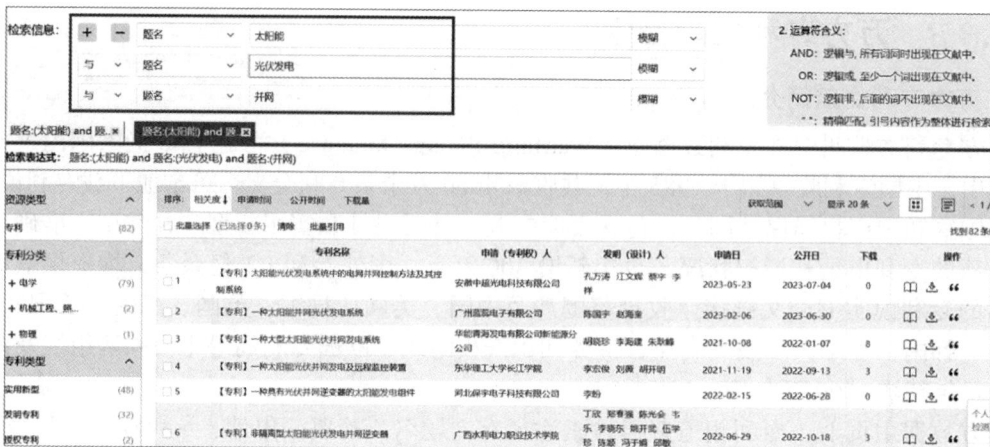

图6-39　万方专利文献检索结果页面

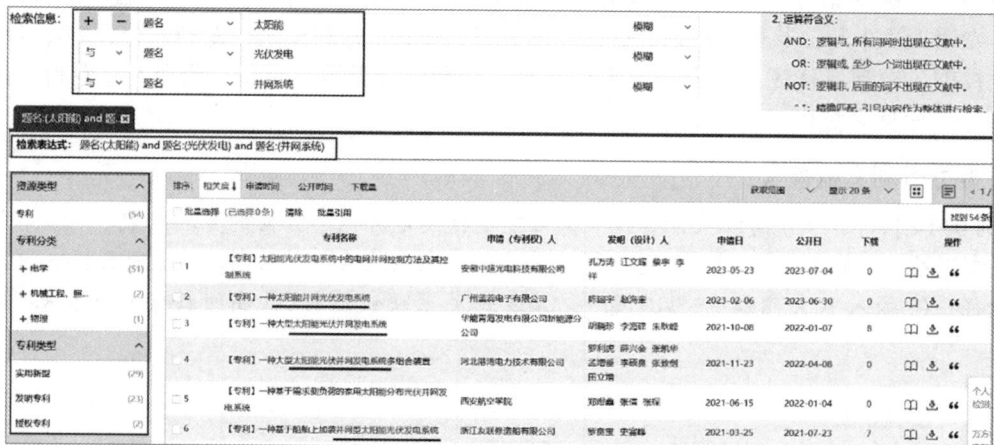

图6-40　加限定词"系统"后检索结果页面

设置限定词"系统"后，检索结果由82条减少到54条，标题中都包括了检索词"太阳能光伏发电并网系统"。如果想看第3个专利，单击进入专利详细信息页面，如图6-41所示。

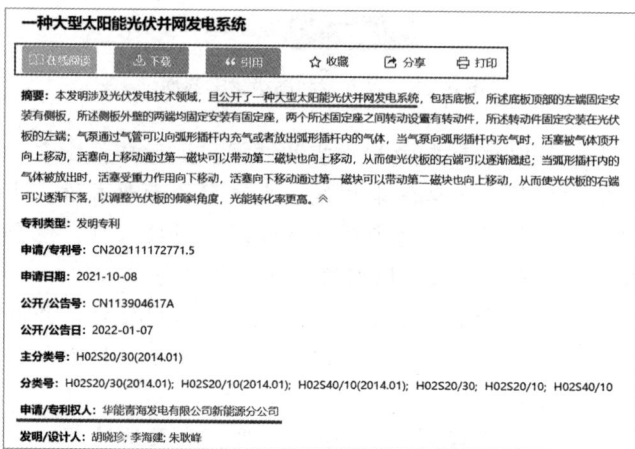

图6-41　万方专利详细信息页面

在图 6-41 中，系统提供了"在线阅读、下载、引用、收藏、分享、打印"等选项，供读者根据需要选择。

6.3.4   万方标准文献检索

1. 万方标准文献简介

万方标准文献叫中外标准数据库（China Standards Database），收录了所有中国国家标准（GB）、中国行业标准（HB），以及中外标准题录摘要数据，共计 200 余万条记录，其中中国国家标准全文数据内容来源于中国质检出版社，中国行业标准全文数据收录了机械、建材、地震、通信标准以及由中国质检出版社授权的部分行业标准。

在万方数据知识服务平台上，万方标准文献普通检索途径有"题名、关键词、标准编号、起草单位、发布单位"5 个。

万方标准高级检索径有"全部、题名或关键词、题名、关键词、摘要、标准–起草人、标准–起草单位、标准–标准编号、标准–发布单位、标准–出版单位、标准–中国标准分类号，标准–国际标准分类号"12 个。读者可根据实际情况选择使用。

2. 万方标准文献检索

【例 6–15】 利用万方高级检索查找"太阳能光伏发电"方面的标准文献。

检索过程：①选择"标准"频道，单击检索框右边"高级检索"；②进入标准文献的高级检索页面；③选择"题名"途径；④输入"太阳能""光伏发电"，逻辑关系"与"；发布时间条件不限；万方标准文献高级检索页面如图 6-42 所示；⑤单击"检索"按钮，找到 15 条结果，如图 6-43 所示。

图 6-42   万方标准文献高级检索页面

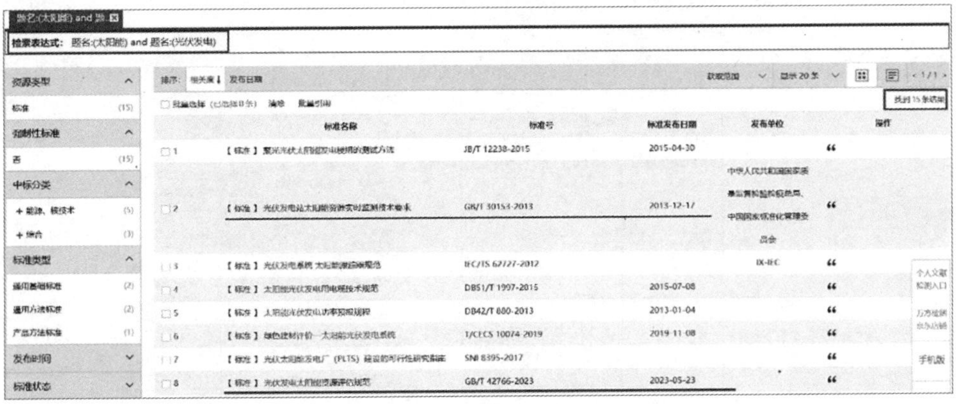

图 6-43   标准检索结果

借用机械设计原理的一个原则：在满足相同功能的情况下，设计越简单越好，环节越少越好。文献检索也一样，检索环节应少而精。本例在整个高级检索过程中只输入7个字"太阳能光伏发电"，就可找到满意的答案。

6.3.5 万方科技成果检索

1.万方科技成果简介

万方科技成果叫中国科技成果数据库（China Scientific & Technological Achievements Database）收录了自1978年以来国家和地方主要科技计划、科技奖励成果，以及企业、高等院校和科研院所等单位的科技成果信息，涵盖新技术、新产品、新工艺、新材料、新设计等众多学科领域，共计64多万项。数据库每两个月更新一次，年新增数据1万条以上。

2.万方科技成果检索

在万方数据知识服务平台上，万方科技成果普通检索途径有"题名、完成人、完成单位、关键词、摘要、中图分类号"6个。万方科技成果高级检索途径有"全部、主题、题名或关键词、题名、关键词、摘要、完成人、完成单位、科技成果–省市、科技成果–类别、科技成果–成果水平、科技成果–获奖情况、科技成果–行业分类、科技成果–鉴定单位、科技成果–申报单位、科技成果–登记部门、科技成果–联系单位、科技成果–联系人"18个，供读者选用。

【例6-16】利用万方高级检索查找"太阳能光伏发电"方面的科技成果文献。

检索过程：①进入万方数据知识服务平台上，选择"成果"频道；②单击检索框右边"高级检索"，进入高级检索页面；③选择"题名"途径；④输入"太阳能光伏发电"，⑤其他项系统默认；如图6-44所示；⑥单击"检索"按钮，得到检索结果，共找到18条成果，如图6-45所示。

图6-44 万方科技成果高级检索页面

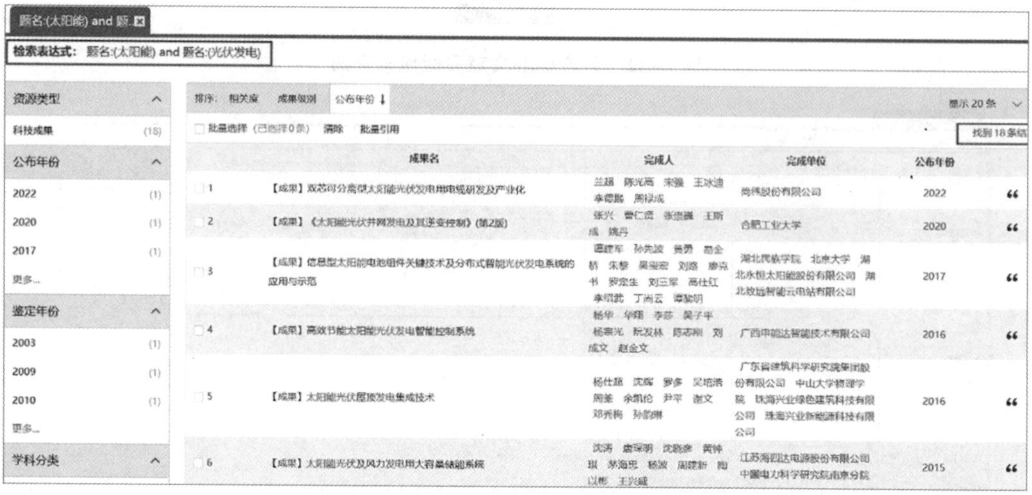

图6-45 科技成果检索结果页面

通过浏览，单击第 2 条成果标题，进入成果详细信息页面，如图 6-46 所示。

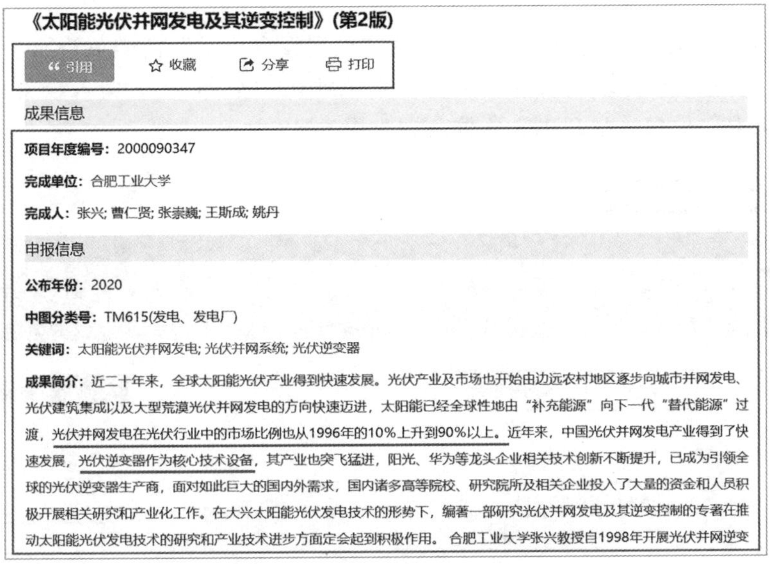

图 6-46　科技成果详细信息页面

6.4　其他特种文献资源检索平台

6.4.1　国家科技图书文献中心（NSTL）

1. NSTL 特种文献资源简介

国家科技图书文献中心主页网址为 http://www.nstl.gov.cn，主页上的特种文献如图 6-47 所示。

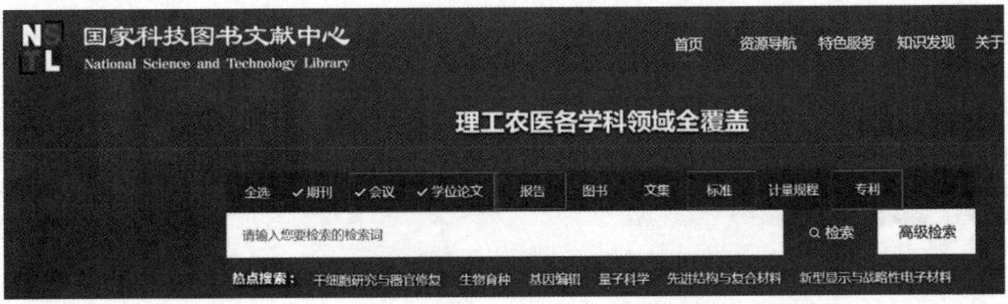

图 6-47　国家科技图书文献中心（NSTL）主页上的特种文献

从图 6-47 中可知，国家科技图书文献中心主页检索设计合理，简洁实用，界面友好。特种文献有：①会议论文；②学位论文；③中外专利；④标准；⑤科技报告。

2. NSTL 特种文献普通检索

NSTL 特种文献普通检索步骤：①选择频道，NSTL 主页上的特种文献频道"会议论文、学

233

位论文、中外专利、标准、科技报告"5种，可选择其中一个频道；②输入检索词；③单击"检索"按钮。

【例6-17】用NSTL的普通检索，查找有关"电网漏电保护"的学位论文。

检索过程：①选择学位论文频道；②途径系统默认"全部"；③输入检索词"电网漏电保护"；④单击"检索"按钮，找到183条信息，如图6-48所示。

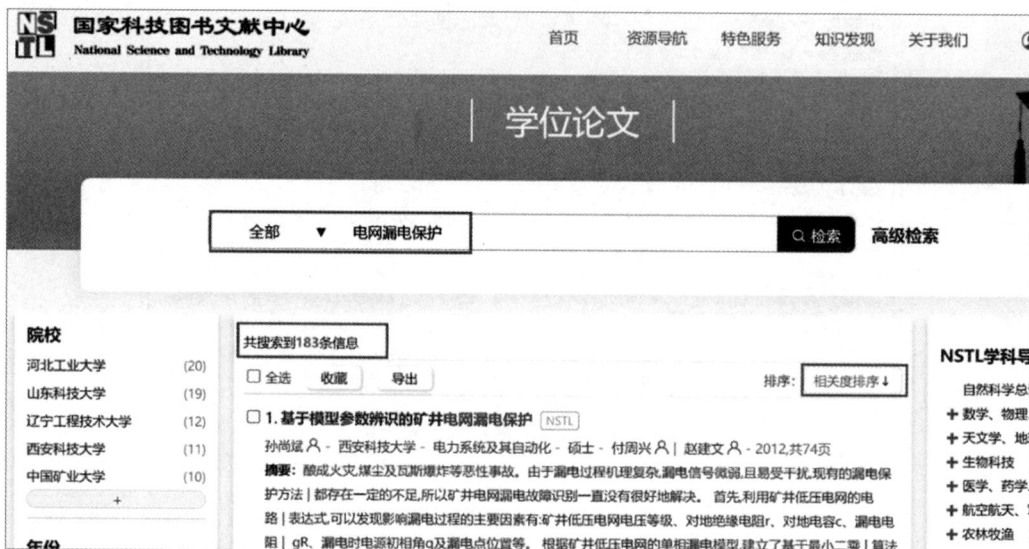

图6-48　NSTL主页上的学位论文检索页面

3. NSTL特种文献高级检索

检索过程：用NSTL普通检索的默认"全部"途径，找到中文学位论文183条信息，现改为高级检索进行筛选；选择"题名"途径；输入检索词"电网 AND 漏电保护"，如图6-49所示。

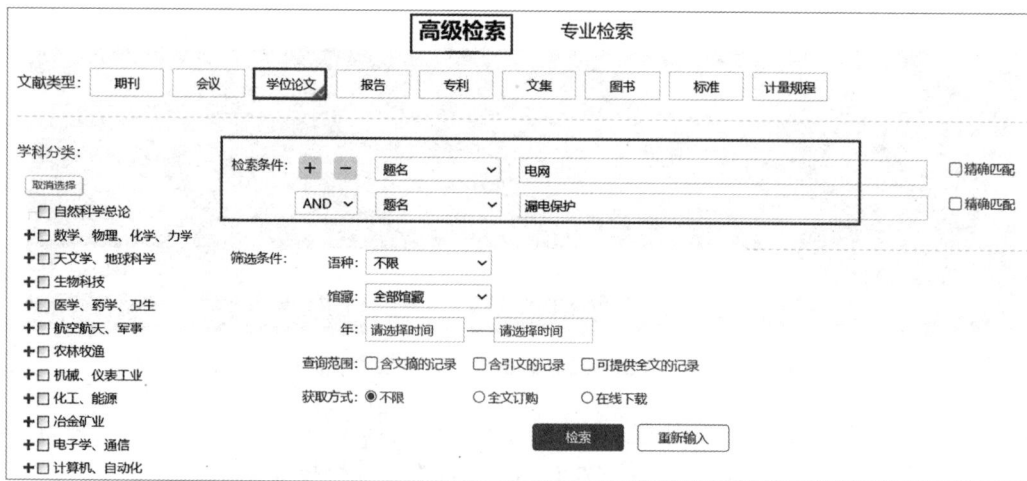

图6-49　NSTL学位论文高级检索页面

单击"检索"按钮，找到 16 条信息。通过题名筛选，检索结果由 183 条缩减为 16 条，并且题名中都包含了检索词"电网漏电保护"，得到相关度很高的 16 篇学位论文，如图 6-50 所示。

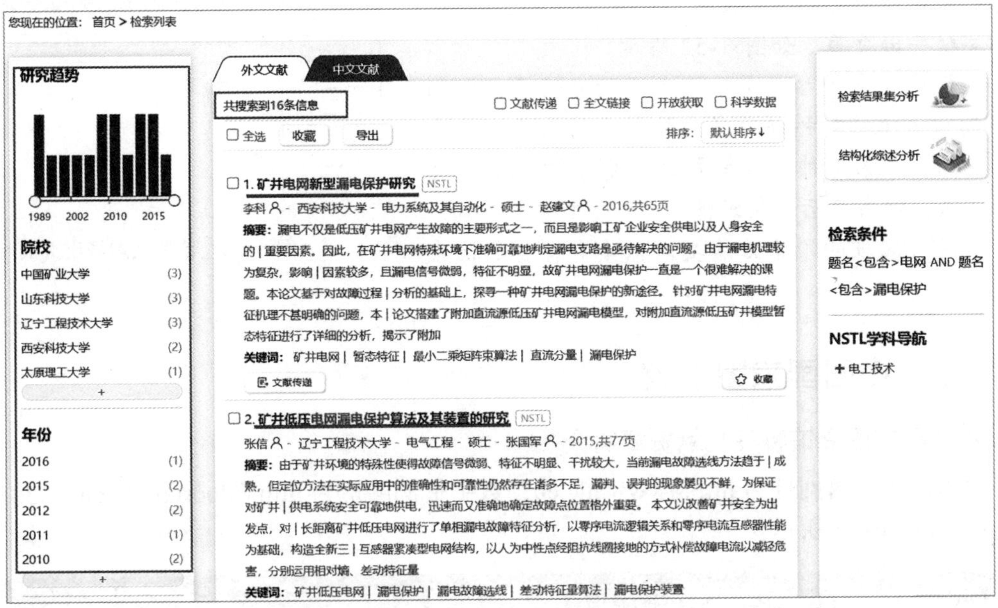

图 6-50　NSTL 学位论文高级检索结果

页面左边提供了这 16 篇学位论文的院校"中国矿业大学（3）、山东科技大学（3 篇）、辽宁工程技术大学（3）、西安科技大学（2）、太原理工大学（1）"。院校后括号内的数字表示论文数量。如果想看第 1 篇论文，单击进入论文详细信息页面，如图 6-51 所示。

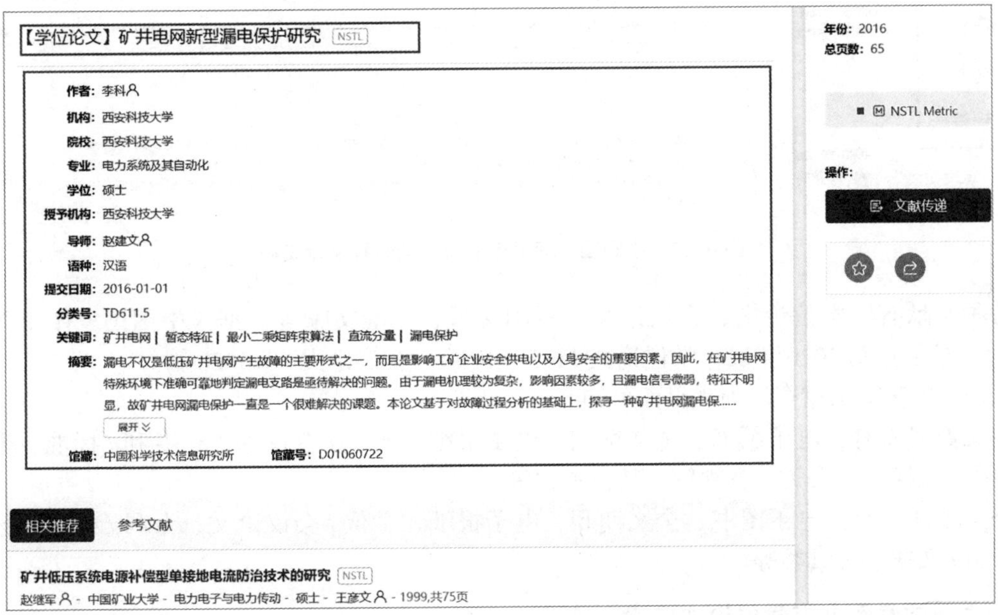

图 6-51　NSTL 学位论文详细信息页面

在学位论文详细信息页面提供了"题名、作者、机构、院校、专业、学位、授予机构、导师、语种、提交日期、分类号、关键词、摘要、馆藏、馆藏号"等信息；还有"文献传递、收藏、导出"；以及"相关推荐文献、参考文献"等。

如想导出该论文的参考文献，就单击"导出"，进入参考文献导出页面，如图6-52所示。

系统提供了多种参考文献格式供读者选择，以满足不同期刊出版社对稿件参考文献著录的需要。国内常用的是列表中第1种"参考文献格式"，可以直接复制保存下来，以备日后引用时使用。

其他特种文献的检索方法类同，读者可自己检索练习。

图6-52　参考文献导出页面

6.4.2　中国国家图书馆

1. 中国国家图书馆特种文献资源简介

中国国家图书馆网址为http://www.nlc.cn，数字资源网址为http://dportal.nlc.cn：8332/zylb/zylb.htm，如图6-53所示。

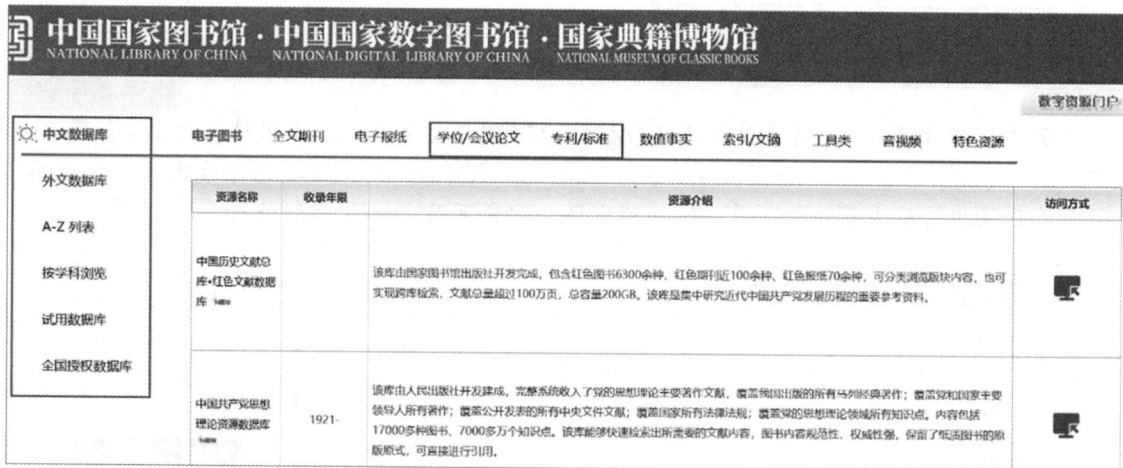

图6-53　中国国家图书馆主页上的特种文献资源

特种文献有：学位论文、会议论文、专利文献、标准文献等。据《中国国家图书馆年鉴（2021）》显示：到2020年底，学位论文11257640篇，会议论文7815528篇。

从国家数字图书馆资源列表页面可知：

中文数据库有：电子图书、全文期刊、电子报纸、学位/会议论文、专利/标准、数值事实、索引/文摘、工具类、音视频、特色资源等。

外文数据库有：电子图书、全文期刊、电子报纸、学位/会议论文、专利/标准、数值事实、索引/文摘、工具类等。

2. 中国国家图书馆学位论文检索

进入中国国家图书馆"资源列表"页面，单击"数字资源门户"，进入国家图书数字资源门户的整合检索页面，如图 6-54 所示。

该整合检索页面整合了"学位论文、中文期刊、外文期刊、电子图书、中文电子图书、西方电子图书、中文参考工具、英文参考工具、馆藏目录"等数字资源。系统默认"学位论文"检索，可实现"简单检索"和"高级检索"。

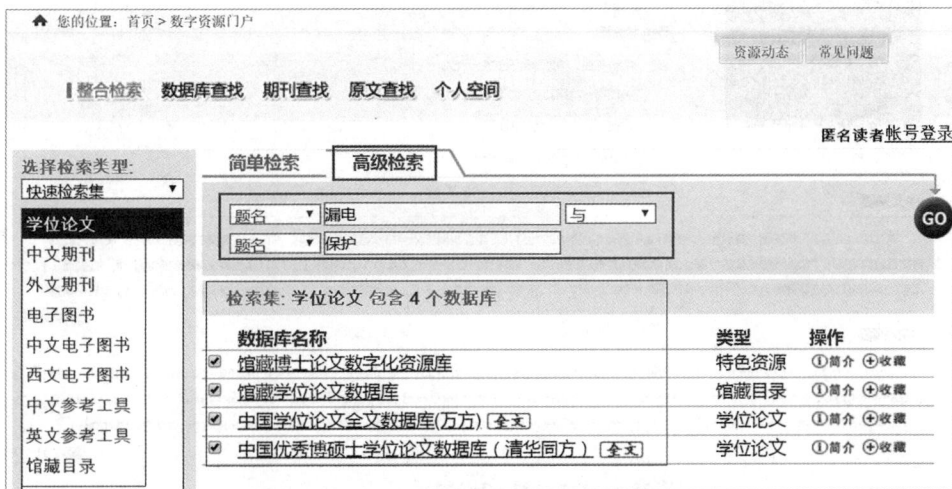

图 6-54　国家图书数字资源门户的整合检索页面

如果单击"高级检索"，便进入高级页面，系统提供"任意字段、主题词、题名、作者、ISSN、ISNB、年份"等 7 种检索途径可选择，默认"任意字段"。这里选择"题名"途径，输入检索词"漏电"与"保护"，即检索"题名＝（漏电）与题名＝（保护）"的学位论文，单击"GO"按钮，找到 4 篇博士论文，如图 6-55 所示。

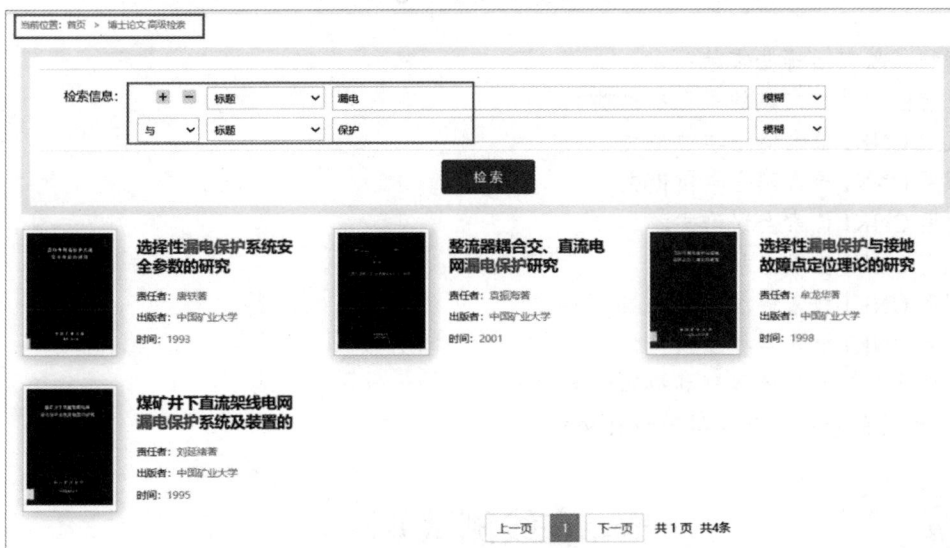

图 6-55　国家图书馆学位论文检索结果页面

如果想看第 2 篇博士论文"整流器耦合交、直流电网漏电保护研究"，单击第 2 篇论文标题，进入博士论文详细信息页面，如图 6-56 所示。

整流器耦合交、直流电网漏电保护研究

出版时间: 2001
导师: 胡天禄教授指导
学位授予单位: 中国矿业大学
论文作者: 袁振海著
副题名:
学科专业: 电力传动及其自动化
关键词: 电网安全 整流器 漏电保护 漏电检测
馆藏号: 2001/TM92/1
馆藏信息: 点击查看馆藏信息

中文摘要

本文用电路瞬态分析法研究交流系统随直流系统漏电形成的规律性变化、建立电网检测电路模型与数学模型、揭示自然漏电流变化的规律, 对整流器耦合交直流电网提出了自然漏电流保护原理; 对IT系统附加直流保护原理与自然漏电流之间的关系也作了研究, 提出了IT系统复合漏电流保护原理, 把整流电路直流侧漏电对交流侧漏电监察的干扰转化为漏电检测的有用信号; 直流架线电网有所不同, 自然漏电流成了漏电检测的一大障碍, 为此提出了半桥平衡直

展开 ↓↓

英文摘要

Abstract In this paper, the method of the circuit transient state is used to study the disciplinarian which the AC system varies with the earth leakage in the DC system, and establish the circuit model and mathematics model of the power network detection circuit, and reveal the rule of natural earth leakage change, and bring forward the protection principle of the natural earth leakage for rectifier-coupled AC/DC power

展开 ↓↓

分享到: 新浪微博 QQ好友 微信 ♡点赞   收藏

图 6-56 博士论文详细信息页面

注册读者可通过"国家图书馆文献传递系统"请求文献传递服务。

习 题 6

1. 特种文献包括哪些文献?
2. 目前检索特种文献的平台有哪些?
3. 试用 CNKI 检索博士学位论文。
4. 试用 CNKI 检索硕士学位论文。
5. 试用 CNKI 检索会议论文。
6. 试用 CNKI 检索专利文献。
7. 试用 CNKI 检索标准文献。
8. 试用 CNKI 检索科技成果。
9. 试用读秀学术搜索找到并得到特种文献。
10. 试用其他途径找到并得到特种文献。

在线测试 6

在线测试 6

扫描左侧二维码, 完成本章的在线测试题, 完成后可查看答案。测试包含 10 道单选题和 10 道判断题, 帮助您巩固本章知识点。

Chapter Seven

第**7**章

云图书馆

📎 本章概要

    本章将介绍云计算概念，云计算技术在高校图书馆的应用——CALIS 云服务，百链云图书馆，超星发现及远程访问系统。通过外文图书、期刊、学位论文、会议论文、专利、标准的检索，掌握云图书馆中查找和获取文献的方法。通过本章学习，读者查找文献的范围，将拓展到全国上千家图书馆，中外文文献都可以在云图书馆中轻松找到并获得。

📎 学习目的

◆ 了解云计算的定义。

◆ 了解 CALIS 的云服务。

◆ 会使用百链云图书馆检索中外文献，获取各种学术文献资源。

◆ 会使用超星发现——云资源搜索引擎获取文献资源。

◆ 会使用远程访问系统实现有互联网的地方都可以方便地利用图书馆的资源。

📎 内容框架

```
                    ┌── 云计算概述
                    │
                    ├── CALIS云服务
                    │
        云图书馆 ───┼── 百链云图书馆
                    │
                    ├── 超星发现——云资源搜索引擎
                    │
                    └── 远程访问图书馆数字资源
```

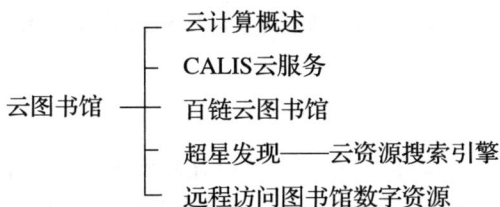

7.1 云计算概述

    随着多核处理器、虚拟化、分布式存储、宽带互联网和自动化管理等技术的发展，产生了一种新型的计算模式——云计算，它能够按需部署计算资源，用户只需要为所使用的资源付费。从本质上来讲，云计算是指用户终端通过远程连接，获取存储、计算、数据库等计算资源。云计算在资源分布上包括"云"和"云终端"。"云"是互联网或大型服务器集群的一种比喻，由分布的互联网基础设施（网络设备、服务器、存储设备、安全设备等）构成，几乎所有的数据和应用软件，都可存储在"云"里。"云终端"如 PC、手机、车载电子设备等，只需要拥有一个功能完备的浏览器，并安装一个简单的操作系统，通过网络接入"云"，就可以轻松地使用"云"中的计算资源。

7.1.1 云计算简介

1. 云计算的概念

计算机的应用模式大体经历了以大型机为主体的集中式架构（数据中心 1.0）、以 PC 为主体的客户 / 服务器分布式计算架构（数据中心 2.0）、以虚拟化技术为核心面向服务的体系结构（SOA）及基于 Web2.0 应用特征的新型架构（数据中心 3.0）。计算机的应用模式、技术架构及实现特征的演变是云计算发展的时代背景。

云计算是由英文 Cloud Computing 翻译而来的。然而这样一个通俗的技术术语，却难以找到业界统一的定义。随着云计算术语的流行和广泛使用，有必要对云计算的由来及其核心概念进行简略介绍，以方便理论分析和讨论。

云计算中的"计算"是一个简单而明确的概念。"计算"指计算应用，在产业和市场中，可以指一切 IT 应用。随着网络技术的融合，一切信息、通信和视频应用也都整合在统一的平台上。由此推而广之，云计算中的"计算"可以泛指一切信息通信技术（ICT）⊖的融合应用。所以，云计算术语的关键特征并不在于"计算"，而在于"云"。

应该说，云概念这个术语的诞生和使用纯属偶然。在互联网技术发展的早期阶段，技术人员都习惯性地将互联网画成一朵"云"来表示，因为这样一来，人们可以简化网络内部的技术细节和复杂机制来方便讨论新技术。随着互联网技术的飞速发展，互联网应用的全面普及和广泛深入，互联网技术使 ICT 应用架构发生了深刻和根本性的改变，于是采用云计算来代表和体现新型的网络计算特征和技术趋势就变得非常自然。因此，云计算这一术语很容易就在业界流行起来。

互联网技术成为 ICT 应用的基础，层出不穷的互联网应用需求也要求 ICT 理念进行重新思考和设计。这种改变不仅带来 ICT 应用平台的更新换代，而且也带来 ICT 应用实现和商用模式的创新。这种变化的影响是如此巨大而鲜明，以至于人们可以从多个角度和视角来描述这些新的特征和现象。

2. 云计算的定义

云计算是一种基于互联网的计算新方式，通过互联网上异构、自治的服务为个人和企业用户提供按需即取的计算。云计算的资源是动态、易扩展而且虚拟化的，通过互联网提供，终端用户不需要了解"云"中基础设施的细节，不必具有相应的专业知识，也无须直接进行控制，只需要关注自己真正需要什么样的资源，以及如何通过网络来得到相应的服务。

美国加州大学伯克利分校发表了一篇关于云计算的报告，该报告认为，云计算既指在互联网上以服务形式提供的应用，也指在数据中心中提供这些服务的硬件和软件，而这些数据中心中的硬件和软件则被称为云。

IBM 认为，云计算是一种计算风格，其基础是使用公有或私有网络实现服务、软件及处理

⊖ 信息通信技术：Information and Communication Technology（ICT）

能力的交付。云计算也是一种实现基础设施共享的方式，云计算的使用者看到的只有服务本身，而不用关心相关基础设施的具体实现。

中国云计算专家咨询委员会秘书长刘鹏教授对云计算做了长短两种定义。长定义是："云计算是一种商业计算模型。它将计算机任务分布在大量计算机构成的资源池上，使各种应用系统能够根据需要获取计算能力、存储空间和信息服务"。短定义是："云计算是通过网络按需提供可动态伸缩的廉价计算服务"，这种资源池称之为"云"。

云计算的实质是网络下的应用，是由 IP 和 IT 技术共同构建的。从发展的角度来看，"云"的技术和目标是一个逐步演化的过程。例如，Web 技术出现时，就具备了云计算的应用特征，有了统一界面的雏形。随着服务器应用平台上的虚拟化技术的成熟和 Web 统一界面的推出，虚拟化和 Web 走向结合，使得云计算可以在一个整合的架构上统一实现。

7.1.2　云计算的模型

比较熟悉的早期云计算实践来自国际上以亚马逊（Amazon）和 Saleforces.com 等为代表的公司，并且都提供了具有显著特征，但又代表着不同模式的成功云业务。

1. 基云系（IaaS）

基云系指把 IT 基础设施作为一种服务资源，通过网络对外提供，并根据用户对资源的实际使用量或占用量进行计费的一种服务模式。基云的用户可以是个人，也可以是企业、集体和行政单位。基云系的英文缩写是 IaaS（Infrastructure as a Service），也称基础设施即服务。典型例子：亚马逊（Amazon）是业界通过其弹性计算云（EC2）最早实施基云的运营商。基云的 IT 业务将计算、存储、网络、安全等原始 IT 资源以出租形式租给用户。用户可以通过操作系统和应用软件（如数据库和 Web 服务软件）使用租来的 IT 资源。

2. 平云系（PaaS）

平云系是指将应用开发环境作为业务平台，将应用开发的接口和工具提供给用户用于创造新的应用，并利用互联网和提供商来进行业务实现的"云"。平云可以利用其他基云平台，也可以用平云运营商自己的基云平台。简单说：平云系指把服务器平台作为一种服务提供的商业模式。平云系的英文缩写是 PaaS（Platform as a Service），也称平台即服务。典型例子有 Windows 等。

3. 软云系（SaaS）

软云系是指基于基云或平云开发的软件。与传统的套装软件不同，软云是通过互联网的应用来进行业务的实现。软云业务可以利用其他的基云和平云平台，也可以利用软云运营商自己的基云和平云环境。简单说：软云系指通过网络提供软件服务。软云系的英文缩写是 SaaS（Software as a Service），也称为软件即服务。典型例子有 MS Office 等。

Saleforces.com 是最著名的软件运营商之一，提供企业资源规划（ERP）应用服务。软云为用户省去了套装软件安装、维护、升级和管理所带来的麻烦，因为应用程序完全由软云运营商集中管理。

云计算按照层次可将业务模式划分为 3 层，最顶层是软云，中间层是平云，底层是基云。在基云之下是构建云计算的基础技术。

7.1.3 云计算技术

云计算发展除了需求驱动以外，也需要技术的支撑。云计算的主要支撑技术体现在以下5个方面。

1. 虚拟化技术

（1）硬件虚拟化　可使一台计算机或服务器虚拟为多台计算机或服务器，也可将分散的计算机资源动态整合为一个强大的虚拟计算机并实现动态负载均衡。

（2）存储虚拟化　可使分散的存储资源集中到一个大容量的存储池，统一管理并实现数据多份备份，提高可行性。

（3）网络虚拟化　既可将一个物理网络节点虚拟成多个节点增加连接数量，又可通过网络交换机或网络虚拟化减少网络设备数量。

（4）应用或服务的虚拟化　可按实际需求调配资源、快速部署应用。

（5）云端设备虚拟化　可实现云端设备集中管理，支持丰富的云端设备随时随地可用并相互同步。

总之，虚拟化技术是一个重大的技术进步。虚拟化可使物理资源与服务需求之间的对应关系变得非常灵活，实现 $1 \rightarrow N$，$N \rightarrow 1$，$N \rightarrow M$，…的任意映射关系，达到计算资源可变、可伸缩、高利用率和高可用性等要求。

2. 海量分布式存储技术

世界范围内产生、获取和复制的数字信息量迅速增加。存储器性价比急剧提高。这种需求和技术进步促进了海量分布式存储技术的发展，它采用大量分布的存储单元，以高可靠软件技术（包括冗余存储、虚拟化等）实现了低成本、高性能、高可靠性、高伸缩性的海量数据存储。

传统的关系数据库对于管理结构化数据是很有效的，但当需要处理海量的结构化和非结构化数据时，就需要发展新的数据管理技术。一些公司也开发了专门的技术，使用户可以将现有的、分散的存储资源整合为适应云计算的统一调度的海量分布式存储资源。

3. 高效的分布式处理

采用大量通过网络连接的低成本计算机或计算机集群，实现高效的分布式事件和事务处理。运用动态的负载均衡、群组管理调配和容错技术，充分发挥这些计算机或计算机集群的计算能力并达到高可用性。云计算的分布式处理继承和发展了网格计算（Grid Computing）和效用计算（Utility Computing）技术。为了便于开发支持这类分布式处理的应用服务，已发展出了一些并行编程模式，如基于开源 Hadoop 的 HDFS 和 MapReduce 就是一种流行的模式。这种技术的一个明显效益是使低成本的 PC 服务器集群可取代昂贵的小型机。

4. 自动管理监控技术

云计算系统可能包含数以万计或十万计的服务器，它们分布在异地的多个数据中心中，运行着许多不同的应用。按统计规律，经常会发生某个硬件出错或失效的情况，因此系统应当具有自动管理监控能力，能快速发现故障并自动恢复，以提供不间断的服务，并能按照业务需求，方便地调整部署，使系统具有很好的可维护性。

数据表明，云计算的自动管理监控技术可以大大提高管理效率。例如，一般数据中心的人均维护服务器小于100台，而有的云计算公司的人均维护服务器可达3000台，效率高出30倍。

随着自动管理监控技术的发展，云计算的运行维护将越来越简单，成本也将越来越低。

5. 云计算信息安全技术

云计算除了有一般信息系统的信息安全问题以外，还有特殊问题。一方面，规模巨大产生的新问题，包括计算资源、用户数量、网络结构、应用或服务种类等，云计算都比一般信息系统有几个数量级的增加，对这样的复杂系统，如何保障信息安全是一个难题。另一方面，计算模式变化产生的新问题，由于计算资源和数据已经不受用户的直接控制（对公共云），这就涉及如何保障用户隐私权的问题。与此相关的还有法规和观念等问题，有待于在今后的实践中逐步解决。

7.1.4　云计算的基本特征

1. 动态的高度可扩展性

云技术使用户可以随时随地根据应用的需求动态地增减 IT 资源。由于应用运行在虚拟平台上，没有事先预订的固定资源被锁定，所以云业务量的规模可以动态伸缩，以满足特定时期、特定应用及用户规模变化的需要。

2. 虚拟化的超大规模

云业务的需求和使用与具体的物理资源无关，IT 应用和业务运行在虚拟平台上。云计算支持用户在任何有互联网的地方，使用任何上网终端获取应用服务。用户所请求的资源来自规模巨大的云平台。

3. 高可用性

云平台使用数据多副本复制容错、计算节点同构可互换技术来保障服务的高可用性。任何单点物理故障发生，应用都会在用户完全不知情的情况下，转移到其他物理资源上继续运行，使用云计算比使用其他计算手段的可用性更高。

4. 按需使用，按用量付费

云业务是一个庞大的资源池，用户按需购买，如同自来水、电、煤气那样计费。无论是短期还是长期，云计算的商业模型都按使用量付费。

5. 资源复用，成本廉价

由于云计算采用资源的统计复用技术，所以 IT 物理资源的利用率大为提高，从而使云的业务成本大大降低。

6. 云服务角色

（1）**软硬件平台提供商**　云计算的实现依赖于能够实现虚拟化、自动负载平衡、随需应变的软硬件平台。

（2）**系统集成商**　帮助用户搭建云计算的软硬件平台，尤其是企业私有云。

（3）**服务提供商**　这一部分涵盖了为企业和个人用户提供计算和存储资源的 IaaS 公司，是云计算的核心领域之一。

（4）**应用开发商**　即应用服务商（SaaS）。

7.2　CALIS 云服务

云计算是云服务的基础支撑，而云服务才真正让云计算落地。在教育领域，要更多地明确"云服务"，而非"云计算"；在云计算的概念中，更多的是计算资源、平台，是科研的路线；而云服务则是从用户需求着眼，为用户提供技术支持，提供服务，这是两种不同的路线。在教育领域，对于云服务的实践，图书馆走在了前面。

7.2.1　CALIS 的发展和建设历程

CALIS 发展和建设历程是一个与时俱进的过程，在不同阶段解决了当时社会急需解决的问题。

1. CALIS 一期建设　CALIS 一期建设，1998—2001 年建成联机编目与联合目录服务体系；建成全国中心 – 地区中心 – 成员馆三级文献保障体系。即把全国各高校的图书目录统一组建成联合目录，读者在这个全国最齐全的联合目录中检索自己需要的图书，并通过馆际互借方式解决了借书需求，做到了成员馆三级文献保障体系。

2. CALIS 二期建设　CALIS 二期建设，2004—2006 年解决了分布式高等教育数字图书馆的几个问题：建成数字图书馆标准规范体系；建成分布式文献传递网；启动名称规范库建设；启动省级中心建设。

3. CALIS 三期建设　CALIS 三期建设，2010—2012 年建成了"云上的"信息服务协作网络。具体如下：

（1）建成云上的普遍服务体系　CALIS 以"普遍服务"为指导方针，以"云计算"为技术手段，以"多级保障体系"为服务骨干，建成覆盖全国各类高校的图书馆信息服务协作网络。项目成功地将三期建设的各项成果部署到全国，并嵌入到众多高校图书馆本地服务的流程之中，大幅提升了高校图书馆的整体服务能力，成为众多高校图书馆自身服务链中不可缺少的一环，成为真正意义上的"高等教育公共服务设施"之一。

（2）建成协同服务网络基础架构　全国高校三级统一认证体系：CALIS 以分布式统一认证系统（Unified Authentication System，UAS）为核心，采用基于云计算的两级分布式架构（统一认证中心系统、统一认证系统共享版），通过与成员馆本地认证系统集成，构成全国高校三级读者统一身份认证体系，实现高校读者在 CALIS 两级云平台和成员馆本地系统之间的跨域单点登录以及基于成员馆的统一用户管理和统一授权，从而实现"一个账号，全国漫游"。

（3）建成以资源调度和服务调度为核心的分布式原文获取体系　CALIS 以资源调度和服务调度为核心，以 CALIS 文献传递网为依托，通过整合文献传递、馆际借书、按篇订购 PPV、电子书租借、电子原文链接形成了一套完整的分布式的具有多馆协作和多资源商支持的原文获取系统——e 得云平台，旨在帮助读者快速、准确、便捷地获取原文，从而实现"一个账号，全国获取"。

（4）开始跨系统、跨国界的文献传递合作　在跨系统合作方面，CALIS 与上海图书馆于 2011 年 11 月正式启动上海图书馆面向全国高校的馆际借书服务。2012 年 3 月，CALIS 与国家科技图书文献中心（NSTL）签署了服务合作协议，同期开通"NSTL 文献传递服务（高校版）"。在国际合作方面，2009 年 11 月，CALIS 与韩国 KERIS 正式开通馆际互借服务。2012 年 3 月正式开始与 OCLC（Online Computer Library Center，即联机计算机图书馆中心，总部设在美国的俄亥俄州，是世界上最大的提供文献信息服务的机构之一）开展双向的文献传递服务。

至此，CALIS 基本实现建设初期的宗旨：在教育部的领导下，把国家的投资、现代图书馆理念、先进的技术手段、高校丰富的文献资源和人力资源整合起来，建设以中国高等教育数字图书馆为核心的教育文献联合保障体系，实现信息资源共建、共知、共享，以发挥最大的社会效益和经济效益，为中国的高等教育服务。

7.2.2　CALIS 各级平台之间的统一认证、馆际互借调度与结算

1. 全国高校三级统一认证体系

CALIS 以分布式统一认证系统（UAS）为核心，采用基于云计算的两级分布式架构（统一认证中心系统、统一认证系统共享版），通过与成员馆本地认证系统集成，构成全国高校三级读者统一身份认证体系，实现高校读者在 CALIS 两级云平台和成员馆本地系统之间的跨域单点登录以及基于成员馆的统一用户管理和统一授权，从而实现"一个账号、全国漫游"。

2. 智能化的 CALIS 全国文献传递服务网络

CALIS 通过建立国家级馆际互借调度与结算中心，并由各馆部署 CALIS 馆际互借与文献传递系统，实现全国高校范围内文献资源的自动调度和结算，即调度中心能根据需求馆对文献的实际要求，自动寻找合适的文献服务提供馆，将文献自动发送给最终读者，同时自动完成结算，形成智能化的 CALIS 全国文献传递服务网络。

对于高校数字图书馆服务体系而言，云计算的最大价值在于能让 CALIS 各类共享域和成员单位快速建立和完善自己的数字图书馆平台，降低数字图书馆系统的管理难度和维护成本，专注于图书馆业务和服务，开展服务创新，方便整合各类云服务，形成学科性、区域性和全国性的协作和共享，大大提高我国高等教育数字图书馆整体服务水平，为用户提供更好的资源个性化定制和推送服务，提高资源利用率，共同为高校师生提供更优质的资源和服务。

7.2.3　CALIS 资源云服务平台

CALIS 门户网站是中国高等教育数字图书馆，是面向全国高校的一站式服务平台，以全方位、个性化方式提供综合信息服务、统一用户管理、在线应用培训、电子资源导航、门户个性化定制工具、集成化服务接口等。

1. CALIS 的 e 读学术搜索引擎

e 读学术搜索引擎是 CALIS 门户搜索引擎，网址 http://www.yidu.edu.cn，名称为"开元知海 e 读"，于 2015 年 3 月 25 日正式上线与读者见面，它是 CALIS 和方正联合开发的学术资源发现系统，用于检索、发现国内高校图书馆的馆藏资源。它可与 CALIS 馆际互借系统配套使用，在一站式发现本馆资源的同时还可通过馆际互借、文献传递的形式获取外馆文献。e 读学术搜索引擎如图 7-1 所示。

e 读学术搜索引擎旨在全面发现全国高校丰富的纸本和电子资源，它与 CALIS 文献获取（e 得）、统一认证、资源调度等系统集成，打通了从"发现"到"获取"的"一站式服务"链路，为读者提供全新的馆际资源

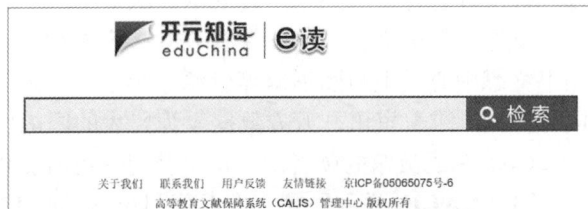

图 7-1　CALIS 的 e 读学术搜索引擎

共享服务体验。

　　e 读学术搜索引擎整合全国高校纸本资源和电子资源，揭示资源收藏与服务情况，通过一站式检索服务，读者可以检索全国高校图书馆的海量资源：1100 万种中文图书，375 万种外文图书；6388 万篇中文期刊论文；8892 万篇外文期刊论文；5800 万篇报纸文章；286.9 万篇中文学位论文，189.1 万篇外文学位论文；工具书 1070 万种，年鉴 602.2 万种。在尊重知识产权的基础上，e 读平台为高校师生提供全文学术资源，实现了本馆纸本资源可直接链接至图书馆 OPAC 查阅在架状态，电子资源可直接在线阅读，提供章节试读；本馆没有馆藏的资源可通过文献传递获取。

　　e 读平台免费检索，通过 e 读的文献传递服务获取全文时，需开通 CALIS 馆际互借与文献传递系统，该系统可提供免费的检索，但因馆际互借与文献传递服务产生的费用由文献申请方承担。

2. CALIS 的 e 得文献获取平台

　　CALIS 资源池各种文献资源的元数据信息庞大，所以检全率还是很高的，与非 CALIS 成员馆读者相比，加入 CALIS 成员馆的读者多了一条获取文献资源的途径。

　　CALIS 的 e 得（易得）文献获取（www.yide.calis.edu.cn）是 CALIS 资源整合的又一个更大的综合服务检索平台，e 得文献获取主页，如图 7-2 所示。

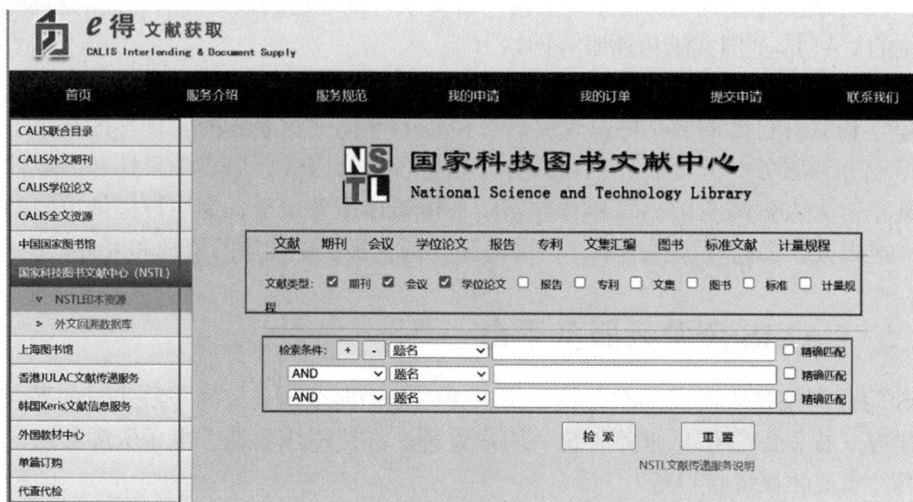

图 7-2　CALIS 的 e 得文献获取主页

　　e 得门户集成了电子原文下载、文献传递、馆际借书、单篇订购、电子书租借等多种原文获取服务。由专业馆员提供的代查代检服务，可在 CALIS 各类检索工具覆盖的文献资源之外，帮助读者在全国乃至全世界范围查找并索取包含中外文的图书、期刊、学位论文、会议论文、专利标准等各种类型的电子或纸本资源全文。

　　支撑 e 得全文服务的不仅有 850 多家 CALIS 高校成员馆，还有中国国家图书馆、国家科技图书文献中心、上海图书馆等资源，都已经开通资源共享项目和联合服务；以及以方正阿帕比、同方知网、维普资讯、万方数据等为代表的国内资源数据库商。

　　CALIS 成员馆的读者用户均可获得 e 得所提供的如下文献获取服务：

　　（1）CALIS 联合目录　检索范围包括 CALIS 联合目录中心数据库的所有中文、外文数据。目前包含书目记录 854 万种书目信息（2023 年 10 月 17 日数据）。选择检索途径，输入检索词，然后单击🔍按钮，或直接回车。系统按照题名默认排序，也可以在结果列表页面选择责任者或出版信息排序。目前 CALIS 成员馆可提供图书的部分章节复印服务。CALIS 联合目录公共检索系统页面（网址 http://opac.calis.edu.cn），如图 7-3 所示。

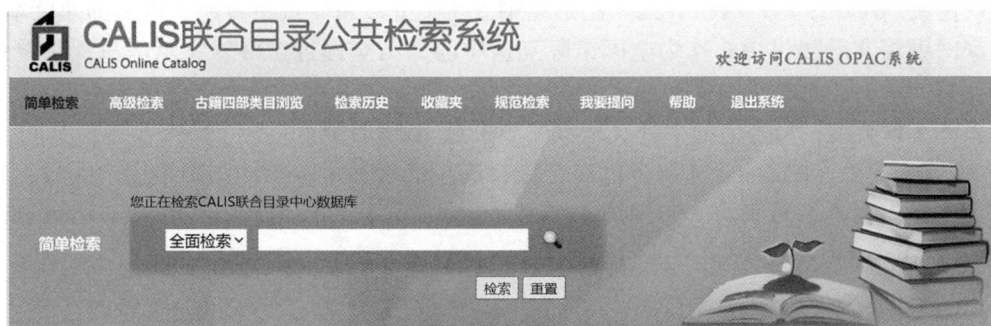

图 7-3　CALIS 联合目录公共检索系统页面

（2）CALIS 外文期刊论文数据库　CALIS 外文期刊提供 10 万多种纸本和电子的外文期刊，8000 多万的期刊篇名信息，为读者提供查找外文期刊论文的多种途径。CALIS 外文期刊网（http://ccc.calis.edu.cn）是外文期刊综合服务平台，它全面揭示了高校纸本期刊和电子期刊，为用户提供一站式期刊论文检索及获取全文服务。目前已有 1200 多家成员馆开通了 CCC 服务。服务开通方式：成为 CALIS 成员馆，提交学校 IP 段，即可访问 CCC 平台。

外文期刊网的特点：获取外文期刊论文的最佳途径；为馆际互借员提供强大的基础数据源；图书馆人员管理期刊的服务平台。

（3）CALIS 学位论文　CALIS 学位论文中心服务系统，提供 400 多万篇中外文学位论文，其中中文学位论文 200 多万篇，面向全国高校师生提供中外文学位论文检索和获取服务。CALIS 学位论文中心服务系统页面（网址 http://etd.calis.edu.cn），如图 7-4 所示。

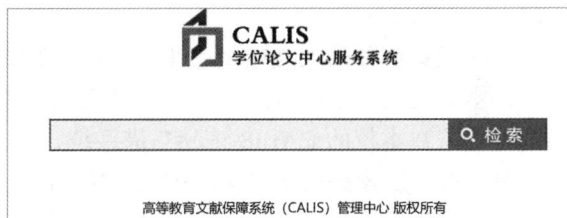

图 7-4　CALIS 学位论文中心服务系统页面

（4）CALIS 全文资源　CALIS 全文资源服务系统，提供 36 万种中文图书和 3 千多册外文图书的在线阅读和电子书借还服务。CALIS 全文资源检索系统页面如图 7-5 所示。

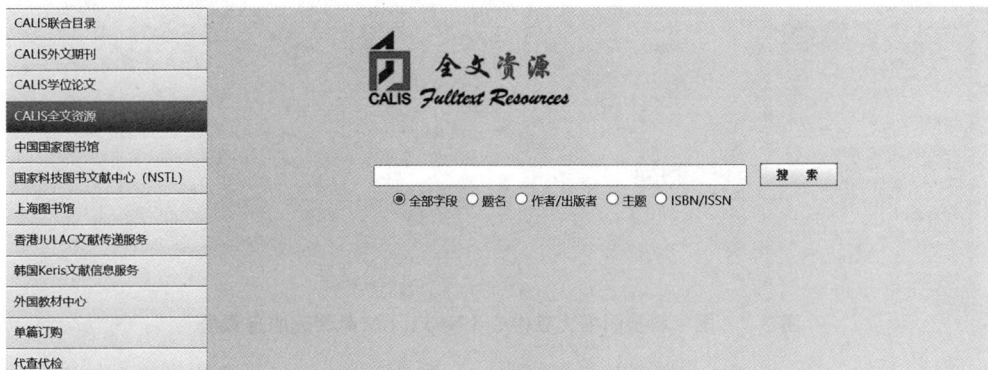

图 7-5　CALIS 全文资源检索系统页面

（5）**中国国家图书馆文献检索服务** 国家图书馆作为国家总书库，是全球最大的中文文献保障基地和国内最大的外文文献收藏机构。截至2020年底，收藏文献总量41079751册，其中电子图书2150132种，2630345册；电子期刊54804种，电子报纸3430种，学位论文11265313篇，会议论文7815528篇，居世界国家图书馆第五位，并以每年近百万册（件）的速度增长。

国家图书馆文献提供中心作为全国馆际互借中心，与全国近700家文献信息提供单位建立了馆际互借关系，与117个国家和地区的500余家机构开展文献共享合作，可提供图书、期刊、报纸等多种文献类型；可外借的中外文基藏库图书近1000万册。

CALIS与国家图书馆的合作服务已经开通，高校读者通过本馆的图书馆用户账号，即可获得国家图书馆丰富的馆藏资源。中国国家图书馆文献检索页面（网址http://www.yide.calis.edu.cn/index.jsp? flag=nlc），如图7-6所示。

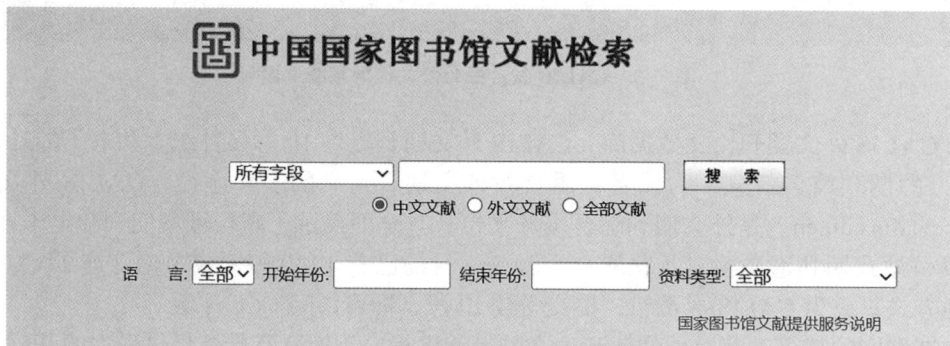

图7-6 中国国家图书馆文献检索页面

（6）**国家科技图书文献中心（NSTL）文献传递服务** NSTL拥有丰富的科技类外文文献资源，印本外文文献26000多种，其中外文期刊17000多种，外文会议录等8000多种。高校读者可通过部署在本校的CALIS馆际互借系统，利用本校的图书馆用户账号，即可获得NSTL拥有的文献资源。国家科技图书文献中心（NSTL）文献传递服务（网址http://www.yide.calis.edu.cn:/index.jsp? flag=nstl），如图7-7所示。

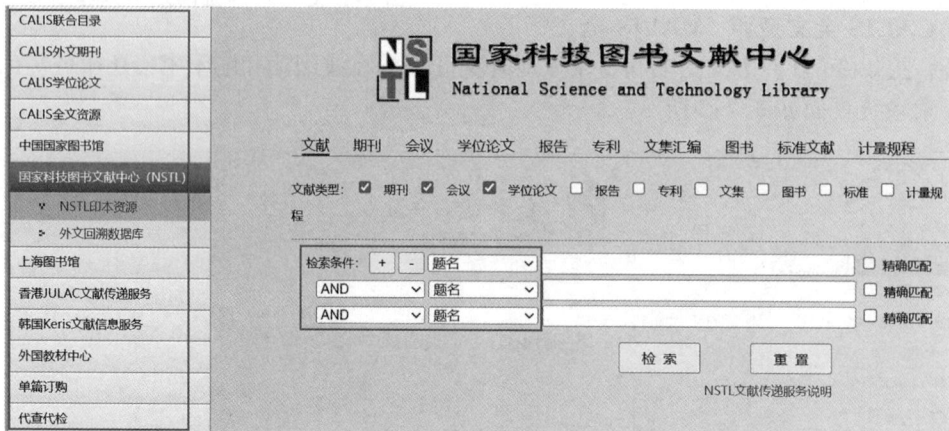

图7-7 国家科技图书文献中心（NSTL）文献传递服务页面

（7）**上海图书馆文献检索服务** 上海图书馆馆藏丰富，门类齐全，拥有图书、报刊和科技资料近 5200 万册（件），其中外文期刊近 6000 种，外文图书 160 万册。通过 CALIS 与上海图书馆合作，高校读者可通过 CALIS 获得上海图书馆的馆藏资源。上海图书馆文献检索服务页面（网址 http://www.yide.calis.edu.cn/index.jsp？flag=sh）如图 7-8 所示。

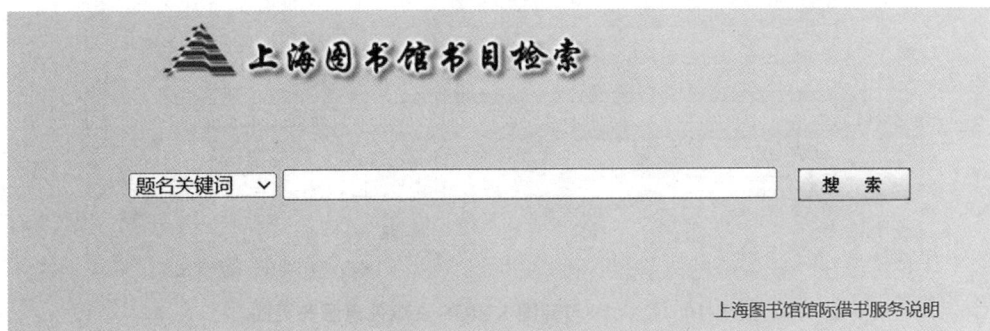

图 7-8　上海图书馆文献检索服务页面

（8）香港 JULAC 文献传递服务　为进一步加强与国内外文献提供机构的资源共享与合作，扩充可获取的资源范围，CALIS 管理中心与香港特别行政区大学图书馆长联席会（JULAC）本着自愿结合、友好合作、互惠互利的原则，同意在著作权法的保护框架内开展文献传递服务。

JULAC 包括香港大学、香港中文大学、香港城市大学、香港科技大学、香港浸会大学、香港理工大学、香港教育学院、岭南大学 8 所高校成员馆。高校读者通过 CALIS，每年可免费获得 JULAC 8 所高校图书馆每家 100 篇的文献资源。JULAC 提供香港 8 所高校图书馆的馆藏；CALIS 提供大陆境内高校图书馆的馆藏。CALIS 与香港 JULAC 文献传递服务机构及网址如图 7-9 所示。

机构	公共目录系统网址
港书网(HKALL)	http://hkall.hku.hk/search/
香港大学	http://library.hku.hk/
香港中文大学	http://library.cuhk.edu.hk/
香港城市大学	http://lib.cityu.edu.hk/search*cht/
香港科技大学	http://ustlib.ust.hk/
香港浸会大学	http://library.hkbu.edu.hk/catalogue/opac.html
香港理工大学	http://library.polyu.edu.hk/
香港教育大学	http://www.lib.ied.edu.hk/catalogue/
岭南大学	http://library.ln.edu.hk/search

图 7-9　CALIS 与香港 JULAC 文献传递服务机构及网址

（9）韩国 KERIS 文献传递服务　KERIS（Korea Education and Research Information Service）成立于 1999 年，整合了韩国多媒体教育中心和韩国研究信息中心，负责具体执行 ICT 教育工作（Information and Communications Technology，信息与通信技术），推动 ICT 与教育的整合，使得教育更加信息化、数字化。

KERIS 基于 KERIS 的成员机构馆藏为 CALIS 提供文献传递服务。高校读者通过 e 得 KERIS 文献检索，提交文献传递申请，即可获得韩文文献资源。文献传递服务范围为图书、期刊论文、学位论文。CALIS 与韩国 KERIS 文献信息服务页面如图 7-10 所示。

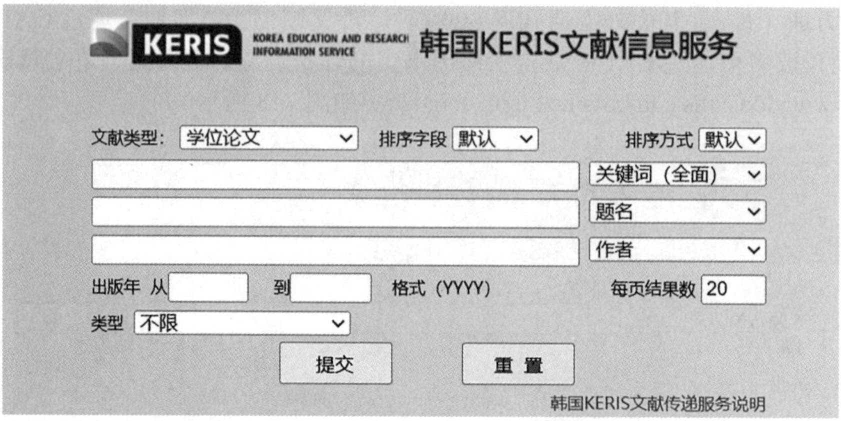

图 7-10 CALIS 与韩国 KERIS 文献信息服务页面

在 CALIS 云服务平台上资源很丰富，它把"全国高校图书馆、中国国家图书馆、国家科技图书馆文献中心、上海图书馆"文献资源，和"香港 JULAC 文献传递服务、韩国 KERIS 文献传递服务"都集中在同一平台上，读者在这里一站就可以检索并获得这么多大型图书馆的文献资源，真正享受到科技进步带来的好处。

7.3 百链云图书馆

云数字图书馆（Cloud Digital Library）是云计算技术在图书馆应用而产生的成果。也称为第三代图书馆。它的出现确实给读者带来了前所未有的好处，一站式检索，范围宽广，获取全文快，路途多。

超星数字图书馆将图书馆进行了清晰的断代。

第一代：传统图书馆，以纸刊纸书为主。

第二代：数字图书馆，以电子期刊电子图书为特征。

第三代：云图书馆，为读者提供所有图书的找到和得到服务。

云图书馆带来的转变：①从本馆资源到全部资源的转变；②从数据库列表到一站式检索的转变；③从本地服务器到云端服务器的转变；④从购买资源到协同服务的转变。

云的特点：①云可以没有地域性；②各种云可以汇集在一起；③云是模糊的，读者不必关心谁为我服务；④公告板的抢答方式保证服务质量；⑤免费为主。云图书馆的本质是从一个馆为读者服务变为多个馆为读者服务。

7.3.1 百链云图书馆概述

百链是超星公司推出的新一代图书馆资源解决方案及共建、共享方案，它内置丰富的全文资源，同时也是一套智能的整合系统。针对各数据库资源和用户自建资源，预先对检索内容进行整合索引，并建立全面、海量的元数据仓储；通过对元数据仓储与用户本地资源分布建立定位链接，能够完成学术资源的一站式检索，能够实现本馆与其他馆互联互通、共建共享。百链最早实现了基于元数据搜索的应用模式，在行业中成长最快，全国已建立联合分中心70多个，已经实现云图书馆技术的接入服务方式，每天超过 100 万人在这里寻找学术资源。百链是图书馆的应用平台，从普通读者角度看，读者希望通过图书馆能方便、快捷地获取尽可能多的文献资源，因此，在检索文献、判断文献价值以及获取全文的整个过程中，图书馆的检全率高、获取全文方便快捷是关键。

1. 百链发展历程

（1）**Medalink**　由于各高校经费有限，许多图书馆购买外文数据库较少，因此很多图书馆更加关心外文资源的获得问题。超星将读秀的思想扩展到外文，首先提出利用元数据方式对本馆外文资源实现一站式搜索。

（2）**区域图书馆**　传统意义上的图书馆联盟，工作重点放在纸质文献上，图书馆互相协作，超星利用 Medalink 搭建各种区域性图书馆，实现区域内多个成员馆的读者可以在更广的范围内搜索资源，并通过更多的服务者提供资源；各成员馆通过区域图书馆共享数字资源。

（3）**百链云图书馆**　2011 年，超星公司在区域图书馆 Medalink 的基础上，增加了自己数字化的外文图书 30 万种和中文期刊 1200 万篇，发展为百链云图书馆，直接为个体单馆服务，利用多个区域图书馆的服务实现本馆没有购买的文献的补缺服务。

2. 百链是图书馆服务的变革

（1）**从馆藏部分内容到全部出版文献**　百链预先索引国内外出版的各种学术元数据，实现了读者同时检索来自不同国家和数据库的文章，读者的检索范围从本馆馆藏扩展到了全部出版文献。

（2）**从分散的多个数据库到统一调度**　百链帮助图书馆实现资源的整合与利用，将图书馆购买的各种数据库和开放资源进行准确链接，特别是图书馆各种特色数据库的整合，使得每个数据库不再是信息孤岛。

（3）**从本馆服务到区域联合服务**　百链实现区域内多个图书馆资源联合检索，文献获取途径向导，互联互通，共同协作，共享服务。

（4）**从提供资源到提供服务**　百链通过对图书馆资源、应用系统、人员的整合，帮助图书馆从为读者提供资源转变为提供服务，满足读者的个性化需求。

（5）**从本地资源建设到云计算存取**　百链基于云计算技术，联合国内外图书馆及读者，为每个加入百链的用户提供相互协助及交流存储的空间。

3. 百链文献频道分类及检索途径

（1）**百链的文献分类**　百链实现了对全部、图书、期刊、报纸、学位论文、会议论文、专利、标准、音视频、信息咨询等 10 多种文献频道进行一站式检索，使以前传统的、深奥的检索在这个平台上变得非常简单，读者一看就明了，百链一站式学术搜索平台如图 7-11 所示。

图 7-11　百链一站式学术搜索平台页面

（2）百链文献频道与检索途径的关系表　百链一站式学术搜索平台上各文献频道与检索途径（也称字段）对应关系表见表7-1。

表7-1　百链文献频道与检索途径对应关系表

文献频道	检索途径						
	途径1	途径2	途径3	途径4	途径5	途径6	途径7
全部（默认）							
图书	全部字段	书名	作者	主题词	丛书名	目次	
期刊	全部字段	标题	作者	刊名	关键词	作者单位	ISSN、DOI
报纸	全部字段	标题	作者	来源	全文	关键词	副标题
学位论文	全部字段	标题	作者	授予单位	关键词	导师	
会议论文	全部字段	标题	作者	关键词	会议名称		
专利	全部字段	专利名称	申请号	发明人	申请人	IPC号	
标准	全部字段	中文名称	英文名称	标准号	发布单位		
音视频	全部字段	视频名称	简介	字幕	主题词	主讲人	主讲机构

表7-1看似复杂，在实际使用中是比较简单的，先选择文献频道，再单击选择检索途径（推荐用书名或标题途径），或者各种频道都使用系统默认的全部字段，全部字段的含义包含后面的各字段，因此，根据文献类型不同，它包含的内容不一定相同。实际用百链检索就变成输入检索词，单击"中文搜索"或"外文搜索"就完成检索。

4. 百链一站式检索平台原理

超星公司非常重视一站式检索，因为各高校的馆长们都是行家，非常希望图书馆的学术搜索平台也能像百度一样简单、实用；再者，过去的跨库检索方案已经走入末路，一个标志是国外厂商已经纷纷采用元数据检索。超星的读秀和百链两个学术搜索引擎，在资源的频道分类和检索途径方面，基本达到像百度一样简单、实用，读者只需要像运用互联网搜索引擎一样，简单地输入关键词即可进行检索，一看明了，无师自通。百链是继百度之后，出现的较优秀的搜索引擎。百度是对网页的搜索，搜索到的文章多是未经正式出版发行的，学术观点是没有经过专家把关的，所以可利用的学术观点和价值有待考证；而且最新的学术论文是搜索不到的，即使在百度上搜索到一个标题，也是无法下载的。这些学术文章只能到图书馆去检索和下载。所以，百链就成为目前学术搜索引擎中较出色的一站式检索平台。

（1）百链一站式检索平台原理图　百链一站式检索平台是建立在元数据库索引基础上进行检索的，检索速度非常快，完成一次全库检索体验时间非常短，并且检索结果没有重复；检索结果可根据多种因素进行综合排序，如出版日期、学术价值、相关度等，能帮助读者用最少的时间找到所需的资源；检索的结果还可以按各种条件，如出版年代、期刊等进行聚类，快速缩小检索范围。百链一站式检索平台原理如图7-12右边所示。

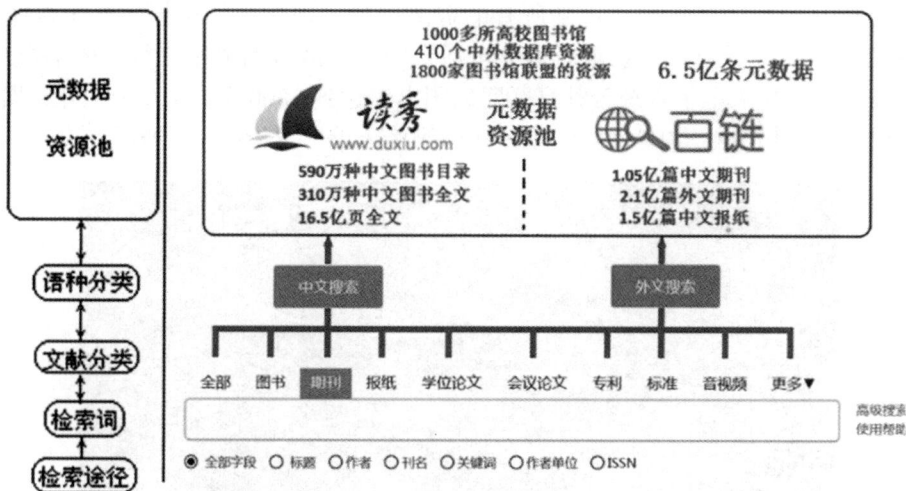

图 7-12　百链元数据逻辑结构图和一站式检索平台原理

（2）百链元数据逻辑结构图　如图 7-12 左边所示：①检索途径决定检索词，二者有对应关系，因此，检索途径是最先决定的，排列第一；②检索词由检索途径决定的，排列第二；③文献分类（也称文献频道）：全部、图书、期刊、报纸、学位论文、会议论文、专利、标准等，排第三；④语种分类：中文搜索、外文搜索（一键两种功能）；⑤到"元数据库资源池"搜索。

百链一站式资源搜索平台功能强大，它整合本馆纸质与电子资源；整合区域联盟资源；整合云图书馆资源；提供所有资源一站式全文服务。

（3）百链和读秀的分工

1）读秀学术搜索是图书的一站式检索服务，是由海量图书资源组成的庞大知识系统。目前，读秀收录 680 万种中文图书题录信息，可以对 400 万种中文图书进行文献传递。读秀能提供知识点服务，指的是将所有图书打碎，以章节目录为基础。目前，可搜索的信息量超过 17.7 亿页知识全文，为读者提供深入到图书内容的全文检索，读者可以根据任何一句话、任何一句诗词找到出自哪一本书。读秀学术搜索也可以进行中文的期刊、学位论文、会议论文、专利、标准等文献的检索和全文获取，但重点是图书的检索与全文获取。

2）百链是除了中文图书以外的学术资源一站式检索系统，以此解决图书馆服务与读者需求之间的矛盾。百链学术搜索可以进行中外文的期刊、学位论文、会议论文、专利、标准等文献的检索和全文获取，但重点是外文文献检索与全文获取。

3）百链和读秀的异同之处　两个平台的底层技术是一样的，中文的期刊、学位论文、会议论文、专利、标准等中文文献，读秀和百链两个检索平台都可以检索并得到全文。但是，检索中文图书时系统自动转到读秀搜索平台，检索外文时系统自动转到百链搜索平台。

5. 百链云图书馆资源结构

到 2022 年，百链资源池里电子资源云共享联盟的图书馆达到 1800 个，410 个中外数据库，已经收录了中外文献 7.2 亿条元数据，可实现对期刊、标准、专利、论文、视频等各种文献类型的统一检索。7.2 亿条元数据中，包含中文期刊 1.252 亿篇、中文报纸 1.5 亿篇、外文期刊 2.844 亿篇，并可以查询到每篇文章的馆藏信息、每篇文章在数据库的链接地址等。此外，百链搭建了图书馆云服务架构，实现了从单馆服务转变为多馆协同服务模式的转变。

百链的目标是帮助读者找到、得到所有的资源。为实现这样的目标，基于百链技术构建的数千家图书馆电子资源云共享联盟通道，包括全国多个区域图书馆、行业图书馆、CALIS、NSTL、CASHL 等，接入电子资源云共享联盟的图书馆达到 1800 个，410 个中外数据库。全国各地主要高校图书馆都加入其中。百链云图书馆资源结构图 ⊖ 如图 7-13 所示。

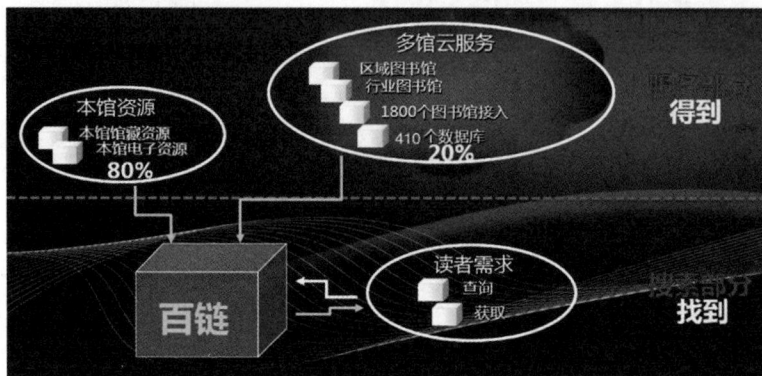

图 7-13　百链云图书馆资源结构

帮助读者找到、得到所有的资源，实现方法有如下两个模块。

（1）搜索模块　读者在百链平台上，可检索的元数据多达 7.2 亿条，元数据数据库中，包括了中文期刊 1.252 亿篇、中文报纸 1.5 亿篇、外文期刊 2.844 亿篇等，读者可以查询到每篇文章的馆藏信息、每篇文章在数据库的链接地址，查到文章及馆藏信息。

从读者搜索方面来说，百链首先保证了读者能检索到丰富的文献资源。没有百链时，读者只能检索本馆的资源。有了百链后，读者可查询百链中 1800 家图书馆的馆藏及电子资源，可查询传递 410 个中外文数据库资源，包括北大、清华、上海交大等双一流重点院校图书馆丰富的电子文献全文资源都可以共享。

（2）服务模块　百链服务模块向读者提供全文服务。但是，百链云架构的服务模式是：

1）对于本馆已购买的资源，读者可以通过百链一站式检索获取到所需的大部分资源全文。

2）对于本馆没有购买的资源，读者可以通过百链提供的多馆云服务，以文献传递方式获取到所需资源全文，保证读者的文献需求得到最大程度的满足。在全国图书馆参考咨询联盟上，众多文献互助员参与多馆云服务，使中文文献传递满足率达到 96%，外文文献传递满足率达到 90%，百链云共享服务平台每天传递量达 6 万篇文献。

百链联合多馆组成一个云资源架构服务的好处是：从前一个馆为读者服务，现在变为多个馆为读者服务，不仅能搜索到文章及馆藏信息，并能向读者提供全文服务。至此，百链云服务实现了帮助读者找到、得到所有的文献资源的目标。

6. 百链云图书馆提高了图书馆的服务能力

2009 年年底，超星将元数据产品发展为百链云图书馆，只要单馆购买百链服务，就相当于加入全国联盟的多馆云服务，直接享受来自全国 1800 多家图书馆的云传递服务。这对于任何一个图书馆来说，数字资源一下扩大数百倍。使用百链云后，图书馆的文献服务能力大大地提高了，其服务能力对比见表 7-2。

⊖　资料来源：超星公司 2022 年在四川高校图书馆工作会议宣传资料。

表 7-2　使用百链云图书馆前后文献服务能力对比表

原来	现在
搜索本馆馆藏	搜索所有出版文献
多个库检索	一站式检索
搜索结果形式多样	结果统一，格式统一，完整不重复，可做学科趋势分析
本馆服务	本馆服务 + 多馆云服务（全国的图书馆共同为其服务）
本馆文献资源有限	文献资源扩大很多倍
文献保障率低	中文文献满足率达到 96%，外文文献满足率达到 90%

7. 百链云图书馆特点

（1）元数据搜索引擎　有 7.2 亿条元数据，几乎涵盖国内外所有的中外文数据库，其文献类型：中外文图书、中外文期刊、中外文学位论文、会议论文、专利、标准等，并且数据量每年还将不断增加。

（2）检索速度快、检索结果无重复、格式统一　通过预先的元数据排序处理，在提供统一检索的同时，提供全文获取的准确定位，利用百链云图书馆整合技术，可以完整地揭示图书馆的各种馆藏资源和购买的商用数据库资源。

（3）搜索平台简单　一般读者都能无师自通，解决了由于图书馆数据库种类繁多，各种数据库资源的格式不同、访问方式不同、检索界面不同，导致读者在使用中的困惑，可节省图书馆人员重复培训环节，指点使用即可。

（4）百链高效、便捷的文献传递　百链提供的文献传递平台，让读者从此不必重复输入账号信息，从烦琐的填表中解脱出来，简单地填写电子邮箱地址就可以完成文献传递，非常方便，为读者提供了互联网搜索引擎方式的检索体验。

8. 百链的三个重要功能

（1）一站式检索　先进的元数据检索和先进的组合结构，构成先进的一站式检索平台。

（2）云图书馆服务能力　因为图书馆人员会花费大量时间研究什么数据库是读者最需要的，所以大部分常规需求都可以在已经采购的资源中得到满足。但是图书馆的经费是有限的，图书馆不可能购买所有的数据库。因此一定还存在一些不太常用的需求，难以得到满足。比如，工科院校的读者会不会需要一篇美术设计作品？读者会不会需要一个乐谱，这种情况下该怎么办？百链的第二个重要功能就是云图书馆服务能力，提供了满足这些稀缺需求的渠道。百链的全名叫百链云图书馆。很多行业图书馆、区域图书馆都是用百链平台建设的，可以通过协调运作，利用云图书馆的优势，将读者的这些个体需求送到这些平台上得以满足。

（3）掌握云内数据库的动态变化情况　通过百链读者可以非常清楚地知道网上哪些数据库的内容和数字变化了；不但可以知道同方、万方、维普数据库的变化情况，还可以掌握云图书馆中数百个数据库的动态变化情况。

9. 百链五项服务

（1）外文电子图书　提供超星数字化的外文图书全文服务，外文图书资源会逐年增加，发展速度为每年更新3万种。支持读者在线试读图书;支持读者邮箱传递得到全文。服务方式类似读秀的即时文献传递与搜索服务。

（2）中文稀缺期刊 超星数字化的大量稀缺期刊全文的传递服务;百链收录文章达6700万篇;独家收录稀缺期刊文章1200万篇;从清朝以来所有出版过的期刊内容;提供类似"读秀"的搜索服务和文献传递服务;百链搜索到的其他数据库未收录的稀缺期刊,则通过邮箱直接传递全文。

（3）通过多馆云服务获取本馆没有的资源 利用百链技术在全国范围内构建的资源共享图书馆已经达到1800多家,中外文期刊数据库410个,随着加入馆增加,这些文献资源还会增加。通过百链云服务,可使中文文献满足率达到96%,外文文献满足率达到90%。本馆没有的文献通过超星云图书馆——"全国图书馆参考咨询联盟"获得。

（4）利用百链进行本馆资源整合 百链整合是元数据整合,百链在国内最早实施元数据整合架构,经过多年的积累,到目前为止其元数据系统是最完整的,实现了图书、期刊、报纸、学位论文、会议论文、专利、标准、音视频、信息资讯等中外文文献一站式整合,对中外文文献的整合无疑是最好的。目前为止,百链是唯一一个有云服务架构,并实际形成强大云服务能力的纸本与电子资源整合的平台。

（5）文献传递 ①超星有全文文献的,由机器自动进行文献传递服务。②超星没有全文文献的,则由多馆云服务完成,原理是由该文献的图书馆馆员通过百链传递平台处理读者请求,百链跟踪1800多家图书馆、410个中外文数据库元数据变化,并收集存储文献元数据,因此,百链的用户可查询到1800家图书馆的馆藏及电子资源,可查询传递410个中外文数据库资源。随着加入的区域图书馆和数据库增多,百链云图书馆中文文献、外文文献的满足率还会有所提高。百链云图书馆节点分布全国各地,需要其他图书馆资源时,申请云服务进行传递全文。传递过程:读者填写邮箱→收到邮件→单击邮件的全文链接→阅读全文。③特别推荐:超星技术构建的云图书馆——"全国图书馆参考咨询联盟",网址http://www.ucdrs.superlib.net,有很多图书馆的专家在线抢答全世界读者的咨询,并且对全世界读者都是开放的、免费的。

7.3.2 外文学术文献检索

百链云图书馆集成410个中外文数据库的元数据,其中外文期刊库包括:SpringerLink、ProQuest、EBSCO、Wiley、JSTOR、OSA、SAE、SIAM 等,还包括英国机械工程师协会（IMechE）、International Institute of Anticancer Research、IEEE、Emerald、Wiley InterScience、Science、IEEE Computer Society 等外文库,还有中国学术期刊、万方、维普等中文库元数据。对全部资源提供一站式检索服务,缩短检索用时,提高获取资料效率。当读者检索到的文献本馆没有购买,不能提供下载时,可以通过 E-mail 获取,文献全文将在 24 小时内发送至读者邮箱内。

百链一站式检索平台页面如图7-14所示。

检索步骤:①频道选择;②选择检索途径;③输入检索词;④选择语种（兼搜索）。

进入百链,默认是期刊频道及全部字段,这样搜索时和百度一样,只需输入检索词,单击"搜索"按钮就可以出结果。其他频道,在系统默认的都是全部字段,只需选择一个频道,输入检索词,单击"中文搜索"按钮就可以出结果。

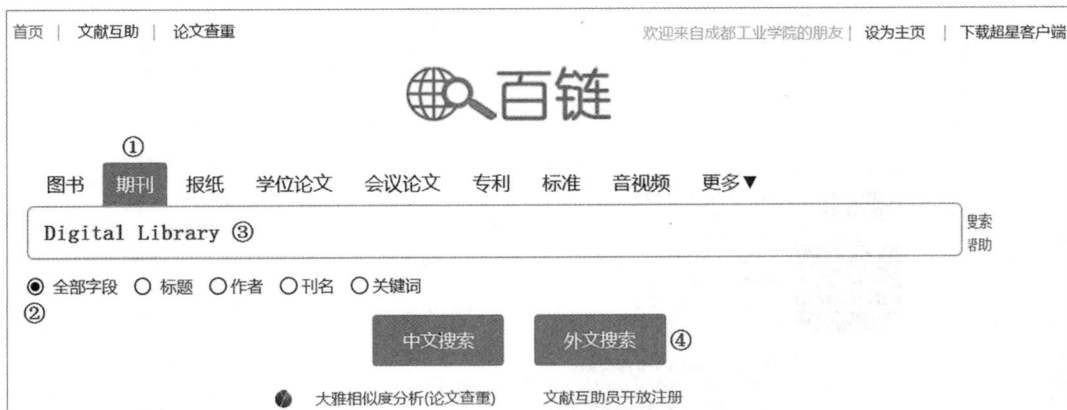

图 7-14　百链的一站式检索平台页面

1. 外文图书检索

【例 7-1】用百链的图书频道查找"Digital Library"方面的外文图书。

外文图书检索步骤：①选择"图书"频道；②选择途径，默认"全部字段"；③输入检索关键词"Digital Library"；④单击"外文搜索"按钮；进入外文图书检索页面，如图 7-15 所示。

图 7-15　百链外文图书检索页面

本次检索找到与 Digital Library 相关的外文图书 1209 种，根据需要，读者可以选择浏览、阅读和下载。如果选择"书名"途径，单击"外文搜索"按钮，则找到与 Digital Library 相关的外文图书 443 种，如图 7-16 所示。

（1）页面左边聚类筛选　左边页面是这些外文图书的年代（种）的分布，按降序排列：最新的 2021（3）、2020（8）、2019（7）、2018（14）、2017（12）2016（20）、2015（15）等。每个聚类均提供链接，单击可以进入阅读和浏览。

（2）页面右边相关信息　页面右边是本次检索到的其他相关文献信息：外文期刊 116249 篇，外文学位论文 6973 篇，外文标准相关 752 篇，外文会议论文相关 26720 篇，外文专利相关 5358 篇等。提供相关网页链接，单击可以进入阅读和浏览。

图 7-16　百链书名途径检索页面

（3）页面中间信息　是"书名"途径检索到的 443 种图书信息的默认排序。

单击第 1 本书名，进入图书书目信息页面，如图 7-17 所示。

页面中部有一个"试读"按钮，单击就可试读。另外，在"获取途径"处也可根据需要选择试读"版权页、前言页、目录页和正文 5 页"等；试读正文页面如图 7-18 所示。

图 7-17　图书书目信息页面

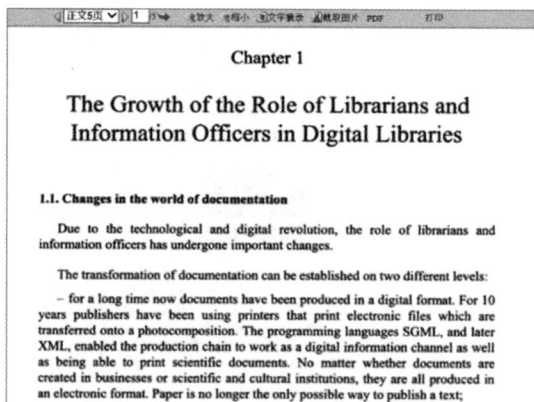

图 7-18　试读正文页面

在图 7-17 书目信息页面右方，系统提供的获取途径是图书馆文献传递。

单击"图书馆文献传递"进入咨询表单页面，如图 7-19 所示。

邮箱接收全文步骤：①单击"图书馆文献传递"，进入咨询表单页面；②确定起始页码和终止页码；③填写"电子邮箱"，输入验证码；④单击"确认提交"，系统会提醒核对邮箱，单击"确认"后去接收邮件，通过链接去阅读全文。

提示读者：参考咨询服务通过读者填写咨询表单，咨询馆员将及时准确地把读者所咨询的文献资料或问题答案发送到读者的电子邮箱。为了保护知识产权，防止过度下载，特别进行了服务说明：①每本图书单次咨询不超过 50 页，同一图书每周的咨询量不超过全书的 20%；②所有咨询内容有效期为 20 天；③回复邮件可能会被当作未知邮件或垃圾邮件，若没有收到回信，需查看不明文件夹或垃圾邮件箱等。

2. 外文期刊文献检索

【例 7-2】用百链的期刊频道查找 "Digital Library" 方面的外文期刊论文。

外文期刊检索步骤：①"期刊"频道是系统默认频道，不用选择；②选择检索途径，系统提供了"全部字段、标题、作者、刊名、关键词、作者单位、DOI"8 种途径，系统默认"全部字段"；③输入检索词，如"Digital Library"；④单击"外文搜索"按钮，就得到图 7-20 所示的检索结果页面。

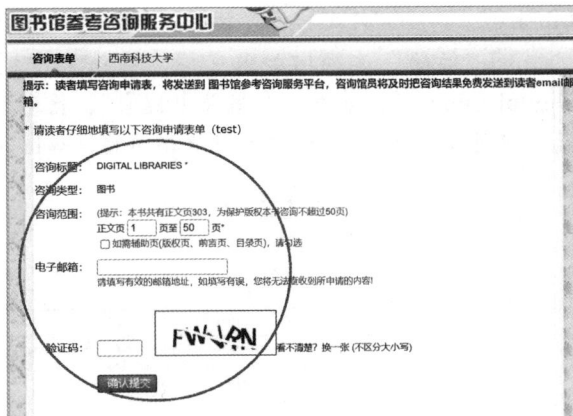

图 7-19　咨询表单页面

找到与"Digital Library"相关的外文期刊论文 116249 篇，检索结果页面分左、中、右三部分：

（1）页面左边检索结果自动聚类筛选信息　页面左边部分是搜索到的 116249 篇外文期刊论文分布情况，分别按"年代、学科、来源、期刊刊种"归类统计，这些聚类都提供了链接，单击左边的每一个链接都可以进入相关的页面浏览。

（2）页面右边检索相关信息　页面右边是除期刊之外的其他文献信息，如外文图书 1029 篇；外文学位论文 6973 篇；外文标准 752 篇等。单击链接可进入文献类目中。

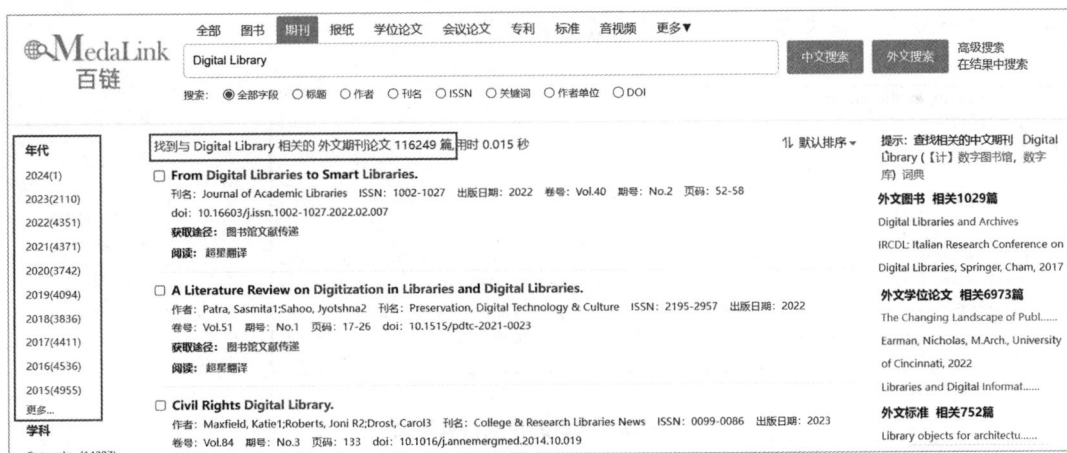

图 7-20　外文期刊全部字段检索页面

（3）页面中间检索到的主体信息　页面中间是与 Digital Library 相关的 116249 篇外文期刊论文目录。可以通过浏览方式查找需要的文章。因为文章太多，为了提高查准率，我们要进一步缩小检索范围，方法是选用"标题"途径重新检索，或增加限定词二次检索，或增加限定词"在结果中搜索"。

1）选择"标题"途径检索。选"标题"途径，在框中输入"Digital Library"，单击"外文搜索"按钮，找到与 Digital Library 相关的外文期刊论文 18192 篇。数量太多了，增加限定词检索。

2）"标题"途径增加限定词二次检索。选择"标题"途径，在框中输入"Cloud Digital

Library", 单击"外文搜索"按钮, 找到与 Cloud Digital Library 相关的外文期刊论文 86 篇。

3）"标题"途径增加限定词"在结果中搜索"。选"标题"途径, 在框中输入"Cloud Digital Library", 单击"在结果中搜索", 找到与 Cloud Digital Library 相关的外文期刊论文 86 篇。可见 2）和 3）的检索结果是相同的, 如图 7-21 所示。

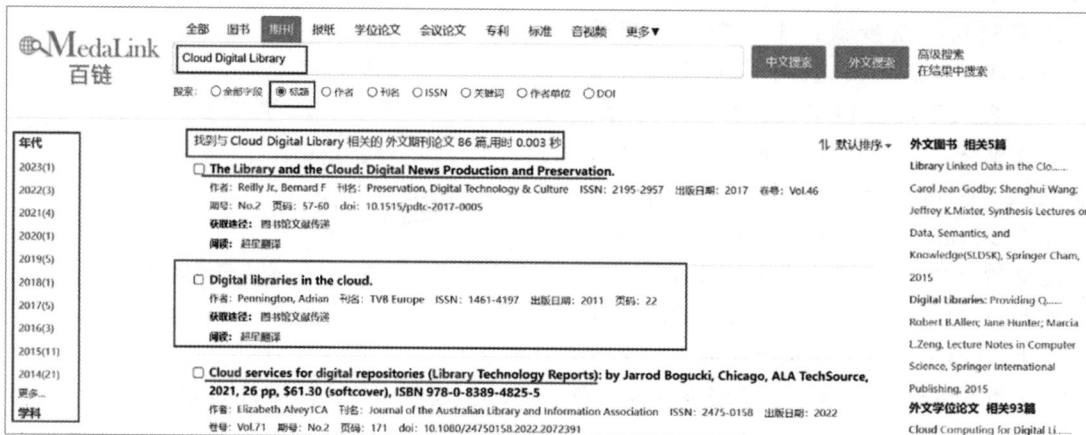

图 7-21　标题途径增加限定词后检索页面

可见选择"标题"途径, 是提高检索相关度和减少文献数量的有效办法。在图 7-21 中第 2 篇文章是"Digital libraries in the cloud."（云端数字图书馆）。

4）单击标题进入该文章的目录信息页面, 如图 7-22 所示。

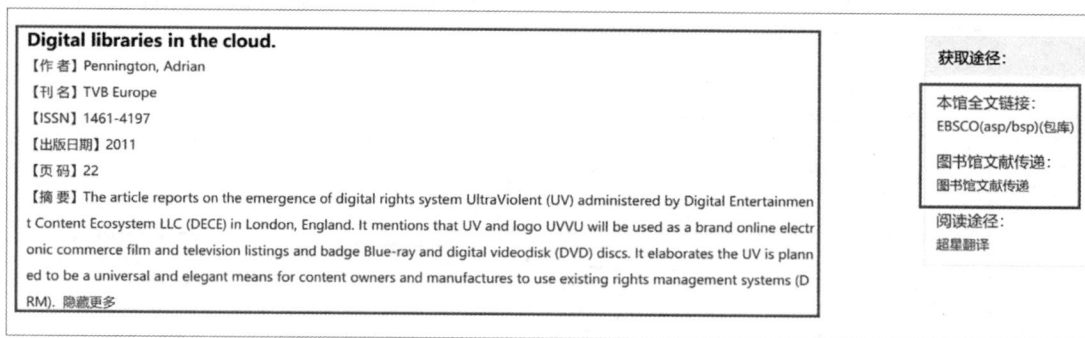

图 7-22　文章的目录信息页面

5）获取途径。系统提供两种获取途径:"本馆全文链接"和"图书馆文献传递"。

本馆全文链接是系统整合了本馆的相关数据库, 当本馆购买了相关数据库的数据, 直接提供数据库链接, 获取全文就很方便。单击"EBSCO（asp/bsp）"（包库）链接, 进入外文期刊目录信息页面, 如图 7-23 所示。

该外文期刊目录信息页面右边工具栏提供了"Print（打印）, Save（保存）, Cite（引用）, Export（输出）"等供读者选择。页面左边有 PDF 全文按钮。

6）单击左边"PDF Full Text"链接, 打开阅读或下载全文。文章全文页面如图 7-24 所示。

7）摘录。在阅读过程中, 可以随时利用上方的箭头（文本选择工具）, 选择摘录相关文字, 复制、粘贴到 Word 中, 以便以后引用。

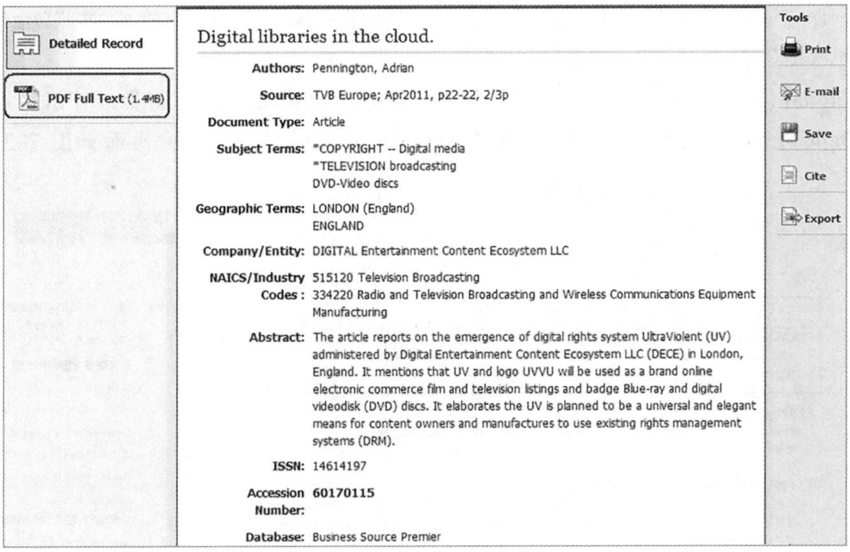

图 7-23　外文期刊目录信息页面

8）注明文章来源。摘录时要注明文章来源，这是看书学习的良好习惯，以便以后引用时方便。详见图 7-23 记录的文献来源，题名：Digital libraries in the cloud. 作者：Pennington, Adrian 刊名：TVB Europe 出版日期：2011 年等信息。

图 7-24　文章全文页面

9）如果没有"本馆全文链接"显示，说明本馆没有购买相关数据库，这种情况下，读者可以通过图书馆文献传递获取全文。单击"图书馆文献传递"按钮，进入申请表单页面（期刊短文不用确定起始页码和终止页码），填写读者的电子邮箱，输入验证码，单击"确认提交"按钮即可。或者，复制标题去 EBSCO 数据库或者其他数据库获取全文。

3. 外文学位论文检索

【例 7-3】用百链的学位论文频道查找"Digital Library"方面的外文学位论文。

外文学位论文检索步骤： ①选择"学位论文"频道；②选择检索途径，系统提供了"全部字段、标题、作者、授予单位"4种途径，默认"全部字段"；③输入检索词"Digital Library"；④单击"外文搜索"按钮。

找到与 Digital Library 相关的外文学位论文 6973 篇。如果文献数量太多，可以换成"标题"途径，找到与 Digital Library 相关的外文学位论文 943 篇。外文学位论文检索页面如图 7-25 所示。

图 7-25　外文学位论文检索页面

页面左边、中间和右边的相关信息如下：

（1）页面左边聚类筛选信息　显示年代筛选信息，如年代（种数），如 2022（7）、2021（12）、2020（17）、2019（17）、2018（56）、2017（97）、2016（39）、2015（29）等，单击链接可以进入浏览详细信息。

（2）页面中间检索到的主体信息　是与 Digital Library 相关的外文学位论文 943 篇的目录信息，有标题、作者、学位授予单位、学位名称、学位年度、关键词、获取途径等信息。单击标题可以进入详细信息页面。

（3）页面右边相关信息　是与检索词相关的除学位论文以外的其他文献信息，如相关外文图书 1029 种；相关外文期刊文章 116249 篇等，都有相关网页链接。

如果觉得文献太多，可以加限定词进一步检索，选择标题途径，检索词"Cloud Digital Library"，单击"外文搜索"，找到与 Cloud Digital Library 相关的外文学位论文 3 篇，并且标题中都含有"Cloud Digital Library"，如图 7-26 所示。

图 7-26　外文学位论文检索页面

4. 外文会议论文检索

【例 7-4】用百链的会议论文频道查找"Digital Library"方面的外文会议论文。

外文会议论文检索步骤：①选择"会议论文"频道；②选择检索途径，有"全部字段、标题、作者、关键词、会议名称"5 项途径，系统默认"全部字段"；③输入与检索途径相符的关键词，如"Digital Library"；④单击"外文搜索"按钮。

找到与 Digital Library 相关的外文会议论文 26720 篇；如果把检索途径换成"标题"，找到 Digital Library 相关的外文会议论文 5691 篇；如果把检索词换成"Cloud Digital Library"，找到与 Cloud Digital Library 相关的外文会议论文 63 篇，页面信息如图 7-27 所示。

（1）页面左边聚类筛选信息　页面左边信息是这些会议论文的年代分布：如 2022（1）、2021（1）、2020（2）、2019（1）、2017（4）、2016（4）、2015（7）、2014（17）、2013（12）等，单击此链接可以查看具体内容。

（2）页面中间检索到的主体信息　页面中间是与 Cloud Digital Library 相关的外文会议论文 63 篇的目录，有标题、作者、会议名称、会议时间、摘要等信息。单击标题可以查看详细信息。

（3）页面右边相关信息　是与检索词相关的除会议论文以外的其他文献信息，如相关外文图书 5 篇、外文学位论文相关 93 篇等信息。

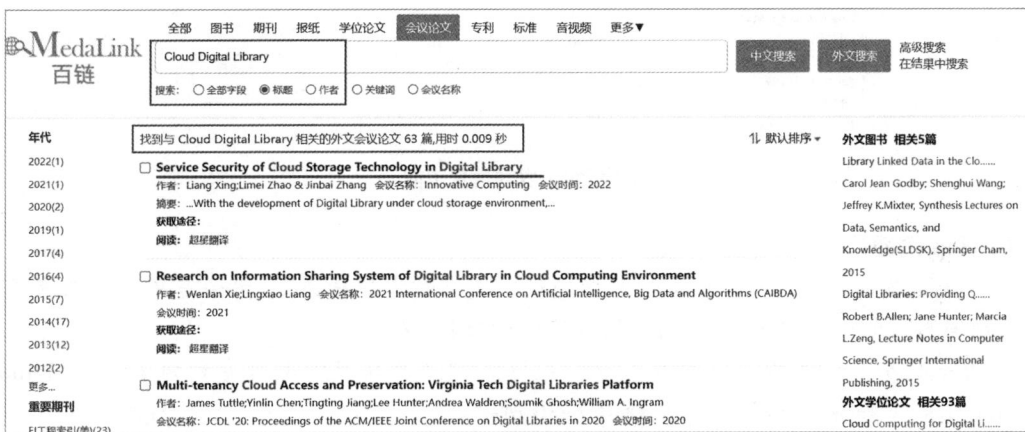

图 7-27　外文会议论文检索页面

5. 外文专利文献检索

【例 7-5】用百链的专利频道查找"Digital Library"方面的外文专利文献。

外文专利文献检索步骤：①选择"专利"频道；②选择检索途径，系统提供了"全部字段、专利名称、申请号、发明人、IPC 号、国家代码"等 6 项检索途径，选择"专利名称"途径；③输入关键词，如"Digital Library"；④单击"外文搜索"按钮。

找到与 Digital Library 相关的外文专利 468 篇，外文专利文献检索页面，如图 7-28 所示。

（1）页面左边聚类筛选信息　页面左边信息是这些专利的年代分布，如 2022（7）、2021（1）、2020（6）、2019（3）、2018（7）、2017（7）、2016（27）、2015（18）等，单击年代可以查看具体专利文献。

（2）页面右边相关信息　页面右边是与检索词相关的除专利以外的其他文献信息，如外文图书 1029 篇；外文期刊 116249 篇等信息。

图 7-28　外文专利文献检索页面

（3）页面中间检索到的主体信息　页面中间是与 Digital Library 相关的外文专利 468 篇，系统提供的专利信息有"专利名称、发明人、申请号、申请人、申请日期、IPC号、公开号、公开日期"等信息。可以通过浏览主体信息查找需要的专利文献，如单击第 4 篇专利的标题（Sharing digital libraries）链接，查看更加具体的专利信息内容，如图 7-29 所示。

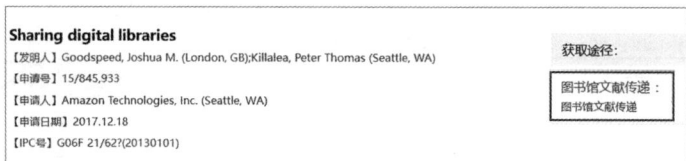

图 7-29　专利信息页面

（4）获取途径

1）通过图书馆文献传递。该文献只能通过"图书馆文献传递"，方法是单击"图书馆文献传递"，填写有效的电子邮箱，确认提交，就可以收到全文。

2）或去万方平台上利用"网络来源"获取。方法是在万方平台专利频道检索"Sharing digital libraries"（共享数字图书馆），如图 7-30 所示。

图 7-30　万方平台上专利检索页面

单击专利信息下方"网络来源"，进入欧洲专利局搜索平台页面，原始文件：专利号 US201615347651，公开号 US985230（B1），公告日期 2017-12-26，如图 7-31 所示。

图 7-31　欧洲专利局检索平台页面

如果想看看专利原文，可单击中间部位的"下载"按钮，下载全文 PDF 文件（2.32MB），下载后就可以阅读原件了，首页是专利原始文件信息页面，美国专利号 US009852310（B1），专利公告日 2017-12-26，如图 7-32 所示。

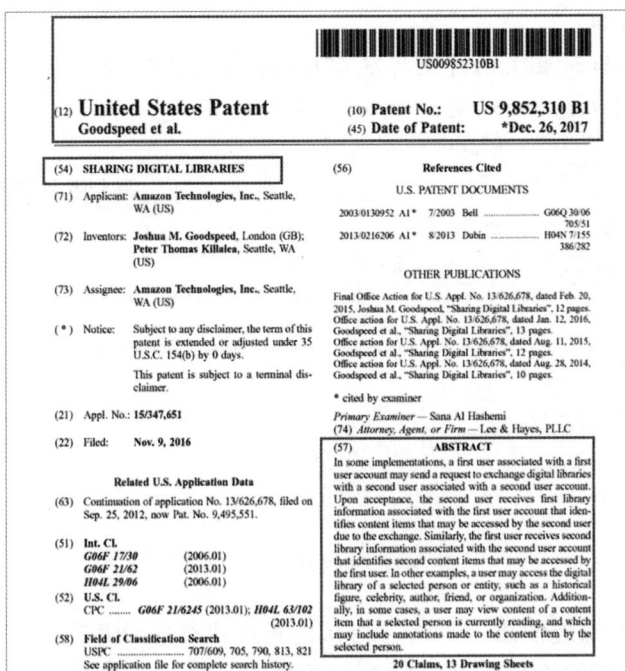

图 7-32　美国专利号 US009852310（B1）信息页

美国专利公开号 US009852310（B1）正文第 1 页，专利名称：Sharing digital libraries（共享数字图书馆），如图 7-33 所示。

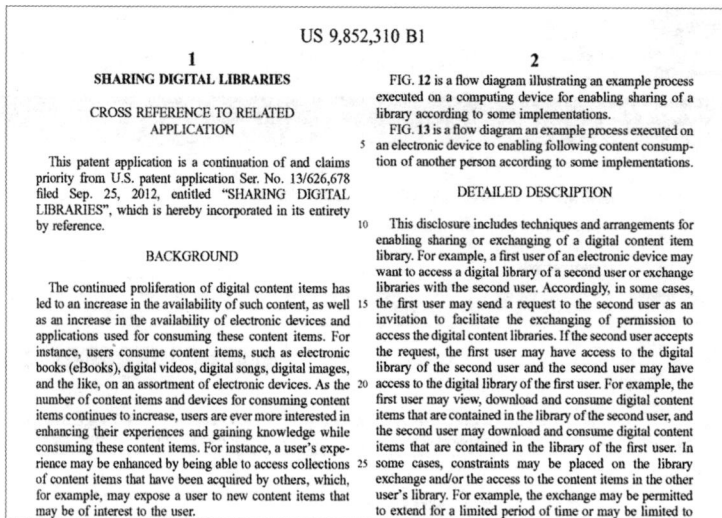

US 9,852,310 B1

1

SHARING DIGITAL LIBRARIES

CROSS REFERENCE TO RELATED APPLICATION

This patent application is a continuation of and claims priority from U.S. patent application Ser. No. 13/626,678 filed Sep. 25, 2012, entitled "SHARING DIGITAL LIBRARIES", which is hereby incorporated in its entirety by reference.

BACKGROUND

The continued proliferation of digital content items has led to an increase in the availability of such content, as well as an increase in the availability of electronic devices and applications used for consuming these content items. For instance, users consume content items, such as electronic books (eBooks), digital videos, digital songs, digital images, and the like, on an assortment of electronic devices. As the number of content items and devices for consuming content items continues to increase, users are ever more interested in enhancing their experiences and gaining knowledge while consuming these content items. For instance, a user's experience may be enhanced by being able to access collections of content items that have been acquired by others, which, for example, may expose a user to new content items that may be of interest to the user.

2

FIG. 12 is a flow diagram illustrating an example process executed on a computing device for enabling sharing of a library according to some implementations.
FIG. 13 is a flow diagram an example process executed on an electronic device to enabling following content consumption of another person according to some implementations.

DETAILED DESCRIPTION

This disclosure includes techniques and arrangements for enabling sharing or exchanging of a digital content item library. For example, a first user of an electronic device may want to access a digital library of a second user or exchange libraries with the second user. Accordingly, in some cases, the first user may send a request to the second user as an invitation to facilitate the exchanging of permission to access the digital content libraries. If the second user accepts the request, the first user may have access to the digital library of the second user and the second user may have access to the digital library of the first user. For example, the first user may view, download and consume digital content items that are contained in the library of the second user, and the second user may download and consume digital content items that are contained in the library of the first user. In some cases, constraints may be placed on the library exchange and/or the access to the content items in the other user's library. For example, the exchange may be permitted to extend for a limited period of time or may be limited to

图 7-33　专利正文第 1 页

6. 外文标准文献检索

【例 7-6】用百链的标准频道查找"Digital Library"方面的外文标准文献。

外文标准频道检索步骤：①选择"标准"频道；②选择检索途径，系统提供了"全部字段、标准号、标准名称"3 项途径，默认"全部字段"；③输入检索关键词，如"Digital Library"；④单击"外文搜索"按钮。

找到与 Digital Library 相关的外文标准 620 篇；如检索途径选择"标准名称"，则找到与 Digital Library 相关的外文标准 635 篇，如图 7-34 所示。

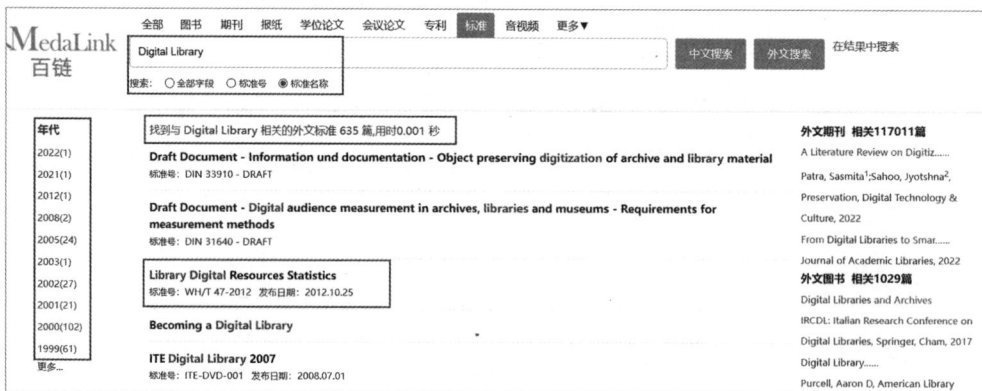

图 7-34　外文标准检索页面

（1）页面左边聚类筛选信息　页面左边信息是这些标准的年代分布情况；如 2022（1）、2021（1）、2012（1）、2008（2）、2005（24）、2003（1）等，单击年度可以查看具体标准文献。

（2）页面右边是相关信息　是本次检索到的除标准以外的其他文献信息，如相关外文期刊 117011 篇，外文图书 1029 篇等，有链接单击可以查看具体内容。

（3）页面中间是检索到的标准信息　找到与 Digital Library 相关的外文标准 635 篇，包括"标准名称、标准号、发布日期"等，单击第 3 个标准标题，可查看标准的详细信息页面，如

图 7–35 所示。

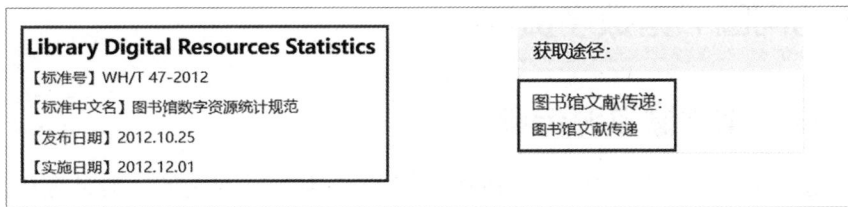

图 7–35　标准的详细信息页面

标准的详细信息页面提供了标准英文名称 Library Digital Resources Statistics，【标准号】WH/T 47–2012；【标准中文名】图书馆数字资源统计规范；【发布日期】2012.10.25；【实施日期】2012.12.01。右边"获取途径"显示，只能通过"图书馆文献传递：邮箱接收传递全文"，单击"邮箱接收全文"，填写有效的 E–mail 邮箱地址，确认提交，就可以收到全文。

7.4　超星发现——云资源搜索引擎

超星发现是利用数据库的查询功能，在数据库中搜索出相关有用的信息报告推送给使用者。

超星发现是超星公司继读秀、百链之后，新推出的一个知识服务和检索平台。它们的功能和用法基本相同，但是，它们各自服务的重点有所区别：读秀学术搜索平台的服务重点是解决图书馆目录体系（OPAC）整合、图书补缺、图书馆的资源检索和传递；百链搜索平台的服务重点是解决除中文图书以外的资源补缺，包括全国联网图书馆的文献资源共享、期刊文献补缺等；超星发现平台的服务重点是解决知识发现、知识点之间的关联问题。

超星发现以 12.5 亿海量元数据为基础，充分利用数据仓储、资源整合、知识关联、文献统计模型等相关技术，通过引文分析、分面筛选、可视化图谱等手段，使读者从整体上掌握学术发展趋势，洞察知识之间错综复杂的交叉、支撑关系，发现高价值学术文献。超星发现系统除了具有一般搜索引擎的信息检索功能外，还提供了深达知识内在关系的强大知识挖掘和情报分析功能。超星发现网址：http://www.zhizhen.com 或 http://ss.zhizhen.com，超星发现页面如图 7–36 所示。

图 7–36　超星发现页面（2023 年 12 月 25 日截图）

超星发现的检索更简单，降低了检索者的信息素养门槛，不需要很多检索知识，就能搜索到来自全国 1800 家图书馆的文献资源。读者可根据前面的知识自行学习，这里不再赘述。

7.5 远程访问图书馆数字资源

7.5.1 图书馆文献资源远程访问简介

图书馆的文献资源在校园网是可以访问的，但是，在校园网之外一般是无权访问的（如：很抱歉，您没有权限访问该网站（https://lib.cdtu.edu.cn），可能是您不在校园网内，没有使用图书馆资源的权限。）

现在应用较多的是使用"轻松连接"VPN（EasyConnect_VPN）来实现。（如：您确实需要访问图书馆的资源，请通过校园网或者校外VPN访问（https://vpn.cdtu.edu.cn/）获取相应的访问权限。）

VPN全称Virtual Private Network（虚拟专用网络）。VPN是一种通过公共网络建立专用网络的技术，通过这个网络，用户可以在任意地方访问专用网络资源，就好像这个用户和专用网络是连在一起的一台电脑一样。

EasyConnect（轻松连接）是由深信服科技股份有限公司推出的一款专业应用虚拟化软件，提供远程应用发布解决方案，EasyConnect能够帮助你在办公室之外使用学校（或公司）内网的所有系统及应用。同时，学校（或公司）的所有业务都可以轻松迁移至互联网或移动互联网上，这样用户就可以通过远程上网或手机、平板电脑等智能移动终端随时随地开展业务。EasyConnect还具有操作简便、易使用；支持数据加密传输；账号、密码认证等功能。目前，众多学校和公司都选择使用EasyConnect专业应用虚拟化软件来构建本学校的VPN网络，供本单位员工通过EasyConnect_VPN客户端远程使用内网资源。

7.5.2 客户端下载、安装、登录及使用

学校图书馆的所有文献资源都可以纳入内网的VPN资源，供本校的师生在校外或出差外地时，在有互联网的地方，通过EasyConnect_VPN客户端，远程访问和使用图书馆的文献资源。下面重点介绍EasyConnect_VPN客户端下载、安装、登录使用过程。

1. EasyConnect_VPN客户端下载与安装

各高校都有专门的下载地址，如成都工业学院的访问地址：https://vpn.cdtu.edu.cn，单击下载客户端EasyConnect程序。下载完成后，下载文件夹内有一个刚下载的安装程序EasyConnectinstaller。

对于Windows系统安装，将鼠标指向EasyConnectinstaller，按鼠标右键并选择以"管理员身份运行"安装VPN客户端。如图7-37所示。

图7-37 Easy Connect_VPN客户端下载与安装

安装完成后，电脑桌面生成"EasyConnect_VPN.exe"客户端图标，如图 7-38 所示。

图 7-38　桌面生成 EasyConnect_VPN 客户端

2. 登录访问

运行 EasyConnect_VPN.exe 程序，方法是双击桌面 EasyConnect_VPN 客户端图标，运行客户端 EasyConnect_VPN.exe，如图 7-39 所示。

①客户端中输入服务器地址：https://vpn.cdtu.edu.cn

②单击 登录按钮，进入 EasyConnect 账号登录页面，如图 7-40 所示。

图 7-39　运行 EasyConnect_VPN 客户端

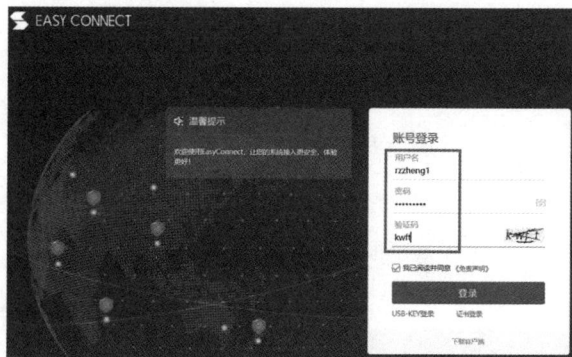

图 7-40　EasyConnect_VPN 账号登录页面

输入校内统一身份"用户名、密码和验证码"。

EasyConnect_VPN 的用户名、密码一般是教师、学生校内上网用户名和密码，用户名一般小写。随机验证码看不清楚时，可以单击验证码图标更换清楚的。因为是自己的专用电脑登录远程访问（VPN），可以选择"记住密码"。这样下次登录使用时，只需输入验证码即可快速登录。

如密码错误，请登录网上事务大厅：portal.cdtu.edu.cn 或关注微信公众号"成都工业学院信息服务"进行密码修改。

登录成功后计算机右下角有 VPN 客户端的图标，如图 7-41 所示。

双击也可以弹出资源页面。

图 7-41　计算机右下角有 VPN 客户端运行图标

3. 远程使用校园网资源

登录成功后，进入 VPN 资源页面，如图 7-42 所示。

这是登录成功后，看到的成都工业学院图书馆 VPN 资源组页面。单击所需的数据库即可进入相应 VPN 资源库，如单击 CNKI、维普期刊、EBSCO、SCIE 等数据库，即进入相应的文献资源库查找自己所需的文献资料，从而实现了远程访问图书馆文献资源的目的。

VPN 资源除了图书馆文献资源外，还有学校的部分办公系统和平台。这些内网的 VPN 资源，可实现远程办公，与在校内办公室使用电脑是一样的效果。

由此可见，使用 VPN 是一种便捷访问校内硬件设施和软件资源的方式，仅需一台电脑连接网络，即可在家中畅享校内新闻、图书馆资源等，让你的学习研究更加轻松与高效。

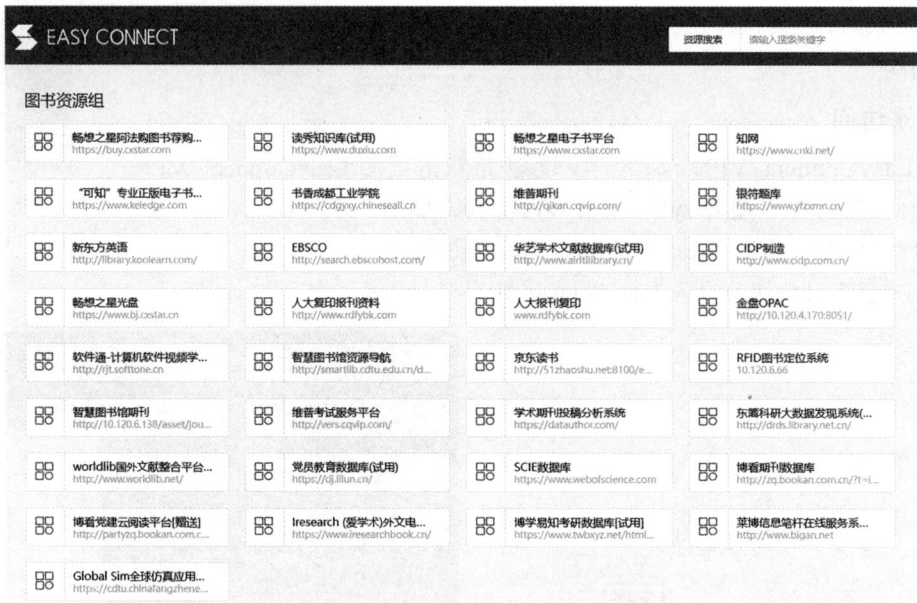

图 7-42　图书馆资源页面

习　题　7

1. 试述云计算的概念。
2. 试述 CALIS 云服务的内容。
3. 试述百链云图书馆原理。
4. 试述百链云图书馆资源。
5. 试述百链与读秀的服务分工。
6. 试用百链找到并获取到外文图书全文。
7. 试用百链找到并获取到外文学术期刊论文全文。
8. 试用百链找到并获取到外文特种文献全文。
9. 试用其他途径找到并获取到各种外文学术文献。

在线测试 7

在线测试 7

　　扫描左侧二维码，完成本章的在线测试题，完成后可查看答案。测试包含 10 道单选题和 10 道判断题，帮助您巩固本章知识点。

Chapter Eight

第**8**章

移动图书馆

本章概要

　　本章将介绍移动图书馆的概念、原理，国内外移动图书馆的发展历程，重点介绍目前比较成熟的超星移动图书馆的原理及文献检索。通过本章学习，读者会对实现数字图书馆的梦想"任何人在任何时间、任何地点，都可以获取任何图书馆的任何文献资源"有一个新的认识。

学习目的

　　◆了解移动图书馆的概念和原理。
　　◆了解超星移动图书馆提供的服务项目和内容。
　　◆熟悉手机上下载电子书的流程和学术资源的检索、下载和获取方法。

内容框架

$$
\text{移动图书馆}
\begin{cases}
\text{移动图书馆概述} \\
\text{世界移动图书馆} \\
\text{中国移动图书馆} \\
\text{移动图书馆文献检索}
\end{cases}
$$

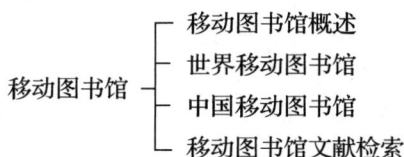

8.1　移动图书馆概述

　　现代意义上的移动图书馆是利用移动终端设备获取数字图书馆里文献资源的一种服务方式，它是图书馆阅读服务的延伸和补充模式，是移动通信技术和数字图书馆相结合的产物。移动图书馆是指依托目前比较成熟的无线移动网络、国际互联网以及多媒体技术，使人们不受时间、地点和空间的限制，通过使用各种移动设备（如手机、平板电脑等）方便、灵活地进行图书馆各类数据信息的查询、浏览与获取。

　　随着移动互联网时代的到来，人们对包括数据库、电子图书、音像资料等在内的众多媒体的需求日益增大，传统图书馆服务更多地局限于为读者提供图书及内容检索等单一功能上。因此，图书馆数字化、移动化成为未来图书馆发展的一种必然趋势。

8.1.1 移动图书馆定义

1. 无线应用协议

无线应用协议（Wireless Application Protocol，WAP）是一个开放式的标准协议，可以把网络上的信息传送到移动电话或其他无线通信终端上。WAP 是由爱立信、诺基亚、摩托罗拉等通信业巨头在 1997 年成立的无线应用协议论坛（WAP Forum）中制定的。它使用一种类似于 HTML 的标记式语言 WML（Wireless Markup Language），并可通过 WAP Gateway 直接访问一般的网页。通过 WAP，用户可以随时随地利用无线通信终端来获取互联网上的即时信息或公司网站的资料，真正实现无线上网。CMWAP 多用于浏览 WAP 开头的网站。CMNET 可以浏览 WWW 开头的网站。

2. 手机上网

手机上网是指利用支持网络浏览器的手机通过 WAP 同互联网相连，从而达到上网的目的。手机上网具有方便性、随时随地性，已经越来越广泛，逐渐成为现代生活中重要的上网方式。

移动互联网的软件、硬件经过多年的发展，也为手机上网创造了必要的条件：

1）移动设备方面。手机性能和各种参数已经达到或超过台式计算机的水平，如华为 2023 年 9 月推出的华为 Mate60pro+，运行内存 16GB，机身内存 1TB（还支持扩展 256GB），屏幕分辨率 2720×1260 像素，加上城市无线移动互联网 5G 网络的普及率，所以，现在用手机替代台式计算机条件完全成熟，没有任何技术问题。

2）移动互联网基础设施方面。据中国互联网络信息中心（CNNIC）在京发布第 52 次《中国互联网络发展状况统计报告》显示，截至 2023 年 6 月：①我国网民规模达 10.79 亿人。互联网普及率达 76.4%；我国手机用户规模达到了 10.76 亿人，网民使用手机上网的比例为 99.8%。②在移动网络资源发展方面，我国移动电话基站总数达 1129 万个，其中累计建成开通 5G 基站 293.7 万个，占移动基站总数的 26%。③移动互联网累计流量达 1423 亿 GB，同比增长 14.6%。④移动互联网应用蓬勃发展，国内市场上监测到的活跃 APP 数量达 260 万款，如电子商务、网上银行、移动支付、生活缴费，看病挂号，手机导航，公交查询、视听直播、网络视频会议等，基本覆盖网民日常学习、工作、生活的各个方面。

通过 WAP 这种技术，可以将互联网的大量信息及各种各样的业务引入到移动电话等无线终端之中。无论在何时何地只要需要信息，打开 WAP 手机，用户就可以享受无穷无尽的网上信息或者网上资源。

3. 移动图书馆定义

移动图书馆译自 Mobile Library 一词，是无线通信技术的发展和应用的一个领域。手机上网利用图书馆的电子资源就产生一个应用新领域——移动图书馆。移动图书馆是图书馆跟随现代移动通信技术发展的步伐，将图书馆的数字资源与移动通信技术相结合，使读者通过智能手机、iPad 等移动终端设备，在任何时间、任何地点访问图书馆主页，进行查询、阅读、获取图书馆数字文献资源的一种服务方式。

8.1.2 移动图书馆的基本原理

移动图书馆是利用移动终端设备获取数字图书馆文献的一种服务方式。移动图书馆是图书馆阅读服务的延伸模式，是移动通信技术和数字图书馆相结合的产物。用公式表示为：移动图书馆＝数字图书馆服务＋移动通信技术。

1. 移动图书馆的基本原理

下面以一个实际例子来说明移动图书馆原理。

清华大学无线移动数字图书馆系统（Tsinghua University Wireless and Mobile Digital Library System，TWIMS）是清华大学基于 2008 年获得的教育部人文社科研究基金项目"基于无线广域网的移动数字图书馆实现和服务机制的若干关键问题"开始建设的。其目标是探索以手机作为信息展示和获取的工具，以无线广域网作为信息传播途径，实现图书馆的异构信息资源的整合、重构和推送。清华大学无线移动数字图书馆系统原理设计方案如图 8-1 所示。

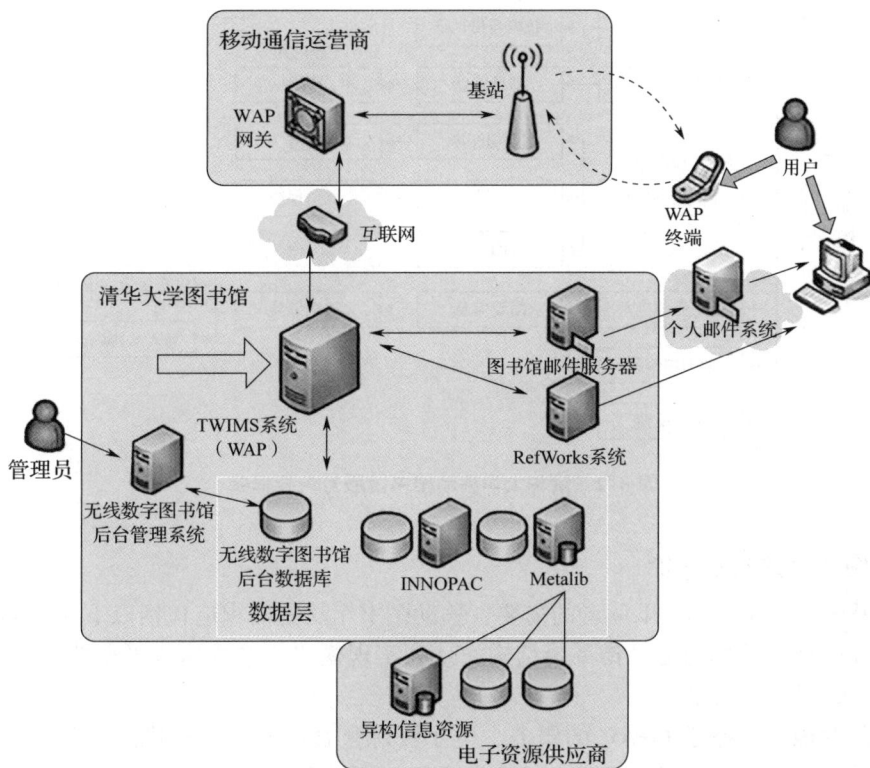

图 8-1 清华大学无线移动数字图书馆系统原理设计方案

TWIMS 按功能划分主要包括应用服务子系统和系统管理子系统两部分 [⊖]。应用服务子系统运行于前台，与底层数据存储交互，获取异构信息资源，呈现给用户可伸缩的信息应用视图，包括基于 WAP 的图书馆服务系统，以及基于交互短信和彩信的服务系统等。系统管理子系统运行于后台，应为易于拓展的资源和服务的管理平台。

在 WAP 图书馆服务系统中，系统按照三层体系结构设计：WAP 展示层、业务逻辑层和数据访问层。WAP 展示层直接面向读者用户，提供基于 WML 的数据显示，并用于接收手机用户输入的数据，为用户提供交互式的操作界面；业务逻辑层主要实现图书馆的各种服务功能；数据访问层用来与联机公共目录查询（Online Public Access Catalogue，OPAC）系统、资源整合与

⊖ 张成昱，王茜，远红亮，等.清华大学：手机图书馆聚焦用户体验［EB/OL］.（2011-05-18）［2023-11-30］.http://www.edu.cn/info/zyyyy/szzy/201503/t20150331_1242632_2.shtml.

链接系统以及 TWIMS 系统的后台数据库交互数据。

　　TWIMS 系统面向手机用户提供基于 WAP 的服务。服务内容主要包括了图书馆传统的读者服务以及电子资源检索服务等。TWIMS 系统在图书馆现有资源基础上，整合一部分异构信息资源，提供了基于图书馆 OPAC、电子资源整合链接等系统的读者服务，把图书馆的各种资源以 WAP、电子邮件等方式提供给用户，把互联网、移动通信网络有机结合起来，为用户提供了便捷的信息获取和保存途径。清华大学移动图书馆服务内容框架如图 8-2 所示。

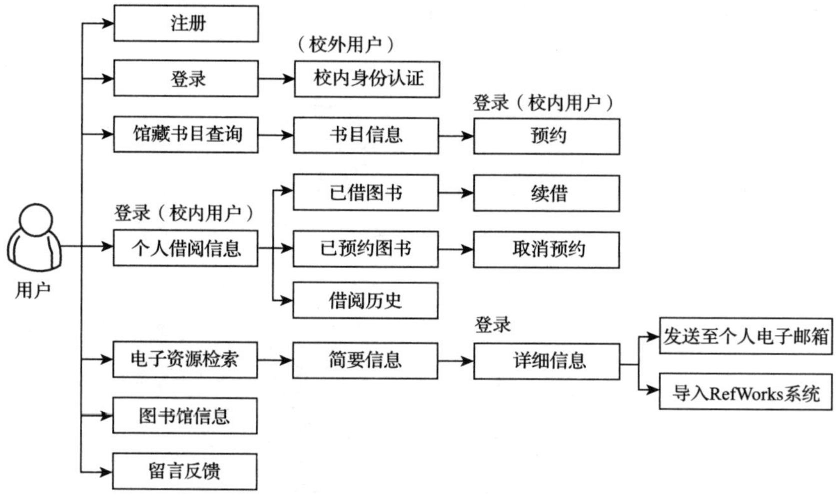

图 8-2　清华大学移动图书馆服务内容框架

2. 移动图书馆的基本功能

　　为满足上述多种应用环境下读者的需要，移动图书馆功能需求应包括以下几个部分。

　　（1）**系统设计和基本功能**　指系统结构设计和实现模式，系统运行可靠性保障设计，手机兼容性设计，访问统计和控制。

　　（2）**服务功能**　指基于 OPAC 的服务，电子资源整合服务，信息推送服务（新刊、新书、新论文），通知服务（图书到期、讲座），全文服务，手机报，馆藏地图漫游和资源定位，条码识别，实时短信发送。

　　（3）**用户界面设计**　指手机图书馆界面整体设计，用户检索行为的导引，用户获得信息的预处理；手机界面对不同型号手机的自适应。

　　（4）**内容迁移**　指 Web 向 WAP 的迁移，全文数据格式（.doc、.pdf 等）向手机格式的迁移。

　　（5）**用户管理**　指用户注册，用户库建设和维护，用户认证模式，用户调查和意见反馈。

8.1.3　**移动图书馆服务内容**

　　目前，由于移动图书馆是移动运营商的平台，是按流量计费的，或者是由图书馆与移动运营商签订合同，产生的流量费用由图书馆支付。读者的移动流量多是包月流量或临时购买流量。所以，移动图书馆服务的内容是满足读者在无法通过计算机上网的情况下，使用图书馆数字文献资源的需求。

早期移动图书馆提供的服务是短信通知，包括一些活动通知、新书到馆的通知以及图书状态的查询等。

1）OPAC 服务。OPAC 系统的增值和开发服务，包括国图在内的多家国内图书馆也都有此项服务，如个人借阅信息、个人预约信息、查阅书、预约、续借、取消预约等。

2）短信参考咨询。

3）读者指南，包括图书馆新闻、介绍、到馆路线等。

4）搭建面向移动设备的专有网站。

5）图书馆的常规搜索，可以提供检索、注册、登记、认证等。随着智能手机和 WIFI 技术的应用，现在移动图书馆服务的内容和质量已经有了很大提高。

随着 5G 手机的进步，配套的 5G 基站的普及和 5G Wi-Fi 技术的发展，现在移动图书馆的服务内容和质量有了很大的提高。图书馆把各种文献资源，购进的各种文献数据库，通过远程访问 VPN 技术提供给读者，读者可以在任何时候、任何地方通过移动互联网查找自己需要的任何文献资源并得到全文。

8.2　世界移动图书馆

8.2.1　世界移动图书馆的发展进程

1. 世界移动图书馆会议

第 1 届国际移动图书馆会议于 2007 年 11 月在英国召开。该会议致力于探索和交流工作，并给用户提供移动资源以及移动服务。

2007 年以后，世界科技较发达国家的图书馆界对移动图书馆会议的关注度逐步提高，移动图书馆服务发展迅速，渐成潮流。

第 2 届国际移动图书馆会议于 2009 年 6 月在加拿大召开。

2009 年 7 月，OCLC（Online Computer Library Center，联机计算机图书馆中心）的"移动在线编目联合目录"（WorldCat Mobile）扩展到欧洲，继美国、加拿大之后，开始在英国、德国、法国、荷兰试用一年。

第 3 届国际移动图书馆会议于 2011 年 5 月 11~13 日在澳大利亚布里斯班市召开。大会发言人主要关注移动技术和移动服务等问题，如利用移动设备阅读数字馆藏，利用移动技术开展网络教育和参考咨询服务、短信服务等。

第 4 届国际移动图书馆会议于 2012 年 9 月 24~26 日在英国米尔顿凯恩斯开放大学召开。会议讨论了 3 方面的内容：图书馆如何使用移动网；如何为移动网做设计；如何开始使用移动网。可移动的资源有 10 个方面：①图书馆网站与移动 OPAC（包括 APPs）；②移动馆藏（包括 APPs）；③图书馆指引（主要为播客）；④移动数据库（包括 APPs、发现系统）；⑤移动导引；⑥短信提醒；⑦短信参考咨询；⑧二维码；⑨移动社会网络；⑩其他。

第 5 届国际移动图书馆会议于 2014 年 5 月 27~30 日在中国香港举行。由英国公开大学和香港中文大学联合主办。此次会议再次成为移动图书馆领域一个盛大的交流和学习平台，来自 5 大洲 24 个国家和地区的 243 名与会专家和代表，围绕"移动图书馆：从设备到人"的主题，对图书馆采用移动技术所面临的挑战和策略、图书馆移动技术的最佳实践、可穿戴技术对于图书馆未来的影响、利用移动技术提升全民信息获取等方面进行了深入分析和讨论。分享用户需求、了解移动设备、跟踪技术发展、探索用户驱动的泛在服务等内容在会议上进行了讨论。

2. 手持图书馆员联机会议

2009 年 7 月 30 日，图书馆联盟系统（Alliance Library System）、教育社区（Learning Times）和 Infoquest 机构举办了第 1 届"手持图书馆员联机会议"（Handheld Librarian Online Conference），又称为"2009 年移动图书馆员会议：关于移动图书馆服务的联机会议"。本次网络研讨会上，美国大学图书馆和公共图书馆领域的专家学者，针对移动图书馆服务交流经验与心得，即如何使用移动设备将通信、网络访问、短信通知等功能运用到图书馆服务中，重点针对图书馆短信通知、目录查询通知、虚拟参考咨询等方面进行深入研究。

8.2.2　新设备改变人们的阅读习惯

图书馆拓展移动阅读服务需要设备、技术以及内容等相关要素的整合。设备是载体，内容是基础，技术是平台，服务是方向。在移动设备研制方面，亚马逊公司、苹果公司、华为公司的作用功不可没。

1. 苹果公司的 iPhone 和 iPad

苹果公司（Apple.Inc.）在 2007 年 1 月 9 日举行的 Macworld 宣布推出 iPhone，2007 年 6 月 29 日 iPhone 在美国上市。iPhone 同时具有移动电话、可触摸宽屏 iPod 和上网功能（电子邮件、网页浏览、搜索和地图），突破性地把"移动电话、宽屏 iPod 和上网装置"三种产品完美地融为一身，真正实现了移动技术的新应用。

2010 年苹果公司正式发布了平板电脑 iPad。iPad 的发布和热销，是高科技的一次划时代的革命。

2. 华为公司的崛起

华为公司成立于 1987 年，是一家生产销售通信设备的民营通信科技公司。经过 30 年多年的努力追赶，特别是在 5G 专利技术方面领先世界后，成为移动通信行业领跑者。2019 年 9 月 19 日在德国慕尼黑华为发布 Mate30 5G 全网通手机参数：CPU 麒麟 990，5G（4G），16 核，7nm；主屏幕尺寸 6.53 英寸，分辨率：2400×1176（高宽比：19.5∶9），运行内存（RAM）12GB，机身内存（ROM）512GB，最大支持扩展 256GB NM 存储卡。

2023 年 9 月华为 Mate 60 Pro+ 上市，这是全球首款搭载双星卫星通信的手机，支持天通卫星电话及双向北斗卫星消息。同时，搭载更强劲的后置主摄及超广角镜头，并支持全新的静谧通话功能。参考国内外众多专家实测的指标参数，华为处于 5.5G 世界领先水平。

8.3　中国移动图书馆

8.3.1　中国移动图书馆概况

从 2003 年开始，国内部分高校图书馆尝试开展手机图书馆服务，内容包括新书到馆、预约、超期、续借、催还、检索、发布消息等，初期主要是通过短信发送信息。2008 年以来，更多的图书馆开始尝试手机图书馆服务，服务类型和服务层次也不断增加。特别是清华大学移动数字图书馆在 2010 年升级后，推出了"短信服务（OPAC 查询、书目自助推送）、电子期刊信息推送服务、基于 WAP 的服务"，把手机图书馆的概念提升到移动图书馆的概念。

截至 2024 年 9 月末，我国移动电话基站总数达 1264 万个，比上年末净增 101.9 万个。其中，5G 基站总数达 408.9 万个，比上年末净增 71.2 万个，占移动基站总数的 32.4%，占比较上年末提高 3.3 个百分点。

在移动互联网环境中，图书馆的服务方面随之发生了改变：

（1）图书电子架位导航服务　例如，北京邮电大学图书馆推出了基于物联网的手机服务，该项目于 2009 年 12 月启动，与北邮网络技术研究院合作开发。通过 Wi-Fi 和 RFID 技术，用手机作为读者卡为读者提供实时架位导航服务，同时在网络上提供图书电子架位导航服务。

（2）馆藏书目自助推送功能　例如，清华大学移动图书馆系统的新颖之处是馆藏书目自助推送功能。读者检索到打算借阅的图书书目信息时，读者可以自助选择推送服务，经过页面分析技术自动抽取 OPAC 页面上的基本书目信息，读者自行填写接收手机号码后图书馆系统将书目信息发至手机，改变了过去读者手工抄写"馆藏所在地和索书号"的方法，增强了获取书目信息的便利性。在电子资源、数据库检索方面，利用图书馆现有的电子资源整合及其接口，实现异构资源库的定制与检索。以 E-mail 的形式，为用户传递学术资源的全文地址链接和摘要信息。

下面介绍目前移动图书馆几种典型应用。

8.3.2　上海图书馆的手机图书馆

上海图书馆是 2005 年开展手机图书馆应用服务的公共图书馆，当初开展的服务内容有开馆信息、书目检索、参考咨询、读者信箱、讲座预订等。到 2023 年底，上图手机图书馆的服务内容为三大应用：我的图书、活动、发现。

上海图书馆是 2005 年开展手机图书馆应用服务的公共图书馆，当初开展的服务内容有开馆信息、书目检索、参考咨询、读者信箱、讲座预订等。到 2018 年 10 月，上海图书馆的手机图书馆服务内容提升为三大应用：我的图书、活动、发现。

1. 我的图书

上海图书馆的读者，可以通过手机获得移动图书馆个性化服务，通过访问 http://m.library.sh.cn/ 手机网站，微信关注后，通过手机的微信登录上海图书馆，在"我的图书"栏目中，有"图书查询、服务预约、图书续借、微阅读、手机借书"等内容。

（1）图书查询　在手机图书查询页面上，有一个检索框，输入"书名 / 作者"，可检索馆藏目录情况；也可以扫描图书的 ISBN 号条码进行查询，查询按钮处有一个扫描二维码启动按钮，很方便地启动手机的扫一扫应用程序，解决了手机上的 OPAC（联机公共目录查询系统）。

（2）服务预约　上海图书馆专业服务门户是由上海图书馆和上海科学技术情报研究所主办的。上海图书馆专业服务门户是一个面向研究型用户的学科资源发现及服务提供系统，具有文献搜索、资源导航、科学服务、数据库远程访问、资源个性化推荐等功能，同时还整合了馆员推荐、文献传递、原书外借、资料查证、收录引证、检索咨询、翻译服务、科技查新、情报定制等图情业务的服务入口。

上海图书馆专业服务门户页面有"书目检索、学术检索"两种检索内容；还有"扫一扫、借书证、我的借阅、我的预约、在线咨询"服务项目；预约服务内容有"活动预约、座位预约、参观预约和手机借书"等服务项目。

（3）图书续借　这个功能只有注册读者才能使用。绑定读者证后可更方便地使用相关服务，内容有"姓名、证件号或身份证号、手机号"。手机上可以查询自己借书情况（什么时候到期等），也可以在手机上办理续借手续。

（4）微阅读　微阅读页面可以从"书名/作者"图书检索。还有：

1）少儿频道："OverDrive赛阅数字图书馆"从全球5000多家优秀出版社或者机构获得内容，可提供电子书、有声书、少儿类作品。读者可在该平台上根据需要直接浏览图书，也可以根据书名、作者等进行检索，查看书目详情、试读样本，借阅电子读物。

"少儿多媒体图书馆"是专为0~15岁的少年儿童打造的特色多媒体资源平台。针对少年儿童不同的年龄段成长与学习需求，为孩子量身打造专属知识体系，同时为家长及老师提供前沿育儿理念及保教知识，实现成长与教学为一体的儿童教育教学专业平台。

"绘声绘色课堂"是一款专为0~15岁少年儿童打造的以阅读为基础的自主研发、拍摄、剪辑的独一无二的快乐型、自主型、互动型学习平台。

2）视听馆频道：云图有声是云图数字有声图书馆，内容覆盖文学、历史、政治、军事、医学、法律、经济、管理、艺术、教育等多个类目，满足全年龄段读者的阅读需求，围绕工作、学习、生活，精准分类，多级导航。

3）微期刊频道：提供600多种期刊浏览，支持在手机和平板上阅读。

（5）手机借书　手机借书规则：①借还数量、时间与上海市图书馆读者证规则一致。②手机借书目前可借东馆一楼和三楼书刊、淮海路馆二楼的书刊。③需扫描图书条码或二维码，扫描ISBN码无效。④已借图书不可借阅。⑤若读者卡借阅量已达上限，需先归还已借图书。⑥其他借阅规则请参见《上海市中心图书馆公共分馆外借须知》。

2. 活动

活动栏目有"东馆AR合影、大言莫言诺奖十年、元宇宙剧本杀报名"等内容。

3. 发现

发现栏目有"咨询&反馈、上海'享借'、绑定&解绑、二维码读者证"等内容。

其中"上海享借"服务内容很多，分为"全部、中文、西文、青少年"栏目，提供检索框查找和按中图法分类查找方式。

更多内容的专业服务门户（数据库访问）：提供CNKI中国知网学术期刊库、读秀知识库、万方数据知识服务平台、维普中文科技期刊数据库等174个数据库的查询服务。

8.3.3　中国国家图书馆的"掌上国图"

中国国家图书馆的"掌上国图"与几年前的"掌上国图"相比有了较大的进步，无论是实用性还是实际内容，已经接近真正的移动图书馆了。现在，读者只需到国家图书馆网页上用手机扫描安装国图APP——掌上国图，通过申请注册后，可以使用掌上国图的丰富文献资源服务，读者可以随时、随地、随身地使用国家图书馆资源。该服务目前包括"首页、书架、个人"3大服务。

1. 首页

（1）书名 / 作者检索

（2）资源频道　提供以下服务内容：

1）图书频道：有"哲学、国学、文化、教育、社科、体育、自然科学、传记、军事、党建、纪实、文学、历史、生活、世界名著、职场、综合、百部经典、经管、政法、宗教、漫画、少儿"等分类，精品好书栏目设有"浏览榜、阅读榜、点赞榜"；科技世界栏目推荐介绍，如《行星的秘密生活：太阳系的秩序、混乱与独特性》《公式之美》《一分钟物理："中科院物理所"趣味科普专栏》等，可以阅读和下载。

2）期刊频道：有"每日精选、大家在看、编辑推荐、特别推荐"等。

3）听书频道：有"评书、综合、中外小说、戏曲、传记、世界名著、经管励志、相声、文学经典、惊悚悬疑、英语有声名著、人文社科、幽默笑话、少儿故事、育儿教育"等分类栏目。

4）视频频道：有视频检索；有"党建、人文地理、公开课、文化、文学、法律、农业、医药卫生、教育、历史、艺术、工程技术、人物"等分类栏目。如人物视频中第 1 个介绍《国家最高科技奖获得者——袁隆平》。视频可以播放，可以下载。

5）公开课频道：全名是国图公开课。专题课程有"百部经典、专题课程、读书推荐、特别活动、馆员课堂、典籍鉴赏、名著品读、非遗漫谈、走进名城、养生智慧、名人故事、抗战风云、音乐之声、阅读之旅、图书馆公开课"等分类栏目；学科课程有"哲学、宗教、社会学、民族与民俗学、政治学、法学、军事学、经济学、文化教育体育、信息管理学、语言文字学、文学、艺术学、史学、考古学、科学技术、心理学"等分类栏目。

6）数据库频道：有"云图有声、库克音乐、人大复印报刊资料、QQ 阅读、连环画"等。

7）文津经典诵读频道：有"诗词名句、美德格言"，还可以微信分享或 QQ 分享。

8）专题频道：有"滋养民族心灵，培育文化自信，品读经典，重温名著"等内容。

9）还有"国图新闻、最新公告、讲座预告"。

2. 书架

读者阅读过或下载过的"图书、期刊、听书、视频、学术"都按照这种分类放在这里。读者可以重复在这里阅读和视听。

3. 个人

有"在线办证、现金事务、我的借阅、我的书单"等内容。

有"我的收藏、我的点赞、我的足迹、云同步、读者指南、常见问题"等内容。如"常见问题"中列举了 110 多个常见问题，供读者查询。

8.3.4　百度学术 APP

1. 百度学术简介

百度学术（https://xueshu.baidu.com）于 2014 年 6 月上线，是百度旗下的免费学术资源搜索平台，涵盖了各类学术期刊、学位、会议论文，致力于将资源检索技术和大数据挖掘分析能力贡献于学术研究，优化学术资源生态，引导学术价值创新，为海内外科研工作者提供最全面的学术资源检索和最好的科研服务体验。

百度学术收录了包括知网、维普、万方、Elsevier、Springer、Wiley、NCBI 等的 120 多万个国内外学术站点，索引了超过12亿学术资源页面，建设了包括学术期刊、会议论文、学位论文、专利、图书等类型在内的6.8亿多篇学术文献，成为全球文献覆盖量最大的学术平台，在此基础上，构建了包含400多万个中国学者主页的学者库和包含1.9万多中外文期刊主页的期刊库。以上强大的技术和数据优势，为学术搜索服务打下了坚实的基础，目前每年为数千万学术用户提供近30亿次服务。

百度学术搜索可检索到收费和免费的学术论文，并通过时间筛选、标题、关键字、摘要、作者、出版物、文献类型、被引用次数等细化指标提高检索的精准性。用户只需要搜索关键词，单击即可进入百度学术页面，操作非常简单。

百度学术的服务内容有的是免费的，有的是收费的，百度学术实行严格的实名制注册：上传身份证正反面照片、本人电话等真实信息注册后等待审查，并要安装百度APP，捆绑百度学术账号，在"我的"页面关注百度学术后，系统会在两天内审查，审查通过后百度学术会在手机百度APP上发送一条私信："感谢您关注百度学术！如果您要搜索论文，请单击前往百度学术首页，输入需要检索的标题或关键词。更多学术服务，请在电脑端查看百度学术主页，祝您学术路上一路顺风。"通知上面有一个"百度学术首页"链接。获取链接后，个人的百度学术信息就全在个人的账户上，以后的拓展业务应用都在上面。此时的百度APP的内容就是"百度学术"，点开后页面下方3个频道"学术搜索、免费查重、学术助手"，如图8-3b所示。

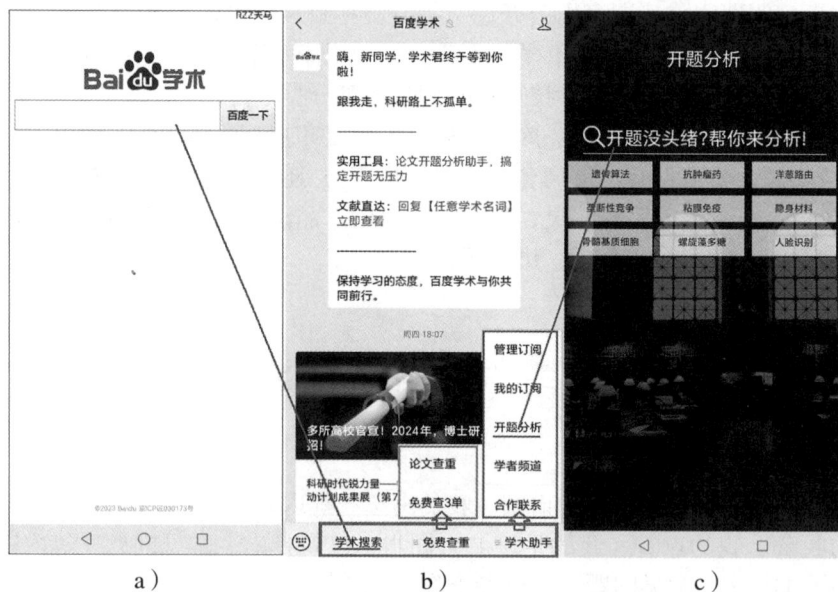

图8-3　学术搜索、百度学术主页、开题分析

2. 百度学术提供"学术搜索、免费查重、学术助手"三大服务

百度学术页面下方3个频道"学术搜索、免费查重、学术助手"就是百度学术提供的三大服务内容。

（1）学术搜索　通过一个实例来学习百度的学术搜索。

【例8-1】试用百度学术搜索"移动图书馆服务"，看看会搜索出什么结果。

单击图8-3b下方的"学术搜索"，就进入图8-3a所示百度学术搜索页面，在简捷的"百度学术"检索框中，输入关键词"移动图书馆服务"，单击"百度一下"按钮，就可以检索到全部字段 53400 条相关的结果（如图 8-4a 所示）；在相同检索词下，单击期刊频道，就会检索到期刊论文 41600 条相关结果（如图 8-4b 所示）；单击会议频道，就会检索到会议论文 620 条相关结果；单击学位频道，就会检索到学位论文 792 条相关结果（如图 8-4c 所示）。

图 8-4 百度学术检索到的全部论文、期刊论文、学位论文

（2）**免费查重** 可以把自己写的论文通过这个通道去查重，也叫论文检测（将在本书第 9 章中介绍）。

（3）**学术助手** 有"管理订阅、我的订阅、开题分析、学者频道、合作联系"栏目。

1）开题分析：是学术助手中最新的内容，读者输入标题或关键词，并用"；"隔开，最多 15 个关键词，单击右下"前往"后，系统会帮助读者图形分析报告：有"研究走势、关联研究、学科渗透、相关学者、相关机构、推荐论文"，并推送图示信息"研究走势、关联研究、学科渗透、相关学者、相关机构"，推荐论文包括"经典论文、最新发表、学位论文"，参考文章若干篇。

2）学者频道：系统提供了学者查询页面，输入姓名（必填）、机构（非必填），就可检索到该作者，并进入该学者主页，可以看到该作者发表的文章数、被引频次、H 指数、G 指数。学者主页上还有更多内容：学者的单位、学科领域，学者发表论文的列表。论文列表有论文标题、作者、发表期刊名称、被引量等。单击论文标题后，进入论文详细信息页面：有论文标题、作者、摘要、关键词、被引量等信息；并提供了获取文献的途径：全部来源、免费下载、求助全文；有该文章的相似文献、参考文献和引证文献等。

3. 百度学术助手——开题分析

我们通过一个示例来学习百度学术助手中的开题分析。

【例 8-2】让百度学术助手给我们演示一下关键词"移动图书馆服务"的开题分析报告。

开题分析应用示例：进入百度学术页面，单击图 8-3b 右下方的"学术助手"，再单击"开题分析"，进入"开题分析"页面，如图 8-3c 所示，输入关键词"移动图书馆服务"，如图 8-5a 所示。

输入关键词后，单击右下文的"前往"，百度学术利用它强大的系统分析和推送功能，自动将与关键词相关的"研究走势、关联研究、学科渗透、相关学者、相关机构、推荐论文"6 个方面的开题分析图形报告推送到读者的面前，如图 8-5b 所示。

1）研究走势报告："移动图书馆服务"从 1971 年开始出现相关研究，2021 年达到最热，至今共有 12358 篇相关论文，如图 8-5c 所示。

图 8-5 百度学术的开题分析、分析报告、研究走势

2）关联研究：随着研究的不断深入，出现了越来越多与"移动图书馆服务"相关的研究点，形成了庞大的研究网络，以下是高相关研究点及其走势，如图 8-6a 所示。

图 8-6 关联研究、学科渗透、相关学者

3）学科渗透报告："移动图书馆服务"的跨学科研究也发展迅猛，已深入到图书馆、情报与档案管理、教育学等多个学科，并衍生出多个交叉学科主题，如图 8-6b 所示，是多个渗透学科及对应的研究主题。

4）相关学者报告："移动图书馆服务"研究进程中，大量优秀文献源自以下学者，他们推动并引领着学科的发展与进步，如图 8-6c 所示。

5）相关机构报告：众多研究机构在"移动图书馆服务"领域成果斐然，如图 8-7a 所示，共有 103 篇相关论文。

6）推荐论文报告：有经典论文、最新发表、学位论文 3 类文献若干篇。推荐的经典论文如图 8-7b 所示。推荐的学位论文如图 8-7c 所示。

论文助手的功能：开题分析，开题没头绪，帮你来分析，输入论文的关键词，单击右下文"前往"，系统会自动将读者需要的各种信息推送到读者的面前。

图 8-7　发文相关机构、推荐经典论文、推荐学位论文

对于初次写论文的读者来说，论文助手具有一种辅助的示范作用，但不能当真，只能参考和感受写论文要考虑的因素，或者可以从论文助手提供的参考文献去找文献资源，但决不能依靠论文助手去写学术论文或学位论文，论文必须经过自己的深度思考、分析和过滤才能完成，写作者也必须经过这种历练才能成才。真正要写学位论文时，还是要踏踏实实地按照本书第 9 章的方法去做，否则，你的论文无法通过论文检测关。

8.3.5　超星移动图书馆

1. 超星移动图书馆原理

移动图书馆技术本身的科技含量并不高，通过 WAP 把网络上的信息传送到移动电话或其他无线通信终端上，但是，作为现代数字图书馆发展的一种崭新的服务系统，应该是完整的图书馆应用服务，除了移动 OPAC 和针对小屏幕的门户站点外，最核心的是要充分发挥各种无线电移动设备不受时间、地点和空间限制的优势，依托目前比较成熟的无线移动网络、国际互联网以及云计算技术，在手持设备上解决图书馆和云图书馆各类馆藏和数据库资源的统一检索、统一导航和资源调度，让用户随时随地、方便灵活地查询、浏览与获取所需的文献资源。

超星移动图书馆是以移动通信网络为支撑，以图书馆集成管理系统平台和基于元数据的信息资源为基础，以适应移动终端一站式信息搜索应用为核心，以云共享服务为保障，通过手机、iPad等手持移动终端设备，为图书馆用户提供搜索和阅读数字资源，自助查询和完成借阅业务，随时随地获得全面信息服务的现代图书馆移动服务平台，真正实现数字图书馆最初的梦想：任何人在任何时间、任何地点获取所需的任何知识。

移动图书馆的核心且难点的技术是解决移动环境下的一站式检索，手机访问图书馆的障碍是操作界面、格式和资源只能在图书馆IP内访问等问题。超星移动图书馆实现了与OPAC系统的集成，实现了纸质馆藏文献的移动检索与自助服务；与数字图书馆门户集成，实现了电子资源的一站式检索与全文移动阅读；与全国共享云服务体系集成，实现了馆内外资源联合检索与文献传递服务；与人们的个性化应用集成，实现了公告信息发布与读者个性化服务定制。

超星移动图书馆=超星数字图书馆+泛在通信网络=超星资源+超星元数据整合+超星云服务+超星技术+超星服务+泛在通信网络。由这种思想构建的超星移动图书馆原理如图8-8所示。

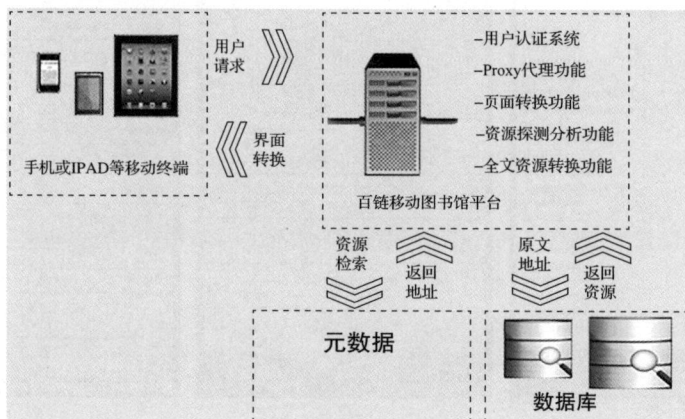

图8-8　超星移动图书馆原理

2. 超星移动图书馆的主要功能

超星移动图书馆主页分为"资源统一检索、资源导航、我的中心、信息发布"四大板块。为了满足不同终端的应用，平台分别给出了手机、手持阅读设备、OPAC等多种终端注册、登记窗口。

（1）**基于元数据的资源统一检索**　在超星移动图书馆检索平台，以频道方式分别提供知识、图书、期刊、学位论文、会议论文、标准、专利等各类文献的一站式检索体验。在统一检索中，参考互联网搜索引擎的经验，尝试将中外文检索词输入同一检索窗口，当输入中文词检索时，结果为中文文献，并优先显示中文出版文献。而当输入外文词检索时，结果为外文文献，并优先显示国外出版的文献。除了强大的搜索功能，在搜索到资源后，可以管理和发送资源到自己的邮箱中，手机变成了信息采集工具。碎片化阅读也是一大特色，读者可以查到并阅读所有图书关于某个主题的章节。平台还提供一批在形式上适合手机方式阅读，在内容上有价值，有品位，适宜读者利用碎片时间阅读的图书。

（2）**先进高效的云服务共享**　超星移动图书馆接入强大的云共享体系，目前，超星电子资源云共享联盟的图书馆达到 1800 个，共享中外数据库 410 个。系统会提供共享服务体系和其他馆的馆藏信息，并按地区寻找合适收藏馆，发出互助请求，获得全文服务。该平台还提供 24 小时云图书馆文献传递服务，无论是电子图书章节，还是论文都可以通过邮箱接收到电子全文。移动图书馆的文献传递请求的满足率：中文文献 96% 以上，外文文献 92% 以上。

（3）**传统与数字服务集成**　超星移动图书馆与图书馆 OPAC 系统对接，实现了借阅证挂失、馆藏查询、个人借阅历史查询、图书续借、咨询、移动图书馆检索历史记录、浏览历史记录等个性化自助服务。

（4）**移动图书馆的资源**　超星移动图书馆是依托集成的海量信息资源与云服务共享体系，为移动终端用户提供资源搜索与获取、自助借阅管理和信息服务定制的一站式解决方案，具有十分突出的特点与技术优势。目前，移动图书馆主页上提供的移动阅读资源有"书架、报纸、馆藏查询、学术资源、有声读物、视频、公开课"等栏目和内容。读者可根据自己的喜好添加"热门报纸、头条、科技、财经、文史、人文、体育、娱乐、军事、外文资讯"等内容。

移动图书馆主页上"学术资源"可检索和获取"图书、章节、期刊、报纸、视频、学位论文"等资源，是移动图书馆的核心内容。

（5）**资源检索与获取**　数字图书检索、查看摘要、全文；数字期刊检索、查看摘要、全文；报纸的检索、查看摘要、全文。

（6）**不受校园网 IP 的限制**　移动图书馆已解决校园外无法阅读校内资源的问题，无论是在家、在路上、在车上都可以轻松访问校内资源。

（7）**适合手机阅读的信息资源丰富**　到 2019 年 8 月，超星移动图书馆的资源有：图书百万包库、中文期刊元数据 7800 万篇；中文报纸元数据 8700 篇；外文期刊元数据 15478 万篇；学位论文元数据 386 万篇；外文学位论文 106 万篇。300 多种报纸，每天实时更新，原始风貌，图文立体呈现供手机用户阅读使用。

（8）**访问设备**　支持各种移动终端：各种型号手机、苹果 iPad、超 PAD、PSP 等设备（并且也支持台式计算机）。

至此，超星移动图书馆基本达到了数字图书馆的梦想：任何用户（Any user），在任何时间（Any time）、任何地点（Any where），获取任何图书馆（Any Library）的任何信息资源（Any Information Resource）。一个人人拥有，无处不在，无时不在的知识世界基本得以实现。

8.4　移动图书馆文献检索

8.4.1　超星移动图书馆 APP 下载安装

这里以普通 5G 手机——荣耀 HONOR 60 pro 手机为例，说明手机下载安装超星移动图书馆 APP 的流程，其他手机用户相似操作即可。

荣耀 HONOR 60 pro 手机配置：屏幕尺寸 6.78 英寸，屏幕分辨率 2652×1200 像素，CPU 高通骁龙 778G Plus 5G 处理器，主频率 2.5GHz，八核 /8 线，运行内存 10GB，手机存储 256GB。基本参数并不比某些计算机差，特别是像素指标超过很多计算机，比主流网页分辨率 1366×768 或 1024×768 高，因此，用此手机直接打开 WEB 网页浏览已经没有一点问题（只是屏幕字小需要放大看，但是有众多专为手机屏幕尺寸开发的 APP 软件来解决），手机完全可以当一台计算机来使用的时代已来临。

1. 在手机上下载安装超星移动图书馆客户端

这里以安卓系统下载安装为例进行说明（其他系统安装相似操作）。

1）扫描二维码安装。读者调用手机中的扫描程序（如微信中的"扫一扫"），对准图 8-9a 所示"超星移动图书馆二维码"扫描，进入图 8-9b"超星移动图书馆"下载页面，单击"下载"，手机自动下载安装客户端（版本 study_7.5.9_12061558_x86.apk，大小 139.91MB，2023 年 10 月数据）。

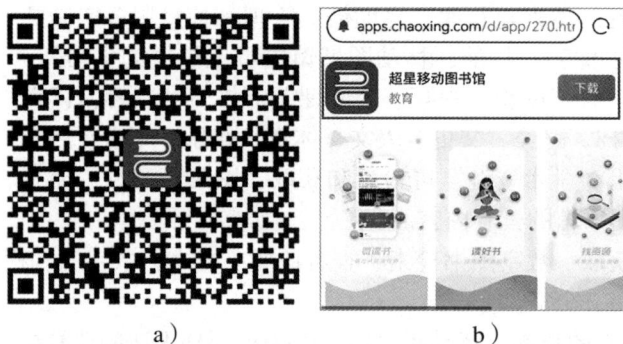

图 8-9　超星移动图书馆 APP 扫描二维码安装、下载程序安装

2）下载程序安装。可打开手机浏览器，在地址栏中输入网址 https://apps.chaoxing.com/d/app/270.html，进入"超星移动图书馆"网站，如图 8-9b 所示，单击"下载"，同样可以下载安装超星移动图书馆客户端。

安装完成后，手机上多了一个"移动图书馆"APP 图标，如图 8-10a 所示。

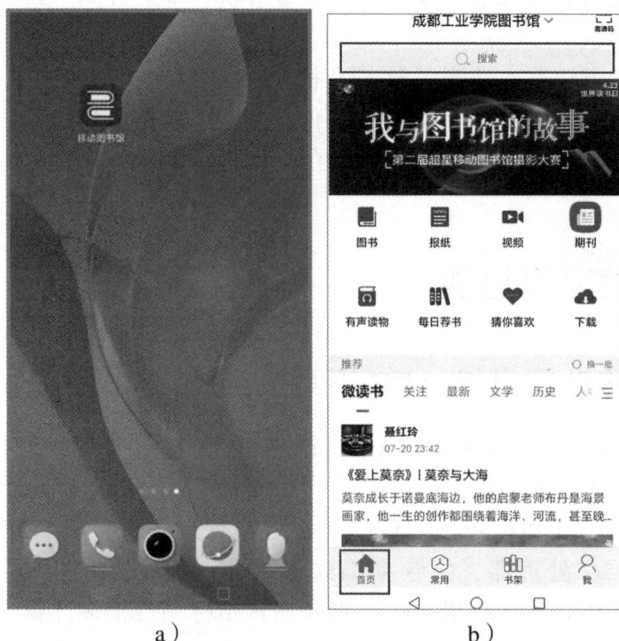

图 8-10　移动图书馆的 APP 图标、移动图书馆主页

单击"移动图书馆"APP 图标，登录到图 8-10b 页面所示的成都工业学院图书馆的移动图书馆主页。如果没有登录，馆藏查询和学术资源等功能则暂时还不能正常使用。

2. 用借阅证账号和密码登录客户端

单击图 8-11b 移动图书馆主页的"图书频道"或"期刊频道"后，系统弹出一个登录框，填入图书馆借阅证账号（一卡通卡号）和密码，登录客户端成功之后，才是本馆的合法读者，才能使用移动图书馆中的"图书频道、期刊频道、报纸频道"等各种资源和服务。

8.4.2 超星移动图书馆 APP 服务内容

单击如图 8-10a 页面所示"移动图书馆 APP"图标，登录到移动图书馆主页，如图 8-11a 所示。

图 8-11　移动图书馆首页、常用频道、书架

1. 移动图书馆"首页"内容

图 8-11a 是移动图书馆的首页，为读者提供的主要服务项目从上到下有：

1）超星发现检索框：任意输入一个关键词，就可检索到相关度很高的："词条、学术趋势图、期刊文章、图书书目、电子书、学位论文、会议论文、报纸文章、法律法规、专利、标准"，这一功能已经非常强大了。

2）移动图书馆的文献资源频道：

①图书频道：有"推荐、EPUB（电子出版物）、文学、历史、哲学、艺术、经管、政法、社科、军事、理学、工学、医学、教育、大众"等 15 个大类。

如文学大类下又分："世界文学名著、中国现当代名家名作、流行小说、中国古典文学、现当代诗歌散文、文学理论、纪实文学、少儿文学、外文原著"9个小类目。

每个小类目下才是具体的若干本原著的原文。

②报纸频道：有"北京、上海、天津、广东、浙江、江苏、福建、湖北、辽宁、吉林、四川、湖南、黑龙江……"等我国31个省份的报纸，如北京有《北京青年报》《北京日报》《北京商报》《北京晚报》《检察日报》《经济日报》《经济参考报》等46种，都可以看到当日的报纸内容，这个信息量也是很大的。

③视频频道：这是超星名师讲坛的内容，分为"教育社科、工程技术、农学、医学、治学方法、基础科学、艺术、文学、历史、哲学、政治法律、经济管理"12个大类。每个大类下有若干个本专业专家名师或教授级主讲人的频道文献。

④期刊频道：有"推荐、大众、教育、文学、历史、哲学、经管、政法、语言、社科、军事、体育、理学、工学、农学、医学、综合"17个大类。每个大类目下有若干个小类目，每个小类目下才是若干种具体的期刊。

⑤有声读物频道：有"文学名著、科幻文学、历史军事、对话大师、科普百科、儿童故事、英语听力、有声小说、曲艺杂谈"9大类，每个大类下有若干个有声读物，如文学名著类目下有"唐代诗词鉴赏、闪闪的红星"等若干读物（作者统计了一下，有声读物总数>600个）。

⑥每日荐书频道：这是超星数字图书馆每日推荐的新书，分为"豆瓣好书、秋日童话、重阳佳节、头脑风暴、笔墨生花"5个栏目。每个栏目下有若干新书内容介绍。

⑦猜你喜欢频道：这个是网络大数据根据多数读者的检索爱好，推送的名著有普希金短篇小说选，列夫托尔斯泰著的《复活》，吴承恩著的100回版本《西游记》等中外名著。

⑧下载频道：可以把自己喜欢的书籍下载到超星移动图书馆的书架上，随时随地都可以阅读。

3）推荐：提供"微读书、关注、最新、文学、历史、人物传记、哲学、艺术、经管、政法、社科、军事、科学、科技"等类目服务。读者可以单击喜欢的类目，阅读相关文献。

2. 移动图书馆"常用"页内容

图8-11b是移动图书馆的常用频道，除上面"超星发现、移动图书馆、图书、学术资源、超星期刊、报纸"等选项外，下面还有最近使用访问过的内容的列表。"常用"是经常访问过的内容，方便读者继续访问阅读这些内容。

其中，移动图书馆还包含了借阅记录和续借内容。单击"移动图书馆"，进入移动图书馆页面后，有"馆藏查询、借阅记录、图书、期刊、报纸、讲座、学术资源"等选项。单击"借阅记录"，移动图书馆通过访问图书馆管理系统的Web页面，获取并显示本人实时借书信息数据：目前借书册数、书名、条码、外借时间、应还时间、索书号、馆藏地等，读者可以在这里完成"续借"操作，只需单击一下书名右边的"续借"按钮，就完成了续借操作。续借次数由各馆定义，成都工业学院图书馆读者可续借为2次。

3. 移动图书馆"书架"页内容

图8-11c是移动图书馆的书架，读者要阅读某书，得先下载到书架上，然后才能阅读。在App中正在下载或已经下载完成的图书都可在"书架"模块查看。

书架中的图书来源：图书应用中epub格式图书下载、学术资源中图书的下载、扫一扫图书下载、找资料中图书下载、Wi-Fi传书成功的文件、本地导入的文件。总之从APP中任何模块保存到书架，可随时下载与阅读，且会记录已阅读页数，之后进入可直接跳转至上次阅读页，长按可对图书进行删除操作，还可通过 Wi-Fi 传书把电脑端本地文件至书架上，Wi-Fi 传书：当手机与电脑连接同一 Wi-Fi 时，可将电脑中的 epub/txt/pdf/pdz/pdzx 等格式的文件传输到手机中，也可将手机中已下载的图书传输至电脑端。

图书下载完成后，书架如图 8-12a 所示。

单击图 8-12a 所示图书封面，即可进入阅读页面，如图 8-12b 所示。

在阅读过程中通过隐藏的阅读工具（单击阅读页面下方部位，出现阅读工具），可进行下列（1 目录、2 页码、3 护眼、4 字体）操作：

1）查看目录、书签、划线：单击目录 1，即可进入图 8-12c 目录页面，上方有"目录书签、划线"），单击目录可跳转至所选页码。书签的加与减：在阅读时可添加书签，首次下拉为添加书签，再次下拉为删除书签。

2）滑动选择页码：如图 8-12b 所示，滑动 2 选择页码，目前是 P14 页。

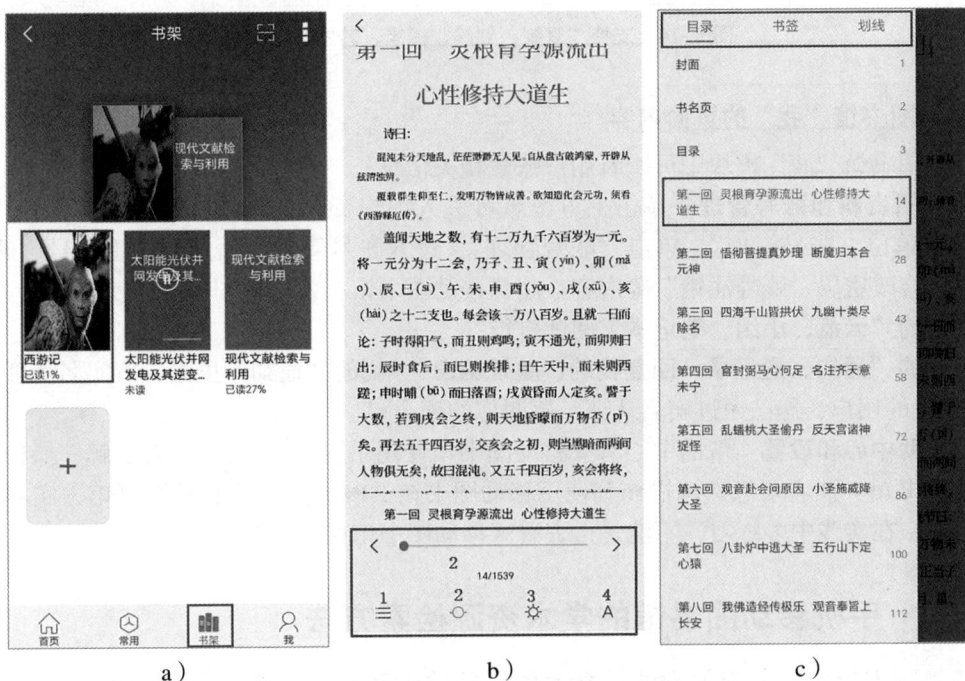

图 8-12　书架页面、图书阅读页面、目录页面

3）护眼模式和夜间模式：单击 3 进入护眼选择模式，如图 8-13a 所示。

图 8-13a 护眼模式有三种，最后一种是夜间阅读模式。

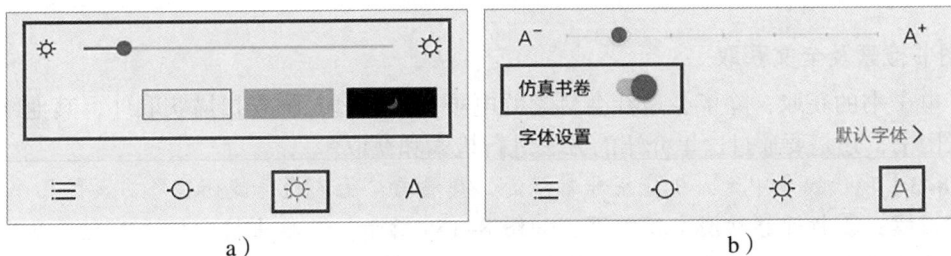

图 8-13　护眼模式和夜间模式、字体与字号设置

4）字体与字号设置：单击4进入字体与字号设置，如图8-13b所示。阅读字体大小可以在A⁻——A⁺之间滑动调节。另外，有个仿真书卷按钮，当打开该按钮时，就是仿真翻书。可向左或向右翻书。

5）内容复制、划线、摘录、转发：在阅读过程中，支持"复制、划线、摘录、转发"操作，如图8-14所示。

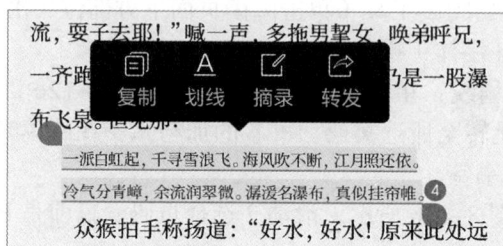

图8-14 支持"复制、划线、摘录、转发"操作

4. 移动图书馆"我"的页面内容

从移动图书馆"我"模块中可查看用户账号相关信息。

（1）编辑资料和账号管理 单击上方区域可进入编辑资料页面，可编辑的资料有"姓名、性别、绑定单位、账号管理"。单击"账号管理"，进入账号管理页面，有"手机号、超星号、绑定单位、修改密码、账号注销"等内容。超星移动图书馆在各高校图书馆内使用也是实名制。

（2）我的"云盘、小组、笔记本、阅读排行"

（3）我的"通知、通讯录、回复我的、验证信息" 我的"通知"里面，有实名认证成功的通知："亲爱的用户，您已通过实名认证，感谢您的配合。"

（4）帮助中心和设置 帮助中心有《移动图书馆使用手册》，能帮助读者了解、操作、使用超星移动图书馆。读者要想熟练操作和使用移动图书馆APP，不妨用移动图书馆去实习检索各种学术文献，在实践中多练习，不清楚再去看《移动图书馆使用手册》。

8.4.3 手机移动图书馆的学术资源检索方法

在移动图书馆中，最为关键的是学术资源的检索和获取实现了移动服务。读者无论在任何时间、任何地点都可以检索到全国1800多家图书馆的数字资源，包括图书、章节、期刊、报纸、视频、学位论文等，前面讲的"读秀学术搜索"和"百链"的全部内容都可以在移动图书馆实现。下面结合读者最常搜索的文献资源为例，说明移动图书馆学术资源的检索方法。

1. 图书检索及全文获取

对于电子书的获取，除了少量社会科学的电子书可通过二维码扫描获取外，其他绝大多数专业电子图书，还是要通过这里介绍的方法进行检索和获取。

【例8-3】现代战争中无人机应用非常广泛，想看看"无人机作战研究"方面的图书。

检索过程：①打开移动图书馆首页，如图8-15a所示；②单击搜索框进入超星发现搜索框页面，在检索框中输入检索词"无人机作战研究"，如图8-15b所示；③单击搜索，就搜索到相关图书50种，如图8-15c所示。

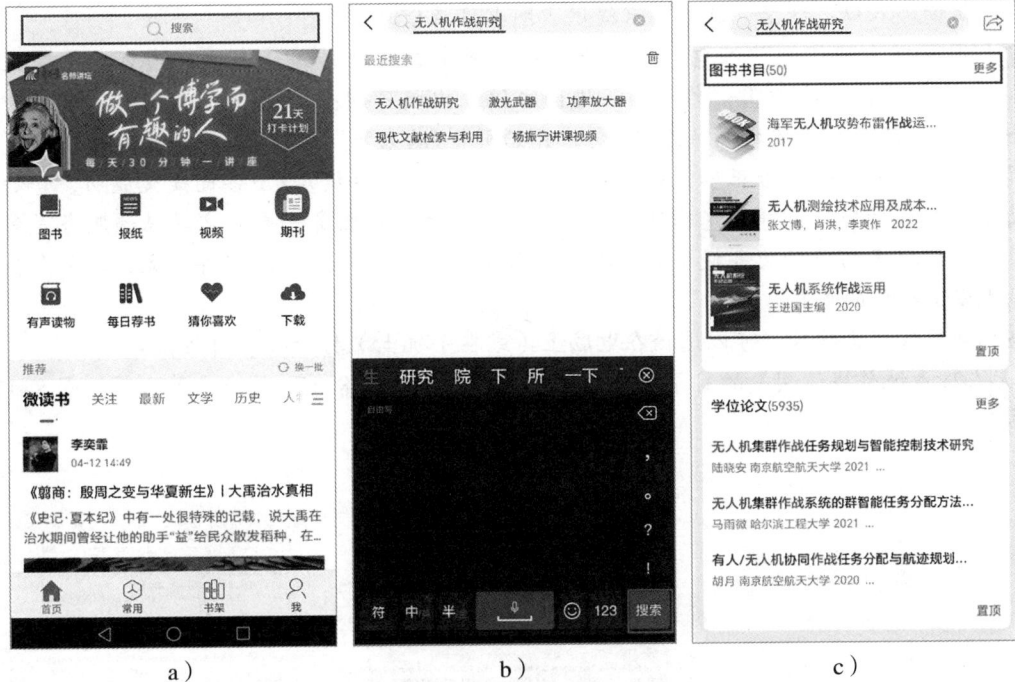

a)　　　　　　　　　b)　　　　　　　　　c)

图 8-15　移动图书馆首页、搜索框输入检索词、检索结果

在图 8-15c 所示检索结果中，如我们想看排在第 3 的《无人机系统作战运用》一书。单击书名《无人机系统作战运用》，进入图书书目页，如图 8-16a 所示。图 8-16b 是试读书名页，图 8-16c 是试读前言页。

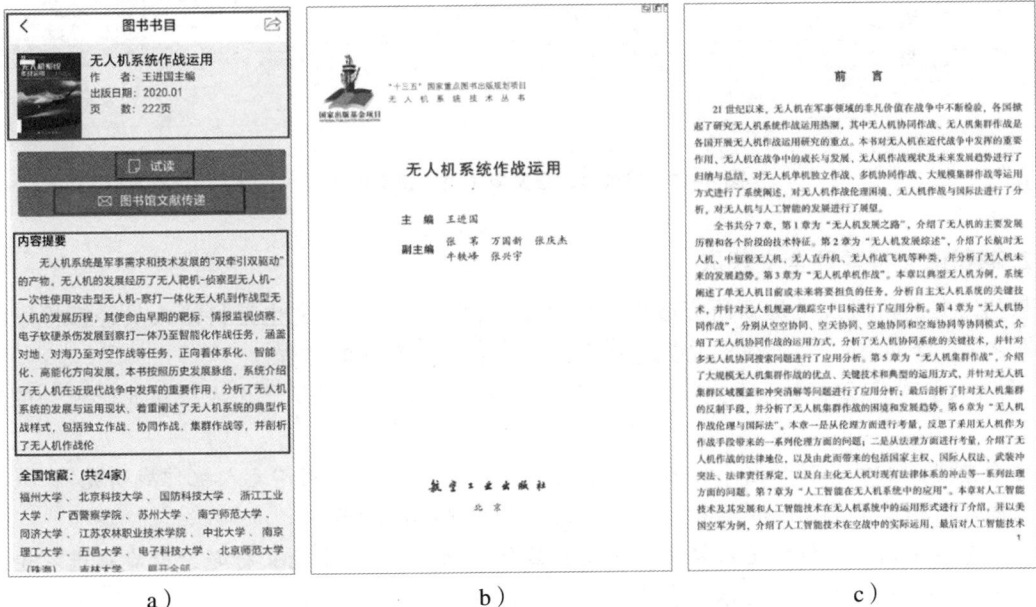

a)　　　　　　　　　b)　　　　　　　　　c)

图 8-16　图书书目页、试读书名页、试读前言页

图 8-16a 左图是该书的书目页面，提供的信息有：
①图书封面、书名、作者、出版日期、页数等信息。

② "试读"入口：这里"试读"只提供了图书目录信息。

③ "图书馆文献传递"入口：单击进入后是图书馆文献传递请求单，内容是系统生成的"标题：无人机系统作战运用；作者：王进国主编，出版日期：2020.01，出版社：北京：航空工业出版社"。读者只需要填写3个项目："开始页""结束页"和"邮箱"，然后单击"提交"，系统提示确认你的邮箱是否正确，核对后点"确认"。系统会提示："咨询提交成功，您的文献传递请求已经成功提交，并为您转发到全国图书馆参考咨询服务平台，文献传递服务是参与图书馆参考咨询服务的单位义务提供的公共文献服务，不能确保一定能获得全文，服务单位会将处理结果发送到您的邮箱"。

当你邮箱收到文献后，可以选择在电脑上（或在手机上）打开阅读图书原文。

《无人机系统作战运用》的目录页，如图8-17a所示。图8-17b是正文第1页，图8-17c是正文第2页。

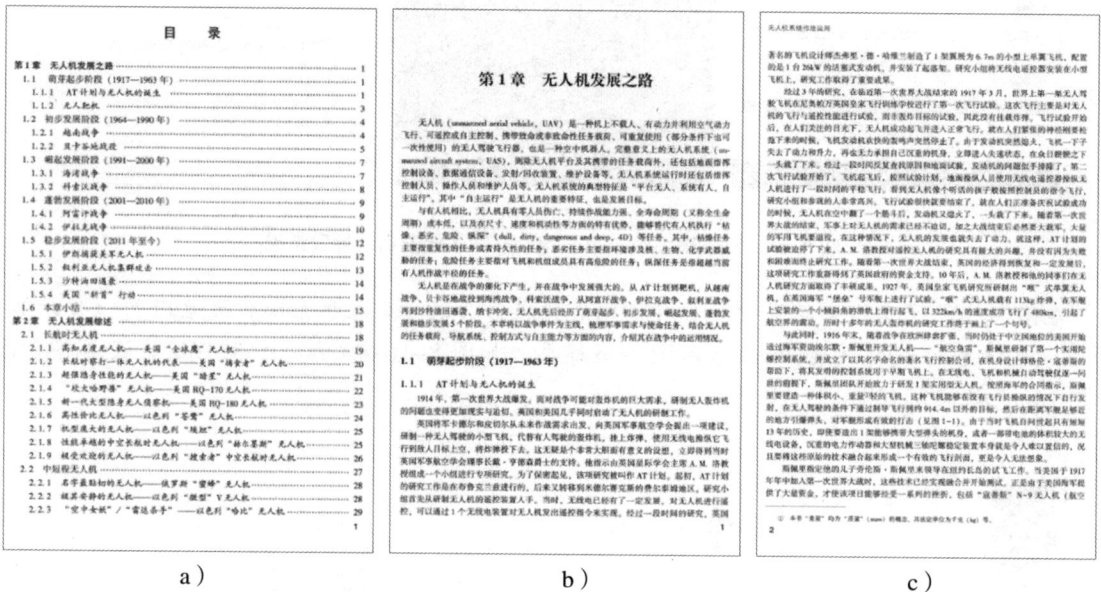

图 8-17 目录页、正文第 1 页、正文第 2 页

2. 期刊论文检索及全文获取

期刊论文是科研人员最新研究成果的论文集，因此，期刊论文也是科研人员经常检索的重要文献之一，下面用一个实例来说明期刊论文的检索及全文获取过程。

【例 8-4】现代战争中，无人机已经成为一种常用武器，想了解"无人机作战研究"的期刊论文。

检索过程：①打开移动图书馆首页；②在检索框中输入检索词"无人机作战研究"；③单击搜索，搜索到相关论文10239篇相关期刊论文，如图8-18a所示。

如想看第3篇"察打型无人机系统敏捷作战保障研究"，单击论文标题，就直接进入论文页面，如图8-18b所示，页面显示信息有：

1）期刊论文的目录信息"发表期刊：《航空维修与工程》；发表时间：2023年第8期；作者：李屹东，官霆，龚裕钊；作者单位：中航（成都）无人机系统股份有限公司"等。

2）摘要：自美国空军提出"敏捷作战"这一概念和"敏捷作战部署"的理论体系以来，美军在其多个空军基地开展了有人机主力机型和无人机的敏捷作战部署演练……

3）关键词：察打型无人机；敏捷作战；综合保障；保障效能。

4）此外，期刊论文全文第 1 页上方有"评论、点赞、引用"3 个按钮。

单击"引用"后会弹出 3 种引用格式，提供给读者选择：

① GB/T 7714 格式：[1] 李屹东，官霆，龚裕钊. 察打型无人机系统敏捷作战保障研究［J］. 航空维修与工程，2023，（8）：19-23.

② MLA 格式：[1] 李屹东，官霆，and 龚裕钊."察打型无人机系统敏捷作战保障研究." 航空维修与工程 8（2023）：19-23.

③ APA 格式：[1] 李屹东，官霆，& 龚裕钊.（2023）. 察打型无人机系统敏捷作战保障研究. 航空维修与工程（8），19-23.

其中① GB/T 7714 格式，是本书第 9 章要求掌握的。

图 8-18b 是期刊论文全文（第 1 页），图 8-18c 是期刊论文全文（第 2 页）。

a）　　　　　　　　b）　　　　　　　　c）

图 8-18　目录页、正文第 1 页、正文第 2 页

这里数据库里有全文，所以就直接打开全文了；如果数据库没有全文，就要通过文献传递方式获得全文。

3. 学位论文检索及全文获取

学位论文通常都是学术水平较高的，特别是博士学位论文基本是本学科研究的最高水平，具有重要的参考价值，是科研人员检索的重要文献。下面通过一个实例来说明学位论文检索及获取过程。

【例 8-5】想看看有没有人写"无人机作战研究"方面的学位论文。

检索过程：①打开移动图书馆首页；②在检索框中输入检索词"无人机作战研究"；③单击搜索，就搜索到相关学位论文 5935 篇相关期刊论文，如图 8-19a 所示。

学位论文中研究无人机作战的人还真不少，多达近 6000 篇。通过观察发现排在第 2 位的"无人机集群作战系统的群智能任务分配方法研究"是想看的论文，单击题名进入"学位论文目录信息页面"，如图 8-19b 所示。

图 8-19b 是"学位论文目录信息"页面，提供的信息有：

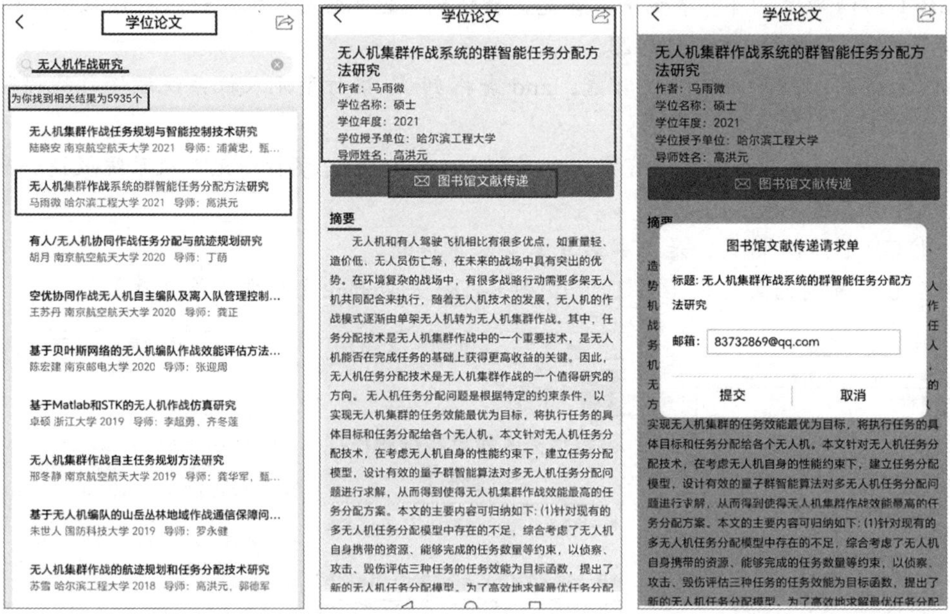

图 8-19 学位论文检索页面、学位论文目录信息、图书馆文献传递

1）题名：无人机集群作战系统的群智能任务分配方法研究；

2）作者：马雨微；

3）学位名称：硕士；

4）学位年度：2021；

5）学位授予单位：哈尔滨工程大学；

6）导师姓名：高洪元。

7）摘要：无人机和有人驾驶飞机相比有很多优点，如重量轻、造价低、无人员伤亡等，在未来的战场中具有突出的优势。在环境复杂的战场中，有很多战略行动需要多架无人机共同配合来执行，随着无人机技术的发展，无人机的作战模式逐渐由单架无人机转为无人机集群作战（略）。

摘要是论文内容的简要陈述，是一篇具有独立性和完整性的短文，一般以第三人称语气写成，不加评议和补充的解释。摘要是一种可以被引用的完整短文。摘要应具有独立性和自含性，即不阅读论文的全文，就能获得必要的信息。

通过阅读摘要，还想更加详细阅读全文，这里没有全文，只能通过"图书馆文献传递"方式获得全文。单击"图书馆文献传递"，弹出图书馆文献传递申请单，如图 8-19c 所示。填写收件邮箱，就可以"提交"，提交成功后，系统有一个"咨询提交成功"回复，如图 8-20a 所示。

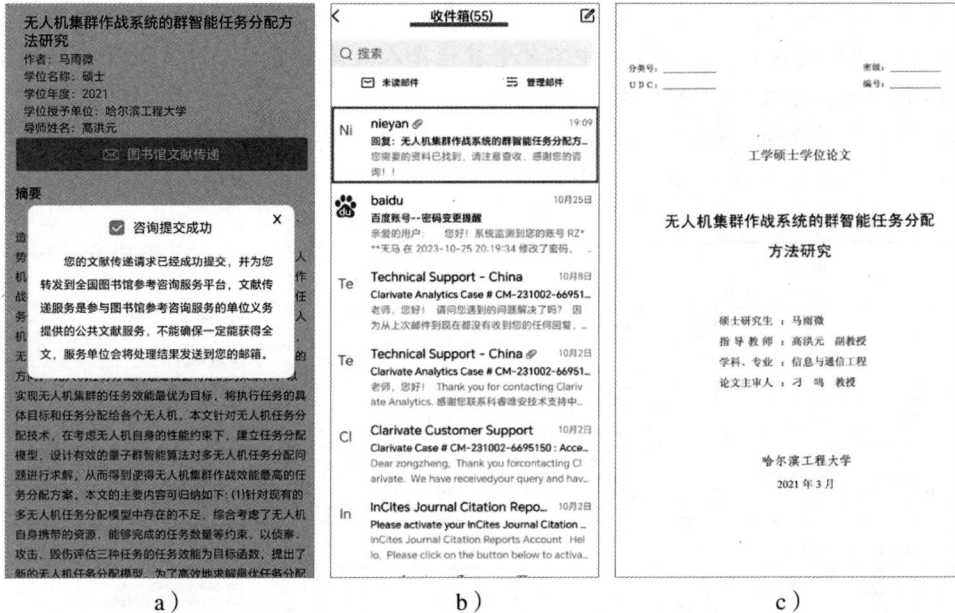

a）　　　　　　　　　　b）　　　　　　　　　　c）

图 8-20　咨询提交成功、邮箱收到文献传递论文、学位论文封面

本次申请有文献传递，邮箱传递过来的是中国知网的 CAJ 格式文件，要到手机"市场"去搜索"CAJ 阅读器"，搜索到"CAJ 阅读器"后，单击安装，安装完成后，手机桌面有"CAJ 阅读器"图标，点开后要注册、登录，并需要将 CAJ 格式的文献转换成 PDF 或者 Word 文档，手机才能阅读。如图 8-20b 所示，读者可以选择在电脑上打开邮箱阅读全文（电脑也要安装 CAJViewer 浏览器）。图 8-20c 是学位论文的封面。

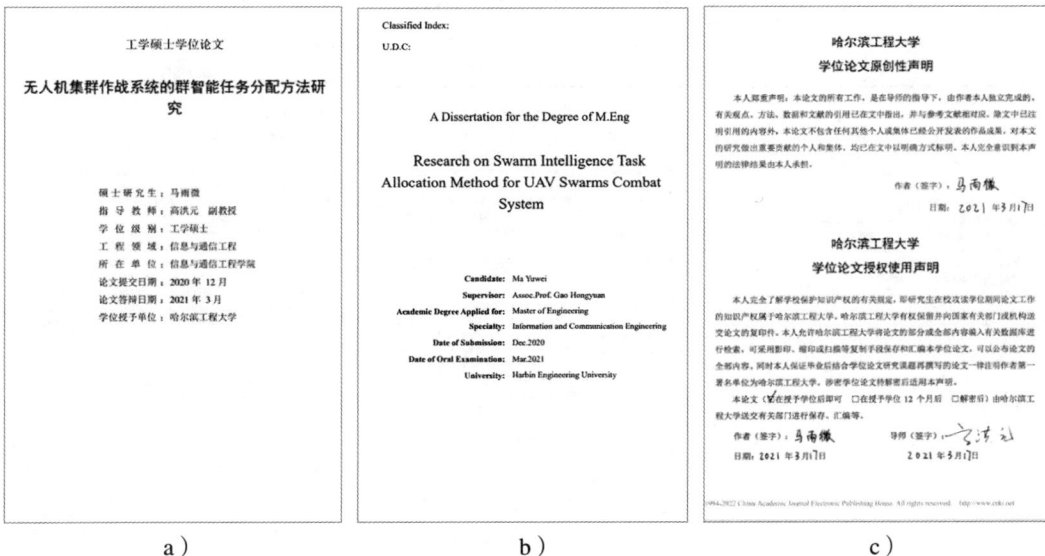

a）　　　　　　　　　　b）　　　　　　　　　　c）

图 8-21　题名页、英文题名页、学位论文原创性声明页

图 8-21a 是学位论文的题名页，图 8-21b 是英文题名页，图 8-21c 是学位论文原创性声明和学位论文授权使用声明页。

学位论文原创性声明是学位论文必须有的，声明哪些内容是引用的，哪些内容是自己的。“除文中已标注的引用内容外，本论文中不包含其他个人或集体已经公开发表的科研成果。”这条内容基本成为学位论文原创性声明的标准用句。

接着是论文的摘要页，如图 8-22a 所示。图 8-22b 所示是英文摘要页；图 8-22c 是目录页，图 8-23a 也是目录页。

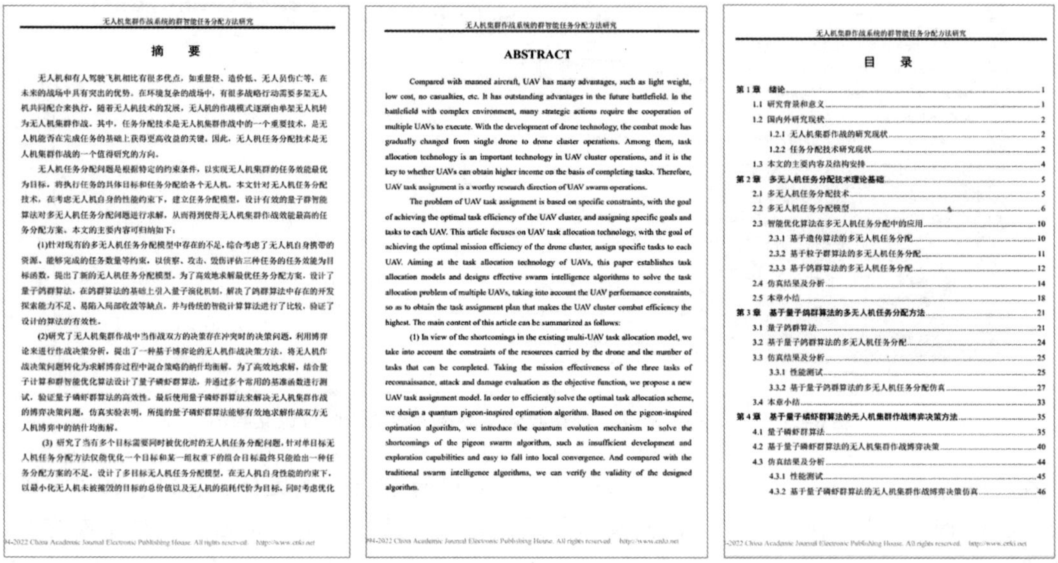

a)　　　　b)　　　　c)

图 8-22　摘要页、英文摘要页、目录页

图 8-23b、c 分别是学位论文的正文第 1 页和第 2 页。

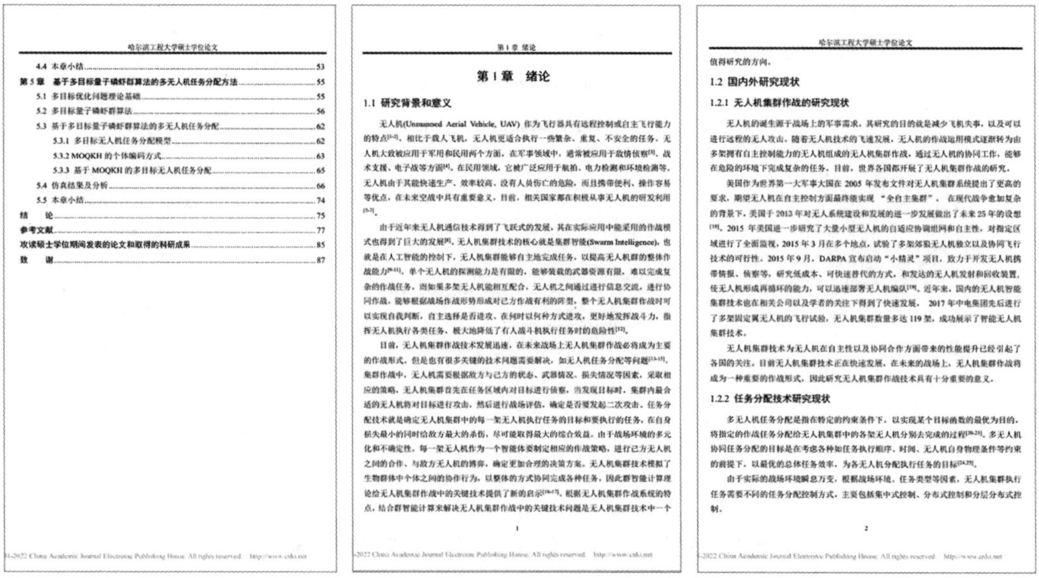

a)　　　　b)　　　　c)

图 8-23　目录页、正文第 1 页、正文第 2 页

通过检索阅读全文，可以了解、学习新知识，看看别人是如何写论文的。特别是要注意借鉴学位论文结构、论文组成部分、论文引用参考文献的著录规则等知识。

4. 会议论文检索及全文获取

会议论文是在学术会议上宣读和交流的论文。会议论文的特点是传递情报比较及时，内容新颖，专业性和针对性强，是科技文献的重要组成部分，特别高级的会议论文质量较高，能及时反映科学技术中的新发现、新成果、新成就以及学科发展趋向，也是科研人员经常检索的一种重要的文献。下面通过一个实例来说明会议论文检索及获取过程。

【例 8-6】检索"无人机作战研究"方面的会议论文。

检索过程：①打开移动图书馆首页；②在检索框中输入检索词"无人机作战研究"；③单击搜索，搜索到相关会议论文 968 篇相关，如图 8-24a 所示。

图 8-24b 是会议论文目录页，这里没有原文，但是，提供了"图书馆文献传递"功能获取全文。对于单篇论文的"图书馆文献传递"只需要填写邮箱可以了，如图 8-24c 所示。

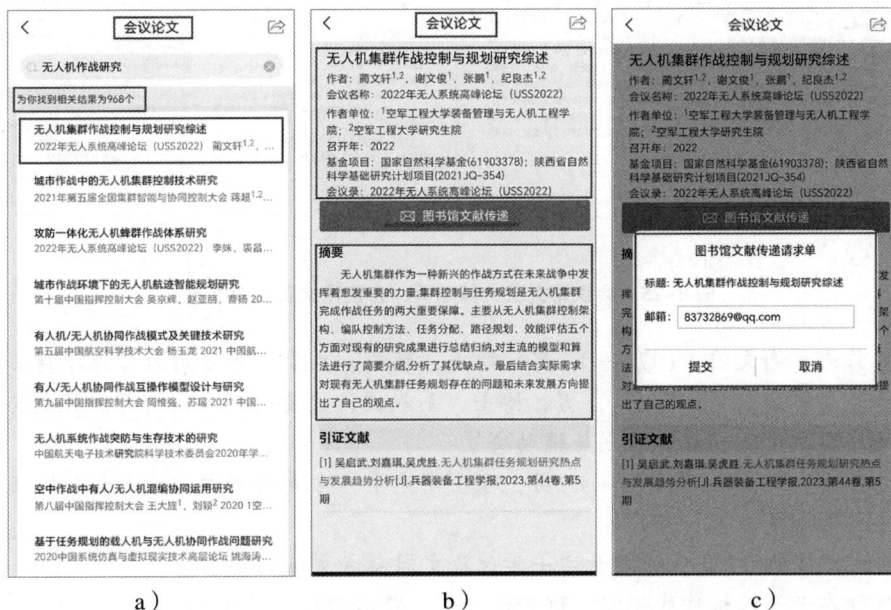

a）　　　　　　　b）　　　　　　　c）

图 8-24　检索到的会议论文、会议论文目录、文献传递申请单

申请文献传递成功后，邮箱会收到一封刚才申请的"图书馆文献传递"的电子邮件，就是会议论文。读者可以选择在手机上打开阅读，或者电脑上打开阅读，如果是阅读并摘录部分文字，最好还是在电脑上阅读好。图 8-25 是会议论文《无人机集群作战控制与规划研究综述》电脑打开的阅读页面。

这篇会议论文《无人机集群作战控制与规划研究综述》给人的感受：

1）会议级别较高：2022 年无人系统高峰论坛（USS2022）（论文集）；

2）《无人机集群作战控制与规划研究综述》课题新颖、是当前热点；

3）从作者简介资历看：

第 1 作者：蔺文轩（1998—），男，硕士研究生，主要研究方向为无人机集群作战任务规划。

a）　　　　　　　　　　　　　　b）

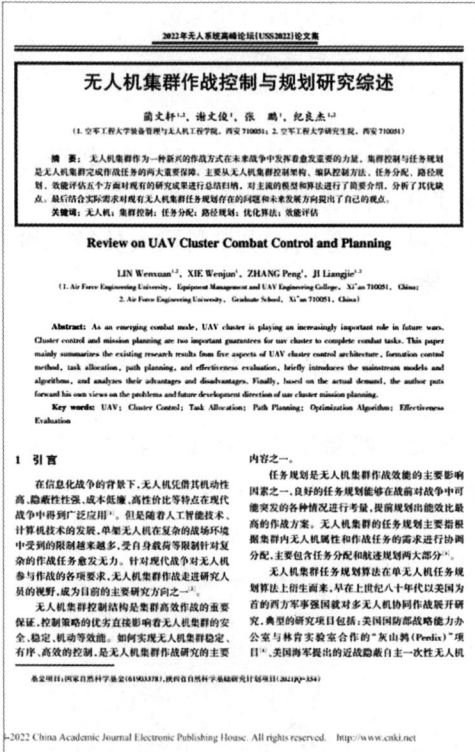

图 8-25　会议论文正文第 1 页、会议论文正文第 2 页

第 2 作者：谢文俊（1974—），男，博士，教授，主要研究方向为智能控制与无人作战。

第 3 作者：张鹏（1979—），男，博士，副教授，主要研究方向为智能控制与无人作战、多模态人机交互、智能规划与辅助决策。

第 4 作者：纪良杰（1998—），男，硕士研究生，主要研究方向为多无人机任务分配。

个个作者都是专家、高手。

4）参考文献多达 77 条，相当于博士学位论文对参考文献的要求。

5）如果你在做无人机作战研究，这种会议论文是必须检索参考的。

6）做研究写论文还是在计算机上操作方便些，手机屏幕太小，操控不方便。或者通过华为计算机的独家技术——多屏协同，打开手机蓝牙靠近电脑，电脑识别出手机并将手机与计算机同屏，这时计算机可以方便地操作手机屏内容。如阅读手机屏上 PDF 全文，鼠标双击 PDF 文件后，实际是计算机的 Edge 浏览器打开 PDF 全文，此时，电脑就可以非常方便地进行复制或摘录等操作。

5. 超星移动图书馆的发现搜索框

超星移动图书馆首页上方的检索框，就是超星发现检索框，单击检索框就进入"超星发现检索框"页面，如图 8-26b 所示。

第 2 种方法是进入"超星发现检索框"，在移动图书馆首页下方有个"常用"频道，单击"常用"进入常用频道页面，页面中有一个"超星发现"，单击"超星发现"，就进入"超星发现检索框"，如图 8-26b 所示。

即超星发现检索框有两个入口，进入后页面相同，都是 8-26b 所示。

超星发现搜索框不仅搜索功能强大，还能将搜索到的各种文献分类汇聚推送在读者面前。在发现搜索框中输入关键词，就能搜索出与关键词相关的各种文献：如"词条、学术趋势图、期刊文章、图书、电子书、学位论文、会议论文、报纸文章、法律法规、专利、标准"等进行分类汇聚并显示出来。

【例 8-7】 想了解学习一下"太阳能光伏并网发电技术"的文献。

检索过程： ①打开移动图书馆首页，如图 8-26a 所示，单击上方搜索框；②进入"超星发现"检索页面，如图 8-26b 所示，在超星发现检索框输入检索词"太阳能光伏并网发电技术"；③单击页面下方"搜索"按钮，系统就将搜索到相关结果全部呈现在读者面前，如图 8-26c 所示。

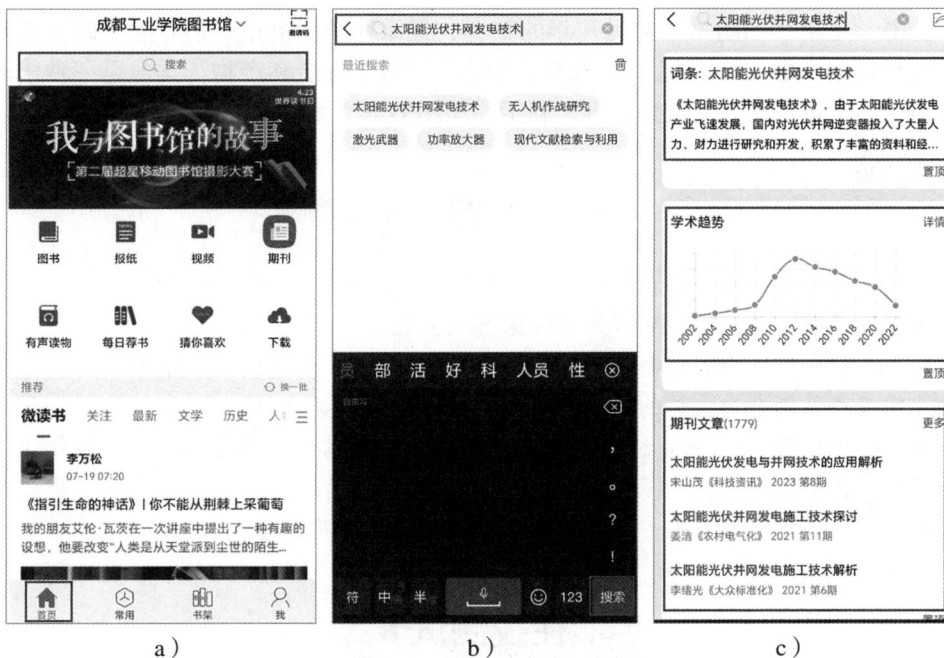

图 8-26　移动图书馆首页、超星发现检索框、搜索到相关结果页面

超星发现本次搜索到的相关结果有：

1）词条：太阳能光伏并网发电技术：《太阳能光伏并网发电技术》，由于太阳能光伏发电产业飞速发展，国内对光伏并网逆变器投入了大量人力、财力进行研究和开发，积累了丰富的资料和经验。在此背景下，本书试图从企业对光伏发电方面的人才需求及一些高等院校研究生培养的角度出发，编写一本较为全面、系统的光伏并网发电技术方面的专著。（略）

2）学术趋势图："太阳能光伏并网发电技术"的学术趋势图显示，该研究从 2002 年开始，2012 年达到顶峰，之后逐年下降，如图 8-26c 上部分曲线所示。

3）相关期刊文章（1779）

4）相关图书书目（80）

5）相关电子书（6）

6）相关学位论文（1746）

7）相关会议论文（119）

8）相关报纸文章（234）

9）相关法律法规（31）

10）相关专利（382）

11）相关标准（5）

由此可见，超星移动图书馆集成了超星发现后，检索功能已经变得非常强大了，在检索框里输入一个检索词"太阳能光伏并网发电技术"，单击搜索，就得到相关度很高的各种文献：词条、学术趋势图、期刊文章（1779）、图书书目（80）、电子书（6）、学位论文（1746）、会议论文（119）、报纸文章（234）、法律法规（31）、专利（382）、标准（5）（2023年11月9日数据）。这实际是移动图书馆的搜索平台升级到了"超星发展"搜索平台。

总体上说，超星移动图书馆经过几年的整合，把原移动图书馆、学习通、超星发现整合在一起，使文献搜索更加简便。超星移动图书馆是时代科技进步和产物。学习是一种信仰，人要活到老学到老，学习是伴随人一生的事，利用移动图书馆学习适合各种年龄段的人群。

习 题 8

1. 试述移动图书馆的概念。

2. 试述移动图书馆能让我们获取知识带来什么变化。

3. 试用百度学术助手中的开题分析输入几个"关键词"，看得到什么结果？

4. 试述超星移动图书馆主页的"学术资源"可检索哪几类文献。

5. 试着在你的手机上安装超星移动图书馆APP，登录查看你的借书信息，并自助办理图书续借。

6. 试用移动图书馆APP下载几本电子图书在手机上阅读。

7. 试用移动图书馆检索图书、期刊论文、学位论文，并得到全文。

在线测试 8

扫描左侧二维码，完成本章的在线测试题，完成后可查看答案。测试包含10道单选题和10道判断题，帮助您巩固本章知识点。

在线测试 8

Chapter Nine

第**9**章

论文写作指南

📎 本章概要

　　论文写作是文献检索的综合利用。文献检索的目的是写论文、查资料，把二者结合起来，通过论文写作去实践和应用前面各章节的文献检索方法，检索出满足论文需求的若干相关文献，并使论文格式标准化和参考文献著录规范化。通过论文写作去掌握文献检索、掌握论文格式和著录规则，对提高论文质量都是非常有帮助的，避免论文抄袭是学术规范最基础的内容，是应该知道的常识。

📎 学习目的

◆ 了解论文写作要求。

◆ 论文写作需要大量文献检索，通过论文写作去掌握文献检索。

◆ 掌握写论文的标准格式和参考文献著录规则，从而提高论文质量。

◆ 知道什么是抄袭以及怎样避免。

📎 内容框架

$$
论文写作指南 \begin{cases} 论文写作要求 \\ 论文写作需要检索大量文献 \\ 学位论文格式与参考文献著录规则 \\ 论文抄袭与论文检测 \end{cases}
$$

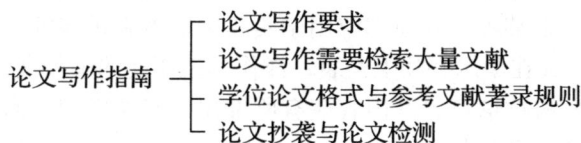

9.1　论文写作要求

　　论文写作，就要了解课题的来龙去脉，就意味着要检索相当多的参考文献，在论证过程中要引用他人的观点、方法和结论，就要遵守引用必须著录的原则。为了规范论文格式，我国专门出台了相关国家标准。如 GB/T 7713.1《学位论文编写规则》、GB/T 7713.3《科技报告编写规则》。

　　GB/T 7713.1—2006《学位论文编写规则》[⊖] 是学位论文的执行标准。为了达到资源共享和国

　　⊖　中国国家标准化管理委员会 . 学位论文编写规则：GB/T 7713.1—2006［S］. 北京：中国标准出版社，2007.

际交流的目的，现行的《学位论文编写规则》参考了国际标准 ISO7144—1986《文献论文和相关文献的编写规则》（英文版），使学位论文的组成要素及结构等方面尽可能与国际标准保持一致。这些编写规则对于论文的编写进行了规范，对于科研工作者来说，是终身受用的，只要写学位论文，就要用到它，是应该掌握的知识内容。

9.1.1　相关论文的定义

1.科技报告

科技报告也叫科学技术报告，是进行科研活动的组织或个人描述其从事的研究、设计、工程、试验和鉴定等活动的进展或结果，或描述一个科学或技术问题的现状和发展的文献。

科技报告包含丰富的信息，如正反两方面的结果和经验，用于解释、应用或重复科研活动的结果或方法。科技报告的主要目的在于积累、交流、传播科学技术研究与实验的结果，并提出有关的行动建议。

2.学位论文

学位论文是学位申请人为取得博士或硕士学位，向学位授予单位提交的具有较高参考价值的学术性研究论文，是国家和社会的重要文献资料，分为学士论文、硕士论文、博士论文。

学士论文　表明作者较好地掌握了本学科的基础理论、专业知识和基础技能并具有从事科学研究工作或承担专门技术工作的初步能力。

硕士论文　表明作者在本门学科掌握了坚实的基础理论和系统的专业知识，对研究课题有新的见解，并具有从事科学研究工作或独立承担专门技术工作的能力。

博士论文　表明作者在本门学科掌握了坚实宽广的基础理论和系统深入的专业知识，在科学和专门技术上做出了创造性的成果，并具有独立从事创新科学研究工作或独立承担专门技术开发工作的能力。

3.学术论文

学术论文是指某一学术课题在实验性、理论性或观测性上具有新的科学研究成果或创新见解和知识的科学记录；或是某种已知原理应用于实际中取得新进展的科学总结，用来在学术会议上宣读、交流或讨论；或在学术刊物上发表；或作其他用途的书面文件。

学术论文应提供新的科技信息，其内容应有所发现、有所发明、有所创造、有所前进，而不是重复、模仿、抄袭前人的工作。

4.毕业论文

毕业论文就是高等院校应届毕业生，在教师的指导下，运用所学的基础理论、专业知识和基本技能，对本专业的某一课题进行独立研究后，为表述研究过程和研究成果，而独立撰写的一篇总结性的科技论文。

9.1.2　论文的基本要求

完备的论文应该具有科学性、首创性、逻辑性和有效性，这就构成了论文的基本要求 ⊖ 。

⊖ 韦凤年.怎样写科技论文［J］河南水利与南水北调，2008，（1）：5–8.

1. 科学性

科学性是科技论文在方法论上的特征，它描述的不仅是涉及科学和技术领域的命题，而且更重要的是论述的内容具有科学可信性，是可以复现的成熟理论、技巧或物件，或者是经过多次使用已成熟能够推广应用的技术。它必须根据足够的和可靠的实验数据或现象观察作为立论基础。所谓"可靠的"是指整个实验过程是可以复核验证的。

2. 首创性

首创性是科技论文的灵魂，是有别于其他文献的特征所在。它要求论文所揭示的事物现象、属性、特点及事物运动时所遵循的规律，或者这些规律的运用必须是前所未见的、首创的或部分首创的，必须有所发现，有所发明，有所创造，有所前进，而不是对前人工作的重复、模仿或解释。

3. 逻辑性

逻辑性是文章的结构特点。它要求论文脉络清晰，结构严谨，前提完备，演算正确，符号规范，文字通顺，图表精致，推断合理，前后呼应，自成系统。不论文章所涉及的选题范围大小如何，都应该有自己的前提或假说、论证素材和推断结论。通过推理、分析使文章达到学术理论的高度，避免出现无中生有的结论或一堆堆无序数据、一串串原始现象的罗列堆砌。

4. 有效性

有效性是指文章的发表方式。当今只有经过相关专业的同行专家的审阅，并在一定规格的学术评议会上通过答辩、存档归案的学位论文；或在正式的科技刊物上发表的科技论文，才被认为是完备和有效的。这时，不管科技论文采用何种文字发表，它表明科技论文所揭示的事实及其真谛已能方便地为他人所应用，成为人类知识宝库中的一个组成部分。这也是图书馆收藏文献的价值所在。

论文写作要达到这些基本要求，就必须大量检索相关文献。

9.1.3　论文选题原则

1. 选题要新颖

科技论文的选题一方面要选择本学科亟待解决的课题，另一方面要选择本学科的前沿位置的课题，不要选择他人已经讨论过的题目。最好检索一下，看目前有没有人研究过这个题目或发表过相关的文章，如果有人研究，研究到什么程度。

2. 选题不超出自己的专业领域

选题还应注意不要超出自己的专业领域，如果超出了自己的专业领域，很多基础知识你了解得不深入，你就是外行，写作是非常困难的。

3. 选题范围大小要适当

选题确定后，就要定题目了。题目有大有小，有难有易。题目太大了，由于学力不足，无法深入，文章很容易写成蜻蜓点水，虽然面面俱到，但问题没有论述深透，论文没有分量，华而不实。写作时要确定一个角度，把题目缩小。因此确定科技论文的具体题目和论证角度，应该量力而行，实事求是，不要好高骛远，不要勉强去做一个自己无力胜任的题目，以及自己毫无基础和毫无准备的题目。

9.2　论文写作需要检索大量文献

论文写得好坏，关键在于文献资料的准备。据美国科学基金会凯斯医学院研究会调查统计，一个社会科学人员的科研耗时比例为：选题 7.7%，信息搜索与加工 52.9%，科学思维和实验 32.1%，学术观点的形成（论文）7.3%。广泛搜集相关文献资料的目的，是要全面熟悉该领域的发展现状，站在相当的高度来写论文。

9.2.1　由课题性质确定检索方向

1. 查全性

撰写综述性文章或研究报告，讲求系统全面，必须以时间为轴作纵向、深度的考察。需要对某一课题做全面的调查研究，了解该课题的整个发展过程。全面、细致地了解与国内外有关的所有出版物的情况，不仅包括书籍、期刊、报纸、报告、政府出版物，还包括声像、多媒体等新兴的载体形式。年代范围不仅包括现期的资料，也要对过期的资料进行回溯，这是撰写综述性文章或研究报告的基本要求。

2. 查准性

撰写研究报告或学术论文，需要对具体、细微的专业问题做深入的专题研究，在充分掌握相关材料和该领域重要研究成果的基础上，提出创新性的具有一定学术水平的观点或论断，这是撰写研究报告或学术论文的基本要求。

3. 动态性

在做新技术、新理论的研究时，需要查阅某一专题的前沿和最新资料，了解研究动态、发展趋势。从主题的时效性讲，需要最原始、最新颖的第一手资料，需要参考最新的期刊、会议资料、未发表的预印本文献。

4. 查新性

在作同类研究项目比较时，必须保证取材的数量和学术水平达到一定的广度和深度。因此，创新性的课题项目、研究成果或要求较高的学位论文应着重参考各种学术品质较高的国家一级刊物、核心期刊、学位论文、会议论文、研究报告、重要专著等；而有的课题则可以参考一般的图书、教材、杂志、报纸甚至视听资料。

9.2.2　论文写作需要大量文献检索

1. 检索前人对该领域已发表的文章

确定科技论文的题目和论证角度后，就要做检索文献资源的工作，以时间为轴做纵向、深度的考察。需要对某一课题做全面的调查研究，了解该课题的整个发展过程，不仅尽可能了解前人对于这个课题已经发表过的意见，了解国内外有关的所有出版物的情况，包括书籍、期刊、报纸、学位论文、会议论文、科技报告、政府出版物等，而且对前人已经取得的成果可以继承；对犯过的错误可以避免，防止走弯路；吸取前人已有的经验，解决前人没有解决的问题。在博览检索有关资料的过程中，应该时刻以自己的论题为中心去思考这些资料，区别其正确与错误，找出其论证不足与需要增补之处，在此过程中逐渐形成自己论文的观点。搜集材料的过程，就是调查研究、思考钻研、形成论点的过程。

在检索相关文献、研究过程完成时，论文提纲也就自然而然地完成了。

2. 检索相关课题领域的文献

检索相关课题领域的文献要求尽可能查全，特别是不要漏掉核心期刊上重要的文章，因为本学科核心期刊上的文章，一般来说代表了本学科的最高水平。另外，对搜集的材料要进行分析、提炼，保留那些能说明论点的例证材料。小道理服从大道理，局部要服从整体。单从某一局部看，有些论点和例子可能是精彩的，但从全局确定的基本发展线来看，它插不进去，用不上，只能割爱。科技论文应有说服力，有论点、有例证，理论和实际相结合，论证过程有严密的逻辑性和层次感。

3. 学位论文对参考文献检索量的要求

参考文献一般应是作者亲自考察过的对学位论文有参考价值的文献，不应间接引用。参考文献应有权威性，要注意引用最新的文献。著录的参考文献务必实事求是。论文中引用过的文献必须著录，未引用的文献不得出现。应遵循学术道德规范，避免抄袭、剽窃等学术不端行为。

西安交通大学硕士、博士学位论文规范〔2018〕6 号 [○] 对参考文献的数量要求是："参考文献的数量：硕士学位论文，一般不少于 30 篇，其中，期刊文献不少于 20 篇，国外文献不少于 10 篇，均以近 5 年的文献为主；博士学位论文，一般不少于 80 篇，其中，期刊文献不少于 60 篇，国外文献不少于 30 篇，均以近 5 年的文献为主。"并且还规定了："正文部分的篇幅（包括绪论、结论、图、表和公式），按本规范排版，硕士学位论文一般为 40~60 页，博士学位论文一般为 80~120 页。"

4. 百度学术论文助手——开题分析

初写论文总是困难的，好在百度新推出了百度学术论文助手。作为参考咨询模式，百度学术论文助手可帮助读者对研究领域进行分析，并推荐很多相关文献。读者可从百度学术主页（http://xueshu.baidu.com）上的"开题分析"进入百度学术论文助手页面，输入标题和关键词，关键词用分号隔开，单击搜索按钮，百度学术就会利用它强大的系统分析和推送功能，帮你分析出与论文标题和关键词相关的"研究走势、关联研究、学科渗透、相关学者、相关机构、推荐论文"6 个方面的开题分析报告，并自动推送到读者的面前。论文助手页面，如图 9-1 所示。（详见 8.3.4 百度学术 APP）

───────────

○ 西安交通大学研究生院西安交通大学硕士、博士学位论文规范 西交研〔2018〕6 号［EB/OL］（2018-1-8）［2023-12-21］. https://chem.xjtu.edu.cn/__local/7/4D/25/3C53260DE164143BC4752A74612_12C4159F_98C85.pdf.

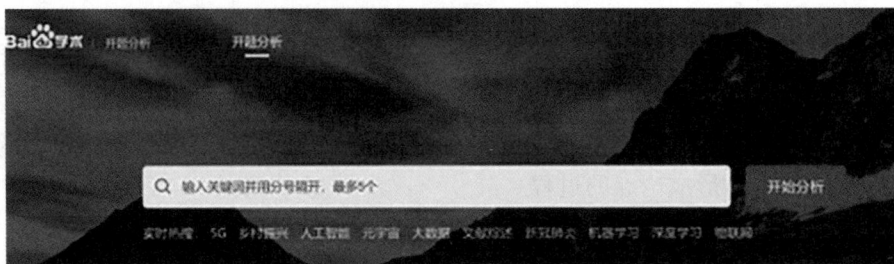

图 9-1　百度学术开题分析页面

9.3　学位论文格式与参考文献著录规则

9.3.1　学位论文 格式

学位论文要遵循 GB/T 7713.1—2006《学位论文编写规则》的相关要求和规定。

1. 学位论文的一般要求

1）学位论文的内容应完整、准确。

2）学位论文一般应采用国家正式公布实施的简化汉字。

3）学位论文一般以中文或英文为主撰写，特殊情况时，应有详细的中、英文摘要，正题名必须包括中、英文。

4）学位论文应采用国家法定的计量单位。

5）学位论文中采用的术语、符号、代号在全文中必须统一，并符合规范化的要求。论文中使用专业术语、缩略词应在首次出现时加以注释。外文专业术语、缩略词，应在首次出现的译文后用圆括号注明原词语全称。

6）学位论文的插图、照片应完整清晰。

7）学位论文应用 A4 标准纸（210mm×297mm），必须是打印件、印刷件或复印件。

2. 学位论文结构图

学位论文结构分为"前置部分、主体部分、参考文献表、附录、结尾部分"5 部分。如图 9-2 所示。

3. 学位论文章节编号级别

学位论文的主体部分可根据需要划分为不同数量的章、节，章节的划分建议参照 CY/T 35—2001《科技文献的章节编号方法》。学位论文的章、节编号和排列均应采用阿拉伯数字分级编写：

第一级标题的编号为 1，2，3 ，…，6，7，8；

第二级标题的编号为 2.1，2.2，2.3，…，2.6，2.7，2.8；

第三级标题的编号为 2.7.1，2.7.2，2.7.3，…，2.7.6，2.7.7，2.7.8.

如此类推。国标规定的章、条编号方式书写简单，层次分明，对著者、编者和读者都具有显著的优越性。学位论文的章节的划分示例，如图 9-3 所示。

学位论文结构

前置部分
- 封面
- 封二（如有）
- 题名页
- 英文题名页（如有）
- 勘误页（如有）
- 致谢
- 摘要页
- 关键词
- 序言或前言（如有）
- 目次页
- 插图和附表清单（如有）
- 缩写和符号清单（如有）
- 注释表（如有）

主体部分
- 引言（绪论）
- 章、节
- 图
- 表
- 公式
- 引文标注
- 注释
- 结论

参考文献表

附录

结尾部分
- 索引（如有）
- 作者简历
- 学位论文原创性申明
- 学位论文版权使用授权书
- 学位论文数据集
- 封底（如有）

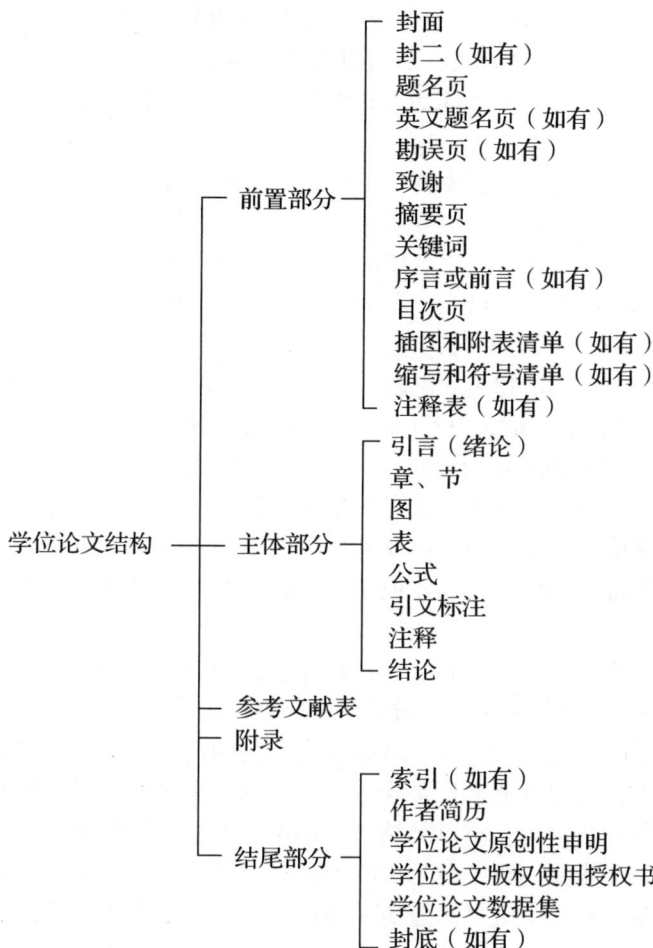

图 9-2　学位论文结构图

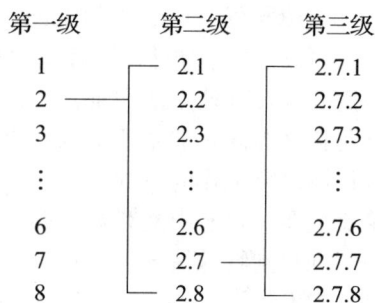

第一级	第二级	第三级
1	2.1	2.7.1
2	2.2	2.7.2
3	2.3	2.7.3
⋮	⋮	⋮
6	2.6	2.7.6
7	2.7	2.7.7
8	2.8	2.7.8

图 9-3　学位论文的章、节级别

学位论文的章、节编号全部顶格排，编号与标题之间空 1 个字的间隙。章的标题占 2 行。正文另起行，前空 2 个字起排，回行时顶格排。学位论文的页码，正文和后置部分用阿拉伯数字编连续码，前置部分用罗马数字单独编连续码（封面除外）。

4. 学位论文的前置部分

学位论文的前置部分包括：封面、封二（如有）、题名页、英文题名页（如有）、勘误表（如有）、致谢、摘要页、关键词、序言或前言（如有）、目次页、插图和附表清单（如有）、缩写和符号清单（如有）、注释表（如有）等。各高校统一设计了本校学位论文的封面页和 logo 部分，并对论文要求和格式有严格的规定。

（1）封面　学位论文的外表面，对论文起美化和保护作用，并提供相关信息。

学位论文的封面应包括题名页的主要信息，如论文题名、论文作者等。其他信息可由学位授予机构自行规定。

（2）封二（可选）　学位论文封二包括学位论文使用声明和版权声明，以及作者和导师签名等，其内容应符合我国著作权相关法律法规对责任者的规定。责任者包括论文的作者、学位论文的导师、评阅人、答辩委员会主席以及学位授予单位等。必要时可注明个人责任者的职务、职称、学位、所在单位名称及地址；如责任者系单位、团体或小组，应写明全称和地址。

（3）**题名页** 包含论文全部书目信息，单独成页。题名页主要内容，中图分类号，采用《中国图书馆分类法》（第5版）示例，如中图分类号 G250.7；学校代码；按照教育部批准的学校代码进行标注。

题名是以最恰当、最简明的词语反映论文中最重要的特定内容的逻辑组合。题名所用每一个词语必须考虑到有助于选定关键词和编制题录、索引等二次文献，可以利用该词语检索到特定使用信息。学位论文对题名和副题名的具体要求；题名以简明的词语恰当、准确地反映论文最重要的特定内容（一般不超过25字），应中英文对照。题名通常由名词性短语构成，应尽量避免使用不常用缩略词、首字母缩写、字符、代号和公式等。

如题名内容层次很多，难以简化时，可采用题名和副题名相结合的办法，其中副题名起补充、阐明题名的作用。题名和副题名在整篇学位论文中不同地方出现时，应保持一致。

（4）**英文题名页（可选）** 英文题名页是题名页的延伸，必要时可单独成页。

（5）**致谢** 致谢是对曾经给予论文的选题、构思或撰写以指导或建议的人员；对考察或实验过程中做出某种贡献的人员；协助完成研究工作和提供便利条件的组织或个人；或给予过图书资料、图片、文献信息、物质或经费帮助的单位、团体或个人致以谢意。一般对例外的劳动可不必专门致谢。

（6）**摘要页** 是论文内容的简要陈述，是一篇具有独立性和完整性的短文，一般以第三人称语气写成，是不加评议和补充的解释。摘要是一种可以被引用的完整短文。

摘要应具有独立性和自含性，即不阅读论文的全文，就能获得必要的信息。摘要的内容应包含与论文等同量的主要信息，供读者确定有无必要阅读全文，也可供二次文献采用。摘要一般应说明研究工作的目的、方法、结果和结论等，重点是结果和结论。为了方便国际交流，学位论文摘要一般有中文和英文摘要，中文摘要一般字数为300~600字，外文摘要实词在300个左右。如遇到特殊情况，字数可以略多。摘要中应尽量避免采用图表、化学结构式、非公知用的符号和术语。

（7）**关键词** 是为了文献标引工作从论文中选取出来用以表示全文主题内容信息款目的单词或术语。它是为了便于读者从浩如烟海的书刊中寻找文献，特别是适应计算机自动检索的需要。每篇学位论文应选取3~8个关键词，用显著的字符另起一行，排在摘要的下方。关键词体现论文特色，具有语义性，在论文中有明确的出处，并应尽量采用《汉语主题词表》或专业主题词表提供的规范词。为了便于国际交流，应标注与中文对应的英文关键词。

关键词与题名的关系；题名中应含有几个关键词。关键词与层次标题的关系；小标题中可以含有关键词。关键词排列：第一关键词，论文所属学科名称；第二关键词，成果名称；第三关键词，所用方法名称；第四关键词，研究对象；第五六关键词，便于检索和文献利用的名称。关键词作用：用于表达论文主题信息；关键词用于论文检索；关键词与题名组成独立的信息资源。

（8）**序言或前言（可选）** 学位论文的序言或前言，一般是作者对本篇论文基本特征的简介，如说明研究工作的缘起、背景、主旨、意义、编写体例以及资助、支持、协作经过等。这些内容也可以在正文的引言（绪论）中说明。

（9）**目次页** 论文各章节的顺序列表，一般都附有相应的起始页码。目次页是论文中内容标题的集合，包括引言（绪论）、章节或大标题的序号和名称，小结（结论或讨论）、参考文献、注释、索引等。目次是目录的排序，目录是内容章节的具体名称，表示内容的篇目次序。学位论文的目次页排在序言或前言之后，另起页。

论文各章节的顺序列表，一般都附有相应的起始页码。目次页是论文中内容标题的集合，包括引言（绪论）、章节或大标题的序号和名称，小结（结论或讨论）、参考文献、注释、索引等。目次是目录的排序，目录是内容章节的具体名称，表示内容的篇目次序。学位论文的目次页排在序言或前言之后，另起页。

（10）插图和附表清单（可选） 论文中如图表较多，可以分别列出清单置于目次页之后。图的清单应有序号、图题和页码。表的清单应有序号、表题和页码。

（11）注释表（可选） 符号、标志、缩略词、首字母缩写、计量单位、术语等的注释说明，如需汇集，可集中置于图表清单之后。

5. 学位论文的主体部分

学位论文的主体部分包括：引言（绪论）、章、节、图、表、公式、引文标注、注释和结论。

一般要求：主体部分每一章应另起页。主体部分一般从引言（绪论）开始，以结论或讨论结束。引言（绪论）应包括论文的研究目的、流程和方法等。论文研究领域有历史回顾、文献回溯、理论分析等内容，应独立成章，用足够的文字叙述。主体部分由于涉及的学科、选题、研究方法、结果表达方式等有很大的差异，不能作统一的规定。但是，必须实事求是、客观真切、准备完备、合乎逻辑、层次分明、简练可读。

（1）引言（绪论） 一般说来，引言（绪论）经常作为科技论文的开端，主要回答"为什么"（Why）这个问题。引言中不应详述同行熟知的，一般教科书中有的知识，包括教科书上已有陈述的基本理论、实验方法和基本方程的推导。但是，对于学位论文，为了反映著者的学业等，允许有较详尽的文献综述段落。如果在正文中采用比较专业化的术语或缩写词时，最好先在引言中定义说明。论文的引言是论文的开场白；应回顾前人相关的工作；应概述研究工作的原因；应阐明研究工作的新意；要与文中其他章节内容相呼应。它的意义是交代研究问题的来龙去脉。

（2）正文 一般说来，正文是主要回答"怎么研究"（How）这个问题的。正文应充分阐明论文的观点、原理、方法及具体达到预期目标的整个过程，并且突出一个"新"字，以反映论文具有的首创性。论文的正文是核心部分，占主要篇幅。正文可以包括：调查对象、实验和观测方法、仪器设备、材料原料、实验和观测结果、计算方法和编程原理、数据资料、经过加工整理的图表、形成的论点和导出的结论等。根据需要，论文可以分层深入，逐层剖析，按层设分层标题。

论文中如有公式应另行起，与周围的文字留足够的空间区分开。如有两个以上的公式，应用从"1"开始的阿拉伯数字进行编号，并将编号置于括号内，公式的编号右端对齐，公式与编号之间可用"…"连接。公式较多时，可分章编号。插入公式要符合相关要求，最好是用数学公式编辑软件（如 mathtype）或 Word 中的常用数学公式（较新版本的 Word 2021 常用数学公式已经很好用了，并可方便地插入 Office.com 中的其他公式，插入公式时一排公式编辑器工具随之出现在文档上方）。

（3）结论 结论（讨论）是整篇文章的最后总结。结论主要回答"研究出什么"（What）。论文的结论是最终的、总体的结论，不是正文中各段小结的简单重复。结论应包括论文的核心观点，交代研究工作的局限，提出未来工作的意见或建议。结论应该准确、完整、明确、精练。

毕业论文的结论表述要用充分的数据与事实，不可空泛；要突出论文工作的创新与贡献；应当实事求是，客观真切。结论是全文的总结，应该准确、完整、明确、精练。结论有很多的替代词，如讨论、提示、展望等。

6. 参考文献表

参考文献是论文中引用具体文字来源的文献。

学位论文参考文献采用顺序编码是使用最多的形式，采用这种形式时，各篇文献应按正文部分标注的序号依次列出，形成参考文献表。它是论文中引用的具体文字来源的文献集合，其著录项目和著录格式遵照 GB/T 7714—2015 的规定执行。

参考文献表除了采用顺序编码制，也可以采用著者 – 出版年制，但全文必须统一。

参考文献表应置于正文后，并另起页。所有被引用文献都要列入参考文献表中。

正文中未被引用但被阅读或具有补充信息的文献可集中列入附录中，其标题为"书目"。

参考文献采用著者 – 出版年制标注时，参考文献表按著者字顺和出版年排序。

7. 附录

学位论文的附录是论文的附件或补充，不是必要组成部分。它在不增加文献正文部分的篇幅和不影响正文主体内容叙述连贯性的前提下，下列内容可以作为附录编于论文之后。

1）为了整篇论文材料的完整，但编入正文又有损于编排的条理性和逻辑性，这一材料包括比正文更为详尽的信息、研究方法和技术更深入的叙述，对了解正文内容有用的补充信息等。

2）由于篇幅过大或取材于复制品而不便于编入正文的材料。

3）不便于编入正文的罕见珍贵资料。

4）对一般读者并非必要阅读，但对本专业同行有参考价值的资料。

5）正文中未被引用但被阅读或具有补充信息的文献。

6）某些重要的原始数据、数学推导、结构图、统计表、计算机打印输出件等。附录与正文一样，编入连续页码。

8. 结尾部分

学位论文的结尾部分包括分类索引、关键词索引（如有）、作者简历（包括教育经历、工作经历、攻读学位期间发表的论文和完成的工作等）、其他（学位论文原创性申明，学位论文版权使用授权书）、学位论文数据集、封底（如有）等。

9.3.2　**参考文献著录规则**

参考文献是为撰写或编写论著而引用的有关文献信息资源。为了规范参考文献，在著录项目的设置、著录格式的确定等方面尽可能与国际标准保持一致，以达到共享文献信息资源的目的。为此，国家专门颁布了一项国家标准《文后参考文献著录规则》（GB/T 7714—2005），实施十年后，于 2015 年 12 月 1 日起被新标准《信息与文献　参考文献著录规则》（GB/T 7714—2015）替代。

《信息与文献　参考文献著录规则》（GB/T 7714—2015）规定了各个学科、各种类型信息资源的参考文献的著录项目、著录顺序、著录用符号、著录文字、各个著录项目的著录方法以及参考文献在正文中的标注法。它适用于著者和编辑著录参考文献。

引文参考文献是作者为撰写或编辑论著而引用的信息资源，是必须准确著录的。

阅读型参考文献是作者为撰写或编辑论著而阅读过的信息资源，或供读者进一步阅读的信息资源。数字对象唯一标识符（Digital Object Identifier，DOI）是针对数字资源的全球唯一永久性标识符，具有对资源进行永久命名标志、动态解析链接的特性。

《信息与文献　参考文献著录规则》（GB/T 7714—2015）分别规定了专著、专著中的析出文献、连续出版物、连续出版物中的析出文献、专利文献以及电子资源的著录项目和著录格式。

1. 引用参考文献的意义

一项科学研究取得的新成果通常是在前人成果的基础上的新进展，它体现着科学科技的继承和发展，如基于已有的理论、方法、思想、实验手段等，使本研究获得了新进展，有了新发现；或是将一个学科中的方法移植到另一个学科中并取得成功；或是对已有方法作了改进。当在论文中叙述研究目的、设计思想、建立的模型，以及与已有结果进行比较的时候，就要涉及已有的成果。如果在涉及前人成果的地方再把已有成果的具体内容抄到论文当中，不但占去论文的篇幅，冲淡论文的主题，而且抄写这些已发表过的、读者可以查找到的内容是毫无意义的。所以，在论文涉及已有成果的地方，不用重抄已有的成果，而是指出刊登这个成果文献的出处，这种做法叫作引用参考文献。引用了参考文献，就要在涉及前人成果的地方做一个标记，见到这个标记，读者就知道在这里引用了参考文献；按照这个标记在参考文献中就能找到刊登这个成果详细内容的文章。在正文中引用参考文献的地方加一个标记，称为参考文献的标注。标注的方法称为标注法。

2. 参考文献著录和作用

任何不重视参考文献，甚至于使用"参考文献从略"的编辑处理方法都是错误的。对于一篇完整的学术论文，参考文献的著录是不可缺少的。归纳起来，参考文献著录的作用主要体现在以下 5 个方面。

1）著录参考文献可以反映论文作者的科学态度和论文具有真实、广泛的科学依据，也反映出该论文的起点和深度。科学技术以及科学技术研究工作都有继承性，现时的研究都是在过去研究的基础上进行的，今人的研究成果或研究工作一般都是前人研究成果或研究工作的继续和发展。因此，在论文中涉及研究的背景、理由、目的等的阐述，必然要对过去的工作进行评价，著录参考文献即能表明论文言之有据，并明白地交代出该论文的起点和深度。这在一定程度上为论文审阅者、编者和读者评估论文的价值和水平提供了客观依据。

2）著录参考文献能方便地把论文作者的成果与前人的成果区别开来。论文的研究成果虽然是论文作者自己的，但在阐述和论证过程中免不了要引用前人的成果，包括观点、方法、数据和其他资料，若对引用部分加以标注，则他人的成果将表示得十分清楚。这不仅表明了论文作者对他人劳动的尊重，而且也免除了抄袭、剽窃他人成果的嫌疑。

3）著录参考文献能起索引作用。读者通过著录的参考文献，可方便地检索和查找有关文献资料，以对该论文中的引文有更详尽的了解。

4）著录参考文献有利于节省论文篇幅。论文中需要表述的某些内容，凡已有文献所载者不必详述，只在相应之处注明见何文献即可。这不仅精练了语言，节省了篇幅，而且避免了一般性表述和资料堆积，使论文容易达到篇幅短、内容精的要求。

5）著录参考文献有助于科技情报人员进行情报研究和文摘计量学研究。

3. 参考文献的著录原则

被列入的参考文献应该只限于那些著者亲自阅读过和论文中引用过，而且正式发表的出版物，或其他有关档案资料，包括专利等文献。私人通信、内部讲义及未发表的著作，一般不宜作为参考文献著录，但可用脚注或文内注的方式，以说明引用依据。

1）只著录最必要、最新的文献。著录的文献要精选，仅限于著录作者亲自阅读过并在论文中直接引用的文献，而且无特殊需要不必罗列众所周知的教科书或某些陈旧资料。

2）只著录公开发表的文献。公开发表是指在国内外公开发行的报刊或正式出版的图书上的文章内容。在供内部交流的刊物上发表的文章和内部使用的资料，尤其是不宜公开的资料，均不能作为参考文献引用。

3）引用论点必须准确无误，不能断章取义。

4）采用规范化的著录格式。关于参考文献的著录已有国际标准和国家标准，论文作者和期刊编者都应熟练掌握，严格执行。

5）参考文献的著录方法。根据《信息与文献　参考文献著录规则》（GB/T 7714—2015）中规定采用"顺序编码制"和"著者出版年制"两种。其中，顺序编码制为我国科技期刊所普遍采用，本书将重点介绍。

4. 参考文献目前存在的不规范行为

参考文献是论文中很重要，也是存在问题较多的部分。列出论文参考文献的目的是让读者了解论文研究命题的来龙去脉，便于查找，同时也是尊重前人劳动，对自己的工作有准确的定位。因此这里既有技术问题，也有科学道德问题。一篇论文中几乎自始至终都有需要引用参考文献之处。例如，论文引言中应引用对本题最重要、最直接有关的文献；在方法中应引用所采用或借鉴的方法；在结果中有时要引用与论文对比的资料；在讨论中更应引用与论文有关的各种支持的或有矛盾的结果或观点等。[⊖]

5. 写论文怎样避免抄袭和剽窃嫌疑

文献检索或阅读时要记笔记，注明材料的来源，引用时必须注明；他人的专有成果必须注明。不要认为引用他人的文章不好，相反这正说明你检索了相关文章，了解了相关的研究成果。但是，公众常识不用注明，没有公开发表的文献资料不用注明。

自我剽窃和内部剽窃都是学术不端行为。所谓自我剽窃是指文章在这里发表了，又在另外地方发表相同内容文章的行为。这种情况是一稿多投造成的，按照剽窃的定义，后发表的那篇文章剽窃先发表的那篇文章；所谓内部剽窃是指几个人完成的课题，由一个人拿去发表的行为。要有他人授权或同意；另外，防止违反版权使用（特别是网络材料），引用要注明。抄袭文章与否的判断标准，并不是你引用与不引用他人的文章，而是你是否注明被引用文章的来源，在"参考文献"中注明了被引文章的来源是合法引用。否则，是非法引用，抄袭成立。

9.3.3 参考文献著录规则及示例

参考文献的著录信息源是被著录的信息源本身。著录时可以在专著、论文集、学位论文、报告、专利文献等可依据题名页、版权页、封面等主要信息源中查找需要著录的各个著录项目；专著、论文集中的析出篇章与报刊上文章，则依据参考文献本身著录析出文献的信息，并依据主要信息源著录析出文献的出处；电子资源依据特定网址中的信息进行著录。

《信息与文献　参考文献著录规则》（GB/T 7714—2015）规定了专著、专著中的析出文献、连续出版物、连续出版物中的析出文献、专利文献以及电子资源的著录项目和著录格式；规定

　⊖　秦伯益. 如何写论文做报告 [J]. 中国新药杂志，2002，11（1）：12–14.

采用"顺序编码制"和"著者出版年制"著录参考文献。

顺序编码制是指作者在论文中所引用的文献按它们在文中出现的先后顺序,用阿拉伯数字加方括号连续编码,视具体情况把序号作为上角或作为语句的组成部分进行标注,并列在文后参考文献表中,各条文献按在论文中出现的文献序号顺序依次排列。

《信息与文献　参考文献著录规则》(GB/T 7714–2015)规定了参考文献类型及对应标志代码为:普通图书 /M,会议录 /C,汇编 /G,报纸 /N,期刊 /J,学位论文 /D,报告 /R,标准 /S,专利 /P,数据库 /DB,计算机程序 /CP,电子公告 /EB,档案 /A,舆图 /CM,数据集 /DS,其他 /Z;电子资源载体类型和标识代码:磁带(magnetic tape)/MT,磁盘(disk)/DK,光盘(CD–ROM)/CD,联机网络(online)/OL。

参考文献著录的条目以小于正文的字号编排在文末。

1. 专著的著录格式

专著是以单行本或多卷册(在限定的期限内出齐)形式出版的印刷型或非印刷型出版物,包括普通图书、古籍、学位论文、会议文集、汇编、标准、报告、多卷书、丛书等。

著录格式:

[序号]主要责任者.题名:其他题名信息[文献类型标志 / 文献载体标识].其他责任者.版本项.出版地:出版者,出版年:引文页码[引用日期].获取和访问路径.数字对象唯一标识符.

示例:

1)普通图书

[1]陈沛.搜商:人类的第三种能力[M].北京:清华大学出版社,2006.

2)翻译图书

[2]昂温 G,昂温 P S.外国出版史[M].陈生铮,译.北京:中国书籍出版社,1988:75–78.

3)学位论文

[3]马雨微.无人机集群作战系统的群智能任务分配方法研究[D].哈尔滨:哈尔滨工程大学信息与通信学院,2021.

4)会议文集

[4]赵玮.运筹学的理论与应用:中国运筹学会第五届大会论文集[C].西安:西安电子科技大学出版社,1996:468–471.

5)标准文献

[5]中国国家标准化管理委员会.信息和文献 参考文献著录规则:GB/T 7714 — 2015[S].北京:中国标准出版社,2015:1–20.

6)科技报告

[6]World Health Organization. Factors regulating the immune reponse: report of WHO Scientific Group[R]. Geneva: WHO, 1970:8–10.

2. 专著中析出文献的著录格式

[序号]析出文献主要责任者.析出文献题名[文献类型标识 / 文献载体标识].析出文献其他责任 // 专著主要责任者.专著题名:其他题名信息.版本项.出版地:出版者,出版年:析出文献的页码[引用日期].获取和访问路径.数字对象唯一标识符.

示例：

[7] 周易外传：卷 5 [M] // 王夫之 . 船山全书：第 6 册 . 长沙：岳麓书社，2011：1109.

[8] 程根伟 . 1998 年长江洪水的成因与减灾对策 [M] // 许厚泽，赵其国 . 长江流域洪
涝灾害与科技对策 . 北京：科学出版社，1999：32–36.

3. 连续出版物的著录格式

[序号] 主要责任者 . 题名：其他题名信息 [文献类型标志 / 文献载体标识]. 年，卷（期）–
年，卷（期）. 出版地：出版者，出版年 [引用日期]. 获取和访问路径 . 数字对象唯一标识符 .

示例：

[9] 中华医学会湖北分会 . 临床内科杂志 [J].1984（1）–. 武汉：中华医学会湖北分会，
1984—.

[10] 中国图书馆学会 . 图书馆通讯 [J].1957（1）–1990（4）. 北京：北京图书馆，
1957—1990.

[11] 中国机械工程学会 . 中国机械工程 [J].1990，1（1）–. 湖北：湖北工业大学，
1990—.

4. 连续出版物中析出文献的著录格式

[序号] 析出文献主要责任者 . 析出文献题名 [文献类型标志 / 文献载体标识]. 连续出版物
题名：其他题名信息，年，卷（期）：页码 [引用日期]. 获取和访问路径 . 数字对象唯一标识符 .

示例：

1）中文期刊

[12] 饶宗政 . 高校图书馆集体视听室方案设计 [J]. 大学图书馆学报：2011（1）：87–89.

2）外文期刊

[13] PANDEY N，et al. Characterization of alpha–galactosidase from corynebacterium
murisepticum and mechanism of its induction [J]. J Gen App Microbiol，1992，38
（1）：23–25.

3）中文报纸

[14] 张田勤 . 罪犯 DNA 库与生命伦理学计划 [N]. 大众科技报：2000–11–12（7）.

5. 专利文献的著录格式

[序号] 专利申请者或所有者 . 专利题名：专利号 [文献类型标志 / 文献载体标识]. 公告日
期或公开日期 [引用日期]. 获取和访问路径 . 数字对象唯一标识符 .

示例：

[15] 邓一刚 . 全智能节电器：200610171314.3 [P].2006–12–13.

[16] 张凯军 . 轨道火车及高速轨道火车紧急安全制动辅助装置：201220158825.2 [P].
2012–04–05.

6. 电子资源的著录格式

凡属电子专著、电子专著中的析出文献、电子连续出版物、电子连续出版物中的析出文献
以及电子专利的著录项目与著录格式分别按上述有关规定处理。除此以外的电子资源根据本规
则著录。

著录格式：

［序号］主要责任者 . 题名：其他题名信息［文献类型标志 / 文献载体标识］. 出版地：出版者，出版年：引文页码（更新或修改日期）［引用日期］. 获取和访问路径 . 数字对象唯一标识符 .

常见的网络电子资源及其［文献类型标志 / 文献载体标志］：

网上电子图书（E-book Online）［M/OL］；

网上电子期刊（Electronic Journals Online）［J/OL］；

网上报告（report Online）［R/OL］；

网上电子公告（electronic bulletin board online）［EB/OL］；

网上数据库（database online）［DB/OL］；

光盘图书（monograph on CD-ROM）［M/CD］；

光盘数据库（database on CD-ROM）［DB/CD］；

光盘计算机程序（computer program on CD-ROM）［CP/CD］等。

9.4　论文抄袭与论文检测

论文抄袭与论文检测是一对矛盾，本节想把这对矛盾的两个方面都讲清楚，因为它是本科生、研究生、博士生写论文、做研究中经常遇到的，也是必须处理好的问题；它也是学术规范最基础的行为规则和常识。

9.4.1　什么是抄袭以及怎样避免

大学生在校时期是个学习的过程，包括思想、知识、写作都要学习。在结合实际研究课题写论文做研究的过程中，要想站在巨人的肩上前进，就要先消化和吸收前人的思想、知识和成果，之后才有自己的想法和发现，再通过写作的方式把自己的想法和发现表达出来，这就形成了论文或研究成果。这是写论文的正道，在表达的时候对前人的成果是直接引用、间接引用还是用自己的话概述，由写作技巧决定，这是本节必须弄明白的问题。

现代汉语词典对抄袭的定义是"把别人的作品或语句抄来当作自己的。"这个定义是正确的，但显得太粗略了（不细），对实际问题的指导操作性意义不大。引用别人的作品时常有直接引用、间接引用或用自己的话概述等形式，必须清楚它们怎么用，应该注意什么。

在相关书籍中，由美国布斯、卡洛姆、威廉姆斯合著，陈美霞、徐毕卿、许甘霖合译的《研究是一门艺术》一书中的 12.4 节，把抄袭讲得很透彻，同时也指出了读者应该怎么做才能避免抄袭的嫌疑。

美国很多大学将这本书用作写作课教材和撰写各级毕业论文的指导用书，不同领域的资深研究者也将之视为撰写研究性报告、学术著作的权威指南。从 2000 开始，陈美霞教授就用这本书作为"研究方法学"的教材，后来她征得原著者同意后，带领团队经过几年的努力将这本书译为中文，北京新华出版社于 2009 年 8 月出版中文译本，这里引用的几页是书中教学生什么是抄袭的译文，为了不引起章节号混乱，只将原章节号 12.4. 以 A 代替，其他都完整地呈现原始资料，并加以缩排区别。以下内容均属原作者所有，省略引号。

A 千万要避免的陷阱：抄袭（Plagiarism）

研究者在撰稿时，最糟的就是发生这种情形。你用许多佳句来填满自己的文章，却忘记这些句子是从他人那里搜罗来的。虽然研究者很少蓄意抄袭，但每个诚实的研究者都得正视这个问题，因为大部分的抄袭都是出于疏忽。当作者不清楚引用什么或何时引用时，就会发生抄袭（如果你不确定的话，去请教老师）。

大部分因疏忽而抄袭的作者，是因为他们作注释时粗心大意。著名的史学家古德温（Doris Kearns Goodwin）被发现其著作中复制了上百字，甚至上千字他人的文字而公然蒙羞。为了自我辩解，她声称在注释中忘了将这些文字注明为引文。有些人接受了她的辩解，但大部分的人则不相信她的说法。如果像古德温这样著名的学者都会不慎抄袭，那么每位作者都应该尽力避免这种情形的发生。

刻意的抄袭即剽窃（Stealing）

学生可能无法理解刻意抄袭所带来的严重伤害，但是当他们购买一篇论文或抄袭他人的文章，把它当作自己的作品发表时，似乎不可能不知道自己正在抄袭。然而，在这个信息沟通迅速的时代里，学生对所有权有着奇怪的想法。Colomb 有一次遇见同一班上的两个学生提交了其中两个章节一模一样的报告。面对这样的证据，其中一个承认他的确抄袭了另一个学生交给他的一份报告。另一个学生听了这个说法，立刻被激怒，并抱怨这个学生没有权利抄袭"他的报告"。然而这篇报告是取自他所属"兄弟会"的档案。在他的观念中，只有"兄弟会"成员才有权将这些报告当作是自己的作品提交。

A1 界定抄袭

无论是否蓄意，当使用他人的文字或想法却没有注明原作者，从而导致读者认为这些文字是你自己的时候，这便构成抄袭。然而，因为不同领域对合理使用及抄袭的定义有所不同，所以情况相当复杂。在所有的领域中，使用某份资料的语句或想法却不注明出处即是抄袭。在大部分的领域，使用一样的语句，即使注明出处却不使用引号或缩排，一样算是抄袭。在法学中，如果引用法院的判决，使用相同的语句而没有加注引号是可被接受的。在其他领域，当你对某原始资料的改写过于接近，以至于任何人对照原文后都认为如果不参考原来文字你就写不出这些字句来时，就算抄袭。但在许多科学的领域，研究者通常会使用近似原文的语句来陈述其他研究者的研究结果。所以，如果不清楚所属领域中抄袭的标准为何，那么就谨慎一点，尽可能完整地呈现原始资料原来的形式。

A2 避免直接的文字抄袭

当你一字不漏地使用某数据的语句时，请立刻停笔。下一步该做的是：

- 在文字前后打上引号，或是将引文作缩排处理（block quotation）；
- 精确地誊录数据出处的文字（如果你想改变部分语句，需使用中括号和删节号，以注明变动之处）；
- 引述原始资料。

无论你是不是故意的，假如你省略第一个或最后一个步骤，那便是剽窃。

A3 避免想法上的抄袭

当你使用别人的想法却没有注明原创者时，也算是抄袭。举例来说，如果你讨论到研究议题，使用本书第四章中的概念，却没有提到我们这些作者的名字，即使改变部分用字，例如把情境（conditions）改成困境（predicaments），把损失（costs）改成损害（damages），你仍然是抄袭我们的作品。如果参考别人的作品长达数页，不要只是在文末的脚注中一笔带过（曾经有研究者就如此抄袭 Williams 和 Colomb 的作品）：你应该在文中就提到并注明作者的作品。

然而，当你有个想法，却发现别人已先想到时，那么这时候的情况就比较难处理。在学术研究领域，优先次序虽不代表全部，但却有着举足轻重的地位。假如你不注明比你更早的提出想法的资料的出处，那么别人可能会认为你抄袭他人的作品，即使你并无这样的意图。

以下的情形更为棘手，那就是所使用的概念在你的领域中广为人知。（如同我们在本书中无可避免地需要面临的情形；在本书中，我们不断地诉求论文的结构需要分明、清晰，但我们要如何去注明与这个论点相关的其他数以千计的作品的出处？）有时，如果你引述的内容，人人都知道原作者、原出处为何，那么你还注明参考出处，就未免显得过于生嫩。例如，当你谈到 DNA 的双螺旋结构时，你可能会提到华生（James Watson）与克立克（Francis Crick），但并不需注明发表此项发现的文章的出处。在其他情形中，可能某个概念是你所属领域的必备常识，而你却不知道是谁首先发表的。无法清楚地注明文章出处是谨慎万分的学生都可能会犯的过错。我们的忠告就是：当你有所迟疑时，去请教老师，并尽量地注明出处！

A4　间接的文字抄袭

当你概述或改写原始资料时，要界定是否抄袭就更困难了。虽然概述或改写与抄袭有别，但两者是如此接近，以至于你可能不自觉地从概述逐渐陷入抄袭。不管意图为何，如果你的改写文字过于贴近原文，即使已注明出处，还是极有可能被视为抄袭他人的作品。

例如，下段内容即是抄袭我们刚刚谈论过的章节，原因是改写内容与原文过于相近。

虽然概述与改写是不同的，但两者之间的界限却过于模糊，所以如果牵涉到概述与改写时，要定义抄袭就变得相当困难。而作者很可能并不了解自己是进行概述、改写，还是在抄袭。不管如何，即使注明出处，过于近似的改写也是抄袭。

而下面的例子则近乎抄袭：

要分辨概述、改写或抄袭间的差异，并不容易。因此，即使你已注明出处，且从未有要抄袭的意图，假如所改写的内容过于贴近原文，那么你可能就有抄袭之嫌。

上文与我们的原文实在过于接近。因此，只要读者够细心，就会发现该作者只有在参阅原文改写的情况下，才有可能写出以上的文字。为了确保万无一失，以下的摘要会是较佳的选择。

Booth、Colomb 与 Williams 指出作者有时无法察觉自己是在抄袭他人的著作，因为他们常自以为自己在进行概述，然而实际上却是在改写他人的著作。即使作者已注明出处，也非刻意抄袭，但他们的行为仍被视为抄袭他人的著作。

像在历史及英文等使用很多直接引文的领域，过于相似的改写就很冒险。

以下是个可以避免不小心抄袭的简单方法：

只有以自己的理解重新过滤原始资料的文字后，才加以改写。当你开始写作时，别再去看原文，应该将注意力专注于电脑屏幕或稿纸上。

9.4.2　**论文检测的产生背景**

近年来学术不端行为频发，引起了学术界的广泛关注。论文抄袭、剽窃等学术造假行为屡见不鲜，对科研成果的真实性、原创性、新颖性学术界一片质疑之声。对此，国家职能主管部门接二连三发文加以规范，例如：① 2009 年 3 月 29 日，教育部《关于严肃处理高等学校学术不端行为的通知》（教社科［2009］3 号）文件；② 2010 年 2 月 29 日，为规范学位授予工作，保证学位授予的质量，国务院学位委员会颁发了《关于在学位授予工作中加强学术道德和学术规范建设的意见》（学位［2010］9 号）；③ 2013 年 1 月 1 日中华人民共和国教育部第 34 号令《学位论文作假行为处理办法》；④ 2014 年 1 月 2 日，国务院学位委员会、教育部制定了《学位授权点合格评估办法》（征求意见稿）和《博士硕士学位论文抽检办法》（征求意见稿），面向社会公开征求意见；⑤ 2019 年 2 月 26 日，教育部办公厅发布了《关于进一步规范和加强研究生培养管理的通知》（教研厅［2019］1 号）。教育行政部门出台一系列文件，采取了一系列举措，健全研究生培养管理体系，促进研究生培养单位规范管理，提高研究生培养质量。

端正学术精神、净化学术空气，除了学术界的自我约束外，需要第三方评估机构和检测工具，公正地为科研成果进行客观测评，论文检测系统就是在这种学术环境下应运而生。

论文抄袭促进论文检测系统的开发和应用。现在反过来，论文检测是制约论文抄袭的有效办法，也间接地助推高等教育质量的提高。

对于学位论文，当抄袭部分和规范引用部分之和超过一定比例时，检测就不能通过，具体占比例多少由各高校的学位委员会或教务处等机构掌控。最严格的学校规定不超过 5%，多数学校规定在 10%~30% 之间。如上海某学院的本科生毕业论文（设计）检测及处理办法规定：将继续使用中国知网论文检测系统作为本校查重软件标准，检测后重复率低于（或等于）30%，方可申请参加答辩；重复率高于 30% 的论文须延期答辩。有的学校可能放宽到 40% 左右。而对期刊投稿论文一般重复率超过 30% 就直接退稿。

9.4.3　论文检测原理

1. 论文检测比对原理

论文检测是通过检测平台将需要检测的论文，通常以规定的格式（如 Word 文档）提交上传到论文检测系统，由系统软件按照一定的规则和算法，将检测论文与大数据库 ⊖ 中存放的比对全文文献（包括现已经出版的图书全文、期刊论文全文、报纸全文、硕博士论文全文、专利文献全文、科技成果全文等）进行逐句或逐段比对，相同或相似部分通常用红色显示出来，有的系统还能提供相似文章的清单，并计算相似部分和规范引用部分各占百分比等参数。

据 CNKI 学术不端网的相关文章介绍，CNKI 检测规则中还有一条 13 字规则，就是论文的一句话中，如连续 13 字以上与比对文献一样就判为红色。因此，可以避免不小心抄袭的简单方法是：只有以自己的理解重新过滤原始资料的文字后，才加以改写。当你开始写作时，别再去看原文，应该将注意力专注于电脑屏幕或稿纸上。

2. 提倡论文格式、引用文献、参考文献格式的规范性

论文格式与参考文献著录规则，是论文写作必须遵守的规定，也是论文检测的重点。论文格式规范，引用规范、参考文献格式规范是论文的基本要求，做到了，检测就会通过，没有做到，检测就不能通过。比如①引用规范的不会按红色部分统计；②参考文献格式规范的不会按红色部分统计；③脚注、尾注规范的也不会按红色部分统计。如脚注、尾注按 Word 系统自动生成的，检测时系统会自动判断，不会按红色部分统计。如果这些不规范，检测系统就自动判

⊖　大数据库（Big Data）是数据量巨大数据库，从 TB 级别，跃升到 PB 级别（1PB ＝ 1024 TB）。

为抄袭部分了。可见论文格式规范，引用规范、参考文献格式规范，有利于论文检测通过，因此在论文检测中论文作者要重视这些项目。

3. 影响论文检测效果的因素

从检测原理看，影响论文检测效果的因素：①与比对数据库中的文件文献类型有关，从理论上讲，比对文献应该包含当今世界出版的全部文献，但实际上没有哪个检测系统能做到；②与比对数据库全文文献的收全率有关，收全率 75% 与收全率 95% 的两个检测系统比较，显然检测效果是不一样的；③与比对文献的文本格式有关，图片类型的文献是无法进行比对的。

众所周知，研究生的学位论文检测是最严格的，各高校都要求采用中国知网的研究生论文检测版，因为它的比对文献最新（博硕士论文包含了上年度的，期刊包含了提前发行的）、最全（期刊、硕博论文、会议、报纸、专利、优先出版、互联网资源、英文数据库、港澳台学术文献库）。但是，CNKI 数据库对图书的收录基本是空白，图书相似检测也基本是空白，如规定博硕士论文通过 CNKI 检测的同时，还要通过超星大雅相似度检测，那么参考书也要规范著录了。

上述论文检测原理告诉我们：重点是论文写作过程，而非论文检测过程。论文写作过程中把本章所讲述的相关内容都认真做到了，论文就自然容易过关了。

目前，有条件开展论文检测的都有自己建有大型数据库的几家公司。比对文献资源数据库基于期刊论文、学位论文、报纸、会议论文、专利文献、标准、科研成果等的系统有：中国知网学术不端检测系统、维普论文检测系统、万方论文检测系统；比对文献资源数据库主要基于图书资源数据库的，只有积累了很多图书原文数据库的超星"大雅相似度分析（论文查重）系统"；另外，百度学术 2016 年 3 月推出论文查重，当时有 9 家单位与百度合作，提供论文查重或检测系统，为读者提供 24 小时自助在线论文查重和检测服务。目前（2024 年），仍然有 5 家单位（万方、PaperPass、PaperFree、PaperTime、paperYY）与百度合作，在线提供论文查重或检测服务。可见，论文检测已经成为应对论文抄袭、剽窃的重要工具了。

9.4.4 论文检测系统简介

1. 中国知网学术不端检测系统

（1）学术不端行为

1992 年，由美国国家科学院、中国工程院和国家医学研究院的 22 位科学家组成的小组给出了学术不端行为的定义：在申请课题、实施研究报告结果的过程中出现的伪造、篡改或抄袭行为。即学术不端行为主要被限定在"伪造、篡改、抄袭"三者中。

中国科协科技工作者道德与权益工作委员会提出了我国学术不端行为的七种表现形式"抄袭剽窃他人成果、伪造篡改实验数据、随意侵占他人科研成果、重复发表论文、学术论文质量降低和育人的不负责任、学术评审和项目申报中突出个人利益、过分追求名利和助长浮躁之风"。

（2）中国知网学术不端检测系统简介

中国知网学术不端检测系统就是针对学术不端行为专门开发的系统。自 2008 年底正式推出以来，经过 15 多年发展和完善，已经成为业内最有权威的论文检测系统。目前，中国知网学术不端检测系统（http://check.cnki.net/），比对文献资源多为文本格式的，所以检测准确度高。机构用户数量已突破 8000 家，全面覆盖国内期刊杂志社、人事职称评审及相关管理部门；被 211/985 高校指定为学位论文检测网站，提供自助检测平台，学生可以对完成的初始学位论文自行操作检测。CNKI 论文检测分为 3 种入口：学位论文学术不端检测系统入口、科技论文研究生学位论文检测入口、社科论文学术不端检测系统入口，如图 9-4 所示。

图 9-4 CNKI 学术不端网页面

CNKI 的比对资源丰富，海量全文数据库基本是文本文献，且文献资源品种齐全，有期刊论文、学位论文、会议论文、报纸、专利文献、外文文献、学术文献引文等。CNKI 学位论文学术不端检测系统页面如图 9-5 所示。

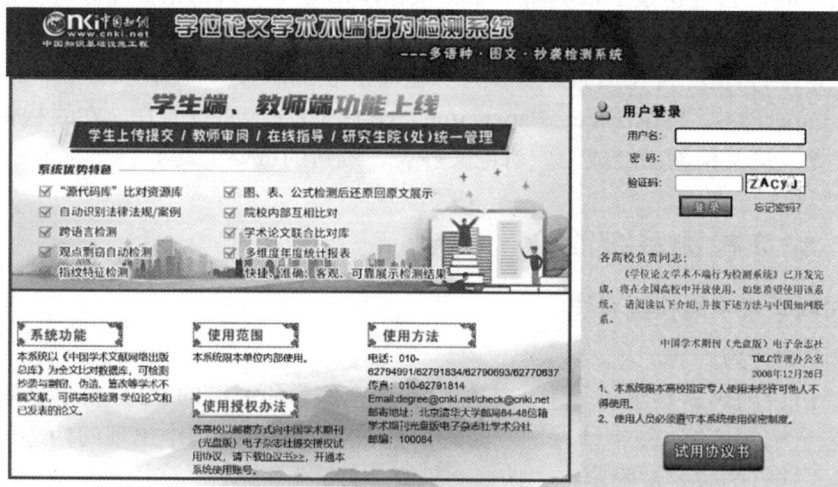

图 9-5 CNKI 学位论文学术不端检测系统页面

中国知网学术不端检测系统，将作者提交的论文与 CNKI 的 6000 万条数据的中国知识总库、上百亿网页资源、数百万英文文献资源、个人文献比对库比对，并创建一个完整的文献复制报告。在报告中，不仅包括检测文献总的文字复制比例，还详细列出检测文献中每一段雷同文字的详细出处，并准确定位每一段文字的具体位置，方便作者修改后重新检测。

目前，CNKI 的论文检测系统只对有需求的高校签订合同授权，同各高校管理和使用论文检测系统，CNKI 不对高校学生个人开放。

（3）操作步骤

中国知网学术不端文献检测系统的检测步骤：①自动创建学生账号；②学生自动提交论文

（Word 格式）；③自动反馈检测结果；④构建学生诚信档案；⑤检测情况统计报告，如图 9-6 所示。

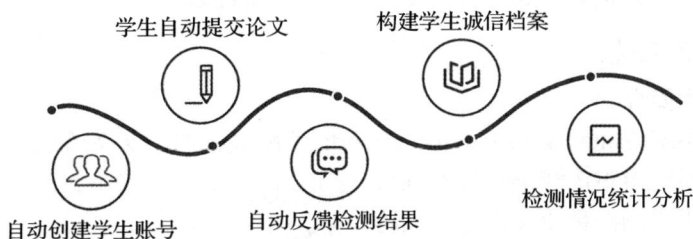

图 9-6　CNKI 学术不端文献检测步骤

（4）知网查重的十条规则 ○

编者在这里引用和介绍知网查重的十条规则，是希望读者在撰写学位论文时加以参考和注意，使自己的论文更加容易通过检测。（文字缩排，引号省略）

1）在知网查重报告中，标黄色的文字代表这段话被判断为"引用"，标红色的文字代表这段话被判断为"涉嫌剽窃"。

2）知网查重，是以"连续 13 个字重复"作为识别标准。如果找不到连续 13 个字与别人的文章相同，就检测不到重复。

3）论文中引用的参考文献部分也是会计算相似度的。

4）在知网的对比文库中，外文资料相对较少。

5）知网的对比文库里不包括书籍，教材等。但有一个问题要注意，当你"参考"这些书籍教材中的一些经典内容时，很可能别人已经"参考"过了，如果出现这样的情况，那就会被检测到相似。

6）知网检测系统对论文的分节是以"章"作为判断分节的。封面、摘要、绪论、第一章、第二章等等这样一系列的都会各自分成一个片段来检测，每一个片段都计算出一个相似度，再通过这样每章的相似度来计算出整篇论文的总重复率。

7）当知网查重系统识别到你论文中有某句话涉嫌抄袭的时候，它就会对这句话的前面后面部分都重点进行模糊识别，这个时候判断标准就变得更严格，仅仅加一些副词或虚词（比如"的""然后""但是""所以"此类词语）是能够识别出来的。

8）在知网查重进行中，检测系统只能识别文字部分，论文中的图片、Word 域代码、Mathtype 编辑的公式、是不检测的，因为检测系统尚无法识别这些复杂的内容格式。你可以通过［全选］→［复制］→［选择性粘贴］→［只保留文字］这样步骤的操作来查看具体的查重部分。另外，在编辑公式时，建议使用 Mathtype，不要用 Word 自带的公式编辑器。

9）在论文提交到学校之前，一定要自己先到网站查一下，如果有检测出来相似度较高的片段，自己先改一改。论文修改一次以后，不要以为就肯定能过了，因为知网系统会根据论文内容的不同自动调整着重检测的段落，所以有时候第一次查重的时候是正常的，一模一样的句子，第二次检测的时候会判断为"抄袭"。这也是没有办法的，只能多查多改。

10）知网官方检测系统不对个人开放，学生自己是无法自行到知网去检测论文的，只

○ CNKI 科研诚信管理系统研究中心 . 知网查重的十条规则［EB/OL］.（2019-08-05）［2023-11-3］http:// check.cnki.net.

能通过第三方检测平台进行，除了知网之外，国内应用比较广泛的论文查重系统还有"万方数据""维普数据""Paperpass 检测""Gocheck 检测""Paperrater 检测""学术不端系统"等。总的来说，万方是要求最松的，Paperpass 和 Paperrater 这两个最严。

2. 维普论文检测系统

（1）学术不端网简介

维普论文检测系统（http://vpcs.fanyu.com/portal）网页，如图 9-7 所示。

维普论文检测系统由重庆泛语科技有限公司自主研发，采用先进的海量论文动态语义跨域识别加指纹比对技术，运用云检测服务部署使其能够快捷、稳定、准确地检测到文章中存在的抄袭和不当引用现象，实现了对学术不端行为的检测服务。系统主要包括已发表文献检测、论文检测、自建比对库管理等功能，可快速准确地检测出论文中不当引用、过度引用甚至是抄袭、伪造、篡改等学术不端行为，可自动生成检测报告，并支持 PDF、网页等浏览

图 9-7　维普论文检测系统页面

格式。详细的检测报告通过不同颜色标注相似片段、引用片段、专业用语，形象直观地显示相似内容比对、相似文献汇总、引用片段出处、总相似比、引用率、复写率和自写率等重要指标，为教育机构、科研单位、各级论文评审单位和发表单位提供了论文原创性和新颖性评价的重要依据。经过不断发展和努力，已经在众多行业和部门得到了广泛使用，受到了用户的高度评价。

维普论文检测系统比对资源全文数据库丰富：具有中文科技期刊论文全文数据库、中文主要报纸全文数据库、中国专利特色数据库、博士 / 硕士学位论文全文数据库、中国主要会议论文特色数据库、港澳台文献资源、外文特色文献数据全库、维普优先出版论文全文数据库互联网数据资源 / 互联网文档资源、高校自建资源库、图书资源、古籍文献资源、个人自建资源库、年鉴资源、IPUB 原创作品等。

（2）操作步骤

1）上传文档。根据自己的需要选择检测版本；填写题目、作者；上传或粘贴自己的文章。

2）确认文档信息。根据提示，确认送检文档信息；并根据需要选择是否建立"个人自建资源库"。如果要的话，就上传你参考写作的文献，传至个人自建资源库，检测范围勾选"个人自建资源库"。

3）选择支付方式。系统根据检测字数确认计费金额（使用个人自建资源库不影响检测费用的计算）；单击"提交订单"，选择支付方式，单击"立即支付"成功后，系统开始检测。

4）进行检测。等待系统检测完成后，通过"报告下载"获取检测报告。

检测报告标注说明：①红色字体代表相似片段；②黄色字体代表引用片段；③黑色字体代表自写片段；④绿色表示参考文献引用规范。请注意黄色字体的引用标注和参考文献序号是否相同。

检测报告中总字数、总相似比、引用率、复写率和自写率的定义：

① 总字数，即送检论文中的总字符数，包括中文、阿拉伯数字、外文字符、标点符号等，制表符和图表不计入统计。

② 总相似比，为复写率与引用率之和，即红色字体和黄色字体占文章的总比率。

③引用率，送检论文中引用别人句子并标注出处的黄色部分占整个送检论文的比重。

④复写率，即送检论文中与检测范围所有文献比对样本相似的红色部分（不包括参考引用部分）占整个送检论文的比重。

⑤自写率，即送检论文中剔除相似片段和引用片段（红色和黄色）后占整个送检论文的比重。

（3）论文检测收费标准

1）大学生版：专科/本科毕业论文检测，价格 3 元/千字符。

2）研究生版：硕士/博士学位论文检测，价格 3 元/千字符。

3）编辑部版：期刊投稿、会议论文、报告等，价格 3 元/千字符。

4）职称认定版：职称评审论文、已发表论文检测，价格 30 元/万字符。

（4）注意事项

1）为确保检测的准确性，请您提交论文的全部内容。

2）支持文档格式：Word 文件（.doc .docx 推荐使用）、文本文件（.txt）、PDF 文件（.pdf）。

3）上传文档最大限制为 20MB。

4）检测字数按照字符数来计算。Word 不计算图表、格式代码信息。

5）检测内容：大多数学校的毕业论文，学校要求的检测内容包括：①题目；②版权声明；③摘要；④关键词；⑤目录；⑥毕业论文正文（包括前言、本论、结论三个部分）。

（5）抄袭判断标准

1）与他人作品文字内容、语序完全相同或仅做少量删减、修改。

2）引用他人作品时已超过了"适当引用"的界限。

3）文本不同，但使用同类词、近义词等相似表述方式描述的同一概念、观点、语义。

4）单个文字片段相似度不高，但从前后段落分析，行文方式、逻辑结构有相似之处。

5）使用他人多篇作品的片段拼凑，而又非编辑作品（又称汇编作品）。

3. 万方文献相似性检测

万方文献相似检测服务网站（http://check.wanfangdata.com.cn）主页，如图 9-8 所示。

图 9-8　万方文献相似性检测页面

万方检测（WFSD，Wanfang Similarity Detection）采用先进的检测技术，实现海量数据全文对比，秉持客观、公正、精准、全面的原则，提供多版本、多维度的检测报告，检测结果精准翔实，为科研管理机构、教育领域、出版发行领域、学术个体等客户和用户提供各类学术科研成果的中文文献相似性检测服务。面向个人用户及机构用户提供万方检测：个人文献版、硕博论文版、本科论文版、职称论文版、学术预审版。

（1）海量文献比对资源　有中国学术期刊数据库、中国学位论文全文数据库、中国学术会议论文数据库、中国学术网页数据库、中国专利全文数据库等收录的海量学术资源，实现全文比对。

（2）上传论文格式　支持 PDF、DOC、DOCX、TXT 等格式文件。

（3）检测报告种类　有简明论文检测报告、详细论文检测报告、论文检测情况总体报告、论文检测结果统计报告、相似性论文提供全文链接。

万方文献相似检测系统具有：检测算法高效精准，检测速度快；支持多种上传方式与文件格式，支持断点续传续检，检测过程放心安心；检测报告快速生成，针对不同产品提供不同检测报告，帮您便捷获取客观翔实的检测结果；在线版检测报告采用多种交互与可视化技术，通过相似比、检测时间、文件夹等多维条件度筛选检测结果，一键导出筛选结果至本地助力深度分析。

4. 大雅论文检测系统

大雅论文检测系统也叫大雅相似度分析（论文查重）系统。

上面介绍的 3 种论文检测系统，比对文献都强调与期刊、学位论文、会议论文、专利等文献为主。而超星公司的大雅相似度分析（论文查重）系统，更多的是强调以中文图书为主的文献比对系统。超星集团作为国内最大最全的数字图书服务提供商，经过 20 多年的积累，目前已涵盖近 400 多万种全文图书资源。越来越多的高校希望能有一款检测图书相似度的检测系统，以便能更好地发现学生论文中的图书抄袭剽窃行为。在此背景下，超星集团历时两年专门研制了适用于检测图书的"大雅相似度分析（论文查重）系统"。该检测系统不仅填补了检测系统在图书相似度上的空白，而且包括报纸、期刊，以及海量精选网络文献等全面比对资源，既可以帮助读者在课题申报、研究和成果撰写等阶段，将研究的思路、成果主要内容在中文图书中做全面的比对；为避免重复研究提供参考依据，还具有将学术论文等文献与已出版的中文图书进行内容的相似性比对、检测分析的强大功能，从而为学术成果突出创新特色，规范文献引用行为，预防和纠正学术不端提供辅助工具。

大雅相似度分析（论文查重）系统进入途径较多，在百链平台有大雅相似度分析（论文查重）链接，或通过网址 http://dsa.dayainfo.com/ 进入，页面如图 9-9 所示。

图 9-9　超星论文检测系统——大雅相似度分析页面

关于大雅相似度分析系统有以下几点说明：

（1）**比对库资源涵盖范围**　图书 400 多万种、期刊 6200 多万篇、学位论文 300 多万篇、会议论文 300 多万篇，报纸文章 1.6 亿多篇，还有网页、文档、外文等其他海量资源。

（2）**单位、个人单篇检测**　免费个人账户注册，免费上传检测。单位前两次免费检测，第三次检测实行收费，通过后也出具论文检测报告。

（3）**单篇论文检测步骤**

1）单击首页"个人单篇论文检测"按钮，进入提交检测论文页面。

2）提交要检索的文献。选择上传文件的方式有：直接上传论文，或展开下面的输入框直接粘贴待检测内容上传两种方式。

上传论文格式可以是 TXT、DOC、PDF、DOCX、ZIP、RAR（附件大小 50M 以下）

3）上传成功后，单击"开始检测"，即可看到检测记录，可以免费查看送检文章的相似度，使用个人账号进行登录可进一步查看报告。

如果您没有个人账号，可以免费注册。注册过程按提示进行即可，账号最后在邮箱验证后完成。

（4）**检测报告**　论文相似度分析检测报告提供简单报告和详细报告；支持参考文献过滤；典型相似文献分类型查看；可查看与单个典型相似文献的对比情况；上传文献可下载及删除。

5. 百度学术的论文查重

百度学术（http://xueshu.baidu.com）于 2014 年 6 月上线，是百度旗下的免费学术资源搜索平台，2016 年 3 月，百度学术推出 24 小时自助在线论文查重服务，目前，合作品牌有 5 家，页面如图 9-10 所示。

论文助手由百度学术推出，旨在辅助用户完成"定题 - 写作 - 查重 - 答辩"的一系列过程。与百度学术合作的 5 家论文查重聚合平台简介如下：

（1）**万方**　前面有介绍，略。

（2）**PaperPass**　PaperPass 检测系统是北京智齿数汇科技有限公司旗下产品，网站诞生于 2007 年，运营多年来，已经发展成

图 9-10　百度学术的"论文查重"页面

为国内可信赖的中文原创性检查和预防剽窃的在线网站。系统采用自主研发的动态指纹越级扫描检测技术，该项技术检测速度快、精度高，市场反应良好。

比对库范围：学术期刊（1990 — 2020）、学位论文（硕博库 1990 — 2019）、会议论文（1990 — 2019）、书籍数据、互联网资源。

检测算法：系统采用自主研发的动态指纹越级扫描技术，从超过 9000 万的学术期刊和学位论文，以及一个超过 10 亿数量的互联网网页数据库组成庞大的指纹数据库中找出与用户提交的文本相匹配的文档材料并进行分析，检测速度快，准确率较高。

检测版本：仅支持通用版；检测语种：中文、英文。

（3）**PaperFree**　PaperFree 检测系统是湖南写邦科技有限公司研发的论文相似度比对系统，系统是对学生提交论文全部指纹特征进行预处理的情况下，采用多级指纹对比技术结合深度语义发掘识别比对，利用指纹索引快速而精准地在云检测服务部署的论文数据资源库中找到所有相似的片段，从而实现高效优质的论文检测。

比对库范围：学位论文库，中文期刊库，互联网资源，共享资源库，自建数据库，以及 9000 多万篇学术期刊，5000 多万篇学位论文，超 10 亿互联网资源。

检测算法：公司自主研发的基于相似性哈希指纹对比算法。主要步骤有：文本预处理、哈希建索引、语义挖掘、深度识别等。

（4）PaperTime　PaperTime 是湖南写邦科技有限公司旗下品牌，于 2015 年 3 月 PaperTime 免费论文检测上线运营，2017 年 2 月 PaperTime 与百度学术进行合作。

比对库范围：学位论文库，学术期刊库，会议论文库，互联网文档资源，自建对比库。

检测算法：先通过动态扫描技术在指纹索引库中找到相似指纹，然后加载文本用相似性哈希和杰卡德思想以及编辑距离计算句子相似度。

检测版本：仅支持通用版；检测语种：中文、英文、小语种；首单免费。

（5）PaperYY　PaperYY 论文检测是武汉亿次源信息技术有限公司旗下的一款专业的自助检测平台，致力于为本、硕、博，以及评职称提供论文检测服务，帮助数十万学子顺利通过学校检测，为用户提供全面的文章检测对比报告。PaperYY 拥有超过 1200 亿指纹数据库，覆盖各类文献资源，不论是参考互联网文库还是借鉴各类学术论文，都能够精准对比出来。

比对库范围：覆盖图书、期刊、学位论文、会议论文、专利、标准、互联网数据，数据实时更新范围更广。

检测算法：动态指纹对比检测技术，AI 智能特征对比算法，智能算法预处理学科分类，轻松识别参考文献、附录，查重报告保留 7 天，安全无痕。

检测版本：仅支持通用版；检测语种：仅支持中文；首单免费 1 单。

习　题　9

1. 试述学位论文的定义。

2. 试述学位论文的基本要求。

3. 试述学位论文的格式。

4. 试述参考文献著录规则。

5. 参考文献著录的意义和作用是什么？

6. 写论文怎样避免抄袭和剽窃嫌疑？

7. 试列举 10 条不同类型文献的规范的著录格式。

8. 综合作业：在下列题目中自选一个，用本课程讲授的文献检索知识搜集、查询相关文献资料，写一篇符合格式规范要求的小论文（不少于 5000 字）。

① 谈 ×× 专业的知识结构与应具有的能力。

② 谈 ×× 专业的应具备的基础知识和技能。

③ 谈大学生学习文献检索课的重要性。

在线测试 9

在线测试 9

扫描左侧二维码，完成本章的在线测试题，完成后可查看答案。测试包含 10 道单选题和 10 道判断题，帮助您巩固本章知识点。

参考文献

［1］ 杨威理.西方图书馆史［M］.北京：商务印书馆，1988：140.

［2］ 徐引篪，霍国庆.现代图书馆学理论［M］.北京：北京图书馆出版社，1999.

［3］ 中国大百科全书总编辑委员会.中国大百科全书：图书馆学 情报学 档案学［M］.北京：中国大百科全书出版社，1993.

［4］ 陈沛.搜商：人类的第三种能力［M］.北京：清华大学出版社，2006.

［5］ 黄军左.文献检索与科技论文写作［M］.北京：中国石化出版社，2010.

［6］ 李宝安，李燕，孟庆昌.中文信息处理技术：原理与应用［M］.北京：清华大学出版社，2005.

［7］ 王知津.工程信息检索教程［M］.北京：机械工业出版社，2009.

［8］ 王立诚.科技文献检索与利用［M］.南京：东南大学出版社，2006.

［9］ 陈树年.大学文献信息检索教程［M］.上海：华东理工大学出版社，2006.

［10］ 赵静.现代信息查询与利用［M］.北京：科学出版社，2012.

［11］ 许征尼.信息素养与信息检索［M］.合肥：中国科学技术大学出版社，2010.

［12］ 林豪慧，孙丽芳.信息资源检索与利用［M］.2版.北京：电子工业出版社，2007.

［13］ 朱俊波.实用信息检索［M］.西安：西安交通大学出版社，2006.

［14］ 柴雅凌.网络文献检索［M］.天津：天津大学出版社，2004.

［15］ 马晓光，陈泰云，尹戎，等.现代文献信息资源检索与利用［M］.呼和浩特：内蒙古人民出版社，2008.

［16］ 黄如花.数字图书馆原理与技术［M］.武汉：武汉大学出版社，2005.

［17］ 刘阿多.科技网络信息资源检索与利用［M］.南京：东南大学出版社，2005.

［18］ 张海涛.信息检索教程(信息管理类)［M］.北京：机械工业出版社，2006.

［19］ 毛垣生.数字图书馆建设与发展［M］.北京：中国市场出版社，2006.

［20］ 刘炜.数字图书馆的语义描述和服务升级［M］.北京：国家图书馆出版社，2010.

［21］ 刘晓清.怎样建设数字图书馆［M］.北京：海洋出版社，2010.

［22］ 李培.数字图书馆原理及应用［M］.北京：高等教育出版社，2004.

［23］ 赖茂生，赵丹群，韩圣龙.计算机情报检索［M］.北京：北京大学出版社，2006.

［24］ 朱静芳.现代信息检索实用教程［M］.北京：清华大学出版社，2008.

［25］ 张琪玉.情报检索语言实用教程［M］.武汉：武汉大学出版社，2004.

［26］ 刘绿茵.电子信息检索与利用［M］.北京：机械工业出版社，2007.

［27］ 张振华.工种信息检索与论文写作［M］.北京：清华大学出版社，2009.

［28］ 赵秀珍，杨小玲.科技论文写作教程［M］.北京：北京理工大学出版社，2005.

［29］ 全国信息与文献标准化技术委员会.信息与文献 参考文献著录规则（GB/T 7714—2015）［S］.北京：中国标准出版社，2015.

［30］ 李志明.谷歌、百度、读秀三大中文图书搜索引擎比较及启示［J］.图书馆工作与研究，2009（8）：3.

［31］ 赵伟，冀小平.基于内容的视频检索关键技术研究［J］.科技情报开发与经济，2009（4）：116-118.

［32］ 王桂凤.关于检索策略的再认识［J］.数字图书馆论坛，2007（7）：34-37，57.

［33］ 陈铭.从核心期刊概念的演变看核心期刊功能的转变［J］.图书与情报，2008（2）：83-85.

［34］王凌峰.中国核心期刊评选的一个本土化方案［J］.石家庄经济学院学报，2008（8）：125.

［35］李超.科学评价体系中的引文分析方法［J］.辽宁大学学报：自然科学版，2007（1）：85-87.

［36］殷康.云计算概念、模型和关键技术［J］.中兴通讯技术，2010（4）：18-22.

［37］王文清.数字图书馆迎来云时代［J］.中国教育网络，2010（11）：17.

［38］高春玲.解读美国移动图书馆发展的昨天、今天和明天［J］.数字图书馆论坛，2010（11）：25-32.

［39］林辉.移动学习与移动图书馆［J］.科技情报开发与经济，2010（20）18：21-22.

［40］秦伯益.如何写论文做报告［J］.中国新药杂志，2002，11（1）：12-14.

［41］王桂凤.关于检索策略的再认识［J］.数字图书馆论坛，2007（7）：34-37，57.

［42］清华大学图书馆.JCR常用词语解释及重要指数计算方法［EB/OL］.（2010-04-08）［2019-10-1］.http：//lib.tsinghua.edu.cn/service/SCIcenter/sciimpac.html.

［43］杜攀锋.Andriod智能手机平台调试方案的研究与实现［D］.西安：电子科技大学，2004.

［44］布斯，卡洛姆，威廉姆斯.研究是一门艺术［M］.陈美霞，徐毕卿，许甘霖，译.北京：新华出版社，2009.

［45］中国国家标准化管理委员会.学位论文编写规则：GB/T 7713.1—2006［S］.北京：中国标准出版社，2007.